Dinero y poder en el Tercer Reich

Primera edición en este formato: noviembre de 2025

Título original: *NAZI BILLIONAIRES: The Dark History of Germany's Wealthiest Dynasties*

© David de Jong, 2022
© de la traducción, Marina Rodil Parra, 2022
© de esta edición, Futurbox Project, S. L., 2025
Publicado mediante acuerdo con HarperCollins Publishers LLC.

Diseño de cubierta: Taller de los Libros
Corrección: Marta Araquistain

Publicado por Ático de los Libros
C/ Roger de Flor n.º 49, escalera B, entresuelo, oficina 10
08013, Barcelona
info@aticodeloslibros.com
www.aticodeloslibros.com

ISBN: 979-13-87592-38-7
THEMA: NHB
Depósito Legal: B 20137-2025
Preimpresión: Taller de los Libros
Impresión y encuadernación: Liberdúplex
Impreso en España — *Printed in Spain*

DAVID DE JONG

DINERO Y PODER EN EL TERCER REICH

La historia oculta de las dinastías más ricas de Alemania

Traducción de

Marina Rodil

ÁTICO DE
LOS LIBROS

Barcelona - Madrid

En memoria de mis abuelos,
Alice y Hans, y Hannie y John,
porque lograron resistir, sobrevivir, prosperar y
les dieron a sus familias la mejor vida posible.

«Han saqueado el mundo, asolando la tierra con su hambre […]. Les mueve la codicia, si su enemigo es rico; la ambición, si es pobre […]. Arrasan a su paso; toman el control a través de pretextos y aclaman que es para la construcción de un imperio. Y cuando no queda nada tras sus pasos salvo un desierto, a eso lo llaman paz.»

Tácito, *Vida de Agrícola*

Índice

Mapa.. 10

Listado de personajes... 13

PRÓLOGO: La reunión... 17

INTRODUCCIÓN.. 23

PARTE I: «Más bien mediocre».................................... 33

PARTE II: «La persecución nacionalsocialista acabará
    pronto» 103

PARTE III: «Los muchachos ya se han convertido en
    hombres».. 171

PARTE IV: «Tú seguirás con vida».............................. 225

PARTE V: «Nueve ceros»... 295

PARTE VI: El ajuste de cuentas.................................. 335

EPÍLOGO: El museo... 381

Apéndice: Árboles genealógicos 383

Agradecimientos... 387

Nota sobre las fuentes.. 391

Notas 399

Créditos de las imágenes.. 453

Índice onomástico 455

PHARUS-PLAN
BERLIN

PHARUS-VERLAG G.m.b.H., BERLIN W.57, Bülowstr. 66.

Cárcel de Moabit

Palacio presidencial del Reichstag

Sede central

Casa de Magda Goebbels

Sede de Günther Quandt

Casa de ciudad de Günther Quandt

Villa de la familia Flick

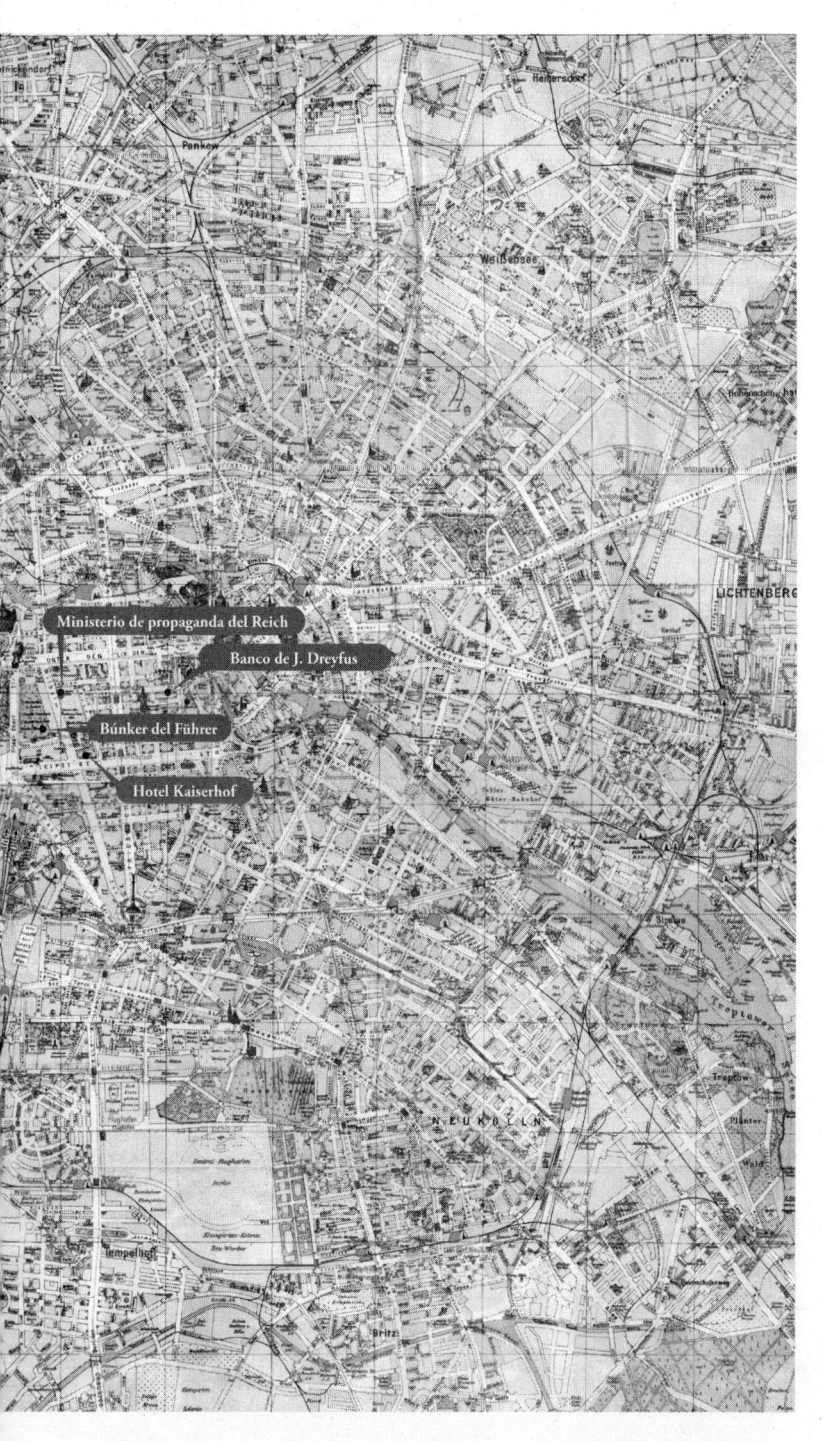

Listado de personajes

Los Quandt

Günther Quandt: patriarca. Empresario industrial.

Horst Pavel: mano derecha de Günther.

Toni Quandt: primera mujer de Günther. Madre de Herbert.

Magda Goebbels: segunda mujer de Günther. Madre de Harald.

Ello Quandt: cuñada de Günther. Mejor amiga de Magda. Madrina de Harald.

Harald Quandt: único hijo del matrimonio de Magda y Günther.

Gabriele Quandt: hija de Harald.

Herbert Quandt: hijo mayor de Günther. Rescatador de BMW.

Susanne Klatten: hija pequeña de Herbert. Heredera de BMW.

Stefan Quandt: hijo pequeño de Herbert. Heredero de BMW.

Los Flick

Friedrich Flick: patriarca y empresario industrial.

Otto Steinbrinck: mano derecha de Friedrich.

Otto-Ernst Flick: hijo mayor de Friedrich.

Muck, Mick y Dagmar Flick: hijos de Otto-Ernst.

Friedrich Karl Flick: hijo pequeño de Friedrich.

Eberhard von Brauchitsch: mejor amigo de Friedrich Karl.

Ingrid Flick: viuda de Friedrich Karl.

LOS VON FINCK

August von Finck, padre: patriarca. Banquero privado.
Kurt Schmitt: presidente de Allianz, ministro de Economía del
Reich.
August «Gustl» von Finck, hijo: inversor.
Ernst Knut Stahl: mano derecha de Gustl.

LOS PORSCHE-PIËCH

Ferdinand Porsche: patriarca. Creador de Volkswagen y Porsche.
Anton Piëch: yerno de Ferdinand. Marido de Louise.
Ferry Porsche: único hijo de Ferdinand. Oficial de las SS.
Louise Piëch: hija de Ferdinand. Mujer de Anton.

LOS OETKER

Richard Kaselowsky: patriarca. Presidente de Dr. Oetker.
Rudolf-August Oetker: hijastro de Kaselowsky. Oficial de las
Waffen-SS.
Rudolf von Ribbentrop: mejor amigo de Rudolf-August. Oficial de las Waffen-SS.

LOS ALTOS CARGOS NAZIS

Adolf Hitler: el Führer.
Joseph Goebbels: ministro de Propaganda del Reich. Marido de
Magda. Padrastro de Harald.
Hermann Göring: *Reichsmarschall.* Responsable de la economía
de la Alemania nazi.
Heinrich Himmler: *Reichsführer* de las SS. Principal organizador del Holocausto.
Hjalmar Schacht: presidente del Reichsbank y ministro de Economía del Reich.

Walther Funk: ministro de Economía del Reich y presidente del Reichsbank.

Otto Wagener: asesor financiero de Hitler.

Wilhelm Keppler: asesor financiero de Hitler. Tío de Kranefuss.

Fritz Kranefuss: organizador del Círculo de Amigos de Himmler. Sobrino de Keppler.

LOS PERSEGUIDOS

Adolf Rosenberger: cofundador de Porsche.

Johanna y Fritz Heine: empresarios.

Familia Hahn: empresarios.

Herederos de Julius e Ignaz Petschek: empresarios.

Willy Dreyfus: banquero privado.

Louis von Rothschild: banquero privado.

LOS ESTADOUNIDENSES

Telford Taylor: fiscal jefe del Tribunal Militar Internacional de los Juicios de Núremberg.

John J. McCloy: Alto Comisionado para la Alemania ocupada.

LOS REIMANN

Albert Reimann: patriarca. Presidente de Joh. A. Benckiser (JAB).

Peter Harf: presidente de la junta directiva de JAB. Persona de confianza de la familia.

Wolfgang Reimann: hijo mayor de Albert.

Prólogo

La reunión

«Y allí permanecieron de pie, impasibles, como veinticuatro calculadoras a las puertas del infierno».[1]
Éric Vuillard, *El orden del día*

Las invitaciones, enviadas por telegrama cuatro días antes, no
dejaban duda alguna: la capital los requería. El lunes 20 de febrero de 1933, a las seis de la tarde, cerca de dos docenas de los empresarios más ricos e influyentes de la Alemania nazi acudieron,[2]
a pie o en sus coches con chófer, a una reunión que se celebraría
en la residencia oficial del presidente del Reichstag, Hermann
Göring, situada en el corazón del distrito financiero y gubernamental de Berlín. Entre los asistentes se encontraban Günther
Quandt, un fabricante textil reconvertido en magnate de las armas y las baterías; Friedrich Flick, un potentado del acero; el
barón August von Finck, una persona influyente de las finanzas
bávaras; Kurt Schmitt, consejero delegado de Allianz, el monstruo de los seguros; ejecutivos del conglomerado químico IG
Farben y del gigante de la potasa Wintershall; y Gustav Krupp
von Bohlen und Halbach, presidente —a través de su matrimonio— de la junta directiva de Krupp, el imperio siderúrgico.

Tres semanas antes, Adolf Hitler se había hecho con el poder tras cerrar un acuerdo secreto que llevó al presidente del
Reich, Paul von Hindenburg, a nombrarlo canciller. Ahora, el
líder del Partido Nazi quería «explicar sus políticas»[3] al grupo
de empresarios industriales, financieros, directivos y herederos;

o al menos eso es lo que les hizo creer. Los hombres de negocios esperaban recibir noticias de tranquilidad sobre la dirección que tomaría la economía alemana con este nuevo Gobierno. Pero no sería así. Hitler tenía sus propios planes para la reunión... y para el país.

Los empresarios llegaron puntuales a la rojiza residencia palaciega de Göring, situada en la orilla sur del río Spree en Berlín, junto al Reichstag. Pero tuvieron que esperar; algo a lo que los impacientes magnates no estaban precisamente acostumbrados y que no les gustaba. Göring, su anfitrión, no les dio la bienvenida hasta que pasaron quince minutos de la hora convenida. Con él iba Walther Funk, el regordete y calvo jefe de prensa del Gobierno de Hitler.[4] El nuevo canciller apareció incluso más tarde, acompañado de Otto Wagener, su principal asesor económico. El maestro de ceremonias era Hjalmar Schacht, antiguo presidente del Reichsbank, el banco central de Alemania (con Funk, Schacht, Göring y Schmitt —el consejero delegado de Allianz—, estaban presentes cuatro de los futuros ministros de Economía de Hitler). Aquella reunión era la culminación del cuidadoso trabajo preliminar que los funcionarios de Hitler habían llevado a cabo durante años; años de cultivar relaciones con los magnates, de entusiasmarlos con la causa nazi.

Tras estrechar las manos de los hombres de negocios, Hitler se lanzó a un discurso inconexo de noventa minutos pronunciado sin notas ni pausas. Pero, a diferencia de la charla sobre políticas que se les había prometido, el canciller ofreció un extenso diagnóstico sobre el momento político en el que vivían. El año 1918 había sido un catastrófico punto de inflexión en la historia de Alemania, con la derrota de su imperio en la Primera Guerra Mundial y la revolución en Rusia que dio el poder a los comunistas. A ojos de Hitler, había llegado la hora de resolver de una vez por todas la batalla entre la izquierda y la derecha.[5]

Hitler sostenía que, si lo apoyaban en su ascenso como Führer, los magnates también se respaldarían a sí mismos, a sus empresas y a sus fortunas. «Las empresas privadas no pueden mantenerse en la época de la democracia»,[6] dijo el canciller de a la sazón cuarenta y tres años. «Solo son concebibles si la gente tiene una idea clara de lo que es la autoridad y la personalidad. Todo lo positivo, bueno y valioso que se ha conseguido en el mundo en el campo de la economía y la cultura se atribuye exclusivamente a la importancia de la personalidad». Hitler no habló sobre la abolición de los sindicatos, el rearme, la guerra o sobre apartar a los judíos de la vida alemana. Pero sí ofreció un avance de lo que estaba por llegar: «Primero debemos conseguir un poder absoluto si queremos aplastar por completo al otro bando».[7]

Hacia el final de su discurso, Hitler expuso cómo sucedería todo esto. En solo dos semanas, el 5 de marzo, el pueblo alemán decidiría el futuro del país en las elecciones nacionales; «las últimas elecciones»,[8] según Hitler. De una manera u otra, la democracia caería. El nuevo canciller de Alemania tenía la intención de disolverla por completo y reemplazarla con una dictadura. «Independientemente del resultado», les previno, «no habrá vuelta atrás [...]. Solo existen dos posibilidades: o bien se acorralará a los oponentes en el terreno constitucional [...] o bien se dará un enfrentamiento con otro tipo de armas, que pueden exigir mayores sacrificios». Si las elecciones no concedían el control a su partido, se desataría una guerra entre la izquierda y la derecha, dio a entender. «Espero que el pueblo alemán sepa reconocer la grandeza del momento». La elocuencia de Hitler fluía poética. «Decidirá cómo serán los próximos diez o probablemente cien años».

Gustav Krupp, el magnate de las armas y el acero, como presidente de la Asociación de Industrias del Reich, era *primus inter pares* entre el grupo de empresarios asistentes a la reunión y su portavoz designado. El empresario industrial de sesenta y dos años había preparado un extenso memorándum para hablar sobre política económica en la reunión, su primer encuentro con Hitler. Pero puesto que el nuevo canciller acababa de llamar a la disolución de la democracia alemana, Krupp pensó que sería mejor no empezar un debate sobre los aburridos detalles de sus políticas. En su lugar, le dio las gracias a Hitler con resignación, en nombre de los hombres allí reunidos, «por habernos expuesto una imagen tan clara de la concepción»[9] de sus ideas. Krupp finalizó con unos inofensivos comentarios generales sobre la necesidad de encontrar un remedio rápido para los problemas políticos de Alemania y para formar un Estado fuerte, que ayude a que «la economía y los negocios puedan desarrollarse y prosperar».

Tras escuchar los comentarios de Krupp, el canciller nacido en Austria no aceptó ninguna pregunta de los empresarios ni especificó cuál era el verdadero propósito de la reunión. Delegó dicha tarea en el anfitrión, Göring, y se marchó.

Göring comenzó con una agradable promesa de estabilidad. Aseguró a estos gigantes de la industria y las finanzas «que, con el apaciguamiento político, la economía doméstica también se tranquilizará».[10] Según él, no se llevaría a cabo ningún «experimento» económico. Pero, para asegurar un clima favorable para los negocios, la nueva coalición de Hitler tendría que alzarse victoriosa en las próximas elecciones. Y por fin, el presidente del Reichstag fue al grano: el Partido Nazi necesitaba dinero para la campaña electoral. Puesto que el dinero de los contribuyentes y los fondos del Estado no podían emplearse para fines políticos, «otros círculos que no formen parte de esta batalla política deberían, al menos, realizar los sacrificios financieros que tan necesarios son en estos momentos».

La conclusión de Göring se hacía eco de la de Hitler: los «sacrificios económicos»[11] que se requerían de estos titanes de la industria eran más que razonables teniendo en cuenta que «las elecciones del 5 de marzo serán seguramente las últimas en celebrarse en los próximos diez años, probablemente incluso en los próximos cien años». Tras estos comentarios, Göring abandonó la estancia, dejando a sus invitados estupefactos y con mucho que sopesar.

Entonces tomó la palabra Hjalmar Schacht, el economista bigotudo. A diferencia de los dos oradores que lo habían precedido, Schacht entró directamente en materia y sugirió crear un fondo de tres millones de *reichsmark* (hoy en día, unos dieciocho millones de euros) para la campaña electoral del Partido Nazi y de su socio nacionalista de coalición,[12] el Partido Nacional del Pueblo Alemán, al que aún necesitaba para gobernar el país…, aunque no durante mucho más tiempo.

Allí mismo, los empresarios decidieron qué parte de la suma tocaba a cada uno de ellos. Las industrias del carbón y del acero de la región del Ruhr pagarían un millón de *reichsmark,* mientras que las industrias química y de la minería de potasa aportarían cada una quinientos mil *reichsmark.* El millón restante se dividiría entre la industria de lignito, los fabricantes de coches y las empresas de ingeniería mecánica y eléctrica. Los hombres acordaron que el 75 % del dinero se destinaría al Partido Nazi. El cuarto restante iría para su socio de coalición. Para concluir, Schacht pronunció la frase más breve y cara de la noche: «Y ahora, caballeros, ¡a pasar por caja!».[13]

La invitación de Hitler a esta discusión sobre política económica había sido, en realidad, poco más que un pretexto para solicitar millones de *reichsmark* para la creación de un fondo ilegal para la campaña electoral. Hitler y Göring habían dejado fuera de sus discursos un detalle importante: la precaria situación financiera del Partido Nazi. Tenía una deuda de más de doce millones de *reichsmark* y poco dinero en efectivo a mano,[14] por lo que no podían montar una campaña electoral a nivel nacional. Pero el asunto del dinero se zanjó rápidamente. En los días y semanas posteriores a la reunión, muchos de los asistentes, a través de sus compañías y asociaciones industriales, transfirieron enormes sumas de dinero a una cuenta de un trust que Schacht había abierto en el banco privado Delbrück Schickler, en Berlín. Es evidente que los magnates no mostraron reparos a la hora de financiar el ocaso de su democracia. Las donaciones más altas que recibieron los nazis fueron de la asociación de la industria minera (seiscientos mil *reichsmark)* y de IG Farben (cuatrocientos mil *reichsmark).*[15]

El día después de la reunión, el 21 de febrero de 1933, Joseph Goebbels, de treinta y cinco años, que lideraba la máquina de propaganda nazi desde Berlín en su rol de *Gauleiter* ('líder regional') de la capital, escribió en su diario: «Göring trae la fantástica nueva de que tenemos tres millones disponibles para las elecciones. ¡Maravilloso! Informo de inmediato a todo el departamento de propaganda. Una hora después, las máquinas comienzan a funcionar. Pondremos en marcha nuestra campaña electoral… Hoy me divierte mi trabajo. Tenemos dinero».[16] Goebbels había empezado esta entrada de su diario el día anterior, cuando describió la sensación de desánimo que había visto en la sede central de Berlín por la falta de fondos. ¡La de cambios que pueden producirse de la noche a la mañana!

Introducción

El 8 de mayo de 2019, Verena Bahlsen, de veintiséis años y heredera de la gigantesca empresa de galletas Bahlsen, salió al escenario de un congreso de *marketing* digital en Hamburgo para dar un discurso de apertura, emitido en directo, sobre sostenibilidad alimentaria. Llevaba puesto un peto vaquero sobre un jersey de cuello alto negro, y una chaqueta también negra; los colores apagados contrastaban llamativamente con su ondulado cabello pelirrojo y sus brillantes pecas. Agarró el micrófono con confianza. Tras unos minutos hablando, sin embargo, se desvió del tema para responder a un político socialista que había intervenido antes que ella y que había planteado que las empresas más grandes de Alemania, como BMW, deberían ser propiedad del país. «Soy capitalista»,[1] declaró Verena. «Me pertenece un cuarto de Bahlsen y me alegra que así sea. Debería seguir siendo así. Quiero obtener beneficios y comprarme veleros y cosas así con mis dividendos».

Sus comentarios improvisados despertaron de inmediato furiosas reacciones en las redes sociales. ¿Cómo se atrevía a alardear sobre su fortuna, especialmente cuando se sabía que la empresa de su familia había utilizado a trabajadores forzados durante la Segunda Guerra Mundial? Unos días después, Verena se desentendió de las críticas en unos comentarios para Bild, el periódico más importante de Alemania: «Eso sucedió antes de que yo naciera y, además, pagamos a los trabajadores forzados exactamente lo mismo que a los alemanes y los tratamos igual de bien».[2] Después añadió: «Bahlsen no tiene nada por lo que sentirse culpable».

Se desató el escándalo. Verena había cometido la que quizá sea la mayor ofensa moral en la Alemania moderna: mostrar ignorancia histórica sobre la época de los nazis. No era ningún secreto que la empresa de su familia, como la mayoría de compañías alemanas, se había beneficiado del sistema de trabajos forzados de la Alemania nazi durante la Segunda Guerra Mundial, por el que millones de extranjeros fueron desplazados de sus países natales y obligados a trabajar en las fábricas alemanas, a menudo por un sueldo insignificante y en condiciones abominables. En el caso de Bahlsen, unas setecientas trabajadoras forzadas,[3] en su mayoría mujeres polacas y ucranianas, fueron deportadas a la fábrica de galletas de Hannover, donde se les pagó mal y se las maltrató. Los comentarios de Verena generaron titulares por todo el mundo y los efectos colaterales no se hicieron esperar. Historiadores y políticos condenaron sus declaraciones y hubo llamamientos a boicotear las galletas Bahlsen.

En cuestión de días, una hilera de limusinas Mercedes negras aparcaron frente al bloque de pisos del barrio berlinés de Prenzlauer Berg donde vivía Verena y se la llevaron tanto a ella como a sus cosas de vuelta a casa, a Hannover. Verena se disculpó entonces públicamente a través de la empresa familiar. Pero los periodistas de la revista *Der Spiegel* comenzaron a investigar.[4] Desvelaron que el abuelo y los tíos abuelos de Verena, los hombres que dirigieron Bahlsen durante el Tercer Reich, habían sido miembros del Partido Nazi de Hitler (Partido Nacionalsocialista Obrero Alemán o NSDAP) y donantes de las SS, la todopoderosa organización paramilitar de la Alemania nazi. Los reporteros de investigación descubrieron que muchas de las mujeres ucranianas fueron deportadas a la planta de Hannover desde una fábrica de galletas expropiada de Kiev, de la que se había apropiado Bahlsen. Tras la guerra, como millones de alemanes, los Bahlsen negaron todos los cargos y se fueron de rositas.

A medida que el escándalo público crecía, la familia Bahlsen utilizó una técnica ya probada para apaciguar a las masas: anunciaron, a través de la empresa, que habían contratado a un destacado historiador alemán para que investigara de forma independiente la empresa al completo y la historia familiar, incluida la época del nazismo. Los descubrimientos se harían públicos en un estudio años después, cuando la investigación hubiera concluido. El anuncio funcionó y la polémica fue desapareciendo. Pero yo sabía hacia dónde se dirigía esta historia.

Unos años antes, a finales de noviembre de 2011, me había unido a *Bloomberg News* como reportero de un nuevo equipo que investigaba riquezas ocultas y a multimillonarios y empresas familiares muchísimo más grandes que la de las galletas Bahlsen. Comencé a trabajar en la oficina de Nueva York una semana después de que el departamento de policía de la ciudad hubiera desalojado violentamente el movimiento Ocuppy Wall Street del parque Zucotti, en el corazón del distrito financiero de Manhattan. Tras los años de crisis económica, la tensión entre el 1 % de la población y el 99 % restante era palpable en todo el mundo. Aunque me habían contratado para que cubriera a las dinastías empresariales estadounidenses —como los Koch y los Walton (que controlan las tiendas Walmart)—, como soy holandés, no tardaron en pedirme que añadiera los países de habla alemana a mi área de trabajo.

Acepté a regañadientes. La despiadada ocupación de mis nativos Países Bajos por parte de Alemania entre mayo de 1940 y mayo de 1945 había dejado una profunda cicatriz en las generaciones que me precedían y en nuestra consciencia nacional. En aquella época, «ellos» habían ocupado y saqueado nuestro país. Cuando era pequeño y vivía en la Ámsterdam de la década de 1990, vi cómo los alemanes «invadían» nuestras playas durante las vacaciones de primavera y verano y, lo que era peor, a menudo nos ganaban al fútbol (todavía lo hacen).

Mi irónico antagonismo hacia los alemanes venía de las experiencias de mi familia durante la guerra. En 1941, mi abuelo materno, protestante y soltero, intentó huir de los Países Bajos navegando hacia Inglaterra con su mejor amigo.[5] Su plan era unirse a la Real Fuerza Aérea británica (RAF), pero el viento llevó su bote de vuelta a la orilla. Los soldados alemanes los arrestaron y condenaron como prisioneros políticos. Mi abuelo estuvo cautivo casi dos años y se vio obligado a trabajar en una fábrica de acero de Bochum. Allí contrajo tuberculosis y, cuando lo liberaron, estaba raquítico, al borde de la muerte.

Mis abuelos paternos, que eran judíos, estuvieron separados durante la guerra.[6] Mi abuelo poseía y dirigía fábricas de encajes y medias cerca de la frontera germano-holandesa, y se las ingenió para esconderse en el centro de Ámsterdam cuando se las expropiaron. Mi abuela, natural de Suiza, trató de escapar con mi tía, de tres años, y un amigo, a su país natal en 1942. La Gestapo (la policía secreta de la Alemania nazi) las detuvo en la frontera francosuiza, pero uno de los oficiales se compadeció de mi abuela y su niña pequeña y las dejó marchar. Consiguieron cruzar la frontera y llegar a Suiza. Su compañero en este intento de huida, un pintor reconocido, no fue tan afortunado. Lo subieron a un tren que lo condujo al campo de exterminio de Sobibor, en la Polonia ocupada, donde fue asesinado.

Mis abuelos, a pesar de lo que sufrieron durante la guerra, tuvieron una suerte extraordinaria. Mi abuelo judío se reunió con su mujer y su pequeña hija tras la liberación de Europa y recuperó sus fábricas, aunque, trágicamente, su padre murió en el campo de concentración de Bergen-Belsen. Mis abuelos judíos nunca mostraron rencor hacia los nazis, a pesar de que estos habían asesinado a sus seres queridos. Y tampoco lo hizo mi abuelo materno por el tiempo que había sido prisionero de los alemanes. Antes de que lo privaran de su libertad, se había enamorado de su vecina. Se recuperó de la tuberculosis en un sanatorio suizo y mi abuela permaneció todo el tiempo junto a su cama. Poco después de que él se recuperara, se casaron.

Mis padres nacieron unos años después de la guerra. En resumidas cuentas, mis abuelos construyeron una buena vida para ellos, para sus hijos y para mí.

Aun así, mi abuelo materno tenía una forma inofensiva de «vengarse» de los alemanes: no parar de hacer chistes sobre ellos. De pequeño era mi héroe; un orgulloso patriota holandés. Mis abuelos vivieron en una finca en un pequeño pueblo de trescientos habitantes, cerca de las playas preferidas de los alemanes. «Se avecina otra invasión», bromeaba cada primavera. Solía pedirme que le prometiera que nunca me tomaría en serio a los alemanes porque para eso se bastaban y sobraban ellos solos. Se lo juré de todo corazón. «El humor es la mejor venganza», decía.

Pero, a causa de mi trabajo, llegué a tomarme a los alemanes muy en serio, sobre todo a los que estaban en grandes empresas y las altas finanzas. En el verano de 2012, como parte de un reportaje, di por casualidad con una página web aparentemente inocua. «Harald Quandt Holding» era el nombre de la página principal de esta compañía, que valoraba los activos de sus diversas empresas de inversión en 18 000 millones de dólares (unos 17 250 millones de euros). ¿Cómo lograba una desconocida oficina alemana de gestión de patrimonios familiares, con una web básica de una sola página, invertir unas cantidades tan impactantes de dinero? Esa pregunta se convirtió en el cabo suelto que me condujo hasta esta historia.

Resultó que esta rama de los negocios de la dinastía Quandt descendía de una tal Magda Goebbels,[7] la primera dama extraoficial del Tercer Reich y la mujer del ministro de Propaganda nazi, Joseph Goebbels. Harald fue el único de los siete vástagos de Magda que sobrevivió a la guerra. Producto del primer matrimonio de esta con el empresario industrial Günther Quandt, Harald se crio en la casa de los Goebbels, pero nunca se unió al Partido Nazi. Tenía un hermanastro mayor, Herbert Quandt, que salvaría a BMW de la bancarrota años después de la guerra. En 2012, los herederos más jóvenes de Herbert seguían siendo la familia más rica de Alemania, al controlar casi por completo BMW, mientras que los herederos de Harald gestionaban un grupo empresarial más «pequeño» en una arbolada ciudad balneario a las afueras de Fráncfort.

En 2007, la dinastía Quandt, en un movimiento no muy distinto al de los Bahlsen, encargó a un catedrático de historia alemán que investigara el pasado nazi de la familia. La petición surgió a raíz de un documental crítico con ellos que llevó a las pantallas parte de la relación familiar con el Tercer Reich, y que se centró en la producción en masa de armamento, el uso de trabajadores forzados y esclavos, y la apropiación de compañías judías. Günther y Herbert Quandt se encontraban al frente de empresas familiares que habían estado implicadas en estas actividades.

Lo que me sorprendió durante mi investigación para el reportaje fue la continua falta de transparencia histórica entre los miembros de la rama más rica de la dinastía Quandt, la que controla BMW, incluso después de que el estudio encargado por la familia —con el expreso objetivo de mostrar «franqueza»—[8] se publicara en 2011. Dicho estudio reveló que los patriarcas de la familia habían cometido muchos más crímenes brutales durante la época del nazismo. Pero como no tardé en descubrir, los Quandt no eran los únicos. Otras dinastías de empresarios alemanes habían emergido durante el Tercer Reich y crecido hasta poseer enormes fortunas a nivel mundial, pero tenían problemas —o directamente se negaban— a hacer frente a su oscuro linaje.

Estas historias jamás se han contado fuera de Alemania. Mientras tanto, las familias protagonistas todavía mantienen el control de miles de millones de euros y dólares. Algunos de los herederos ya no son los dueños de las empresas, sino que solo gestionan la riqueza que han heredado. Pero muchos otros poseen marcas conocidas cuyos productos se pueden hallar por todo el mundo: desde los coches que conducimos al café y la cerveza que bebemos, las casas que alquilamos, la tierra en la que vivimos y los hoteles que reservamos para nuestras vacaciones y viajes de negocios. Mis artículos se centraban principalmente en las finanzas de estas familias. Después de todo, se trataba de *Bloomberg*. Pero este ángulo dejaba sin respuesta las preguntas más interesantes: ¿cómo lograron los patriarcas de estas familias alcanzar semejantes cotas de poder bajo el gobierno de Hitler? ¿Por qué se consintió que la mayoría de ellos saliera impune cuando cayó la Alemania nazi? Y ¿por qué, después de tantas décadas, muchos de los herederos siguen haciendo tan poco por reconocer los crímenes de sus antecesores y transmiten una versión de la historia que mantiene ocultos estos asuntos? ¿Por qué sus fundaciones benéficas, premios a los medios y sedes corporativas todavía llevan los nombres de los patriarcas que colaboraron con los nazis?

La respuesta a estas preguntas, o al menos una parte, reside en estas páginas; en las historias del origen de algunas de las dinastías más ricas de la Alemania actual, que siguen controlando sectores de la economía global. O, para ser más precisos, las respuestas se encuentran en las historias de los patriarcas de dichas dinastías, que acumularon un capital y poder incalculables como cómplices de las atrocidades del Tercer Reich. Nacidos cerca o en la propia Alemania imperial, estos hombres se unieron a las élites empresariales durante el volátil periodo que siguió a la Primera Guerra Mundial. Para cuando comenzó la era del nazismo en 1933, se habían convertido en reconocidos empresarios industriales, financieros, productores de comida o diseñadores de coches, aunque algunos solo estaban empezando sus carreras como herederos de sus arrogantes padres. Colaboraron con el régimen de Hitler durante los años que desencadenaron la Segunda Guerra Mundial y a lo largo de esta, enriqueciéndose a sí mismos y a sus empresas a través de la producción de armas, el empleo de mano de obra forzosa y esclava, y la apropiación de negocios pertenecientes a personas judías y no judías, tanto en Alemania como en los territorios ocupados por los nazis.

Algunos de estos magnates eran nazis acérrimos que abrazaron sin reparos las ideas de Hitler. Pero la mayoría eran simplemente unos oportunistas calculadores y sin escrúpulos que querían expandir a toda costa sus imperios empresariales. Todos se convirtieron en miembros del Partido Nazi o de las SS, o de ambos, durante el Tercer Reich. Así es la historia oscura de los Quandt de BMW; de los Flick, antiguos propietarios de Daimler-Benz; de los von Finck, una familia de inversores que cofundó Allianz y Munich Re; de los Porsche-Piëch, que controlan Volkswagen y Porsche; y de los Oetker, que poseen un imperio global de repostería, comida preparada, cerveza y hoteles de lujo. Sus patriarcas son los multimillonarios nazis. Este libro detalla las historias y los ajustes de cuentas de esas dinastías empresariales alemanas, que aún hoy en día conservan la influencia y relevancia en el mundo que tuvieron durante el Tercer Reich.

Pero este volumen no trata únicamente sobre los pecados de los titanes industriales y financieros de Alemania. Aquí también está la historia de cómo, tras la guerra, les tocó a los victoriosos Aliados decidir los destinos de estos especuladores nazis. Pero en aras de los intereses políticos, y por miedo a la acechante amenaza del comunismo, Estados Unidos y Reino Unido devolvieron discretamente a la mayoría de estos magnates a Alemania, que, a su vez, permitió que salieran impunes con poco más que un tirón de orejas. En las décadas siguientes, la parte occidental de la Alemania dividida se convirtió en una de las economías más prósperas del mundo y esos mismos empresarios nazis acumularon miles de millones de dólares, uniéndose así a las filas de los magnates más ricos del planeta. Todo ello mientras guardaban silencio o mentían descaradamente sobre sus vínculos genocidas.

Hoy en día, solo algunos de los herederos de estos patriarcas han saldado cuentas con su pasado familiar. Otros todavía se niegan a hacerlo y no les pasa nada por ello. Verena Bahlsen no sufrió consecuencias profesionales por sus comentarios. De hecho, su padre la ascendió al poco tiempo.[9] A mediados de marzo de 2020, Bahlsen anunció que Verena, y no alguno de sus tres hermanos, sería la accionista activa principal de la compañía y representaría a la siguiente generación de la empresa familiar.

La Alemania que surgió de la derrota de la Segunda Guerra Mundial se convirtió en una sociedad tolerante, que educó a sus habitantes, tanto para el recordar como para arrepentirse de sus errores pasados. Mientras que muchas de las grandes potencias mundiales actuales han sido víctimas de dictadores, populistas de la extrema derecha y demagogos, Alemania se ha mantenido como la espina dorsal moral de Occidente. Gran parte de esa trayectoria tiene su origen en el continuo ajuste de cuentas público que mantiene con su pasado nazi y con la cantidad de atrocidades que sucedieron bajo el régimen hitleriano. Durante los últimos cincuenta años, sus líderes políticos no han evitado asumir responsabilidades morales ni reconocer los pecados del pasado. Claro que, más recientemente, Alemania ha iniciado una transformación en la dirección contraria. A medida que los últimos testigos de la época del nazismo fallecen y los recuerdos del Tercer Reich se borran, una derecha reaccionaria e insolente, cada vez más popular, está maltratando descaradamente los ideales progresistas de la Alemania de la posguerra.

En una época en que la desinformación es omnipresente y la extrema derecha está en alza a nivel mundial, la transparencia histórica y el consecuente ajuste de cuentas resulta primordial, como podemos ver en Estados Unidos y Reino Unido, donde las estatuas de Cristóbal Colón, los generales confederados y los comerciantes de esclavos se están derribando y las universidades con nombres de presidentes racistas están siendo rebautizadas. Aun así, este movimiento que se enfrenta al pasado se está saltando, de alguna forma, a muchos de los legendarios empresarios industriales alemanes. Su turbio legado permanece oculto a plena vista. Este libro intenta, aunque sea a una escala menor, enmendar ese error.

PARTE I

«Más bien mediocre»

1

La familia Quandt se había beneficiado durante décadas de la guerra y la agitación. Sin embargo, cuando Günther Quandt trasladó su residencia permanente a Berlín en mitad de una pandemia de gripe en octubre de 1918, la guerra y la agitación estaban a punto de quitarle al magnate del textil de treinta siete años su país. Günther presenció de primera mano la desaparición de su querido Imperio alemán cuando este perdió la Primera Guerra Mundial y a millones de sus hombres en las trincheras. A pesar de la aplastante derrota del Estado imperial, los Quandt se hicieron millonarios gracias a la guerra.[1] Las fábricas textiles familiares que Günther dirigía en el Brandeburgo rural, a pocas horas al norte de la capital, habían producido en masa miles de uniformes a la semana para su cliente imperial de toda la vida. Oleadas de jóvenes soldados alemanes fueron enviadas a las trincheras y al frente, y todos necesitaban un uniforme nuevo que sustituyera la destrozada ropa de combate de sus compañeros caídos. Y así continuó, semana tras semana, durante cuatro años aparentemente infinitos.

Pero las pérdidas de Alemania supusieron ganancias para Günther. Para cuando la guerra terminó, Quandt se había embolsado el suficiente dinero gracias a ella como para financiar su traslado definitivo a Berlín. Durante el conflicto, Günther se las ingenió para evitar el servicio militar, en un principio porque lo consideraron no apto físicamente, y más adelante porque se había convertido en una figura destacada de la economía de guerra del imperio. Desde Berlín, supervisaba un departamento gubernamental que suministraba lana a la armada y a la marina. Al mismo tiempo, Günther dirigía sus fábricas familiares, enviando instrucciones a diario por carta, mientras sus dos hermanos pequeños y su cuñado luchaban en el frente. Cuando volvieron de la batalla, Günther les comunicó que se trasladaba definitivamente a Berlín y que continuaría supervisando las fábricas desde la bulliciosa capital alemana. Pero también aspiraba a maniobrar en escenarios más amplios, a explorar nuevos negocios y a expandir sus horizontes hacia otras industrias.

A Günther le encantaba Berlín. Había nacido el 28 de julio de 1881 en la rural Pritzwalk, a unos ciento treinta kilómetros al noroeste de la capital imperial. Como primogénito de una prominente familia dedicada al sector textil, y por ello heredero natural de su padre, lo enviaron con quince años a Berlín, donde vivió con su profesor de inglés, para que recibiera una buena educación. El Imperio alemán se había convertido en una de las naciones más industrializadas con el cambio de siglo, y Berlín era su centro neurálgico. Günther empleaba su tiempo libre en explorar la animada y creciente metrópolis, en cuyas calles presenció la construcción del ferrocarril elevado y el sistema subterráneo del metro. El magnate recordaría sus días de estudiante en Berlín como unos «años felices».[2] Hubiera preferido estudiar arquitectura, pero eso estaba fuera de toda discusión. Se lo requirió de vuelta en casa para aprender el negocio textil de su enfermizo padre Emil, un hombre alto y fornido con un frondoso bigote, y un orgulloso prusiano protestante que se aferraba a los estrictos principios de austeridad, devoción y trabajo duro.

Pero en esta ocasión, Günther no se trasladaría a Berlín en solitario. Su mujer Toni y sus dos hijos pequeños, Hellmut y Herbert, lo acompañarían. Günther y Toni llevaban casados doce años y Hellmut y Herbert tenían diez y ocho años respectivamente. Toni, hermosa y morena, era el amor de la vida de Günther. Habían estado a punto de prohibirle que se casara con ella,[3] ya que sus padres consideraban a la familia de Toni unos nuevos ricos. Sus intentos por detener la relación provocaron que Günther se planteara seriamente emigrar a Estados Unidos. Llegó incluso al extremo de buscar la ruta más barata para conseguirlo: en barco hasta Baltimore para conseguir trabajo en Chicago. Pero Günther no cejó en su empeño. Al final, el amor y la perseverancia se impusieron y sus padres le dieron su bendición.

El 15 de octubre de 1918, durante las vacaciones otoñales, Toni y los niños viajaron a Berlín para visitar a Günther y conocer su nuevo hogar. La familia de cuatro se hospedó en el lujoso Hotel Fürstenhof, en la Potsdamer Platz. Günther estaba ansioso por enseñarles la mansión que había comprado a unos veinticinco kilómetros al suroeste del centro de la capital, en el frondoso barrio periférico de Neubabelsberg, una colonia de villas que eran hogar de muchos de los banqueros, empresarios industriales y adinerados intelectuales de Berlín. La casa daba directamente al lago Griebnitz y limitaba con el parque del palacio de Babelsberg, lleno de árboles centenarios y residencia veraniega del emperador. Toni todavía no se había recuperado de la operación que siguió al complicado alumbramiento de Herbert y esperaba recobrar la salud en aquella casa con unos alrededores tan agradables: un lago, un parque y una calle flanqueada por exuberantes sicomoros, tilos y arces. «Aquí me repondré por completo»,[4] le dijo a Günther después de que les mostrara a ella y los niños el lugar.

No sería así. Un día después de visitar su nueva casa, Toni y los niños volvieron a Pritzwalk. Esa misma noche, Günther recibió la llamada de un empleado: Toni había regresado de Berlín con ligeros síntomas de gripe. Se había trasladado a los niños con un pariente para evitar el riesgo de contagio. Durante una pandemia, uno nunca podía tomar suficientes precauciones; la gripe española se contagiaba muy fácilmente. En cuestión de un par de días, la gripe de Toni derivó en neumonía doble. Desesperado, Günther condujo hasta la consulta de un médico que conocía, pero este no pudo ayudarlo de inmediato: tenía casi una docena de pacientes con la misma enfermedad. Toni murió aquella fría noche de octubre. Solo tenía treinta y cuatro años. La delicada mujer que anhelaba un nuevo comienzo no fue rival para la segunda ola global de gripe española que dejó millones de muertes a su paso.

De la noche a la mañana, Günther se convirtió en un viudo solitario en la frenética capital de un imperio derrotado, al borde de la extinción. Y lo que es más, sus dos hijos pequeños, que acababan de perder a su madre, se mudarían pronto con él y necesitarían mucho más cariño del que nunca podría darles. Günther apenas tenía tiempo para ellos. Tenía que construir un imperio. Tras el funeral de Toni en Pritzwalk una mañana soleada de otoño, Günther permaneció junto a su tumba y sintió que había perdido «algo irrecuperable».[5] «Yo creía que las personas solo son capaces de dar y recibir amor verdadero una vez en su vida», escribió.

Pero seis meses después, Günther volvió a enamorarse. Y fue una relación que aún hoy persigue a los Quandt. Se encaprichó de Magda Friedländer, quien más adelante sería conocida como Magda Goebbels, «la primera dama del Tercer Reich».

2

En la calurosa noche primaveral del 21 de abril de 1919, Günther se subió a un abarrotado tren en Berlín. Era lunes de Pascua y se disponía a viajar en primera clase hasta Kassel —en el centro de Alemania— con dos socios, para asistir a una reunión de negocios. Poco antes de partir, una madre depositó a su hija adolescente ante el compartimento privado de los hombres de negocios. La chiquilla iba cargada de maletas y cajas. Su madre se había recorrido el tren entero en busca de un asiento libre. Sus instrucciones cuando se marchó fueron: «Magda, te quedarás aquí mismo».[1] Günther esperó dos o tres minutos antes de levantarse e invitar con indiferencia a la joven a que se sentara con ellos. Y a la tímida Magda le llevó mucho más rato y unas cuantas invitaciones por parte de Günther abrir la puerta del compartimento y unirse a aquel trío de hombres mucho mayores que ella.

Después de que Günther la ayudara a colocar sus cosas, Magda se hundió en su asiento tapizado de felpa. Cuando empezaron a hablar, Günther descubrió lo atractiva que era: «Había invitado a sentarse con nosotros a una aparición excepcionalmente hermosa: ojos azul claro, un precioso y abundante cabello rubio, bien vestida, con un rostro simétrico y una esbelta figura»,[2] escribiría después. Magda tenía solamente diecisiete años; era veinte años más joven que Günther y solo seis años mayor que Hellmut, el primogénito de Günther. Magda había pasado las vacaciones de Semana Santa con su madre y su padrastro en Berlín e iba de vuelta a su internado en Goslar, el montañoso centro de Alemania. Günther y Magda hablaron durante todo el trayecto sobre viajes y los teatros berlineses. Él quedó embelesado. Alrededor de la una de la mañana, el tren se detuvo en la estación de Goslar. Günther ayudó a Magda a bajar sus pertenencias del tren y de un vistazo, lo más discretamente que pudo, localizó la dirección del internado en la etiqueta de su equipaje.

En cuanto llegó a Kassel, Günther le envió una carta a la joven preguntándole si podía visitarla la tarde siguiente en el internado. Fingiría ser un amigo de su padre para conseguir que la directora la dejara salir. Magda estuvo de acuerdo. Al día siguiente, Günther se presentó en el internado con unas rosas; no para Magda, sino para encandilar a la directora y conseguir que le permitiera dar un paseo con la joven. Así dio comienzo su noviazgo. En tan solo su tercera cita, durante un pintoresco recorrido por las montañas de Harz, Günther se declaró a Magda en la parte trasera de su coche con chófer.[3] Anonadada, la muchacha le pidió tres días para considerar la proposición. Los matrimonios que había conocido en sus diecisiete años de vida habían sido de todo menos buenos.

Magda había nacido de una relación extramatrimonial en Berlín, el 11 de noviembre de 1901, y, aunque sus padres, el ingeniero Oskar Ritschel y la criada Auguste Behrend, terminarían contrayendo nupcias, la madre de Magda se divorció de Ritschel tras descubrir que este estaba teniendo una aventura. Entonces, Auguste volvió a casarse; su segundo marido, Richard Friedländer, era un hombre de negocios judío y alemán. Pero ahora también estaban a punto de separarse. Magda creció como hija única en una casa cosmopolita de clase media alta, y desplazó con su madre y su padrastro de Berlín a Bruselas, donde la matricularon en un estricto internado católico dirigido por monjas.

La joven tenía lazos judíos que iban más allá de su padrastro.[4] Cuando Magda conoció a Günther, acababa de romper con su novio, Victor Chaim Arlosoroff, un ambicioso judío expatriado de Rusia que estudiaba economía en la prestigiosa Universidad Humboldt de Berlín. Sin embargo, al ser una *shiksa* —una mujer que no es judía—, la joven sintió que nunca pertenecería por completo a su comunidad.

Magda aceptó la proposición de matrimonio de Günther tras meditarlo durante esos tres días. Le desconcertaba que este hombre robusto, mayor que ella y que rezumaba riqueza y poder con sus trajes de chaqueta cruzada, cuellos almidonados y gemelos dorados, mostrara tanto interés por ella. Alto, de penetrantes ojos azules y cabeza redonda, medio calvo y con un terrible flequillo de cortinilla, Günther tenía un aspecto imponente... aunque no necesariamente atractivo. Pero la decisión de casarse con alguien dos décadas mayor no se tomaba por amor; la fascinación y la ambición también jugaban un papel importante. Günther, que se movía por el mundo con su sonrisa pícara como si siempre supiera algo que los demás ignoraban, impresionaba a la joven. Magda anhelaba dejar atrás el internado y convertirse en la esposa de alguien con grandes recursos financieros y que estuviera bien considerado en el mundo de los negocios. Fantaseaba con llevar una gran casa y organizar reuniones sociales para los amigos y socios de su marido. Günther, sin embargo, insistió en poner dos condiciones antes de contraer nupcias con Magda: debía cambiar su fe religiosa católica por la protestante y recuperar el apellido Ritschel. Friedländer, el apellido judío de su padrastro, suponía un obstáculo para Günther y su conservadora familia luterana. Magda lo complació obedientemente y le dijo a su madre: «La religión no me importa.[5] Llevo a mi Dios en el corazón».

A principios de enero de 1921, Günther y Magda se casaron en un hotel balneario de la ribera oeste del Rin, a las afueras de Bonn. La novia lució un vestido de encaje de Bruselas. Pero la buena sintonía que compartían no duraría. La diferencia de edad y de carácter de los recién casados se volvió enseguida dolorosamente evidente cuando Günther, adicto al trabajo, fina-

Günther Quandt.

lizó de pronto su luna de miel de diez días en Italia para asistir a una «conferencia que no podía perderme».[6] Incluso antes de su precipitada partida, el viaje no estaba siendo un éxito. Mientras la pareja recorría el campo italiano en un Mercedes con chófer, Magda descubrió que a su marido no le importaba mucho la Italia «auténtica». Como su madre, Auguste, recordaría más adelante, Magda se dio cuenta de que «él era, fundamentalmente, un hombre carente de toda sensibilidad estética; un pragmático absoluto para quien el arte y la belleza significaban poco. La naturaleza tampoco le despertaba grandes pasiones. Mientras viajaban por Umbría, a través de un paisaje de una hermosura clásica e importancia histórica […] Quandt le explicaba a su mujer la estructura geológica del terreno y calculaba las posibilidades que ofrecía para explotarlo industrialmente».[7] Aun así, el viaje no fue un completo fracaso. El 1 de noviembre de 1921, poco más de nueve meses después de su luna de miel, Magda dio a luz al único hijo que tuvieron juntos: un niño llamado Harald.

Lo trajo al mundo sola, en el hospital. Günther estaba trabajando, por supuesto. Ahora que habían vuelto a Berlín, para él solo existían los negocios; no cultivó ninguna clase de vida personal. Cuando viajaba con su mujer e hijos, las visitas a las empresas y a las fábricas eran el foco de su atención. Siempre trabajaba en jornadas de doce horas, llegando a su despacho a las siete y media de la mañana y apareciendo en casa a las siete y media de la tarde, «cansado y molido»,[8] recordaría más adelante la madre de Magda. «Tras la cena, se sentaba en su butaca, abría el periódico financiero de Berlín y se quedaba dormido tres minutos después». Günther estaba crónicamente agotado. Se quejaba de que no tenía tiempo para leer libros o concebir nuevas ideas. La vida social apenas le interesaba; podía asistir a algún evento si estaba relacionado con los negocios, pero «accedía si era ineludible». Esto era lo que más dolía a Magda. Las fiestas en casa eran los únicos momentos en que se le permitía, como esposa y anfitriona, ser el centro de atención. Apenas había es-

Magda Friedländer.

pacio para la vida matrimonial en el mundo de Günther, de manera que a Magda no le quedó más remedio que adaptarse.

3

En los primeros años de la década de 1920, mientras Günther y Magda se distanciaban, el nuevo Estado alemán, surgido de la guerra y conocido como la República de Weimar, se sumía en el caos. Muchos empresarios se mantenían alejados de su volátil política parlamentaria, en la que las crisis se sucedían, y, en su lugar, recurrieron a otro campo de juego propicio para los beneficios y las influencias: la bolsa.

La hiperinflación y la fuga de capitales se aceleraron en Alemania durante el verano de 1922, a raíz del asesinato del ministro de Asuntos Exteriores, el empresario industrial judío Walter Rathenau, y la amenaza de interrumpir los colosales pagos de reparación que el Tratado de Versalles había impuesto a Alemania. Tras la muerte de Rathenau en Berlín, cualquier resquicio de confianza que quedara en la moneda alemana se evaporó. La tasa de inflación del país ascendió un 1300 % y empezaron a imprimirse billetes de un billón de marcos. Solo los pocos alemanes ricos que habían invertido en activos tangibles, como inmuebles y fábricas, sacaron beneficio de esta situación. Todas sus deudas desaparecieron de inmediato. Pero la mayor parte de la clase media tenía su dinero en ahorros o en los bonos, ahora sin valor, que se habían emitido para financiar la Primera Guerra Mundial. Millones de alemanes estaban arruinados.

Las acciones, sin embargo, flotaban en alguna parte entre el efectivo y lo tangible, en una tierra de nadie financiera, por la que solo los especuladores más audaces se atrevían a transitar. Günther Quandt fue uno de ellos. En su búsqueda por diversificar el dinero que había amasado durante la guerra, Günther recurrió al cambio de divisas y a la especulación bursátil. A medida que los precios caían, los pequeños inversores empezaron a vender sus participaciones, lo que permitió que las pocas empresas respaldadas por activos tangibles compraran a precios de ganga. Era el sueño de los especuladores…, pero un sueño peligroso. La inestable divisa alemana hacía que los volátiles precios oscilaran, y cualquier novato podía verse atrapado fácilmente apostando contra inversores más grandes, que intentaban adjudicarse a la velocidad del rayo grandes paquetes de acciones y aprovechaban que endeudarse era barato para especular.

Después de que un movimiento de acciones particularmente arriesgado con una compañía de lanas le reportara cuarenta y cinco millones de marcos en el otoño de 1921,[1] Günther ordenó a una docena de bancos que compraran para él participaciones en otras tantas empresas industriales. Una de sus inversiones fue en la gigantesca productora de potasa Wintershall. A pesar de que Günther ya se había unido a la junta minera de la compañía, no tenía el control completo y eso le molestaba enormemente. «No podía decir nada en ninguna parte»,[2] recordaría más tarde. Era un papel incómodo y desconocido para el magnate textil, quien, aun dirigiendo desde la distancia sus fábricas familiares, estaba decidido a convertirse en un jugador importante de aquella industria tan distinta. Acaba de cumplir los cuarenta y el tiempo apremiaba. Además, la perspectiva de dedicarse simplemente a especular con su fortuna en el mercado de valores durante «el funesto periodo de la inflación» le repugnaba, según escribió. No obstante, para alguien que proclamaba sentir semejante aversión por especular en bolsa, se las ingenió para superar su declarada repulsa con gran éxito. Pero incluso tras su festín de compra de acciones bursátiles, todavía le quedaban treinta y cinco millones de marcos. Estaba listo para adquirir su propia compañía.

En la primavera de 1922, Günther identificó su primera presa: Accumulatoren-Fabrik AG (AFA), la fábrica de baterías con sede en Berlín. Esta compañía se había convertido en una de las productoras de baterías más grandes del mundo. Cuando Günther posó sus ojos sobre ella, la electrificación mundial estaba en pleno auge. La AFA compartía, además, fuertes lazos con la industria armamentística tras haber provisto de baterías a los submarinos alemanes durante la Primera Guerra Mundial. Aun así, su valor intrínseco no se veía reflejado en el precio de sus acciones. Estaba muy repartida entre varios dueños y carecía de los mecanismos de protección adecuados —participaciones preferentes, por ejemplo— para protegerse de una adquisición hostil.

Günther empezó a comprar acciones de la AFA a diario, a través de una red de empresas pantalla, bancos y testaferros[3] (entre los que se encontraba algún familiar), para evitar llamar la atención, permanecer en el anonimato y conseguir más dinero. Pero se vio obligado a revelarse públicamente en septiembre de 1922, cuando el consejo de la AFA anunció un aumento de capital, acompañado de la emisión de participaciones preferentes. Por aquel entonces, Günther solo contaba con un cuarto de las acciones de la AFA y conseguir la mayoría sería casi imposible si el aumento de las participaciones salía adelante.

Al día siguiente de recibir la noticia, Günther estaba leyendo el periódico financiero de Berlín en su despacho cuando se topó con un anuncio anónimo[4] que exigía a los compañeros accionistas de la AFA que votaran en contra de la proposición del consejo. Günther llamó entonces a Walther Funk, el editor jefe del periódico. Funk, que conocía a todas las personas de cierta relevancia en el mundo empresarial de Alemania, le reveló que un hombre llamado Paul Hamel había puesto el anuncio, por lo que Günther organizó un encuentro con él aquella misma noche. Hamel era socio del banco privado Sponholz y se especializaba en adquisiciones corporativas. Günther y él decidieron unir fuerzas.

Tras un extenuante mes de negociaciones con el consejo de la AFA, los saqueadores corporativos se alzaron con la victoria.[5] No se emitirían acciones preferentes y Günther consiguió cuatro asientos en el consejo. Mientras tanto, y en secreto, siguió comprando participaciones de la compañía con el dinero de sus fábricas textiles. En junio de 1923, con su grupo controlando alrededor del 75 % de las participaciones, Günther se convirtió en presidente del consejo supervisor.

La OPA hostil sobre la AFA se había completado. Günther se había hecho con el control de una empresa de renombre internacional en un nuevo sector industrial, completando así la rápida transformación de comerciante textil a un astuto especulador y, finalmente, a un empresario industrial de pleno derecho. Además, gracias a Funk, consiguió un nuevo socio: Paul Hamel. Tras la muerte de un ejecutivo de la AFA en enero de 1925, Günther se adueñó de la oficina del difunto en la sede central de la compañía en Askanischer Platz n.º 3. Se encontraba junto a la principal estación de trenes de Berlín, en el corazón del distrito financiero y gubernamental, cerca del dinero y del poder. Desde allí, sentado tras un gran escritorio doble y oscuro en un amplio despacho con altas paredes revestidas de madera, Günther dirigía el emergente imperio Quandt.

Tres años después, Günther conquistaba su segunda empresa: Deutsche Waffen- und Munitionsfabriken (DWM). Durante la Primera Guerra Mundial había sido uno de los productores más importantes de armas y munición, y proveedor del ejército de la Alemania imperial. Sus filiales fabricaban los famosos rifles Mauser y las pistolas Luger, además de millones de balas y piezas para aviones de combate. Hacía tiempo que Günther, cariñosamente, consideraba a DWM «una pequeña Krupp»,[6] refiriéndose a la infame compañía de aceros que era la mayor productora de armas de Alemania.

Pero la antiguamente poderosa DWM se encontraba en apuros cuando Günther y sus socios se abalanzaron sobre ella en el verano de 1928.[7] La compañía, fundada en Berlín, se había visto forzada a reestructurarse como parte del acuerdo de desarme firmado por Alemania tras perder la guerra, y ahora solo producía pequeños electrodomésticos de cocina y máquinas de coser, entre otros artículos inofensivos. Las únicas armas que DWM tenía permitido fabricar eran rifles para la caza y las prácticas deportivas. El precio de sus acciones se había desplomado por los rumores de insolvencia y una gerencia anticuada.

El lamentable estado de DWM la convertía en un objetivo más fácil y barato que la AFA. En su autobiografía de 1946, publicada poco después de la guerra, Günther trató desesperadamente de crear la impresión de que él nunca había tenido nada que ver con el negocio de las armas. Alegaba que fue Paul Hamel el que le ofreció la oportunidad de expandirse hacia esa industria[8] (ambos habían agregado a otro Paul —Paul Rohde, un magnate del acero— para formar el trío que iría a por la adquisición hostil de DWM). Según Günther, Hamel movilizó a los inversores con tanto éxito en la siguiente reunión de accionistas de DWM que la directiva al completo dimitió en julio de 1928. Dejando a un lado esta versión revisionista de la historia, fue Günther el que, en última instancia, fue nombrado de nuevo presidente del consejo supervisor tras haberse ganado la reputación de que tenía talento para reestructurar empresas en cualquier tipo de industria.

4

Cuando la época de la hiperinflación alcanzó su cénit y luego terminó a finales de 1923, Friedrich Flick, un magnate del acero de cuarenta años, se mudó con Marie y sus hijos a Berlín. Se establecieron en una villa apartada en el exclusivo barrio de Grunewald, en la parte arbolada y occidental de la capital. Flick también se había beneficiado enormemente de los estimulantes años de especulación e inflación, lo que le permitió dejar su nativa Siegerland, una región rural al sudeste de la región del Ruhr, para asentarse en la capital. Ahora, Flick paseaba por los pulcros caminos de gravilla que rodeaban su propiedad[1] mientras mordía puros baratos y planeaba su próximo atrevido movimiento.

Para anunciar su llegada, Flick compró un señorial edificio de oficinas en Bellevuestrasse n.º 12,[2] desde el que podría dirigir su creciente imperio de intereses industriales. Se encontraba en una calle tranquila, entre el Tiergarten y la Potsdamer Platz. El animado centro de la ciudad estaba a la vuelta de la esquina, y el cuartel general de Günther Quandt, en Askanischer Platz, a tan solo tres minutos al sur en coche. Con su arisca determinación, crueldad y talento para los números y los subterfugios, Flick se estaba convirtiendo rápidamente en uno de los magnates del acero más exitosos e influyentes de Alemania, aunque casi nunca parecía disfrutarlo. Uno nunca lograba distinguir el más mínimo atisbo de alegría en sus ojos azules, o la más leve sonrisa en su rostro. Su constitución achaparrada, cara ojerosa, mirada fija y cabeza cubierta de un abundante cabello que encanecía muy rápido le conferían un aspecto intimidante y severo que resultaba apropiado para alguien que se convertiría en el empresario industrial más infame de la Alemania nazi.

Flick, dos años más joven que Günther Quandt, nació el 10 de julio de 1883 en Ernsdorf, un pueblo aletargado en el floreciente núcleo industrial de la Alemania imperial. Hijo de un comerciante de madera que tenía participaciones en varias minas de minerales, Flick estudió economía y empresariales en Colonia antes de aprovechar unas prácticas en una empresa de acero de Siegerland en apuros para convertirse en su director con veinticuatro años. Luego se unió al consejo de dirección de otra compañía local dedicada al acero que también estaba en crisis. Conseguir formar parte del consejo le permitió casarse con Marie Schuss, hija de un respetado concejal y productor de textil de Siegen, en 1913.[3] Poco después, la pareja tuvo tres

Friedrich Flick.

hijos: Otto-Ernst, Rudolf y, bastante más tarde, Friedrich Karl. La dinastía de los Flick había empezado a tomar forma.

Flick tenía un asombroso talento para memorizar números y analizar balances. Una tras otra, reestructuró las dos empresas siderúrgicas en apuros antes de aprovechar una oportunidad que se presentaría con el estallido de la Primera Guerra Mundial. En 1915, fue incorporado al consejo de Charlottenhütte como director comercial. Esta empresa, firmemente solvente, era la mayor productora de acero de Siegerland, pero aun así era pequeña comparada con sus competidoras a lo largo del Imperio alemán. Los compañeros de la junta directiva de Flick le permitieron embarcarse en una ambiciosa política de adquisiciones de empresas, multiplicando por cuatro el balance general de la compañía durante el curso de la guerra. La compañía se benefició mucho de la creciente necesidad de acero para fabricar armas para el Ejército.

A medida que la demanda de armas creció durante los dos últimos años de la Primera Guerra Mundial, los precios del acero, el mineral de hierro y la chatarra también se dispararon. Flick empleó los desorbitados beneficios que Charlottenhütte acumuló durante el periodo de guerra para financiar la estrategia de compras de otras empresas y, al mismo tiempo, implementó su propio plan: empezó a comprar en secreto acciones de Charlottenhütte, que no tenía accionistas mayoritarios claros. Financió su sigilosa adquisición gracias a un rentable negocio paralelo de chatarra, al dinero de su padre y a la dote de su mujer.[4] Y lo que es más, convenció en dos ocasiones a su propia junta y al Estado para que emitieran acciones preferentes para prevenir amenazas de adquisición, tanto reales como exageradas por él, de manera que solo él pudiera hacerse con el control de Charlottenhütte.

Tras rechazar un intento real de adquisición hostil por parte del legendario magnate del acero del Ruhr, August Thyssen, y llegar a un acuerdo con él a principios de 1920, Flick se convirtió en el accionista mayoritario de Charlottenhütte. Entonces transformó la empresa en su *holding* particular donde reunir una rápidamente cambiante colección de acciones de empresas dedicadas al acero, la minería y demás industrias pesadas,[5] que a menudo obtenía comprando participaciones a través de testaferros y negocios pantalla que ocultaban su identidad y sus intenciones, como por esta época también estaba haciendo Günther Quandt. El amenazador ritmo de adquisición, venta e intercambio de acciones de Flick, le condujo a una feroz competición y esporádicas colaboraciones con empresarios industriales consolidados como Thyssen, Krupp, etcétera.

Una vez sellado el pacto con Thyssen, Flick se comprometió a mantenerse alejado de la región del Ruhr, abandonando así temporalmente su objetivo principal, y empezó a hacer tratos con empresarios del acero de la Alta Silesia, una región muy disputada que pasaba constantemente del control polaco al alemán y viceversa. Su volatilidad era tierra de cultivo para la oportunidad de comprar a buen precio. Sus negocios en la Alta Silesia hicieron que Flick llamara por primera vez la atención a nivel nacional. Un periodista financiero del *Berliner Tageblatt,* el periódico más importante de la capital, fue el primero en trazar un perfil de Flick. En 1924, escribió que Flick estaba «poseído por el espíritu de la época y se sentía igualmente interpelado. Se metió de lleno en el caldero del proceso de reorganización, se zambulló algunas veces y resurgió como el nuevo rey de un conglomerado empresarial de la industria pesada […]. Friedrich Flick, cuyo nombre es desconocido para el público general, pero es alguien a quien sus colegas de la minería y los directores de bancos importantes (que no pueden soportarlo porque los excluye) reconocen como uno de los hombres más poderosos, exitosos y hábiles».[6] Flick odiaba cualquier clase de atención por parte de la prensa y empezó a sobornar a los periodistas para que abandonaran los artículos que escribían sobre él.[7]

A través de su incursión en Silesia, Flick logró por fin un punto de apoyo en la región industrial que más codiciaba: la del Ruhr. Hacia 1923-1924, intercambió gran parte de sus intereses en la Alta Silesia por participaciones en empresas de acero del Ruhr controladas por un competidor. El trueque incluía acciones de Gelsenberg, una empresa minera. El siguiente movimiento de Flick fue el más arriesgado hasta entonces. En 1926, un grupo de empresarios industriales del Ruhr establecieron en Düsseldorf el Vereinigte Stahlwerke (VSt), un conglomerado que regulaba la producción y el precio del acero. Financiado principalmente con bonos americanos, se convirtió en la segunda empresa del acero más grande del mundo, solo superada en tamaño por U. S. Steel. Flick recibió una parte considerable de VSt por el intercambio de sus acciones de Silesia y trasladó muchos de sus intereses comerciales al nuevo conglomerado empresarial del Ruhr. Pero no era suficiente; quería el control completo de VSt.[8] Cuando algunas de las empresas que controlaban el conglomerado se fusionaron, y Gelsenberg emergió como la accionista principal de VSt, Flick aprovechó la oportunidad. Empezó a comprar más acciones de Gelsenberg con la esperanza de lograr hacerse con la mayoría. Tras intercambiar y comprar y vender una serie de acciones, la mayor parte con un antiguo rival, Flick se convirtió en el accionista principal de VSt, obteniendo así el control de uno de los grupos industriales más importantes del mundo. Para cuando llegó 1929, y con tan solo cuarenta y cinco años, había ascendido de una manera impresionante hasta convertirse en el empresario industrial más poderoso de Alemania.

5

A finales de la década de 1920, no había límites para Günther Quandt. Aunque sus hermanos se estaban haciendo cargo cada vez más de llevar las fábricas textiles en Brandeburgo, él establecía la estrategia de los negocios familiares. Era, además, accionista mayoritario de Wintershall, la compañía de potasa más grande de Alemania. Y, lo que es más importante, había conquistado dos grandes negocios industriales que vendían sus mercancías por todo el mundo. Un ejecutivo de DWM escribió que Günther se había convertido a una nueva fe: «Pertenece a esa clase de hombres cuya fuerza radica exclusivamente en la convicción de que el poder del dinero es invencible. Su éxito solo sirve para reafirmarle esta creencia una y otra vez. Una creencia que ha transformado en religión, aunque no sea de las que precisa necesariamente de una fe en Dios».[1]

Con los nuevos ingresos llegaron las típicas tendencias del nuevo rico. Durante años, Günther había estado buscando un *pied-à-terre* adecuado en el centro de Berlín para no tener que volver a casa cuando salía tarde de la oficina o del teatro con Magda.[2] Un día de 1926, su agente inmobiliario contactó con él: un hombre de negocios necesitaba vender su casa en la ciudad cuanto antes para evitar la bancarrota. Günther compró el inmueble y todo lo que contenía tras regatear con el desesperado propietario para que bajara el precio. La casa, en el sofisticado Westend de Berlín, venía con un caro mobiliario y su inventario al completo: desde la primera botella de vino y obra de arte hasta el último cubierto. Estaba decorada con mucho más estilo que su propia mansión; el elemento central del salón era un gran órgano. Tras comprar la casa, Günther le dijo bromeando a Magda: «¿Ves, querida, lo equivocada que estabas cuando decías que la cultura no se puede comprar? ¡Es justo lo que acabo de hacer!».[3]

Pero mientras la riqueza de Günther aumentaba a un ritmo constante, su vida familiar se fue derrumbando, hasta que la tragedia los golpeó a principios de julio de 1927. Su primogénito y heredero natural, Hellmut, se había inscrito en un programa para trabajar y estudiar en el extranjero, y acababa de marcharse cuando murió en París a causa de una desastrosa operación de apendicitis. Tan solo tenía diecinueve años. Las últimas palabras de Hellmut fueron para Günther: «Te habría ayudado encantado con tu grandiosa labor, mi querido padre».[4]

Günther quedó destrozado. «He perdido a mi querido y adorado hijo, del que siempre me había sentido tan orgulloso y para el que había construido todo», escribió. Magda, que permaneció junto a la cama de Hellmut durante días, estaba profundamente afectada por la pérdida de su hijastro. Hellmut era solamente seis años menor que ella y los dos tenían una relación muy cercana; tanto, de hecho, que algunos sospechaban que sentían algo el uno por el otro.[5] Enterraron a Hellmut junto a su madre Toni en el cementerio de Pritzwalk, en un mausoleo familiar que Günther había construido para ellos. «Todo lo que estaba destinado a conseguir en su vida ahora es responsabilidad de su hermano Herbert, de diecisiete años»,[6] escribió Günther.

El segundo hijo, Herbert, parecía desafortunadamente poco preparado para suceder a su hermano. Era un joven introvertido de carácter cambiante, esbelto y tímido, lo contrario de su talentoso, atractivo y simpático hermano mayor. Y lo que es más, había nacido con una discapacidad visual tan grave que estudiaba en casa desde los diez años.[7] Como apenas era capaz de leer, Herbert se vio obligado a memorizar todas las lecciones, asimilando la información a través de las explicaciones orales de sus profesores particulares.

El médico de Herbert predijo que solo sería capaz de tener un futuro profesional en la agricultura, trabajando con las manos. Por ello, Günther le compró a Herbert la gran finca de Severin,[8] en el estado septentrional de Mecklemburgo. La propiedad se extendía alrededor de una mansión neorrenacentista de ladrillo construida en la década de 1880, y estaba rodeada de unos diez kilómetros cuadrados de terreno dedicados a tierras de cultivo y plantaciones forestales. Además, sus campos, praderas y bosques se extendían sobre una suave cresta. Günther nombró guardián de Severin a su antiguo cuñado, Walter Granzow, y la propiedad no tardó en convertirse en un próspero negocio agrícola. En breve, sin embargo, serviría a un propósito mucho más oscuro.

La muerte de Hellmut aceleró el desmoronamiento del matrimonio de Günther y Magda. Fue una pareja incompatible desde el principio, y los sentimientos románticos que Magda todavía pudiera albergar por su marido desaparecieron tras la muerte de su hijastro. En su lecho de muerte en el hospital de la rue de Clichy de París, Hellmut rogó a su padre y madrastra —que no paraban de pelearse— que «se mostraran siempre bondadosos el uno con el otro».[9] Las palabras de Hellmut se clavaron en el corazón de Günther «como una puñalada», escribió. «Sentía que, si Hellmut moría, nuestro matrimonio se disolvería. Él era el fuerte apoyo que, quizá de forma inconsciente, siempre nos devolvía a los brazos del otro».

Günther tenía razón, y el problema lo había generado él. Durante seis años había ignorado a Magda emocional, social y económicamente. Había sido un tacaño con ella, concediéndole una asignación inicial que suponía una tercera parte de lo que recibían las sirvientas. La joven llevaba un registro de todos los gastos de la casa en un cuaderno. Cuando se lo mostraba a su marido, él lo ojeaba página por página sin pronunciar palabra y, al final del todo, escribía en tinta roja: «Revisado y aprobado, Günther Quandt».[10] Toda su vida consistía en cuidar de los niños y supervisar un servicio doméstico de cinco empleados en un barrio periférico de Berlín. Pero Magda estaba hecha para la aventura, no para la vida hogareña. Había recibido una buena educación, hablaba varios idiomas y adoraba las bellas artes. Quería más de la vida, preferiblemente siendo el centro de atención, y había esperado, en vano, que al estar casada con un rico empresario industrial conseguiría un lugar prominente en la sociedad de los alegres años veinte berlineses.

En el otoño de 1927, unos meses después del fallecimiento de Hellmut, la pareja se fue de viaje a Estados Unidos, en un intento de Günther por resucitar su matrimonio (incluso embarcó su cabriolé Mayback rojo para la ocasión). Sin embargo, a pesar de sus esfuerzos, su amor no solo no se reavivó en la carretera, sino que otra clase de chispa llamó la atención de Magda. En el centro de Manhattan —de entre todos los sitios del mundo—, la pareja sería contactada por primera vez por el Partido Nazi.[11] Kurt Lüdecke, un *playboy* de la *jet set* y uno de los primeros miembros del NSDAP, se había instalado temporalmente en Nueva York, con la esperanza de vender la causa nazi a los ricos norteamericanos. Los intentos de Lüdecke de que Henry Ford, el virulentamente antisemita magnate del automóvil de Detroit, invirtiera en el partido, habían fracasado. Quizá, pensó, tendría más suerte con un alemán rico como Günther, que resultó ser el hermano mayor de un amigo.

La pareja conoció a Lüdecke en el Hotel Plaza, donde se hospedaban mientras visitaban Nueva York. «Comí con él y con su encantadora y joven mujer»,[12] escribió Lüdecke en sus memorias, *I knew Hitler* ('Yo conocí a Hitler'). «Era uno de los hombres más ricos de Alemania, con la mentalidad internacional y económica típica de una máquina de negocios que tiene poca o ninguna imaginación para nada más. Evidentemente, se convirtió de inmediato en otro potencial objetivo para mí: quería conseguir que tanto él como su dinero se interesaran por nuestra causa; pero él se mostraba escéptico».

Günther no mordió el anzuelo, de manera que Lüdecke cambió de táctica. Magda parecía «mucho más dispuesta», escribió. «Sus ojos brillaron cuando le hablé de Hitler y los actos heroicos del nazismo. Para cuando me despedí de ellos en el barco que los llevaría de vuelta a Alemania, *Frau* Quandt se había convertido en mi aliada. Me prometió que leería los libros del movimiento nazi que le había dado y que trataría de convencer a su marido, y me invitó cariñosamente a que los visitara en Berlín. Durante mi estancia en Alemania el verano de 1930 nos hicimos amigos íntimos y la convertí en una nazi fervorosa».

Pero intimaron mucho más allá de eso. No fue la primera aventura de Magda, ni sería la última. A principios de 1928, tras regresar a Berlín de su viaje por las Américas, Günther concedió más libertad y dinero a Magda.[13] El magnate, obsesionado con la adquisición de DWM, aumentó la asignación de su esposa y dejó de criticar su ropa y de supervisar sus planes diarios y sus gastos. Por fin se permitió a Magda confeccionar su vestuario en distinguidas casas de diseño y a acudir a bailes de sociedad celebrados en grandes mansiones. Aun así, seguía sin ser feliz. Sus sentimientos por Günther habían desaparecido y, aunque no paraba de solicitarle el divorcio, este se negaba a concedérselo.

En uno de estos bailes, Magda conoció a un joven estudiante de una familia pudiente y tuvieron una aventura. No tuvo ningún reparo en irse de viaje con su nuevo amante y, aunque sus frecuentes ausencias no levantaron sospecha alguna en Günther, sus cambios de humor —de deprimida a radiante— sí lo hicieron. Su marido hizo, por tanto, que la siguiera un detective privado, que le informó de que Magda y su amante se hospedaban en un hotel en la misma ciudad del río Rin en la que Günther y ella se habían casado. Cuando Günther le pidió explicaciones al respecto, ella lo admitió todo.

Las consecuencias fueron graves. Debía abandonar el hogar familiar de inmediato y Günther inició los procedimientos para el divorcio. De pronto, Magda se encontró a sí misma en una posición poco envidiable: la mujer del empresario industrial se quedaría sin un céntimo de la noche a la mañana. Al haber admitido la aventura amorosa, Magda tenía todas las de perder en los tribunales: su matrimonio, a su hijo Harald y cualquier perspectiva de obtener una pensión alimenticia. Pero no estaba indefensa: había acumulado sus propias pruebas sobre los enredos de Günther. Unos años antes, había descubierto un conjunto de cartas de amor de otra mujer en el escritorio de su marido y ahora estaba preparada para utilizarlas contra Günther para que este volviera a la mesa de negociación.

Su plan funcionó. El matrimonio de Günther y Magda se disolvió el 6 de julio de 1929 en un juzgado civil de Berlín.[14] Los abogados de ella —Katz, Goldberg y asociados— consiguieron un buen acuerdo: mientras que la culpa por el divorcio y los costes legales recaerían sobre Magda —que había «renunciado a su deber conyugal» al negarse a dormir con su marido durante más de un año—, el tacaño de Günther tendría que mantener generosamente a su exmujer a partir de entonces. De este modo, Magda recibiría una pensión alimenticia de casi cuatro mil *reichsmark* mensuales, veinte mil *reichsmark* si enfermaba y cincuenta mil *reichsmark* más para buscar un nuevo hogar. Además, consiguió la custodia de su hijo Harald hasta que este cumpliera catorce años, momento en el que regresaría con Günther para que lo instruyera y un día pudiera hacerse con el control de la mitad del imperio empresarial de los Quandt. La custodia dependía de una única condición: si Magda se casaba de nuevo, Harald volvería con su padre de inmediato, ya que Günther no quería que su hijo viviera bajo la influencia de otra figura paterna. Asimismo, aparte de la custodia, Günther también le concedió a Magda el derecho de utilizar su propiedad en Severin sin ninguna clase de restricción. Estas disposiciones tendrían importantes consecuencias para los excónyuges y su hijo.

Mientras que Günther dedicó decenas de páginas en sus memorias a describir su vida con Magda, solo empleó un conciso párrafo para documentar lo que él consideró un divorcio amigable: «En el verano de 1929, me separé de Magda [...].

Desde entonces, hemos mantenido una relación amistosa».[15] Al principio, Günther se responsabilizó del fracaso del matrimonio, culpando a su carga de trabajo, pero después cambió de idea y se absolvió a sí mismo. «Con todo el estrés, no cuidé de Magda como se merecía y necesitaba. A menudo me he culpado a mí mismo amargamente por ello, pero cuántas veces nos culpamos los seres humanos a nosotros mismos sin tener realmente culpa».[16] Aun así, Günther seguía sintiendo debilidad por su exmujer: «Incluso cuando nuestros caminos se separaron, siempre pensé en ella con admiración».[17]

Tras firmar los papeles del divorcio, Günther le envió a Magda un ramo de flores y la llevó a cenar a Horcher, en Schöneberg, uno de los restaurantes más exclusivos de Berlín y el local favorito de Göring. En un principio, las reuniones familiares ocasionales que siguieron al divorcio se realizaron con «gran armonía»,[18] declararía más adelante Herbert, el hijo mayor de Günther. Magda era una mujer libre y muy bien mantenida. Alquiló un piso de siete habitaciones en el número 2 de la Reichskanzlerplatz, en el Westend berlinés, a la vuelta de la esquina de la casa de Günther. Por fin podría ser la anfitriona que su exmarido nunca le permitió ser. Tenía que cuidar de su hijo pequeño, pero, puesto que podía permitirse una sirvienta y una cocinera, Magda tenía tanto tiempo libre que no sabía qué hacer con él. A pesar de que seguía viéndose con el joven estudiante, quería estar con un hombre más maduro. Tenía otros pretendientes, entre ellos un sobrino rico del presidente americano Herbert Hoover, pero rechazó su propuesta de matrimonio. Estaba inquieta y buscaba darle un nuevo significado a su vida, que pronto encontraría en el emergente Partido Nazi y en su defensor más acérrimo después de Hitler: el doctor Joseph Paul Goebbels.

6

El *playboy* nazi Kurt Lüdecke introdujo por primera vez a una Magda Quandt de veintiocho años en los círculos más refinados del nacionalsocialismo en el verano de 1930. Tal y como explicó el propio Lüdecke: «Como no tenía nada que hacer y disfrutaba de una buena asignación, se convirtió en una activa simpatizante nazi».[1] La rica divorciada hizo su entrada a través del Club Nórdico, una institución elitista de debate racial de Berlín, que contaba entre sus filas con numerosos aristócratas alemanes, aburridos y acaudalados a partes iguales. El grupo, que consideraba que «la raza nórdica» era superior a las demás, abogaba por que el pueblo alemán diera un «giro hacia el norte». Una tarde, «tras consumir grandes cantidades de alcohol», Magda se quejó ante aquella ebria camarilla de que «la vida la rehuía y que pensaba que iba a morir de aburrimiento». El príncipe Auwi —hijo del emperador Guillermo II, obligado a abdicar— estaba sentado a su mesa y se inclinó hacia ella con una sonrisa cómplice: «¿Aburrida, querida? Deja que te haga una sugerencia: ¡únete a nosotros! Trabaja para el partido».[2]

Magda le tomó la palabra de inmediato. En una tarde calurosa y sofocante de verano, a finales de agosto de 1930, acudió al acto electoral del Partido Nazi en el Palacio de los Deportes de Schöneberg, el salón de convenciones más grande de Berlín. Sería su primer encuentro con el orador principal de esa noche, Joseph Goebbels,[3] Herr Doktor, puesto que se había doctorado en literatura por la Universidad de Heidelberg. Goebbels había fracasado como escritor de ficción, dramaturgo y periodista antes de unirse al emergente Partido Nazi en 1924. Con su talento para la retórica, la grandilocuencia y su sumisa devoción por Hitler —que lo consideraba un amigo de confianza—, no tardó en ascender y se convirtió en *Gauleiter* de Berlín en 1926 después de que el propio Hitler lo propusiera para el cargo. Ahora, cuatro años después, este hombre de treinta y dos años había llegado incluso más alto. Era miembro del Reichstag, jefe nazi de propaganda y estaba a cargo de la campaña electoral del partido a nivel nacional. Los comicios se celebrarían en dos semanas y Goebbels solo estaba calentando.

Goebbels tenía una nariz larga, el rostro pálido, una amplia frente y un cabello castaño oscuro peinado hacia atrás. Casi nunca sonreía. Su gran cabeza suponía un extraño contraste con su pequeño y raquítico cuerpo, que solo se elevaba un metro sesenta y ocho del suelo. Al caminar, cojeaba, ya que había nacido con un pie zambo, y vestía con camisas y trajes mal ajustados. ¿Por qué se fijaría en él una atractiva y rica divorciada que acudía a un club de debate en el que se abogaba por las virtudes de la superioridad nórdica? Y, sin embargo, aquella noche, cuando Goebbels empezó a dirigirse a los miles de asistentes, Magda quedó fascinada. Tenía una voz profunda y resonante, cuyo tono oscilaba entre la tristeza y el sarcasmo, y podía elevarla y emplearla para mofarse con desdén. No tardó en propinar insultos hacia sus enemigos: los judíos, los comunistas e incluso los capitalistas. Más adelante, la madre de Magda describiría la primera vez que su hija escuchó a Goebbels como una experiencia casi erótica: «A Magda la invadió la pasión. Sintió que este hombre se dirigía a ella como mujer, no como seguidora de un "partido" del que apenas sabía nada. Tenía que conocerlo; tenía que conocer a este hombre que, de un momento a otro, podía hacerte hervir la sangre o dejarte helada».[4]

Unos días después, el 1 de septiembre de 1930, Magda se unió al Partido Nazi.[5] Compró el libro de Hitler, *Mein Kampf* ('Mi lucha'), su manifiesto autobiográfico, y lo leyó de principio a fin. Además, estudió el trabajo de Alfred Rosenberg, el teórico nazi y rival de Goebbels. Tras un intento fallido de liderar el comité NSDAP para mujeres de la clase trabajadora de su elegante barrio, Magda se lanzó a la búsqueda de otro trabajo. Tenía que estar cerca de Goebbels. Un día gris de finales de octubre, probó suerte. Se acercó al centro de Berlín, se presentó sin cita en el cuartel general regional del Partido —que parecía una fortaleza— y ofreció sus servicios. Se la recibió con los brazos abiertos cuando indicó que hablaba varios idiomas. Tres días después, consiguió el puesto de secretaria del adjunto de Goebbels.

Tras unos días trabajando en la oficina, Magda estaba bajando las escaleras cuando un hombre bajito con una gabardina subió rápidamente por ellas. Era Goebbels. Al cruzarse, intercambiaron una rápida mirada. Magda, más indiferente que nunca, siguió andando y no miró atrás. Goebbels se volvió de inmediato hacia su asistente y le preguntó: «¿Quién era esa extraordinaria mujer?».[6] Al día siguiente, se convocó a Magda en el despacho de Goebbels, que le dijo que estaba buscando a una persona de confianza que pudiera hacerse cargo de su archivo privado, y le preguntó si ella podría hacerlo. El archivo se constituiría de recortes de periódico nacionales e internacionales sobre el Partido Nazi, Hitler y, especialmente, el propio Goebbels, quien conocía bien el poder de la información. Él mismo escogía las piezas periodísticas que utilizaría en sus engañosas campañas de propaganda. La recopilación de noticias también le proporcionaba una ventaja a la hora de transitar por las violentas intrigas palaciegas del NSDAP. Goebbels siempre buscaba algo con lo que competir. No era un celebrado héroe de la aviación de guerra, como Hermann Göring, ni el líder de las SS, como Heinrich Himmler. Goebbels solo tenía su ingenio y su devoción por Hitler.

Magda aceptó el trabajo. Su primera aparición en el diario de Goebbels fue el 7 de noviembre de 1930: «Una hermosa mujer apellidada Quandt me está haciendo un nuevo archivo privado».[7] A medida que Magda sucumbía a los encantos del nazismo y de Goebbels, su relación con Günther cambió. Los excónyuges mantenían un contacto frecuente. Puesto que Harald vivía con ella, Günther y Herbert los visitaban a menudo en su apartamento de la Reichskanzlerplatz, y ella se les unió varias veces en las vacaciones familiares. Magda estuvo con Günther en Florencia durante las Navidades de 1930, después de que él se lesionara la cadera, y viajaron a St. Moritz juntos para que este se recuperara con el aire de las montañas.

Pero Magda había cambiado. En su momento, había intentado que Günther que apoyara la causa nazi después de acudir a su primer mitin, y ahora sus conversaciones solo versaban sobre política. Según recordaría Günther más tarde: «Al parecer era absolutamente necesario unirse a este movimiento; sería lo único que salvaría a Alemania del comunismo, al que sin duda el país tendría que enfrentarse dada su complicada situación económica».[8] En visitas posteriores, se dio cuenta de que «Magda se había convertido en una ferviente propagandista de la nueva causa y de que estaba implicada de todo corazón». Al principio, Günther pensaba que Magda solo se había «encaprichado» del talento para la oratoria de Goebbels, pero viendo que ella no paraba de repetir el mismo mensaje, él limitó sus visitas.

Durante esas fiestas de Navidad, Magda fue incluso más lejos e intentó hacer proselitismo para que tanto el padre como el hijo se unieran a su nueva causa. «Se convirtió en la mayor defensora de las ideas del nacionalsocialismo y trató de reclutarnos a mi hijo y a mí para el partido. Insistía en que al menos debíamos aportar dinero para la causa. Los argumentos parecían tan originales que era complicado ir contra ellos. Cuando nos percatamos en nuestras conversaciones posteriores de que solo se hablaba del partido y ya no se nombraban […] las cosas bellas, mi hijo Herbert y yo decidimos dejar de visitarla»,[9] testificaría Günther después ante los tribunales. Aclaró, además, que dejó de verla por completo tras volver de St. Moritz.

Herbert confirmó estos recuerdos de su padre bajo juramento. A pesar de toda la «admiración y gratitud»[10] que sentía hacia su antigua madrastra, le había sorprendido tanto «esta evolución de sus opiniones y fanatismo» que parecía un sinsentido mantener el contacto con Magda, «puesto que se había vuelto tan terca que no se le podía llevar la contraria». Pero Günther y Herbert mintieron. Las visitas no se detuvieron y padre e hijo estaban mucho más interesados en el pensamiento fascista de lo que jamás admitirían.

7

Aunque la República de Weimar supuso un periodo rentable para Günther, no era un gran partidario de esta nueva Alemania más liberal. Había demasiada inestabilidad política y volatilidad económica y echaba de menos los días del estricto Imperio germánico, de cuya caída había sido testigo. El 5 de octubre de 1918, diez días antes de la muerte de Toni, Günther acudió a la sesión del Reichstag en la que el último canciller de la Alemania imperial accedió a las exigencias de paz del presidente de Estados Unidos, Woodrow Wilson, cuando este le solicitó el alto el fuego inmediato y el fin de la Primera Guerra Mundial.

Fue la primera y última vez que Günther acudió al Reichstag. «Una imagen de desdicha es todo lo que recuerdo»,[1] escribió. «Nuestra patria se enfrentaba al caos». A lo largo de los años, Günther desarrolló un interés por las formas de gobierno autoritarias. Mientras que Magda entró en el Club Nórdico, Günther se unió a la Sociedad para el Estudio del Fascismo de Berlín.[2] El grupo de estudio y debate de cerca de doscientos miembros —al que solo se accedía por invitación— analizaba el fascismo tal y como lo practicaba el dictador italiano Benito Mussolini. El grupo, fundado en 1931, pretendía unificar ideológicamente a las dispares facciones de extrema derecha alemanas, e investigaba la forma en que el sistema fascista podría funcionar como alternativa a la democrática República de Weimar.

El líder del grupo, y su fuerza impulsora, era Waldemar Pabst, el ardiente antibolchevique que había ordenado las ejecuciones de los líderes comunistas alemanes Rosa Luxemburgo y Karl Liebknecht en 1919. La mezcla de miembros de la élite del club incluía a académicos teóricos de tendencia conservadora que estudiaban el fascismo italiano; aristócratas terratenientes; un trío de futuros ministros de Economía nazis (Hjalmar Schacht, Walther Funk y Hermann Göring); los socios de Günther en los negocios (los dos Paul); y a Fritz Thyssen, el empresario de la industria del acero, que fue uno de los primeros simpatizantes del Partido Nazi.

Como parte del club, Günther dirigía un grupo de estudio que redactaba las pautas para reducir el desempleo en Alemania.[3] Además, se organizaban conferencias por las tardes, se leían folletos sobre fascismo y había debates sobre formas alternativas de gobierno. Los adinerados miembros del grupo eran, en esencia, el equivalente fascista a los «socialistas de salón». El interés por el grupo, sin embargo, resultó ser muy breve, puesto que sus miembros descubrieron una unificación ideológica mucho más cercana y optaron por apoyar su marca casera de fascismo: el nazismo.

Al principio, la mayoría de los magnates veía a Hitler y a sus nazis como unas figuras ruidosas, violentas, maleducadas y toscas, además de excéntricas, de las que reírse y a las que considerar poco más que payasos vestidos de uniforme y salidos de las zonas más analfabetas y pobres del interior del país. Pero todo cambió tras la peor caída de la historia del mercado bursátil mundial, que culminó con el colapso del precio de las acciones en la Bolsa de Nueva York el 29 de octubre de 1929. El desplome de las cotizaciones arruinó a la mayoría de inversores y empresas —que habían financiado sus compras con créditos—, y la demanda de mercancías y servicios se evaporó. La Gran Depresión se cebó especialmente con Alemania: hacia finales de 1930, la bolsa había perdido dos terceras partes de su valor, la producción industrial se había reducido a la mitad y millones de alemanes estaban en paro.

A mediados de septiembre de 1930, el Partido Nazi de Hitler se subió a la ola de descontento económico y político para convertirse en la segunda fuerza en el Reichstag, tras conseguir 6,4 millones de votos a nivel nacional. La campaña dirigida por Goebbels —que culpaba a los judíos y a los comunistas de la crisis financiera— fue un éxito rotundo y, ese mismo invierno, Hitler empezó a ganar aliados entre los hombres de negocios más importantes de Alemania. El malestar general con respecto a la economía le abrió las puertas de muchas personas influyentes, a las que aterrorizaba que la izquierda provocara una revuelta política mientras el sistema financiero se mostrara tan inestable. Günther y sus adinerados compañeros no tardaron en recibir una llamada que los invitaba a la *suite* de Hitler en el Hotel Kaiserhof de Berlín.

8

La mañana del domingo 1 de febrero de 1931,[1] Hitler se encontraba en su sede central de Múnich y fue a ver a Otto Wagener, su principal asesor financiero. El líder del Partido Nazi no se quitaba el dinero de la cabeza y empezó a pensar, junto a Wagener, en distintas formas de conseguir millones de *reichsmark* para armar a las Sturmabteilung (SA), la sección paramilitar del partido, por si un golpe de Estado por parte de la izquierda derivaba en una guerra civil. Se decantaron por la comunidad empresarial, pero había un problema: ninguno de los dos contaba con buenos contactos en ella. Aquello debía cambiar y rápido. Wagener llamó de inmediato a la residencia de Berlín de Walther Funk. El editor del periódico se mostró ansioso por concertar citas para el líder nazi con los empresarios industriales y financieros, y recomendó que Hitler y su séquito se alojaran en el elegante Hotel Kaiserhof de la capital para realizar sus negocios. Funk le dijo a Wagener que este era el lugar propicio para que Hitler causara una buena primera impresión a los magnates, si quería de verdad sacarles dinero. El edificio, primer hotel de lujo de Berlín, se situaba frente a la Cancillería del Reich, a la vuelta de la esquina de las oficinas de Günther y Friedrich Flick. Funk se encargaría de reservar las habitaciones apropiadas.

A la mañana siguiente, Hitler, Wagener y su séquito salieron de Múnich en coche. Tardaron más de un día en llegar a Berlín. Wagener preparó a Hitler, instándole a que primero hablara de temas económicos con aquellos hombres, lo que los relajaría e introduciría en la conversación, y después les pidiera el dinero para financiar el armamento de las SA. Finalmente, llegaron al hotel a las dos de la tarde del martes 3 de febrero. Funk, que los esperaba en el vestíbulo, les mostró su habitación, una *suite* en la esquina del tercer piso. Hitler tenía su propio dormitorio con baño privado; los demás se alojarían juntos. El líder nazi recibiría a los invitados en la ricamente decorada sala de estar de la *suite,* cuyas ventanas daban al parque de la Cancillería del Reich. Funk no había perdido el tiempo. En dos horas, a las cuatro de la tarde, se presentaría en la *suite* la primera visita de la semana: el barón August von Finck.

El banquero aristócrata de treinta y dos años de Múnich era el hombre más rico de Baviera. Había heredado el imperio empresarial de su padre y tenía el control de Merck Finck, el banco privado más importante de Alemania. Era dueño también del mayor número de participaciones de dos de los gigantes de los seguros mundiales, Allianz y Munich Re.

August von Finck era alto y regio, con un rostro de expresión fría y la cabeza cubierta de un inmaculado pelo castaño que llevaba peinado hacia atrás. Además, era de alta cuna. Wilhelm, su padre, había sido cofundador de Allianz y Munich Re, a pesar de que los seguros ni siquiera eran su profesión principal. Era un financiero que había creado su propio banco privado, el Merck Finck,[2] aunque su espíritu empresarial no tenía límites: levantó fábricas de cerveza, ayudó a expandir la red de ferrocarril, cofundó un negocio con el inventor del diésel y ayudó a construir la primera central hidroeléctrica del Imperio alemán. En reconocimiento por todos estos esfuerzos, se le concedió un título nobiliario: Wilhelm Finck se convirtió en el barón Wilhelm von Finck en 1911. Compró miles de hectáreas de terreno y devino en uno de los mayores terratenientes de Baviera. En definitiva, fue un hombre increíblemente exitoso, sobre todo teniendo en cuenta que era un piadoso protestante que vivía en una parte de Baviera que era devotamente católica.

Pero la desgracia llamó a su puerta durante la Primera Guerra Mundial, cuando el hermano mayor de August murió en el frente en 1916. Wilhelm había pensado en legarle a su hijo mayor su banco, sus intereses empresariales y sus puestos de poder en los consejos de administración; la tierra y los negocios agrícolas serían para August. Este último, de dieciocho años, entró en el ejército el mismo día que mataron a su hermano en combate. Sirvió durante dos años en los Balcanes, en una unidad de provisiones que buscaba forraje y comida. Resultó herido, pero no fue nada serio: solo se lesionó la rodilla derecha.

Tras la muerte de su hijo mayor, un afligido Wilhelm tomó la decisión de liquidar su banco cuando falleciera, pero reconsideró esta decisión en su lecho de muerte en 1924. Wilhelm cambió su testamento, designando a August como socio principal del banco privado Merck Finck y propietario de todos sus intereses empresariales, desde las aseguradoras a las cerveceras. Además, heredaría una enorme extensión de tierra.

Así, con veinticinco años, August sucedió a su padre en cerca de dos docenas de consejos de administración, entre los que se incluían dos de los más importantes de las finanzas globales: se convirtió en presidente del consejo de supervisión de Allianz y de Munich Re. Después de todo, esto no era una meritocracia.

August también heredó el devoto protestantismo de su padre y su legendaria frugalidad. Al joven heredero empezó a conocérselo en sus círculos como el hombre más rico y tacaño de Baviera, con una austeridad que lo hacía parecer cruel y distante. Como conservador acérrimo, August se refugió en los salones aristocráticos y reaccionarios de Múnich durante los agonizantes años de la República de Weimar, mientras una aburrida y apática Magda hacía lo mismo en Berlín. Pero había llegado el momento de que August se separara de aquella camarilla estrecha de miras y de extrema derecha. Se sentía más ambicioso que nunca y estaba listo para trabajar en algo nuevo y radical.

En aquella tarde helada y nublada de martes de principios de febrero de 1931, August von Finck, acompañado de Kurt Schmitt, el oportunista consejero delegado de Allianz que contaba con numerosos contactos, acudió a su primer encuentro con Hitler. La sede central de Allianz estaba frente al Hotel Kaiserhof. A las cuatro de la tarde, los dos hombres se personaron en la *suite*. Walter Funk los condujo a la sala de estar, donde Hitler los esperaba. Durante la siguiente media hora, Hitler les describió la pesadilla de todo capitalista al «evocar el espectro de las masas desempleadas alzándose en una revuelta izquierdista».[3] Von Finck y Schmitt se mostraron de acuerdo con él. Ninguno de los dos financieros estaba contento con la situación política y la imposibilidad de dar trabajo a millones de personas. Estaban «absolutamente convencidos [...] del futuro estallido de las revueltas y de un importante giro hacia la izquierda»,[4] le dijeron a Hitler. Tras la reunión, Funk los acompañó a la salida y regresó de inmediato a la *suite* con buenas noticias: von Finck y Schmitt se habían comprometido a aportar cinco millones de *reichsmark* a través de Allianz para armar a las SA si se producía un golpe de izquierdas que pudiera derivar en guerra civil.

Hitler se quedó sin palabras. Después de que Funk se marchara, se maravilló ante Otto Wagener por «la clase de poder que manejan los grandes negocios». Era como si la fuerza monetaria del capitalismo se hubiera revelado ante el líder nazi por primera vez. Pero su asesor financiero lo previno sobre los hombres de negocios: «Quieren ganar dinero, nada más que eso, asqueroso dinero; y ni siquiera se dan cuenta de que persiguen a un fantasma diabólico».

A Hitler no le importaba. Muchos más millones estaban a punto de prometérsele. Funk había invitado a Günther Quandt al Kaiserhof a la mañana siguiente.

9

El miércoles 4 de febrero, el antiguo matrimonio formado por Günther y Magda Quandt —sin que ninguno fuera consciente de ello— se reunió con Hitler por separado, por primera vez y en el mismo sitio. Esa mañana, Günther y dos ejecutivos de la Wintershall hablaron con Hitler en la *suite* de su hotel. Para cuando se marcharon, la suma prometida para armar a las SA alcanzaba los trece millones de *reichsmark.* (La recaudación de fondos culminó la tarde siguiente con una cifra de veinticinco millones de *reichsmark,* después de que Funk convocara en la *suite* a otros cuatro hombres de negocios.[1] A la larga, sin embargo, ninguno de los magnates tuvo que pagar, puesto que el levantamiento izquierdista nunca sucedió). La impresión que Günther se llevó de Hitler, que era ocho años menor que él, fue decepcionante: «No puedo decir que Hitler me causara una impresión significativa o insignificante, compasiva o de repulsa. Me pareció más bien mediocre»,[2] escribió el magnate.

Günther abandonó el Kaiserhof hacia mediodía. A las cuatro de la tarde, uno de los guardaespaldas de Hitler entró en la *suite* y anunció que un chico estaba esperando en la puerta para hablar con el líder nazi. Hitler le dijo que lo dejara pasar. Un niño de nueve años, delgado, guapo y de aspecto confiado, entró a zancadas en la habitación. Vestía un uniforme azul, con una daga a un lado, y un gorro cuartelero sobre su cabello rubio. Era Harald Quandt, el hijo pequeño de Günther. Magda lo había enviado desde el vestíbulo sin anunciar. Harald hizo el saludo nazi ante los hombres y dijo:

—¡El miembro más joven de las Juventudes Hitlerianas de Alemania se presenta ante su Führer![3]

Hitler, divertido, quiso saber su nombre y edad, y le hizo otra pregunta:

—¿Quién te ha hecho este uniforme tan bonito?

—Mi madre —respondió Harald.

—¿Y cómo te hace sentir?

—¡Como si fuera dos veces más fuerte de lo que soy!

Hitler le dijo a Harald que volviera a visitarlo y que le diera recuerdos de su parte a su madre, la mujer misteriosa que estaba tomando el té en el vestíbulo. Unos minutos después de que Harald se marchara, Goebbels se personó en la *suite*. Su romance con Magda avanzaba poco a poco porque primero debía dejar enfriarse una aventura previa. Pero otro competidor por el amor de Magda estaba a punto de aparecer, y era un hombre al que Goebbels veneraba como a ninguno: el propio Hitler.

Goebbels había reservado una mesa en un rincón del vestíbulo del hotel para que el grupo tomara una merienda-cena. Hitler, que desconocía las incipientes relaciones entre Magda y Goebbels, preguntó si podría invitar a la madre y al hijo a que los acompañaran a la mesa. Este le complació y abandonó la *suite*. Momentos después, apareció Hermann Göring. Cuando Hitler le dijo que tomarían el té con «una tal *Frau* Quandt», Göring exclamó: «¡Oh, la *madame* de Pompadour de Goebbels!». Estaba comparando a Magda con la cortesana principal del rey Luis XV de Francia.

El testimonio de Otto Wagener sobre aquella reunión para tomar el té a las cinco de la tarde podría haber salido directamente de una novela romántica: «Incluso a primera vista, *Frau* Quandt causaba una impresión excelente que solo aumentaba con el desarrollo de la conversación [...]. Iba bien vestida, pero no de una forma excesiva, era sosegada en sus movimientos, confiada y segura de sí misma, y tenía una sonrisa irresistible; me atrevería a decir que cautivadora. Me fijé en el placer que producía su inocente buen humor a Hitler. También me di cuenta de que sus grandes ojos se aferraban a la mirada fija del Führer. Y cuando la conversación se detenía por completo, el joven Harald siempre servía de catalizador para reanudar el contacto». Wagener tuvo que llevarse a su jefe a rastras para separarlo de Magda, puesto que debía prepararse para la ópera. Sin embargo, al asesor financiero no le cabía «duda de que un vínculo más estrecho de amistad y veneración había empezado a forjarse entre Hitler y la señora Quandt». Hitler quedó destrozado cuando, avanzada la noche, le confesaron que Goebbels ya tenía una llave del apartamento de Magda. Pero los nuevos amantes todavía no habían consumado la relación.

Eso sucedió diez días después, el día de San Valentín de 1931. «Magda Quandt vino por la tarde. Y se quedó mucho rato. Y florece hecha toda una dulzura de cabellos rubios arrebatadores. ¡Eres mi reina! (1) [...]. Hoy camino por la vida como si fuera un sueño»,[4] escribió Goebbels en su diario. A lo largo del mes de marzo, indicó con un paréntesis las ocasiones en las que mantuvieron relaciones sexuales: «Magda [...] se marcha tarde a casa. (2.3.)».[5] Cinco días después: «Magda, la deliciosa [...]. Si aprendemos un poco más el uno del otro, seremos la pareja perfecta. (4.5.)».[6] Una semana después, el 22 de marzo: «Magda [...] ahuyenta todas mis preocupaciones. La quiero tantísimo (6.7.)».[7] El último paréntesis (sexual) del diario coincide con la noche en que se pelearon por primera vez y se reconciliaron en la cama. Los dos se habían convertido claramente en una pareja el 26 de marzo: «He trabajado mucho hasta caída la tarde. Después vino Magda y hubo amor, una pelea y de nuevo amor (8.9.). Es una criatura fabulosa. Pero no debo perderme en ella. El trabajo es demasiado importante y crucial para eso».[8]

Harald también empezó a aparecer en los diarios de Goebbels: «Por la tarde, Magda vino con su hijo, Harald. Tiene nueve años y es un niño encantador. Completamente rubio y un poco descarado. Pero eso me gusta»,[9] escribió el 12 de marzo de 1931. Goebbels se encaprichó de inmediato de Harald, la imagen de un auténtico niño ario: alto para su edad, con unos grandes ojos azules y el pelo rubio claro. Además, era bien parecido, con unos rasgos delicados y afeminados. Goebbels habló efusivamente sobre lo «dulce» que era Harald en innumerables entradas de su diario, y pronto empezó a llevarlo al colegio, escribiendo que lo convertiría en «un chico útil».[10]

Pero Goebbels no era el único admirador de Harald; Hitler lo adoraba hasta «idolatrarlo».[11] Ese otoño, poco antes del décimo cumpleaños del niño, los dos nazis más importantes empezaron a utilizarlo como imagen para sus campañas propagandísticas. A mediados de octubre de 1931, Hitler y Goebbels se lo llevaron con ellos a Braunschweig, en el centro de Alemania, a una marcha de las SA que duraría dos días. Impresionado por la actuación de Harald en el Kaiserhof con su vestimenta, Hitler había ordenado a toda la organización nazi que luciera siempre en público sus uniformes. Más de cien mil personas, incluidos diez mil hombres de las SA y las SS, tomaron parte en el acto, que fue la marcha paramilitar más multitudinaria que jamás se celebrara durante la República de Weimar. En su diario, Goebbels describió al niño durante el evento: «Harald tenía un aspecto exquisito con su nuevo uniforme de las SA, con sus largas botas amarillas. Ahora ya es todo un hombre. Nos marchamos con el jefe [...]. ¡El desfile de las antorchas! Harald iba en el coche con el jefe. Es todo un hombre. La ovación de miles de personas. Una avalancha de entusiasmo. El jefe estaba contentísimo y levantaba el brazo de Harald. El dulce niño ha mostrado valentía a mi lado todo el día».[12]

Magda, mientras tanto, seguía el trabajo que Goebbels hacía por toda Alemania como una auténtica fanática. La rica divorciada lo sorprendía esperándolo en su habitación de hotel, presentándose en cualquier ciudad en la que él diera un discurso o asistiendo a las actividades del Partido Nazi. Magda malcriaba a Goebbels, que disponía de poco dinero, colmándolo de flores y llevándolo al zoo de Berlín.[13] A diferencia de Günther, el alto cargo nazi dejaba que Magda formara parte de su vida y agradecía su apoyo. «Permaneció conmigo durante los días difíciles; no lo olvidaré jamás»,[14] escribió en abril de 1931. Pero Goebbels también podía ser posesivo y celoso. «Pequeña discusión con Magda, que recibe a su exmarido en su casa a las ocho de la tarde. Eso es muy desconsiderado y solo alimenta los rumores. Ya ha cortado todos los lazos que lo unían a él y es solo mía»,[15] escribió a finales de junio de 1931.

Pero la generosidad de Günther con su exmujer fue un elemento clave en el fortalecimiento de la relación entre ella

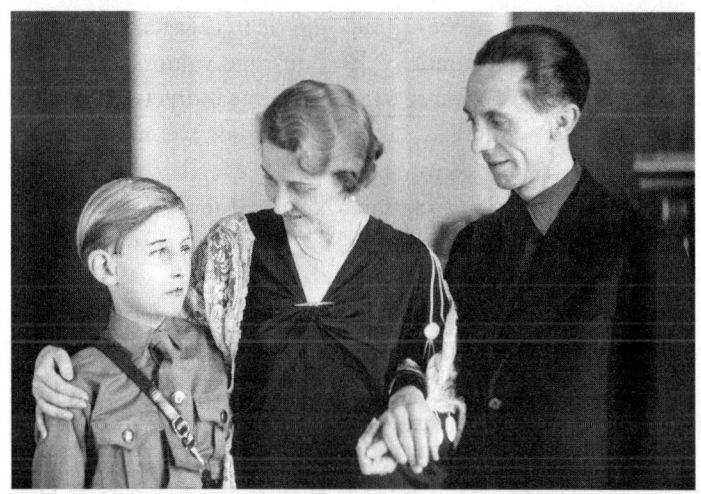

Un joven Harald Quandt con su madre,
Magda, y Joseph Goebbels, 1931.

y Goebbels. En el acuerdo de divorcio, Günther le había dado permiso para utilizar la propiedad de Severin sin limitaciones. Desde el principio, Magda no encontró ningún obstáculo que le impidiera llevar a su nuevo amante a la casa de campo de su exmarido. De hecho, se convirtió en la escapada favorita de la pareja[16] —a unas meras tres horas en coche hacia el norte desde Berlín— y pasaron una semana entera allí durante las fiestas de Pentecostés de 1931. Hitler también empezó a pasar los fines de semana en la propiedad de Günther con su séquito. La rural Severin y sus alrededores eran la fortaleza del NSDAP. Walter Granzow, el guardián de la propiedad, les dio a todos la bienvenida. Era un nazi ambicioso con los ojos puestos en un cargo público.

Durante aquel Pentecostés en Severin, la pareja decidió su futuro. «Ya lo hemos aclarado todo. Hemos hecho una promesa solemne: cuando conquistemos el Reich, nos convertiremos en marido y mujer»,[17] escribió Goebbels en su diario el 31 de mayo de 1931. Sin embargo, no esperaron a que eso sucediera y anunciaron su compromiso ese mismo verano. Magda le comunicó la noticia a Günther y a Hitler el mismo día, y ninguno de los dos hombres se lo tomó bien. «Magda [...] habló con G. Quandt el sábado y le contó que vamos a casarnos. Está destrozado. Magda se ha vengado por todo el daño que le hizo. Y luego está el jefe. Le dijo lo mismo. Y él también está destrozado. La ama. Pero me es leal. Y a Magda también [...]. Hitler está triste. Está muy solo. No tiene suerte con las mujeres porque es muy blando con ellas. A las mujeres no les gusta eso. Tienen que sentir que alguien las domina [...]. ¡Pobre Hitler! Casi me avergüenza sentirme tan feliz. Espero que esto no enturbie nuestra amistad»,[18] escribió Goebbels en su diario el 14 de septiembre de 1931. Para su gran descontento, Hitler y Magda siguieron coqueteando cada vez que se encontraban, a menudo cuando Goebbels no estaba con ellos.[19] Pero el celoso de Goebbels no podía hacer nada al respecto; se trataba de Hitler, después de todo.

El líder nazi concibió un papel importante para Magda. Le explicó a Otto Wagener que «podría representar el equivalente femenino de mis obsesivos instintos masculinos».[20] A Wagener se le ocurrió entonces una peculiar proposición, a la que se conoció como «el arreglo».[21] Hitler había renunciado al matrimonio: su «novia» era el pueblo alemán. (Hacía muy poco que conocía a Eva Braun). Wagener, por lo tanto, sugirió un triángulo amoroso que sería platónico en el caso de Hitler. A través de su matrimonio con Goebbels, Magda sería la primera dama extraoficial del Tercer Reich. De cualquier modo, Hitler ya era prácticamente un miembro de la familia. Él y su séquito pasaban muchas noches en el apartamento de Magda en Reichskanzlerplatz, cenando los platos especiales que su cocinera había preparado para el líder nazi vegetariano y hablando hasta altas horas de la madrugada. Magda y Goebbels aceptaron el pacto matrimonial con el hombre al que veneraban y decidieron retrasar la fecha de la boda hasta diciembre.

Por pura coincidencia, Günther y Hitler se encontraron por segunda vez dos días antes de que Magda les comunicara la noticia del compromiso. «Qué asco. El señor Günther Quandt se ha visto con el jefe. Evidentemente se puso a aparentar y trató de dar buena impresión. El jefe se lo tragó; le encantó. Cuando se lo conté a Magda, se puso pálida por el enfado y la rabia. Lo comprendo, pero quizá eso fuera lo que hacía falta para que se curara del todo»,[22] escribió Goebbels en su diario el 12 de septiembre de 1931. Resulta que la pareja no tenía ninguna razón para preocuparse. Günther y Hitler se habían limitado a hablar sobre política económica.

Según la descripción que Günther proporcionó sobre el encuentro tras la guerra,[23] acudió a esta segunda reunión con Hitler en la *suite* del Kaiserhof porque sus socios, los dos Paul, lo habían invitado. Hitler quería escuchar las ideas de los tres magnates sobre cómo podrían solucionar la crisis económica de Alemania. Günther aconsejó al líder nazi que las jornadas laborales se redujeran de ocho a seis horas, para lidiar con la alta tasa de desempleo. Es más, sugirió recortar los sueldos un veinticinco por ciento, prohibir los pagos de créditos al consumo y eliminar las prestaciones por desempleo. El dinero ahorrado podría emplearse en las infraestructuras estatales, mientras que la industria de la construcción debería estimularse gracias a las deducciones fiscales. Era bien sabido, le explicó Günther a Hitler, que la economía volvería a mejorar cuando la industria de la construcción se fortaleciera.

A cambio, Hitler les dio las gracias a los tres empresarios y les comunicó que quería luchar contra el desempleo a través de grandes contratos estatales. Sobre todo, quería estimular la economía con el rearme militar, noticia que fue muy bien recibida por el trío de fabricantes armamentísticos. La conversación entre Hitler y los hombres, fijada para durar quince minutos, se alargó el triple, según escribió un orgulloso Günther después. Aunque le dio la impresión de que Hitler consideraba «impresionantes» sus propuestas, e incluso le había pedido a Otto Wagener que anotara su nombre para que los dos pudieran hablar de nuevo, Günther no volvió a saber nada del líder nazi de forma directa. Años más tarde, en el estrado, recordaría este encuentro con Hitler de una forma un poco distinta: «Nuestros puntos de vista eran tan diferentes que nunca nos entendimos. Hitler ni siquiera me dejó hablar en ninguno de los dos encuentros que mantuve con él».[24]

10

Günther y Goebbels se conocieron por fin en persona en la fiesta del trigésimo cumpleaños de Magda, que se celebró el 11 de noviembre de 1931, en el apartamento de la Reichskanzlerplatz que ella tenía alquilado gracias al dinero caído del cielo que obtenía desde el divorcio. Goebbels estaba a punto de irse a vivir con ella. Günther sintió «instintivamente que no encajábamos»,[1] como recordaría más tarde sobre aquella noche. El sentimiento fue mutuo. Cuando el magnate visitó su propia finca unas semanas después para ver a Harald, que se encontraba en Severin con Magda y Goebbels, el político nazi, ante la intromisión, se desahogó en su diario llamando al empresario industrial: «Un bobo insensible. El típico capitalista. De la peor clase de ciudadano».[2] Todo esto mientras Goebbels vivía de la cuantiosa pensión alimenticia de Magda, en su gigantesco apartamento, y disfrutaba de la hospitalidad de la finca de Quandt, todo pagado por el magnate.

A pesar de la aversión mutua e instantánea de los dos hombres, Günther se pasaba a ver a su exmujer y al futuro marido de esta de vez en cuando para que lo pusieran al día en política y para donar dinero al Partido Nazi, hechos que más adelante desmentiría. El 11 de diciembre de 1931, Goebbels documentó una de esas visitas: «Ha venido Günther Quandt esta tarde. Quiere dar dinero al partido. Magda le había llamado la atención por ello; es nuestra mejor defensora. [...] Le hablo de política. Está completamente convencido, el viejo... El inteligente, enérgico y brutal capitalista se ha pasado totalmente a nuestro bando. Como debía ser. Y además ha donado dinero: he conseguido 2000 [marcos]. Son para los prisioneros y los heridos. Los acepto por los míos, por mi gente, con gran pesar».[3] Sin embargo, Goebbels también añade: «La conversación no fue tan fría como me esperaba». La atmósfera mejoró mucho gracias a la donación de Günther y a sus alabanzas sobre el nuevo libro de Goebbels, *La conquista de Berlín,* que estaba leyendo en ese momento, o eso le dijo al nazi.

Goebbels no podía negarse a aceptar el dinero de Günther. El partido nazi estaba permanentemente arruinado y necesitaba todos los fondos que pudiera conseguir. Goebbels vivía de un sueldo irrisorio complementado por la inmensa pensión de su mujer, y ese apoyo se acabaría pronto. Con la boda a tan solo ocho días, Magda y Goebbels estaban a punto de perder la pensión de esta como fuente de ingresos, tal y como se estipulaba en el acuerdo de divorcio. Y lo que era peor, perderían también a Harald, que regresaría con Günther. El magnate no quería perder a uno de los dos hijos que le quedaban para que lo criara e influenciara otro hombre, y mucho menos si se trataba del maestro de propaganda del Partido Nazi.

Las nupcias de Magda y Goebbels se celebraron el 9 de diciembre de 1931. Un biógrafo de Magda describiría la boda más adelante como «inigualable, por su falta de gusto, de principio a fin».[4] Magda Quandt se convirtió en Magda Goebbels en Severin, la finca de su exmarido —de todos los lugares posibles—, y sin su permiso. La ceremonia la planificó el guardián de la finca

Madga y Joseph Goebbels tomados del brazo en su boda, con
Harald Quandt, 1931. Hitler, el padrino, está al fondo.

de Günther, Walter Granzow, que accedió a no contárselo a su jefe y antiguo cuñado. Granzow estaba ansioso por cambiar de profesión y entrar en el NSDAP. De hecho, ya llevaba tiempo ofreciendo la finca de Günther como lugar para las reuniones secretas de Hitler, Goebbels y demás líderes nazis. Severin, que Günther había comprado para asegurarle un futuro a su casi invidente hijo Herbert, se había convertido de facto en el cuartel general nazi en Mecklemburgo. El magnate lo sospechaba, pero sus repetidas peticiones a Magda de que no lo convirtiera en el centro neurálgico nazi de la región cayeron en saco roto. Y no había mucho que Günther pudiera hacer, ya que le había permitido el uso ilimitado de la finca, lo que incluía el derecho a recibir invitados. Por lo tanto, el desayuno de la boda se sirvió en la mesa de comedor de Günther[5] y se brindó por la salud de la pareja en la recepción —celebrada en la casa de campo— con sus copas.

La ceremonia protestante, en la que Hitler actuó de segundo testigo de Goebbels, tuvo lugar en la pequeña iglesia del pueblo de Severin, cuyo altar se decoró para la ocasión con la bandera del Partido Nazi envolviendo el crucifijo. Los dieciocho miembros de la comitiva nupcial se encaminaron desde la casa de campo de Günther hasta la iglesia para la ceremonia, a través de los bosques de Severin y viceversa para la recepción. Magda, que estaba embarazada en secreto, y Goebbels caminaron cogidos del brazo a través de aquellos bosques cubiertos de nieve. Ambos iban vestidos completamente de negro, salvo por el chal blanco de encaje de Bruselas que rodeaba los hombros de Magda (un pedazo del vestido que se había puesto para casarse con Günther). Era el último atisbo de la precoz joven que había sido.

Harald, de diez años, marchaba al lado de su padrastro, ataviado con un traje inspirado en el uniforme de las SA con botas de caña, pantalones bombachos, una camisa marrón y un cinturón con arnés. Justo detrás de la pareja iba la madre de Magda, Auguste, y a su lado, cogiéndola del brazo, Hitler. El rostro del líder nazi quedaba prácticamente cubierto por su sombrero de ala ancha y se protegía del frío con un abrigo cruzado. A lo largo del camino, entre los árboles, había hombres de las SA vestidos con camisas blancas y corbatas, tiesos como palos y haciendo el saludo nazi para rendir homenaje a los recién casados.

Günther escribiría más tarde[6] que podría haber ido a Severin de visita ese día de diciembre y haber interrumpido, sin darse cuenta, la boda de su exmujer. Culpó a Hitler, que al parecer había insistido en que la ceremonia se celebrara en alguna zona rural apartada, y a Granzow, que había puesto sus intereses por hacer carrera con los nazis por delante de los de su jefe. Günther despidió a Granzow, pero la planificación de la boda que realizó el guardián de la hacienda dio sus frutos, y escaló puestos velozmente en el Partido Nazi.

En las semanas posteriores a la boda, Günther reclamó la custodia legal de Harald y se desató una batalla entre él y los recién casados. Cualquier tregua que existiera entre los tres adultos se había convertido en una guerra sin cuartel. Goebbels se puso hecho un basilisco cuando Magda le contó que Günther iba a recuperar a Harald. Y Magda también se «enfureció como una leona con su cachorro. La ayudaré. Borraremos esa careta de hipócrita que lleva escrita en la cara»,[7] escribió Goebbels en su diario el 29 de diciembre de 1931. «Despierto hasta tarde con Magda [...] planeando nuestra venganza. ¡Pobre Günther Quandt! No me gustaría tener a Magda como mi enemiga». La fecha de la anotación no era una coincidencia. Tres días después, el día de Año Nuevo de 1932, Harald se trasladó oficialmente de vuelta a la casa de su padre en la ciudad, aunque Günther le permitiría visitar a menudo el apartamento de su madre en Reichskanzlerplatz, a la vuelta de la esquina.

A pesar de su pelea por Harald, Günther asistió a un discurso de dos horas que dio Goebbels en febrero. Mientras que, según Goebbels, Günther se mostró «encantado»[8] con lo que había visto y oído, aquello no unió a los hombres en la lucha por la custodia. El magnate aseguraría más tarde que solo acudió a este mitin nazi en Berlín para hacerse «una idea sobre la oratoria y el sentimiento popular»[9] tras sus reuniones con Hitler, y que «nunca más volví a interesarme por este movimiento» después de asistir a dicho acto.

Exceptuando a Harald, Goebbels empezó a tener una opinión muy baja del resto de hombres Quandt. Cuando conoció al hijo mayor de Günther, Herbert, por primera vez en abril de 1932, le pareció que el casi ciego y futuro salvador de BMW era «un poco retrasado».[10] Cuando después se enteró de que la mejor amiga de Magda, Ello, había dejado a su marido Werner Quandt, el hermano pequeño de Günther, Goebbels lo llamó «todo un proletario».[11] Y cuando Magda y Goebbels le hablaron a Hitler de Werner, «el capitalista»,[12] el canciller alemán montó en cólera y prometió encargarse de él. Sin embargo, a pesar de la amenaza, al hermano pequeño de Günther nunca le sucedió nada. Aun así, Goebbels se la tenía claramente jurada a la mayoría de hombres Quandt, y su poder no hacía más que aumentar.

11

Otro capitalista en Berlín tenía problemas mucho más serios en la primavera de 1932. Friedrich Flick había finalizado su adquisición del conglomerado de acero VSt, con sede en Düsseldorf, y lo hizo nada menos que entre la caída mundial del mercado bursátil y el principio de la Gran Depresión. Había sido capaz de financiar la compra de la mayoría de las acciones del conglomerado industrial más grande de Europa mediante enormes préstamos y emisiones de bonos. La deuda estaba garantizada por sus acciones en el VSt, a través de Gelsenberg, y Flick había puesto a ambas empresas como aval bancario. Sin embargo, a raíz del colapso de los mercados, el valor de estas acciones se había desplomado y Flick poseía pocos bienes tangibles que pudieran servir como nuevas garantías. El *holding* de Flick y Gelsenberg estaban a punto de declararse en quiebra, y él pronto estaría en la ruina.[1]

A principios de 1932, Flick necesitaba salir rápidamente de Gelsenberg. Y, al mismo tiempo, Hitler volvía a necesitar dinero: quería un respaldo monetario para las próximas elecciones presidenciales.[2] Walther Funk preparó una reunión con Flick, de nuevo en el Kaiserhof, una mañana gélida de febrero, un año después de que Günther Quandt y August von Finck hubieran atravesado las puertas de la *suite* de Hitler por invitación del astuto periodista. En el año que había pasado desde aquella primera reunión, Funk había dejado el periódico financiero de Berlín, había empezado a editar el boletín informativo económico del NSDAP y había conocido a Otto Steinbrinck, la implacable mano derecha de Flick.

Steinbrinck era un veterano de la marina altamente condecorado que había hundido, con gran iniciativa, más de doscientos barcos mercantes como comandante de un submarino durante la Primera Guerra Mundial.[3] Flick había detectado su talento para los negocios cuando Steinbrinck le preparó un informe de inversión, momento desde el que rápidamente se convirtió en su principal hombre de confianza. Además, Flick —que cultivaba una imagen pública completamente ajena a la política— nombró a Steinbrinck su enlace con los nazis después de que este demostrase su gran capacidad para los negocios secretos y la política.

La mano derecha de Flick, Otto Steinbrinck

Funk envió su invitación a Flick para que acudiera al Kaiserhof a través de Steinbrinck. Flick estaba ansioso por conocer al hombre que había empezado a ejercer tanta influencia en la política alemana. Pero su reunión de una hora a finales de febrero de 1932 fue un desastre. Mientras Steinbrinck esperaba a las puertas de la *suite*, Hitler confundió a Flick con el héroe naval y habló sin cesar sobre sus planes para enfrentarse a la marina polaca, motivo por el que, cuando volvieron a su oficina desde el cercano hotel, Flick le confesó a su asesor principal que no había sido capaz de meter baza en su conversación con Hitler. El líder nazi también se sintió decepcionado por lo poco que había hablado su interlocutor. Mosqueado, Flick decidió apoyar con su poder financiero a Paul von Hindenburg, presidente de la nación y candidato conservador de la clase dirigente, y donó casi un millón de *reichsmark* para su campaña de reelección.

Flick necesitaba desesperadamente ganar influencia en el Gobierno. El único comprador con dinero líquido para adquirir sus participaciones de Gelsenberg era el Estado, que no conocía la lamentable situación de sus finanzas. Acababa de empezar a negociar un acuerdo cuando conoció a Hitler.[4] Las conversaciones se alargaron durante meses, pero Flick tuvo éxito. En un impresionante despliegue de prácticas poco ortodoxas, logró venderle al Gobierno sus participaciones en Gelsenberg por más de noventa millones de *reichsmark* a finales de mayo de 1932, un precio alrededor de tres veces más alto que su valor de mercado.[5] Flick intimidó al Estado en la mesa de negociaciones alegando que Fritz Thyssen, otro socio de VSt, estaba dispuesto a comprarle la mayoría de las participaciones con el apoyo financiero de unos prestamistas franceses. La adquisición con dinero francés del mayor conglomerado de Alemania estaba fuera de discusión. Solo habían pasado unos años desde que Francia ocupara la región del Ruhr como respuesta a la incapacidad de Alemania de seguir pagando las reparaciones de guerra. El rescate financiero de Flick por parte del Gobierno, con unos altos intereses de por medio, le permitió saldar sus deudas y volver a llenar sus arcas.

Cuando las noticias del acuerdo secreto de Flick con el Gobierno salieron a la luz a mediados de junio de 1932, causaron un escándalo a nivel nacional. En el pico de la Gran Depresión, con más de seis millones de alemanes desempleados, el Estado había invertido los millones de los contribuyentes en rescatar a un especulador industrial y a su *holding*. Pero en cuestión de unas semanas, el asunto Gelsenberg se vio eclipsado por una noticia más importante: las elecciones parlamentarias del 31 de julio, en las que el NSDAP se convirtió, por primera vez, en el partido con más representantes en el Reichstag. Hacia finales del verano de 1932, a medida que la sociedad y los políticos olvidaban el escándalo financiero, Flick empezó a prepararse para el gobierno del Partido Nazi.

Aunque el asunto de Gelsenberg había enriquecido considerablemente a Flick, había sido un desastre a nivel de relaciones públicas y mancillado su apellido a escala nacional. Al haber rechazado también los avances iniciales de Hitler, Flick estaba convencido de que necesitaba un nuevo protector en la política y estaba dispuesto a pagar generosamente por ello. A principios de otoño, Walther Funk se pasó por la oficina central de Flick en la berlinesa Bellevuestrasse con una nueva petición del NSDAP: fondos para una nueva campaña electoral. Funk se marchó de allí con cerca de treinta mil *reichsmark*. Enseguida, una sucesión de representantes nazis empezó a desfilar hacia la oficina de Flick. ¿Las SA necesitaban botas nuevas para otro desfile con antorchas? De dos mil a tres mil *reichsmark*. ¿Los publicistas de Flick deseaban para su jefe una cobertura positiva en los medios? Más miles de *reichsmark* para los editores de las revistas y periódicos nazis. Como Flick y Steinbrinck descubrieron, «darle dinero a los nazis era como sangrar mientras nadas entre tiburones».[6]

Entonces las SS llamaron a la puerta. Un día gris y apagado de finales de otoño de 1932, el granjero de pollos convertido en el líder de las SS, Heinrich Himmler, visitó la oficina central de Flick. Había acudido para ofrecerle un acuerdo. Para detener las peticiones de fondos que se le hacían a Flick desde cada esquina del universo nazi, Himmler propuso que las futuras donaciones del magnate siderúrgico se dirigieran exclusivamente a las SS. Flick cerró de inmediato aquel pacto con el diablo. La expansión de las SS era la mejor protección política que uno podía comprar, pero ¿a qué precio? Flick no tardaría en descubrirlo.

Steinbrinck y el ayudante de Himmler, Fritz Kranefuss, ayudaron a negociar el acuerdo entre sus jefes. El ambicioso Kranefuss era sobrino de Wilhelm Keppler, un fracasado hombre de negocios que se estaba convirtiendo velozmente en el asesor financiero preferido de Hitler. A principios de ese año, Hitler le había pedido a Keppler que creara un consejo, compuesto por empresarios industriales y financieros, que pudiera asesorarle sobre políticas económicas y sobre «quién estará a nuestra disposición cuando lleguemos al poder».[7] Keppler contrató a su sobrino para que lo ayudara a reclutar miembros y fundó el Círculo Keppler, como empezó a conocérselo enseguida. Uno de los primeros en unirse fue Otto Steinbrinck, que se sumó al círculo como representante de Flick, justo cuando la sociedad alemana se enteró del asunto Gelsenberg. Su atribulado jefe le ordenó que descubriera de qué lado «soplaba el viento»[8] en las élites nazis. Flick estaba ansioso por utilizar esa información para prepararse para el rearme.

12

A medida que el verano lluvioso de 1932 llegaba a su fin en Berlín, las tensiones entre las familias Goebbels y Quandt seguían al alza. A finales de septiembre, Magda y Goebbels escondieron a Harald en casa de un amigo después de que la pareja se peleara con Günther por teléfono. Hasta que este no amenazó con acciones legales, no consiguió convencerlos de que le devolvieran a Harald. Günther explicaría más tarde que Goebbels nunca le perdonó su obstinación por mantener a Harald: «A Goebbels [...] se le metió en la cabeza que Harald [...], al que había arrastrado con él a toda clase de eventos del partido y al que, por lo tanto, públicamente, consideraba su hijo natural, era efectivamente suyo. El chiquillo era alto y rubio y, por ello, constituía una joya para un líder nazi que no tenía precisamente el aspecto de un alemán nazi».[1]

A principios de noviembre de 1932, alrededor del undécimo cumpleaños de Harald, las tensiones entre los dos hombres se relajaron un poco. Goebbels escribió en su diario que había «hablado con G. Quandt. No es del todo irracional. Ni siquiera en asuntos sociales».[2] Günther accedió a que Harald pasara las vacaciones de Navidad en casa de los Goebbels.[3] Pero cuando el muchacho se presentó en el apartamento en Nochebuena, su madre no estaba allí. Solo estaba Goebbels. Acababan de ingresar a Magda en el hospital con fuertes dolores de estómago, le contó a Harald, que se echó a llorar. El nazi consoló a Harald durante las Navidades llevándolo al cine y a la ópera, y visitaron a Magda en el hospital, a la que llevaron un árbol de Navidad iluminado y adornado con regalos. El 26 de diciembre, Hitler invitó a Goebbels y a Harald a que pasaran la Nochevieja en el pequeño chalé que había alquilado en Obersalzberg, en Baviera, cerca de la frontera con Austria. Goebbels y Harald fueron en coche hasta allí y el último día del año le escribieron, junto con Hitler, una carta a Magda deseándole buena salud. Ella permanecía en el hospital, aquejada por la fiebre. Se estaba recuperando de un aborto. Aún no lo sabía ninguno, pero 1933 cambiaría no solo el curso de sus vidas, sino el de Alemania y el del mundo entero.

El 29 de diciembre de 1932, Hitler recibió un mensaje en el chalé: el antiguo canciller Franz von Papen quería reunirse con él. Una semana después, los hombres se encontraron al anochecer en Colonia, en la mansión del barón Kurt von Schröder, un banquero privado con convicciones antisemitas. Hitler y von Papen negociaron un acuerdo secreto en la villa del financiero aquella noche. Von Papen estaba conspirando para regresar al poder y pensaba que podría utilizar a Hitler, más popular que él, como instrumento para semejante fin. Convencido de su habilidad para controlar a Hitler, persuadió al presidente del Reich, von Hindenburg, para que nombrara canciller al líder nazi y a él vicecanciller. Terminaría siendo uno de los errores de cálculo más catastróficos de la historia. En lugar de reducir al líder nazi a un simple testaferro, von Papen permitió que Hitler se hiciera con el poder.

La tarde-noche del 30 de enero de 1933, las SA celebraron el ascenso político de su Führer a canciller con un desfile con antorchas por el centro de Berlín —atravesando Unter den Linden y la Puerta de Brandenburgo, y dejando atrás el Reichstag y el Tiergarten— que los llevó hasta la Cancillería del Reich, el nuevo hogar de Hitler y desde cuyo balcón les dedicaría unas palabras. Las elecciones parlamentarias estaban fijadas para el 5 de marzo, seis semanas después. Parecía que el gobierno democrático se divisaba en el horizonte. Pocos comprendieron que Hitler se había hecho con el poder esa noche, que el Tercer Reich había empezado, que la República de Weimar se había transformado en la Alemania nazi y que así permanecería durante más de doce largos, oscuros y sangrientos años.

Con Hitler al mando, la balanza de poder entre Günther y Goebbels cambió definitivamente. Seis días después del nombramiento, Günther visitó a Goebbels en el apartamento de Magda para darle la enhorabuena. Cuando se marchó, el jefe de propaganda nazi escribió triunfante: «El señor Quandt ha venido de visita. Rebosante de devoción. Menuda victoria».[4]

13

El día que Adolf Hitler se hizo con el cargo más importante del país, un Adolf completamente distinto dimitió de su trabajo. El 30 de enero de 1933, Adolf Rosenberger, de treinta y dos años, reunió a sus diecinueve empleados en las oficinas de la compañía de diseño de coches Porsche, en Kronenstrasse (en el centro de Stuttgart) y les comunicó que dejaba su puesto de director comercial. Rosenberger había cofundado la sociedad dos años antes con dos socios: el volátil, aunque brillante, diseñador de coches Ferdinand Porsche y su yerno, Anton Piëch, un belicoso abogado vienés. Rosenberger ofrecía el apoyo financiero a la empresa y era su recaudador de fondos, pero se había cansado de gastar su propio dinero y de conseguir capital de amigos y familiares para la firma Porsche, que lo consumía a toda velocidad y se acercaba a la bancarrota. Rosenberger había dejado nombrado a un sucesor: el barón Hans von Veyder-Malberg, un piloto de carreras retirado, conocido de Rosenberger y de Porsche. La compañía se encontraba en tal apuro que el aristócrata austríaco tuvo que aportar cuarenta mil *reichsmark* como préstamo puente.[1] A pesar de la situación financiera, Rosenberger dejó su empleo en buenos términos. Permanecería como socio y se centraría en vender las patentes de Porsche a los mercados extranjeros, trabajando más como un *free-lance*.

A pesar de que compartían nombre de pila, Adolf Rosenberger no podría haber sido más diferente del nuevo canciller. El atractivo judío alemán, con conocimientos técnicos, había sido piloto de carreras para Mercedes, y algunos de sus coches fueron diseñados por Ferdinand Porsche. La carrera deportiva de Rosenberger concluyó de forma abrupta en 1926 después de que un accidente en el Grand Prix de Berlín dejara tres fallecidos y él quedara gravemente herido. Empezó entonces a invertir en bienes inmuebles en su ciudad natal, tras lo que se asoció con Porsche para ayudarle a financiar sus diseños de coches de

El cofundador judío de Porsche, Adolf Rosenberger.

carreras y a transformarlos en prototipos que pudieran llegar a conducirse.

Cuando Ferdinand Porsche estableció en Stuttgart la compañía de diseño de coches que lleva su nombre, en el pico de la Gran Depresión, fue la primera vez que el autodidacta bigotudo de cincuenta y cinco años se lanzaba a la aventura empresarial por su cuenta. Anteriormente, lo habían despedido dos veces como jefe de diseño técnico;[2] la más reciente, de la austríaca Automóviles Steyr, de donde lo habían echado tras solo unos meses a causa de la crisis financiera. Antes de eso, su contrato ejecutivo con Daimler-Benz no se renovó por lo caros que resultaban sus diseños y por su creciente deuda personal con la compañía automovilística, que le prestó dinero para que se construyera una inmensa mansión familiar en una colina de Stuttgart.

Porsche regresó a Stuttgart, desde Austria, con su familia en 1930. Verse en la tesitura de tener que buscar trabajo durante la peor crisis económica de los tiempos modernos era complicado, sobre todo para un hombre mayor de cincuenta y cinco años, que trabajaba en un sector industrial muy especializado y que esperaba un buen sueldo. Además, Porsche tenía reputación de ser difícil. La industria automovilística lo veía como un «perfeccionista imposible de contratar»[3] por su falta de disciplina financiera y su temperamento cambiante. De manera que Porsche montó su propia empresa. Contrató a ingenieros veteranos y se asoció con personas que pudieran compensar sus deficiencias. Pero era incapaz de reprimir sus peores impulsos. Seguía montando escenas; a menudo asiendo el sombrero de ala ancha que siempre llevaba, tirándolo al suelo y pisoteándolo como un niño malcriado. Y lo que es más, sus diseños seguían siendo carísimos: su fabricación jamás se aprobaría durante una depresión económica. Estaba al borde de la quiebra.

Cuando Hitler llegó al poder, Porsche acaba de rechazar un puesto para dirigir la producción de vehículos del régimen de los sóviet de Iósif Stalin en Moscú.[4] Tras sopesarlo cuidadosamente, Porsche rechazó aquel salvavidas; se consideraba demasiado viejo y no hablaba ruso. La política le daba igual, lo único que le importaba eran sus diseños de coches. Por lo que, cuando el dictador de casa le lanzó otro salvavidas, se asió a él con desesperación.

A las diez de la mañana del 11 de febrero, doce días después de que Adolf Rosenberger dejara su trabajo, Hitler pronunció su primer discurso de inauguración en la Muestra Internacional del Motor de Berlín. Con un mensaje optimista, el canciller anunció una rebaja de impuestos a los conductores y un plan moderno de construcción de carreteras para reavivar a la decaída industria automovilística, todavía lastrada por la crisis económica. Hitler, un entusiasta de los coches que ni siquiera se había sacado el carné de conducir, alabó a los diseñadores e ingenieros del sector «cuya genialidad crea estas maravillas producto de la inventiva humana. Es una lástima que nuestro pueblo casi nunca llegue a conocer a estos hombres anónimos».[5] El Führer, sin embargo, estaba a punto de conocer excepcionalmente bien a un diseñador en particular.

El mensaje de Hitler fue recibido con vítores en las oficinas de Porsche en Stuttgart, donde el equipo al completo lo escuchó por la radio. Cuando Hitler terminó de hablar, Ferdinand Porsche le envió un telegrama con un breve currículum y le ofreció sus servicios: «Como creador de muchas construcciones reconocidas en el campo del motor y la aviación alemana y austríaca, y como combatiente yo mismo durante más de treinta años por el éxito presente, felicito a Su Excelencia por el profundo discurso de inauguración».[6] Porsche y su equipo estaban listos para poner su «empeño y habilidades a disposición del pueblo alemán», comunicó por cable a Berlín. En otro telegrama adjunto, escribió además: «Expresamos nuestras esperanzas de que, con nuestros esfuerzos, recibiremos la atención y el ánimo de Su Excelencia».[7] No solo el secretario de Estado de Hitler acusó recibo de sus misivas, sino que también se agradecieron enormemente, y las palabras de apoyo que solicitaban se enviaron a Porsche de inmediato.

El primer contacto del diseñador con Hitler había sido indirecto y por pura casualidad.[8] En 1925, la limusina de Mercedes que trasladaba al líder nazi de un lado a otro se llevó al taller de Daimler, en Berlín, para una reparación. Porsche, por entonces director técnico de Daimler, se encontraba de visita en el garaje y localizó el problema: el aceite lubricante estaba muy contaminado. Por entonces, no tenía ni idea de a quién pertenecía aquella brillante limusina negra. Un año después, los dos hombres se conocerían como es debido en Stuttgart, a pie de pista en una carrera de coches. Ahora, siete años más tarde, Ferdinand Porsche estaba a punto de convertirse en el ingeniero predilecto de Hitler.

El 10 de mayo de 1933, Hitler y Porsche volvieron a encontrarse, en esta ocasión en la Cancillería del Reich, en Berlín.[9] Durante su reunión de treinta y cinco minutos, Porsche convenció a un Führer fanático de los automóviles de que destinara una subvención estatal al desarrollo de un coche de carreras que el propio Porsche y Rosenberger habían diseñado, seduciéndolo con historias sobre sus innovaciones técnicas. La decisión de Hitler le dio un vuelco a la situación financiera de Porsche y, cuando el líder nazi tuvo que buscar a un hombre capaz de convertir su prestigioso proyecto automovilístico en realidad —el Volkswagen—, supo dónde encontrarlo: en su mesa de diseño en Stuttgart.

14

La fría noche cerrada del 20 de febrero de 1933, Günther Quandt, Friedrich Flick y el barón August von Finck volvieron a encontrarse con el Führer y sus asesores financieros en Berlín. Solo que esta vez habían mejorado su localización —de una discreta *suite* en la cercana Kaiserhof a la palaciega residencia del presidente parlamentario—, y los acompañaban más de una veintena de magnates y ejecutivos. Von Finck volvió a acudir con el consejero delegado de Allianz, Kurt Schmitt, uno de los futuros cuatro ministros de Economía nazi presentes. Los otros tres —Walther Funk, Hjalmar Schacht y Hermann Göring— también estaban allí para ayudar a convencer a estas dos docenas de titanes de la industria y las finanzas germanas de que donaran fondos, por última vez, para la campaña electoral nazi.

Tras los discursos de Hitler y Göring y el llamamiento de Schacht a desembolsar los capitales, dependía de los magnates dar el siguiente y delicado paso. Fiel a su legendaria tacañería, August von Finck se fue derecho a la salida «a la primera oportunidad posible»,[1] tras darse cuenta de que Schacht buscaba sacar de él un inmediato compromiso para la donación. Friedrich Flick aportó su dinero espléndidamente.[2] Como acostumbraba, aseguró sus apuestas y donó a todas las partes implicadas: tanto ciento veinte mil *reichsmark* para el Partido Nazi como para su socio nacionalista de coalición. La contribución más baja de la velada fue la de Günther Quandt.[3] Hizo una transferencia de veinticinco mil *reichsmark* a los fondos ilegales de los nazis a través de su empresa de baterías, AFA, unas semanas después. El obsequio palidecía en comparación con las donaciones de seis cifras que realizaron IG Farben y Flick. Pero Günther sabía distinguir una oportunidad fácil cuando se le ponía delante. Era, después de todo, lo que lo había convertido en un hombre rico.

Como es evidente, Günther tenía una razón mucho más apremiante y personal para estar de buenas con los nazis. Goebbels estaba a punto de recibir un ascenso. Justo unos días después de la donación de Günther, Hitler nombró a Goebbels ministro de Ilustración Pública y Propaganda, por lo que este era ahora uno de los hombres más poderosos de la Alemania nazi al controlar todas las facetas de la prensa, la vida cultural y la promoción política. Al final, los resultados de las elecciones del 5 de marzo de 1933 no importaron. Seis días antes, el Reichstag se incendió en misteriosas circunstancias, exactamente una semana después de la reunión secreta de Göring en la residencia contigua. El Estado de derecho se suprimió, la democracia en Alemania había muerto. Ahora el poder estaba en manos de Hitler.

15

El 1 de mayo de 1933, el régimen nazi celebró el Día del Trabajo, una fiesta a nivel nacional por primera vez en Alemania.

Hasta un millón y medio de personas se concentraron al anochecer en el aeródromo berlinés de Tempelhof para escuchar el discurso de Hitler sobre la ética laboral alemana. El canciller se elevaba sobre la multitud, flanqueado por unas enormes banderas con la esvástica, y atronó desde una inmensa tribuna sobre los derechos de los trabajadores. Veinticuatro horas después, realizaría redadas en todos los sindicatos y los prohibiría.

Günther se unió al Partido Nazi ese mismo día y recibió el número de afiliación 2.636.406.[1] Él y otros cientos de miles de alemanes, entre ellos August von Finck, se apuntaron justo a tiempo, pues Hitler también impuso al día siguiente una prohibición de afiliación. Cerca de 1,6 millones de alemanes se habían unido al NSDAP desde que se hiciera con el poder en enero, llegando a un total de 2,5 millones en solo unos meses.[2] A Hitler le preocupaba que este rápido aumento en las cifras restara importancia a lo que significaba pertenecer al partido, por lo que mantuvo la prohibición durante cuatro años y Friedrich Flick y Ferdinand Porsche tuvieron que esperar hasta mayo de 1937 para unirse.

Cuando la guerra terminó, Günther ocultó su afiliación y se enorgulleció de su «actitud reprobatoria hacia el partido».[3] No obstante, pronto apareció documentación sobre su registro en el partido y tuvo que dar explicaciones. Aseguró que Goebbels lo había coaccionado. Un cálido día de primavera de finales de abril de 1933, según Günther, se lo convocó a una reunión en la oficina que el ministro de Propaganda tenía en Ordenspalais, justo al final de Wilhelmsplatz, a diez minutos andando desde su propio despacho. Cuando tomó asiento, Goebbels lo miró de arriba abajo fríamente y le preguntó si ya se había unido al partido. Günther respondió que no, que como hombre de negocios «nunca había pertenecido a ningún partido político».[4] Entonces describió, con todo lujo de detalles, cómo Goebbels empezó a chantajearlo en ese mismo momento: «Su rostro cambió de tonalidad. Excesiva y brutalmente, con un tono de voz intimidante, dijo que debía convertirme en miembro del partido de inmediato. De lo contrario, el partido se haría cargo de la educación de mi hijo». En el relato de Günther, Goebbels le amenazó con «descabellados obstáculos»[5] si no entraba en el NSDAP y aportaba más dinero. «Goebbels echó sal en la herida recordándome la muerte de mi hijo mayor en París, y diciéndome que tenía la opción de quedarme con el segundo o no. Contesté que no me importaba la ridícula contribución monetaria al partido y me uní a él».

En su diario, Goebbels anotó que recibió la visita de Günther a su despacho el 28 de abril de 1933, pero describió una escena completamente opuesta al relato del magnate: Quandt estaba ansioso por unirse al NSDAP y quería contárselo al integrante de la cúpula nazi en persona antes de afiliarse. «He recibido al doctor Quandt»[6] escribió en su diario al día siguiente. «Es tan insignificante ahora mismo. Quiere entrar en el partido».

Pero la afiliación de Günther al NSDAP no lo protegió en absoluto. El 3 de mayo de 1933, dos días después de unirse a él, estaba en una reunión de la junta supervisora del Deutsche Bank en Berlín cuando irrumpió la policía. Lo esposaron, lo condujeron a la comisaría de Alexanderplatz y lo metieron en una celda.[7] Al día siguiente, lo trasladaron a la cárcel del barrio de clase trabajadora de Moabit, donde lo mantuvieron en aislamiento sin revelar qué cargos tenían contra él. Registraron sus viviendas y su oficina central de Askanischer Platz, y se ocuparon sus fábricas de la AFA.

Una semana después de su arresto, funcionarios del Partido Nazi anunciaron que Günther había sido retenido porque quería trasladar sus fábricas y su dinero a países extranjeros —su detención, supuestamente, «evitaba»[8] que ambas cosas sucedieran—, pero Günther seguía sin tener ni idea de porqué lo habían arrestado. Una tarde, se lo llevaron de su pequeña y mohosa celda de aislamiento a una sala de interrogatorios fría y gris, donde lo aguardaban dos altos cargos del Ministerio de Justicia. Según Günther, sus interrogadores empezaron jugando con él a «poli bueno, poli malo» y luego le revelaron la razón de su detención: al parecer habían recibido una denuncia anónima que lo acusaba vagamente de violar el Código de Comercio alemán. El dúo, que había creado una unidad de anticorrupción, le comunicó a Günther «de una forma muy cortés»[9] que lo liberarían si traspasaba la AFA a uno de sus propios ejecutivos, que además era de los primeros miembros del NSDAP. Günther se rio de ellos, se negó y fue trasladado nuevamente a su celda de inmediato, donde lo esperaba por escrito una acusación de malversación.

El 13 de junio de 1933, tras casi seis semanas de aislamiento e incontables interrogatorios nocturnos, Günther pagó cuatro millones de *reichsmark* como fianza, una suma colosal, y salió de prisión. «Fianza de 1 144 000 $ pagada por un empresario industrial alemán», informó al día siguiente el *New York Times*. Entre las condiciones para su liberación, no se le permitía visitar sus oficinas centrales de la Askanischer Platz, ni tampoco ninguna de sus residencias en Berlín, por lo que operó desde una *suite* del Hotel Kaiserhof.

Durante las semanas siguientes a su puesta en libertad, Günther donó unos 43 000 *reichsmark* a un nuevo fondo nazi: Donaciones Voluntarias para la Promoción del Trabajo Nacional. Aunque la iniciativa debía ayudar a reducir el desempleo aportando dinero para los negocios alemanes, las donaciones se utilizaban en ocasiones para «comprar la impunidad de la acusación»[10] en ciertos procesos legales. El arresto domiciliario de Günther se levantó a principios de septiembre de 1933, poco después de que empezara a aportar dinero. El cargo de malversación, sin embargo, no desapareció hasta dos años después.

16

Günther se lamentaría más adelante de que «el año 1933 erigió ante mí un repentino y abrupto muro por todas partes».[1] Pero, finalizado su aislamiento, sacó el máximo partido al recién legislado antisemitismo de la Alemania nazi. El mes siguiente al levantamiento de su arresto domiciliario, exigió la retirada de los derechos de afiliación y de voto de los miembros judíos de la Asociación de Comerciantes y Empresarios Industriales. Y todo esto sucedió después de que ya hubiera expulsado, como descubriría más tarde un historiador, «tranquila y vergonzosamente pronto»[2] a cuatro directivos judíos que formaban parte de los consejos de supervisión de sus empresas.

Günther declaró, con bastante oportunismo, que su arbitraria detención y el tiempo que pasó preso fueron un trauma que lo marcó decisivamente. «Vi claro que acababa de dar comienzo un hasta entonces desconocido estado de inseguridad jurídica», escribió en sus memorias. «Fue una experiencia que me impactó, puesto que me habían criado para ser incondicionalmente fiel a la patria. Además, las razones de mi arresto nunca se me notificaron».[3] Pero no fue así. Sus dos interrogadores en prisión le revelaron que uno de sus ejecutivos de la AFA, el que se había unido de los primeros al Partido Nazi, había orquestado aquel golpe de estado corporativo contra él. Tras la guerra, sin embargo, Günther aprovechó convenientemente su estancia en prisión para dar la imagen de víctima de un Goebbels vengativo que, según relataba, había sido el cerebro tras aquel plan de arrestarle y encarcelarlo. También esto era mentira.

El 5 de mayo de 1933, a los dos días de la detención de Günther, Goebbels escribió en su diario: «Han arrestado a Günther Quandt.[4] ¿Por qué? Asuntos tributarios. Con Hitler. Está disgustado porque no permiten que la economía se estabilice. Göring va a investigar el caso de Quandt. No siento lástima por él, solo por el querido Harald». Un día después, Goebbels volvió a hablar con Hitler, a solas, sobre el «caso G. Quandt».[5] Los empresarios industriales y sus negocios eran esenciales para la política de rearme del canciller alemán, que estaba a punto de iniciarse, de manera que le preocupaban todas esas facciones rebeldes dentro del Partido Nazi que atacaban a los hombres de negocios e intentaban hacerse con el poder de sus empresas. Estos arribistas amenazaban con destruir toda la buena voluntad que Hitler había mostrado, tan cuidadosamente, con los magnates.

Cuando Günther salió de prisión, se informó a Goebbels de inmediato. «Orden de detención contra Günther Quandt», escribió el 14 de junio de 1933. «Liberado por unos cuatro millones. Así es como funciona. No me inmiscuiré de ninguna manera. Si ha metido la pata, debe pagar».[6] La excuñada de

Günther, Ello, siguió el asunto junto a su mejor amiga, Magda. «Goebbels dijo que no sabía nada sobre el tema y que menos mal»,[7] declararía Ello después. «Recibió de buen agrado el arresto. Cuando lo liberaron, Goebbels comentó que, por desgracia, ya nadie podría tocar a ese tipo de nuevo».

No podía decirse lo mismo, sin embargo, sobre el novio que Magda se echó en Berlín durante su adolescencia, Victor Chaim Arlosoroff.[8] Tres días después de que liberaran a Günther, Arlosoroff fue asesinado por dos hombres armados mientras daba un paseo vespertino con su mujer en una playa de Tel Aviv. El líder sionista había regresado de Alemania dos días antes, donde había negociado un acuerdo con el régimen de Hitler que permitiría a unos sesenta mil judíos alemanes emigrar, con sus posesiones, al Mandato británico de Palestina. El asesinato de Arlosoroff sigue sin resolverse a día de hoy.

17

En mayo de 1933, el hijo mayor de Günther Quandt, Herbert, volvió a una Alemania que no se parecía en nada a la que había dejado atrás. Su ciudad natal, Berlín, era ahora la capital de un nuevo Estado; se consideraba a su antigua madrastra la primera dama del Tercer Reich; y el nuevo marido de esta era el ministro de Propaganda nazi. Mientras tanto, su padre estaba encerrado en una celda de la cárcel de Moabit por delitos desconocidos y se tramaba un intento de arrebatarle el control corporativo de la AFA.

Herbert, de veintidós años, había pasado la mayor parte de los últimos cuatro años fuera de Alemania, tras apenas terminar su «sumamente tortuosa»[1] educación escolar para siempre. Para bien o para mal, era el heredero natural de su padre tras la muerte de Hellmut. Herbert, a pesar de su discapacidad visual, se sentía entusiasmado por la oportunidad. (Su vista había mejorado notablemente a lo largo de los años, gracias a la ayuda de los médicos). La Gran Depresión tampoco tuvo ningún impacto negativo en él. Herbert había estudiado inglés y francés en

Londres y París, había viajado alrededor del mundo con su padre, había recibido ciclos formativos vocacionales en la fábrica de baterías AFA en Alemania y en distintas empresas de Bélgica, Inglaterra y Estados Unidos.

Disfrutó especialmente de su estancia en Norteamérica, e hizo saber de nuevo a su familia, durante las Navidades de 1932, que planeaba mudarse allí si el comunismo alejaba a los Quandt de Europa. «No era un peligro baladí»,[2] escribió Herbert en el otoño de 1979. «¿Por qué llegó Hitler al poder entonces? Porque, y no me da miedo decirlo aquí, le había declarado la guerra al comunismo en Alemania, una y otra vez de una forma impactante y concisa». Mientras que Herbert se consideraba «políticamente una página en blanco»,[3] en enero de 1933 veía al comunismo, no al nazismo, como el gran riesgo para Alemania. «Ahora sufría de primera mano, como si fuera un monstruo amenazante que no paraba de crecer, el acechante peligro rojo, del que la prensa americana ya me había informado», recordaría después.

A pesar de todo, Herbert mantuvo la cabeza gacha hasta que su padre salió de prisión y volvió a la oficina. Entonces se casó con Úrsula, su prometida,[4] se trasladó a la villa que su padre le había comprado junto a la mansión familiar en Babelsberg, y se formó en dirección de empresas durante cuatro años en la AFA, en Berlín. No se inscribiría como miembro de apoyo a las SS hasta dos años después de que Hitler llegara al poder.[5]

18

El 30 de junio de 1933, dos semanas después de la liberación de Günther, Hitler nombró al consejero delegado de Allianz, Kurt Schmitt, ministro de Economía del Reich. Schmitt se impuso al asesor financiero de Hitler, Otto Wagener, que compitió demasiado por el puesto y perdió por completo el favor del líder nazi. El barón August von Finck era quien más fervientemente había defendido la candidatura de Schmitt. Según otro consejero delegado de Allianz, von Finck «estaba ansioso por que las empresas se hicieran oír en el nuevo régimen y sentía que [el nombramiento de Schmitt] sería beneficioso tanto para Allianz como para su propio banco».[1] Tanto Hitler como Göring, que buscaba ser el líder *de facto* de la economía nazi, estaban de acuerdo con von Finck, pero por razones distintas. A los ojos de los dos líderes nazis, debía aplacarse a la comunidad empresarial para consolidar el poder e impulsar el rearme.

Schmitt, el consumado conocedor del mundo empresarial, parecía el rostro perfecto, pero dimitió en seguida debido al estrés tras desmayarse durante un discurso.[2] Otra figura del *establishment*, Hjalmar Schacht, lo sucedió como ministro de Economía. Mientras tanto, la profunda devoción de von Finck por Hitler se fortaleció. A Schmitt, más un oportunista que alguien que creía en la causa, le parecía que la opinión de von Finck «sobre el mundo [...] era algo provinciana. Tenía pocos conocimientos de primera mano de los países que no fueran Alemania y nunca [...] había viajado al extranjero. De ahí [...] que su fe interior en el nazismo, y particularmente en Hitler, nunca flaqueara»,[3] relató Schmitt a un interrogador estadounidense tras la guerra.

La devoción de von Finck por el Führer era evidente para todos sus compañeros de trabajo y amigos. Hitler «provocaba en él una gran fascinación» y «una hipnótica influencia»,[4] según dijo Hans Schmidt-Polez, un amigo suyo de toda la vida. Hans Hess —que sustituyó a Schmitt como consejero delegado de Allianz, pero se negó en todo momento a unirse al Partido Nazi— reveló tras la guerra que von Finck le había contado en numerosas ocasiones «que creía que Dios había enviado a Hitler para que fuera el *Führer* del pueblo alemán».[5]

Aun así, el fanatismo de von Finck se detenía al llegar a su bolsillo. El banquero no era muy querido entre los oficiales del NSDAP por su tacañería. Según declaró tras la guerra el jefe de prensa de Allianz, el barón Edgar von Uexküll, «sentían que sus contribuciones al Partido no eran acordes a su riqueza».[6] Los nazis tuvieron que buscar la forma de sacarle el máximo rendimiento a la devoción, influencia y contactos del hombre más próspero de Baviera sin que este se gastara ni un céntimo de su propia fortuna. Alrededor de la época en que se nombró ministro a Schmitt, a Hitler se le ocurrió una idea: le daría a von Finck la oportunidad de gastar el dinero de los demás. Tras la ceremonia en la Cancillería del Reich, Hitler se llevó a von Finck a un aparte, lo miró a los ojos y le dijo: «Eres mi hombre. Constrúyeme una casa para el arte alemán».[7]

En julio de 1933, Hitler —él mismo fue un pintor *amateur* en su momento— designó a von Finck como presidente del consejo de administración de la Haus der Deutschen Kunst (la 'Casa del Arte Alemán'), el museo de arte que se edificaría en Múnich. Era el proyecto favorito de Hitler, que se lo imaginaba como un ejemplo máximo de la arquitectura nazi que exhibiría lo que él consideraba las bellas artes alemanas por antonomasia. Se construiría en Prinzregentenstrasse, en el extremo sur del parque Englischer Garten y cerca del lujoso apartamento de Hitler.

Hitler golpea la piedra fundacional del museo, con August von Finck, de traje, de pie detrás de él. Instantes después, el martillo de plata se hizo añicos.

El 15 de octubre de 1933, Hitler puso la primera piedra del museo durante una fastuosa ceremonia.[8] Para concluir la celebración, golpeó la piedra tres veces con un martillo de plata especialmente diseñado para la ocasión. Pero la herramienta se rompió y sus pedazos se desperdigaron por el suelo. Von Finck lo contempló todo sombríamente desde atrás. Un encolerizado Hitler prohibió que se hiciera mención alguna al contratiempo en la prensa alemana. A pesar del accidentado comienzo, enseguida se forjó una sinergia entre von Finck y el Führer. Al principio de cualquier ceremonia relacionada con algún museo, los dos hombres permanecían uno al lado del otro frente al público, bien erguidos, con el brazo derecho suspendido en el aire y una mano extendida. Von Finck presentaba entonces a Hitler con un discurso de tres minutos y el Führer divagaba después durante una hora. Desde ese momento, von Finck sería el guía de museo de Hitler y disfrutaría del honor de sentarse a la derecha del canciller durante las cenas y ceremonias. Había conseguido estar muy cerca de su querido Führer.

19

El 7 de marzo de 1934, Hitler regresó a la Muestra Internacional del Motor de Berlín para dar otro discurso de inauguración. Pero, en esta ocasión, no estaba contento. El canciller reprendió a los fabricantes de automóviles por centrarse en los vehículos de lujo y los acusó de extender la idea de que los coches solo eran para los ricos. Hitler estaba resentido por «los millones de compatriotas decentes, diligentes y trabajadores» que no podían ni siquiera plantearse comprar uno.[1] Había llegado la hora, bramó el Führer, de que los coches perdieran ese «carácter basado en la clase social que, tristemente como consecuencia, dividía a las clases». Su vozarrón reverberó a través del pabellón de exposiciones más grande de Berlín mientras los ejecutivos de Daimler-Benz lo observaban muy tensos, humillados y aterrados. Ferdinand Porsche, por el contrario, descubrió que tenía una opinión parecida a la del Führer. Acababa de añadir una nueva especialidad a su cartera de proyectos: diseñar coches pequeños y asequibles. A principios de ese año, el 17 de enero, el estudio de diseño de Porsche en Stuttgart envió un memorando de doce páginas al Ministerio de Transportes del Reich, situado en la berlinesa Wilhelmplatz, en la que se detallaba la construcción de un Volkswagen, un «coche para el pueblo».[2]

Sin embargo, aquel memorando, que no había sido solicitado, nunca llegó al escritorio de Hitler. Al Führer, al parecer, le habían gustado los diseños de Josef Ganz, un ingeniero automovilístico judío.[3] Como es evidente, un judío jamás podría diseñar el coche para el pueblo de la Alemania nazi. Resultó que un vendedor de coches de Daimler convertido en confidente de Hitler, leyó la propuesta de Porsche tras el discurso y avisó al canciller. Una semana después, un día de principios de primavera, Hitler citó a Porsche en el Hotel Kaiserhof, en la *suite* que seguía manteniendo para las conversaciones extraoficiales.[4] En la Cancillería del Reich, frente al hotel, cada palabra que pronunciaba se registraba por escrito. Y, tras un año en el poder, Hitler sabía lo importante que era la privacidad. Se había acostumbrado a saltarse la burocracia y a concederles contratos políticos a las personas en las que confiaba; y Porsche estaba a punto de convertirse en una de ellas.

Ferdinand Porsche no sabía exactamente por qué lo habían citado en el Kaiserhof, pero recordaba con afecto la conversación que había mantenido con Hitler el mayo anterior, cuando salvó su empresa cautivando al Führer con historias de carreras de coches. Porsche esperaba que sucediera poco más o menos lo mismo esta vez, pero se equivocaba. En cuanto entró en la *suite,* el canciller nazi empezó a gritarle órdenes: el Volkswagen tenía que ser un vehículo con cuatro asientos y un motor propulsado por diésel y refrigerado con aire, que pudiera reconvertirse para uso militar. Hitler no tenía solamente en su cabeza al «pueblo». El rearme era su auténtica prioridad.

Porsche escuchó las exigencias del autodidacta fanático de los automóviles en silencio. Después vino el giro inesperado. Hitler había leído en alguna parte que Henry Ford, un hombre al que veneraba, estaba fabricando un coche en Detroit que costaba mil dólares,[5] por lo que el Volkswagen no podría costar más de mil *reichsmark*, declaró. Porsche lo miró con incredulidad, pero no se atrevió a responder. Por último, trataron el tema de la nacionalidad de Porsche.[6] El diseñador de cincuenta y ocho años había nacido en Bohemia del Norte, por entonces parte del Imperio austrohúngaro; ahora, en 1934, era una región de Checoslovaquia. Porsche había escogido la nacionalidad checa cuando el imperio se desintegró y, para Hitler, un ciudadano de un odioso país eslavo nunca podría diseñar el coche del pueblo alemán. Dos semanas más tarde, Porsche y su familia descubrieron que, sin mucho esfuerzo por su parte, de repente eran ciudadanos de la Alemania nazi. De vuelta en Stuttgart, en su inmensa mansión sobre la colina, Porsche se encogió de hombros y le dijo a un pariente: «Por lo que entiendo, no hay mucho que podamos hacer al respecto».[7] De cualquier modo, tenía problemas más importantes que resolver.

20

Tras su liberación, Günther Quandt no tardó en descubrir que su nueva condición de persona intocable no le sería de ayuda en lo referente a la custodia de su hijo Harald, de doce años. Los Goebbels seguían empeñados en quedarse con el primogénito de Magda, lo que finalmente lograron en la primavera de 1934. El viernes 13 de abril —el día que Magda dio a luz a su segunda hija, Hilde—, Goebbels se quejó en su diario de que Günther se había negado a darle permiso a Harald, unos días antes, para que pasara tiempo con su creciente familia durante la Semana Santa.[1] Además de Hilde, Harald ahora tenía una hermanastra de un año y medio, Helga. El siguiente en aparecer, el único hijo biológico varón de Goebbels, recibió el nombre de Helmut en honor del hijo fallecido de Günther al que Magda había estado tan unida. Otros tres vástagos con nombres que empezaban por hache les seguirían, compartiendo así la primera letra con Harald y sus hermanos... y con el apellido de Hitler.

Goebbels había agotado su paciencia con Günther. «Ha llegado la hora de utilizar el armamento pesado. No pienso seguir cediendo con este tema»,² escribió. Tres días después, le habló a Hitler de la «lucha por Harald» que la pareja mantenía con Günther.³ Según Goebbels, el canciller estaba «completamente de nuestra parte. Magda conseguirá a Harald». El ministro de Propaganda trató entonces el «asunto de Harald» con Göring y el líder de las SA, Ernst Röhm, el 18 de abril de 1934. «Los dos me apoyan mucho»,⁴ escribió Goebbels. (Diez semanas más tarde, Röhm y la mayor parte de sus aliados en las SA fueron ejecutados por orden de Hitler, y con el apoyo de Göring y Himmler, durante la masacre de la Noche de los Cuchillos Largos).

Goebbels también habló con Günther el 18 de abril. El ministro de Propaganda escribió en su diario que fue «duro con el sentimentalismo [de Günther]». Al parecer, la estrategia funcionó. «Ha accedido», escribió. «Magda recupera a Harald. ¡Está entusiasmada!». Günther esperaba que la pareja le devolviera al niño tras las vacaciones de Pascua, pero no fue así. A principios de mayo, el magnate contrató a un destacado abogado de litigios de Berlín para forzar la vuelta de Harald. Era uno de los pocos letrados en Alemania a los que aún les quedaba el coraje suficiente como para presentar una demanda por secuestro contra Goebbels y su mujer, la pareja más poderosa del país. Dio igual. Una semana después el abogado se reunió con Günther con las manos vacías. Ningún tribunal de la capital se atrevió a aceptar la demanda.

Goebbels se encolerizó cuando Magda le contó que Günther había contratado a un abogado para demandarlos. «No pienso aceptar este comportamiento tan irrespetuoso ni un segundo más»,⁵ escribió el ministro de Propaganda. «No devolveremos a Harald […], le digo a Quandt. Está furioso». El 8 de mayo de 1934, la pareja fue a ver al abogado de Magda para firmar un nuevo acuerdo de custodia con un plan de visitas actualizado. «Está contenta. Ahora Günther Qu. tiene que aceptar», escribió.⁶ A Günther no le quedó más remedio que estar de acuerdo con el nuevo arreglo. Harald era ahora de Magda y Goebbels y se le permitía visitar a su padre dos veces al mes.

La última entrada del diario de Goebbels en la que se menciona a Günther es de cuatro años después, a principios de junio de 1938. Ese agradable día de primavera en Berlín, Harald le contó a su padrastro que su padre biológico iba a casarse de nuevo. «¡Viejo estúpido!»,[7] escribió Goebbels tras escuchar la noticia. El rumor terminó siendo falso: Günther nunca volvió a casarse. Con la muerte de Toni y los problemas con Magda, Günther ya había experimentado suficientes tormentos matrimoniales para el resto de su vida. Eligió, por tanto, la seguridad de los confines de la soltería y de los negocios.

Con el fin de la batalla por la custodia, Günther dejó de copar los pensamientos de Goebbels. Los dos hombres, con sus historias personales entrelazadas, aún tenían que coexistir. Pero ahora, al menos, disponían de espacio para las cosas que les apasionaban. Goebbels acababa de empezar a ejercer su poder. Había un país que liderar hacia la batalla, y una parte de su población que expoliar y a la que privar de sus derechos (y, en último término, exterminar). Y había un continente, y después un mundo, que conquistar.

Günther, mientras tanto, tenía otra clase de imperio que expandir y se dedicó en cuerpo y alma a ello. A pesar del difícil comienzo, se había consolidado como uno de los principales magnates de la nueva Alemania de Hitler. El país estaba saliendo de la Gran Depresión y el rearme estaba a punto de despegar. Con todas las oportunidades financieras que proporcionaba el Tercer Reich, las cosas por fin empezaban a ir viento en popa para Günther. Había negocios por hacer y dinero por ganar. El mundo siguió su curso.

PARTE II

«La obsesión nacionalsocialista acabará pronto»

1

El 28 de julio de 1941, Günther Quandt celebró su sesenta cumpleaños con una gran cena para ciento treinta hombres en el Hotel Esplanade, uno de los más lujosos y afamados de Berlín.[1] Con su fachada de arenisca de estilo *belle époque* y un interior que mezclaba el neorrococó y el neobarroco, el hotel se alzaba en la Potsdamer Platz, en el bullicioso corazón de la capital. Es muy posible que el convite se celebrara en el *Kaisersaal,* donde el emperador Guillermo II solía organizar fastuosos banquetes. Fiestas dignas de un káiser solían seguir después en el salón contiguo, donde durante los hedonistas felices años veinte berlineses, estrellas del celuloide como Greta Garbo y Charlie Chaplin bebían y bailaban sin parar durante toda la noche.

Sin embargo, hacía tiempo que aquellos días desenfadados y excitantes habían terminado, y una nueva y despiadada guerra rugía en Europa y amenazaba con engullir al resto del mundo. Hitler estaba en la cima de su poder aquel verano. Él y sus aliados controlaban casi todo el continente. De hecho, aquella misma noche, las fuerzas armadas de Hitler, la Wehrmacht, se estaba acercando a Leningrado y Kiev como parte de la Operación Barbarroja, la invasión de la Unión Soviética.

Pero una excitación distinta impregnaba el salón en el que tenía lugar la cena de Günther aquella sofocante noche de verano. Günther y sus invitados —todos hombres— pasaron la noche sudando y riendo. Todos se habían cebado financieramente gracias a la guerra y las conquistas. Se habían atiborrado de trabajadores forzados, de compañías judías incautadas con impunidad; muchos, de hecho, como Hermann Göring, se habían vuelto literalmente obesos. La demanda casi infinita de artillería y proyectiles para tanques hacía que el dinero siguiera entrando. Aunque pocos habían tenido tanto éxito como Günther.

El presidente del Reichsbank y ministro de Economía Walther Funk comenzó la velada con un «discurso brillante».[2] Funk estaba emocionado; él y Günther habían recorrido un largo camino juntos. Veinte años antes, Funk había sido un mero editor de un periódico financiero con buenos contactos, y Günther un rico pero provinciano especulador en bolsa. Ahora, según palabras de Funk, Günther había «conseguido algo que estaba escrito con letras doradas en la historia de la economía de guerra alemana».[3] Y tenía razón. A través de sus fábricas armamentísticas, textiles y de baterías, Günther se había consolidado como uno de los principales empresarios industriales del Tercer Reich. Göring le había otorgado el improvisado título de *Wehrwirtschaftsführer* ('líder de la economía militar'), pero era el propio Günther el que se sentía agradecido. Gracias a las políticas de rearme y los decretos de expropiación del régimen, se estaba enriqueciendo enormemente.

DWM, la empresa de armas de Günther, fabricaba millones de balas, rifles y pistolas Luger para la Wehrmacht. El precio de sus acciones no tardaría en dispararse un 300 % a causa de la guerra y de la insaciable demanda de armas.[4] En general, los negocios le iban tan bien que pudo permitirse la compra de más acciones y finalmente se convirtió en el accionista mayoritario de DWM. Su otra empresa, la AFA, producía en masa miles de baterías para los submarinos, torpedos y misiles nazis. Sus fábricas textiles confeccionaban tantos millones de uniformes para la Wehrmacht, el NSDAP, las SS y las SA que, si los hubieran puesto en línea, la tela hubiera abarcado más de la mitad del país de este a oeste.[5] Günther también mantuvo sus viejas costumbres y adquirió en secreto acciones de la empresa constructora más importante de Alemania con la idea de organizar una adquisición hostil.[6] Su mayor éxito había tenido lugar solo dos meses antes, cuando había entrado en dos de las industrias más poderosas del país a través de la compra de un 60 % de las acciones de Byk Gulden, una farmacéutica y empresa química anteriormente controlada por judíos.[7] Aquella participación mayoritaria del 60 % constituía una cifra significativa para Günther puesto que armonizaba con el hito de su sesenta cumpleaños.

Incluso *Das Reich,* un periódico semanal fundado por Goebbels, publicó un homenaje a Günther por su cumpleaños: «Ropa para los militares, acumuladores, pilas secas, armas de fuego, munición, metales ligeros… Quienquiera que fabrique todo esto merece ser llamado *Wehrwirtschaftsführer».*[8] Günther, de hecho, se había estado atormentando con la cuestión de si invitar o no a Goebbels a aquella velada de festejos. Su enfrentamiento había quedado en el pasado, pero su relación seguía siendo fría en el mejor de los casos. Tres semanas antes de la fiesta, en una carta desde su residencia vacacional en las montañas, Günther compartió su inquietud sobre qué hacer con un ayudante: «Muy seguramente no vendrá, pero si se entera de que Funk y Milch han acudido y que a él no se lo invitó, puede ofenderse».[9] Günther no podía arriesgarse a volver a despertar la furia de Goebbels. Estaba convencido de que sus fábricas de armas habían llamado la atención del ministro de Propaganda por una razón personal: Harald, de diecinueve años, había desarrollado un interés especial por la ingeniería mecánica.[10]

Günther terminó invitando a Goebbels, quien, como era de esperar, rehusó asistir. Sin embargo, envió en su lugar a su nuevo lugarteniente, Leopold Gutterer, que consiguió un sitio en la mesa de Günther, la más grande de todas las que ocupaban el centro del salón Esplanade. Dos meses antes, Gutterer había sustituido a Karl Hanke, el ayudante de más confianza de Goebbels durante una década, como secretario de Estado del ministro de Propaganda. El despido de Hanke había estado íntimamente relacionado con Magda. Ahora, Gutterer estaba a unas semanas de introducir una nueva política que afectaría a todo el Reich alemán: la obligatoriedad de marcar a los judíos con la estrella amarilla de David.

Günther había ideado su cumpleaños como un evento de relaciones públicas, y la fiesta había empezado pronto. Esa mañana de finales de junio, celebró una recepción en su recién adquirida y exhaustivamente renovada vivienda de cuatro plantas, situada junto al Tiergarten y con vistas al canal Landwehr.[11]

En la antigua delegación húngara, los ejecutivos y socios de Günther, representantes del régimen, del Partido Nazi y de la Wehrmacht, hicieron cola para estrecharle la mano. Sobre estos hombres de mediana edad, ataviados con trajes y uniformes cruzados, colgaban cuadros de los maestros del Renacimiento italiano Tintoretto y Bonifacio Veronese. Günther había empezado a coleccionar arte. Cuadros impresionistas de Claude Monet, Alfred Sisley y Camille Pissarro adornaban las paredes del comedor de su mansión de Babelsberg. Después de todo este tiempo, seguía pensando que la cultura podía comprarse. Según se comentaría más adelante, Günther había obtenido cerca de diez cuadros de la colección que los nazis le robaron al marchante de arte holandés y judío Jacques Goudstikker.[12]

En la velada en el Esplanade, Günther distribuyó a sus ejecutivos por catorce mesas, sentando a cada uno de ellos junto a un burócrata nazi o un general del ejército para que hablaran de acuerdos armamentísticos y de procesos de arianización. Como es natural, los hombres que financiaban estas transacciones —los líderes ejecutivos del Commerzbank, Dresdner Bank y Deutsche Bank— estaban presentes. Estos financieros del Tercer Reich compitieron duramente por servir al acaudalado régimen nazi y por saciar el voraz apetito de crédito de sus clientes privados. El deseo infinito de la Alemania nazi de expandir las compañías armamentísticas, establecer campos de concentración y exterminio, y propagar los conglomerados, tanto en casa como en los territorios ocupados, estaba reportando millones para los bancos.

Günther mantenía una relación cercana con su mayor acreedor, el Deutsche Bank, de cuyo consejo de supervisión todavía formaba parte. Como regalo de cumpleaños, un ejecutivo de dicho banco le ofreció una plaza en el consejo de supervisión de la Daimler-Benz.[13] Fue el comienzo oficial de la lucrativa relación que los Quandt mantendrían con el fabricante de automóviles más importante de Alemania. El distante y bigotudo Hermann Josef Abs, otro ejecutivo del Deutsche Bank sentado a la mesa de Günther, representaba al banco en DWM, la AFA y otros cuarenta y cuatro consejos de supervisión. El piadoso católico era una figura destacada de los negocios en la Alemania nazi y «el eje del expolio continental».[14] Al final de la velada, el futuro presidente del Deutsche Bank golpeó su copa, se levantó y brindó a la salud de Günther. «Fuiste capaz de triunfar en tu transición a la nueva era en 1933 gracias a tus hábiles tácticas y tus talentos especiales»,[15] dijo Abs. «Pero tu característica más destacable es tu fe en Alemania y en el Führer». Cuando Abs volvió a tomar asiento, Günther permaneció de pie. Mientras contemplaba aquella multitud de hombres codiciosos y poderosos, se le humedecieron los ojos y sus pensamientos deambularon hacia el pasado.

2

Casi ocho años antes, el 8 de junio de 1933, a tres kilómetros al sudeste de donde Günther permanecía sentado en su celda de aislamiento de Moabit, el presidente del Reichsbank, Hjalmar Schacht, aprobó un colosal paquete de estímulos económicos para iniciar la primera fase del rearme de la Alemania nazi.[1] La decisión se tomó, probablemente, en una discreta reunión con el nuevo ministro de Aviación, Hermann Göring, su lugarteniente Erhard Milch y el ministro de Defensa Werner von Blomberg. Los hombres resolvieron que, durante los ocho años siguientes, se destinarían cerca de 4400 millones de *reichsmark* al año para el rearme militar, alcanzando así el impresionante total de 35 000 millones de *reichsmark* (entre un cinco y un diez por ciento del PIB anual alemán).

Pero debía llevarse a cabo en secreto. Salvo por algunas notables excepciones, el Tratado de Versalles prohibía terminantemente a Alemania fabricar armas, un asunto sobre el que Hitler no dejaba de despotricar, de manera que a Schacht se le ocurrió un sistema de financiación militar que no aparecería en los presupuestos: montar una empresa pantalla para pagar a los fabricantes de armas a través de pagarés. Unos meses después del consejo de ministros, Hitler se retiró de la Sociedad de las Naciones y de las conversaciones internacionales para el desarme. Muy pronto, miles de millones empezaron a fluir hacia los industriales alemanes y sus fábricas de armas.

Tras su liberación, Günther estaba excepcionalmente bien posicionado para el auge del rearme. No solo dirigía una de las empresas armamentísticas más potentes, DWM, sino que también controlaba la AFA, el mastodonte de las baterías, con lazos históricos que la unían a las industrias automovilística y de defensa. Empezó a aplicar una estrategia dual: suministrar a clientes militares y también a civiles, con cuidado de no depender demasiado ni de unos ni de otros.[2]

Günther reactivó las instalaciones de DWM en Berlín justo después de que Hitler se hiciera con el poder. En los años anteriores a 1933, desde su inmenso escritorio doble y oscuro orientado hacia la Askanischer Platz, planeó con meticulosidad el rearme. «Evitar que las capacidades intelectuales, económicas y financieras disminuyeran durante los años de declive requirió mucho esfuerzo»,[3] escribió el 8 de mayo de 1939 en la publicación sobre el aniversario de DWM, cuatro meses antes del comienzo de la Segunda Guerra Mundial. «Pero, desde la toma de poder, tuvimos la oportunidad de poner las fábricas al servicio del Führer para retomar la producción del equipamiento militar de inmediato y a gran escala». Además, Günther atribuyó lo que estaba a punto de suceder a Hitler, «quien, con su voluntad indómita, llevó a cabo la recuperación y el rearme del pueblo alemán».

El complejo armamentístico DWM, situado en el distrito obrero de Wittenau, en Berlín, había permanecido principalmente vacío desde el comienzo de la Gran Depresión y sus instalaciones se habían arrendado a la General Motors.[4] Pero la maquinaria de fabricación de las armas —que se había desmantelado en parte y los comerciantes de chatarra habían almacenado en secreto— se recuperó, actualizó y reinstaló velozmente. El complejo entero se expandió, todo pagado por el régimen según las órdenes de la Dirección General de Armamento (HWA). No tardó en convertirse en uno de los mayores complejos industriales de Berlín, dividido en tres solares, de los cuales DWM se quedó con uno, que se centraba en la fabricación de piezas de las armas y proyectiles para tanques.

Ese mismo año, la HWA encargó a DWM que construyera unas instalaciones para fabricar munición de infantería en Lübeck. La parcela de cuatrocientas hectáreas, camuflada entre los árboles, se convirtió en uno de los complejos armamentísticos más importantes de la ciudad portuaria hanseática. El instituto de investigación de DWM sirvió de centro neurálgico para la innovación en munición de la Alemania nazi, e incluía un campo de tiro de mil novecientos metros para experimentos balísticos. La compañía de Günther contrató incluso a un grupo de matemáticos para que ayudaran con los experimentos con munición, mejoraran la producción de los proyectiles y la calidad balística, y fabricaran granadas de mano y explosivos. Las ciudades en las que Günther levantó sus fábricas de armamento empezaron a dedicar calles al magnate.

Los otros dos solares del complejo armamentístico de Günther en Berlín se arrendaron a Mauser y Dürener, las mayores filiales de DWM. Mientras que durante la Gran Depresión había estado a punto de quebrar, Mauser, famosa por sus rifles y pistolas, quedó «liberada» de las «cadenas de Versalles»[5] cuando Hitler tomó el poder. Mauser también recibió cuantiosas subvenciones del ejército y se puso de inmediato a producir en serie millones de Karabiner 98 Kurz, el rifle de servicio de la Wehrmacht. Mauser también empezó a fabricar de nuevo la Luger P08, una de las pistolas más utilizadas por el ejército alemán durante la Primera Guerra Mundial. Hoy en día, resulta sencillo reconocer la icónica pistola negra como la preferida de los villanos nazis en las películas. Los oficiales aliados llegaron a calificar las instalaciones de investigación armamentística de Mauser como «un sueño hecho realidad».[6]

Sin embargo, fue Dürener, la otra filial de DWM que alquiló la parcela del complejo armamentístico de Günther en Berlín, la que realmente dio fama al magnate en los círculos militares y del régimen. Dürener era conocida en el mundo de la aviación por fabricar el duraluminio, un aluminio ligero con cualidades parecidas a las del acero.[7] La aviación militar se estaba convirtiendo, a pasos agigantados, en la industria que más crecía e innovaba de la Alemania nazi, con Göring y Milch gastándose miles de millones en el sector tecnológico. Como resultado de estas inversiones masivas, la Dürener de Günther se convirtió en un proveedor clave de la Luftwaffe, la fuerza aérea del Tercer Reich. El duraluminio era una parte indispensable no solo de los aviones de combate de la Luftwaffe, sino también de las aeronaves de transporte y civiles producidas por famosos fabricantes aéreos alemanes como Junkers, Messerschmitt, Heinkel, Dornier y Arado. Controlada por Friedrich Flick, una nueva compañía de aviación que también confiaría en la apreciada innovación de Dürener fue la ATG. Flick no había estado tan bien preparado para el rearme como Günther Quandt. Pero el austero empresario industrial estaba recuperando el tiempo perdido.

3

Cuando el asunto Gelsenberg pasó al olvido, a Friedrich Flick le faltó tiempo para empezar a sacarle el máximo beneficio a su recuperada influencia política y exceso de liquidez. Su capacidad para dejar de lado los sentimientos y adaptarse a los tiempos, haciendo que sus empresas fueran indispensables para el régimen vigente (fuera el que fuera), definía al magnate. Flick, un estratega implacable, superaba en su tenacidad para las maquinaciones y en su habilidad para cerrar tratos incluso a un infatigable cultivador de contactos clave como Günther Quandt. Ayudado por lugartenientes como Otto Steinbrinck, Flick sobornó a miembros de grupos de presión, burócratas y periodistas para recibir u ocultar información. La Alemania nazi estaba completamente en sintonía con su estilo de politiqueo agresivo y discreto. Pero a pesar de sus gigantescos intereses industriales, Flick tenía una debilidad: seguía siendo una especie de recién llegado a la producción armamentística, a diferencia de sus competidores Krupp y Thyssen. Su estrategia era convertir a su grupo siderúrgico en una pieza fundamental del rearme y así romper el tradicional dominio de los magnates del Ruhr en el negocio de las armas. Y tenía copiosos recursos a su disposición para lograrlo.

Con los noventa millones extra que sacó del negocio Gelsenberg, Flick se ocupó en la primavera de 1933 en construir su propio conglomerado de acero, carbón y maquinaria desde la berlinesa Bellevuestrasse. El núcleo de su nuevo imperio industrial estaba formado por dos grandes compañías de acero en el centro y sur de Alemania: Mittelstahl, activa en Brandemburgo y Sajonia, y Maxhütte, que operaba en Baviera y Turingia.[1] Tras comprar la mayor parte de las mineras Harpener y Essener, Flick sumó la antracita del Ruhr a su conglomerado. En enero de 1933, añadió la ATG, con base en Leipzig, a las empresas de fabricación de trenes, tractores y camiones que ya poseía. Con sus nuevos contactos en la industria y la política, Flick estaba perfectamente posicionado para la época del rearme. Lo único que le faltaba por hacer era convencer al régimen de Hitler.

Después de que el presidente del Reichsbank, Hjalmar Schacht, aprobara en junio de 1933 el presupuesto secreto para el rearme de Alemania, Flick y sus ayudantes se pusieron a trabajar en una agresiva campaña de publicidad de su conglomerado para presentarse ante el Gobierno alemán como posible productor armamentístico. En septiembre, su oficina envió un memorándum por todo Berlín a los ministros nazis correspondientes, el cual, en algunas secciones, parecía un catálogo de armas.[2] Exponía lo que las empresas de Flick podían ofrecer al régimen: una impresionante capacidad de producción de acero que podía recalibrarse rápidamente para producir armas, munición, misiles, bombas, tanques y piezas de aeronaves; abundancia de materias primas; y fábricas diseminadas por distintas zonas del centro de Alemania.

Para ir un paso por delante de la competencia, a finales de noviembre de 1933, Flick se encaminó desde su oficina en la Bellevuestrasse al cercano Reichsbank para presentar la idea y hablar personalmente con Schacht, a quien conocía desde hacía más de diez años. El presidente del Reichsbank le presentó directamente al ministro de Defensa, von Blomberg, a quien el normalmente reservado Flick invitó a visitar tres de sus fábricas de acero cercanas a Dresde.[3] Durante aquel tour, el 5 de diciembre, el magnate le explicó al ministro de Defensa y a su camarilla de oficiales por qué sus fábricas eran la mejor opción para producir armas en Alemania: no dependían energéticamente de la región del Ruhr ni de los países extranjeros, y estaban mejor protegidas de los ataques aéreos gracias a que se encontraban en zonas prácticamente desconocidas y alejadas de las fronteras del país. Flick escribió a Schacht para darle las gracias; el ministro de Defensa había sido «excepcionalmente amable»[4] y había mostrado «un gran interés» por su presentación y sus fábricas de las que, según admitió el propio von Blomberg, no había sabido nada hasta ese momento.

Ahora, pensó Flick, empezarán a llegar los pedidos. Pero no llegó ninguno.

Unos meses antes, Flick había ordenado a Otto Steinbrinck que hiciera uso de sus credenciales y contactos navales para asegurarse ventas de armas. El lugarteniente de Flick ya había mostrado un renovado en cosas letales al unirse a las SS ese año. Durante el verano de 1933, los contactos de Steinbrinck dieron frutos de inmediato; convenció a la Marina de que financiara la adquisición de nueva maquinaria, para que Flick produjera vainas de proyectiles de artillería. Pero no se realizó ningún otro pedido. Al contrario que a la Marina, a la HWA no le convencía del todo la idea de abandonar a los magnates del Ruhr. Además, consideraba a Steinbrinck demasiado alineado con la Marina, y se negó a producir armas en las fábricas de Flick, quien, al sentirse atrapado entre dos facciones, se quejó tan apasionadamente a von Blomberg que este último tuvo que interceder por él directamente con la HWA. El ministro de Defensa afirmó que estaba «extremadamente inquieto»[5] por la falta de pedidos a las fábricas de Flick.

Poco después de esta intervención, el ejército hizo su primer conjunto de pedidos a las plantas del magnate, que suponían millones de granadas y proyectiles de artillería. Además, en agosto de 1934, Kurt Liese, el general que dirigía la HWA, le dijo a Steinbrinck que los gerentes de las siderurgias de Flick «no deben dudar en prepararse para un flujo continuo de pedidos grandes que durará varios años».[6] Flick estaba dispuesto, pero no antes de un pequeño *quid pro quo*.

4

Durante la primavera y el verano de 1934, Flick le hizo a la HWA, y a sí mismo, un enorme favor al facilitar la expropiación de Donauwörth, una fábrica de armas bávara en el Danubio que producía munición de artillería.[1] Desgraciadamente para Emil Loeffellad, originario de Stuttgart y propietario de la sociedad, la HWA había catalogado su fábrica como indispensable para los esfuerzos del rearme. Pero, puesto que los Aliados seguían prohibiendo terminantemente la producción de armas militares en Alemania, el ejército tuvo que dar con la forma de llevar a cabo el embargo en secreto y de que la fábrica siguiera operando como cualquier otro negocio. Flick apareció en escena a través de un antiguo empleado. Una de las siderúrgicas de Flick proveyó a la HWA con una empresa pantalla llamada Montan ('minería' en alemán), que servía de tapadera para hacer transacciones legítimas. En mayo de 1934, Loeffellad fue arrestado por la Gestapo, acusado de espionaje industrial, tachado de «alimaña para el estado»[2] y obligado a vender su negocio a Montan. La HWA se quedó con casi todo el precio de la compra en concepto de «suma para expiar» la supuesta malversación de fondos gubernamentales realizada por Loeffellad.

En julio de 1934, Montan (bajo el control de la HWA) devolvió a la siderúrgica de Flick la fábrica Donauwörth mediante un arrendamiento, y, en ella, se continuó produciendo munición para la artillería. El llamado «plan Montan»[3] beneficiaba a ambas partes. Permitía a la HWA comprar compañías armamentísticas en secreto, invertir en ellas y asegurarse de que las empresas a las que compraba estaban dirigidas de forma competente, mientras que, a la vez, posibilitaba que Flick se asegurara un cliente importante sin ningún coste de por medio. La solución era tan efectiva y práctica que Montan se convirtió en un *holding* clandestino para todas las sociedades armamentísticas propiedad del Ejército que colaboraron con la industria alemana. Cuando estalló la guerra, Montan controlaba más de cien empresas armamentísticas y empleaba a unas 35 000 personas. Flick no tardó en unirse a su consejo de supervisión.

El plan Montan fue un punto de inflexión en la tensa relación de Flick con la HWA. Ahora era uno de los socios predilectos del Ejército. Como Günther Quandt, que financiaba una de sus instalaciones armamentísticas a través de Montan, ahora Flick podría construir nuevas fábricas, expandir las antiguas, trasladar los costes al ejército y hacer que sus plantas fueran más modernas que las de sus competidores del Ruhr, Krupp y Thyssen. Era un sueño hecho realidad para el empresario industrial.

Pero Flick todavía no era capaz de aprovechar todas las oportunidades que se le presentaban para expandir su negocio a expensas de los demás. En octubre de 1934, el general de la HWA Kurt Liese le preguntó a Otto Steinbrinck si su jefe estaba interesado en adquirir Simson, una fábrica de ametralladoras en Suhl, una ciudad de Turingia.[4] La familia Simson poseía un monopolio notable. Por aquella época, era la única empresa en Alemania a la que los Aliados permitían producir ametralladoras ligeras. Pero los Simson eran judíos. Su monopolio armamentístico le vino de perlas al Partido Nazi. La familia se convirtió en un objetivo predilecto de la mordaz propaganda antisemita, particularmente por parte de Fritz Sauckel, el ambicioso *Gauleiter* de Turingia, un hombre bajo y calvo con un bigote hitleriano y un marcado acento de pueblo. Quería expropiar a los Simson, hacerse con el control de su empresa y transformarla en una compañía armamentística controlada por el NSDAP.

Los generales de la HWA no tuvieron ningún problema en hacerse con el control de una empresa en manos de judíos. Sin embargo, querían a un líder competente al frente de la compañía en la que habían invertido veintiún millones de *reichsmark,* no a cualquier nazi aficionado sin ninguna experiencia empresarial. Y les preocupaba particularmente la «cooperación sin trabas»[5] del dueño de la fábrica, Arthur Simson. Steinbrinck transmitió el interés de Flick con un eufemismo: «en caso de que, por razones generales de política nacional, el grupo lo necesitara en la absorción de Simson».[6] Pero las negociaciones iniciales no tardaron en fracasar.

Siete meses después, a principios de mayo de 1935, el asesor financiero de Hitler, Wilhelm Keppler, secundado por el líder de las SS, Heinrich Himmler, volvió a ofrecerle a Flick la empresa de Simson. Unos días más tarde, Arthur Simson fue arrestado por orden de Sauckel y acusado de generar «beneficios excesivos»,[7] una extorsión que pronto sería habitual para obligar a los empresarios judíos a vender sus negocios. Simson, entre la espada y la pared, dio entonces señales de su «predisposición» a vender la empresa familiar. Steinbrinck reiteró el interés de Flick, pero ahora ofreció un precio más bajo. «Como grupo privado solo podremos acceder a la compra si Simson se reúne con nosotros sin coacciones y en completa libertad. Tendríamos que rechazar una expropiación a favor del grupo Flick-Mittelstahl»,[8] escribió Steinbrinck en una circular de finales de mayo de 1935, encubriendo de ese modo el movimiento de su jefe. Era una treta de libro por parte de la mano derecha de Flick. Steinbrinck tenía tantas ganas como Flick de adquirir la compañía de Simson, pero solo en el caso de que la HWA se hiciera primero con su control y después se la vendiera al magnate. Flick no tenía ningún problema con las expropiaciones siempre y cuando no fueran ni él ni su conglomerado los que se mancharan las manos. Querían que un intermediario les hiciera el trabajo sucio. Además, Flick no deseaba hacerse con el control de empresas porque sí. Sus objetivos de adquisición tenían que añadir un valor significativo a su grupo empresarial.

Sauckel no tardó en imponerse a la HWA. El *Gauleiter* expropió la fábrica Simson y la convirtió en parte de un grupo dirigido por los nazis que aunaba empresas robadas a los judíos. La familia Simson, mientras tanto, emigró a América a través de Suiza. Flick estaba satisfecho con el desenlace. Las negociaciones finales por la empresa de Simson tuvieron lugar unos meses antes de que se promulgaran las Leyes de Núremberg en septiembre de 1935. Dichas leyes proporcionaron una base legal para la expulsión de los judíos alemanes de su propia sociedad y para la expropiación de sus bienes. Además, les arrebataron su nacionalidad y prestigio profesional, y les prohibieron mantener relaciones sexuales y casarse con aquellos considerados «de sangre alemana». Pero, en esta época, las expropiaciones de las empresas judías siguieron siendo poco frecuentes. A Flick todavía le preocupaba la visión negativa que daba adquirir dicha fábrica y las consecuencias que podría tener sobre sus obligaciones financieras en el extranjero. Y tampoco quería que Sauckel, que, con el tiempo, terminaría proporcionándole decenas de miles de trabajadores forzados, se convirtiera en su poderoso enemigo. Mientras tanto, Flick y Steinbrinck se fueron acercando al hombre que terminaría siendo el arquitecto del Holocausto. El dúo había entrado, literalmente, en el Círculo de Amigos de Himmler.

5

A principios de septiembre de 1934, Flick y Steinbrinck acudieron a la convención anual del Partido Nazi en Núremberg invitados por Himmler. Como muchos otros invitados de honor, se los hospedó en el único hotel de lujo de la ciudad, a la entrada del casco viejo y a unos minutos en coche de las festividades. Una mañana encapotada, los huéspedes bajaron a desayunar solo para descubrir un cartel que colgaba a las puertas del pequeño comedor y que decía: «Reservado para los huéspedes del *Reichsführer* de las SS»,[1] el título oficial de Himmler. Su ayudante de treinta y tres años, Fritz Kranefuss, era el que había colocado el cartel.

Esa mañana oscura, Kranefuss se hizo cargo del grupo de su tío, el Círculo Keppler, y lo convirtió en el Círculo de Amigos de Himmler. Como asesor financiero de Hitler, Wilhelm Keppler estaba demasiado ocupado negociando entre el régimen y las empresas alemanas —preparando un acuerdo armamentístico aquí y una expropiación allá— como para dedicar tiempo al círculo. Además, el grupo no había causado impacto alguno en las políticas económicas de Hitler, su propósito original.[2] Kranefuss había ayudado a su tío a establecerlo y a reclutar a sus miembros, así que ahora podía hacer lo que quisiera con él. Como cualquier buen nazi, lo que agradaba a su jefe, a Kranefuss le agradaba aún más. De manera que decidió convertir el círculo en una red de contactos entre los grandes negocios y las SS a la que solo se podía acceder con invitación.

El cambio de nombre del círculo implicaba una conexión de amistad con Himmler. Pero Himmler no tenía muchos amigos y no podrían importarle menos aquellos ricachones. Solo le interesaba lo que representaban y lo que podría sacarles (y lo mismo les ocurría a ellos). Himmler sabía que a los magnates solo les preocupaba conseguir la mayor protección posible a través de una relación con el líder de las SS y jefe de policía del Tercer Reich. Pero incluso él se pasaba las horas compitiendo por conseguir influencia. Ahora que Göring estaba emergiendo como el hombre más poderoso de la economía nazi, Himmler quería su propia conexión con los grandes negocios para beneficiar a las SS. Primero atraería a los magnates; después se quedaría con su dinero.

Cuando Flick y Steinbrinck entraron al comedor reservado aquella mañana, saludaron a muchas caras familiares invitadas por Kranefuss:[3] Keppler, que se había unido para el traspaso y al que se nombró miembro honorario; ejecutivos del Commerzbank y del Dresdner Bank, apodado «el banco de las SS»,[4] en cuyo consejo de supervisión se encontraba Flick; el corrupto hermanastro de Göring, Herbert; y el consejero delegado y presidente de Wintershall. Por alguna razón, el socio principal de Wintershall, Günther Quandt, no estaba invitado. Kurt Schmitt también estaba allí, esta vez sin August von Finck, al que no se invitó por que se sabía que era demasiado tacaño. Himmler acababa de ascender a Schmitt a general honorario de las SS unos meses después de que dimitiera como ministro de Economía por agotamiento. A Schmitt, «físicamente imponente»,[5] le encantaba pasearse con su uniforme negro de las SS. Pero Himmler no bajó a saludar a sus «amigos». Los vería más tarde, durante la cena.

6

Friedrich Flick llegaría a alabar el Círculo de Amigos de Himmler y diría de él que era como un «reflejo»[1] de los negocios alemanes. Pero en la siguiente convención del Partido Nazi, se les unió un miembro que no encajaba del todo en la descripción. Richard Kaselowsky era directivo de una empresa que elaboraba púdines, claramente alejado de Berlín, de la región del Ruhr y de los poderosos magnates que la controlaban. Procedía de Bielefeld, una ciudad tranquila de la región de Westfalia del Este no muy alejada de la frontera holandesa. Kaselowsky —un hombre robusto, de cabello castaño entrecano y graso, que llevaba peinado hacia atrás, y rostro carnoso— estaba decidido a poner a Bielefeld en el mapa. Con cuarenta y siete años, era el consejero delegado de Dr. August Oetker, compañía alimentaria con el nombre de su fundador, que había sido pionera en Alemania en la creación de envases con mezclas para hacer bizcochos y púdines, e ingredientes como la levadura en polvo. Kaselowsky había entrado en el negocio familiar a través de su matrimonio con Ida Oetker, la viuda de su mejor amigo. Su función principal, además de la de consejero delegado, era preparar a Rudolf-August Oetker, su hijastro adolescente y heredero de la compañía, para que un día lo sucediera.

Richard Kaselowsky

Lo que a Kaselowsky le faltaba en altura empresarial lo compensaba con su fervor por Hitler.[2] Repartía copias firmadas de *Mein Kampf* a los nuevos empleados de Oetker y tenía colgado un retrato del Führer en su despacho. Además, compartía con Himmler un pasado como avicultor. Tanto a Kaselowsky como al líder de las SS les interesaban los aspectos agrarios del nazismo y más concretamente, el (re)asentamiento de la población en el campo. Esta idea iba de la mano de los deseos de Hitler de que el pueblo alemán disfrutara de más *Lebensraum* ('espacio vital'); y Himmler y sus seguidores propagaron el concepto de *Blut und Boden* ('sangre y suelo'): un pueblo «nórdico racialmente puro» que dejaba tras de sí las decadentes y depravadas ciudades para instalarse y trabajar como campesinos en comunidades rurales dependientes de la tierra.[3]

La dedicación de Kaselowsky al nazismo a menudo era a expensas económicas de la empresa que dirigía. Entre 1933 y 1935, se gastó cientos de miles de *reichsmark* de la compañía en proyectos de asentamiento en el este de Alemania que fracasaron.[4] Pero, claramente, no aprendió nada de la experiencia. Durante el verano de 1935, fusionó un periódico regional rentable, propiedad de una editorial controlada por Oetker, con una publicación local del Partido Nazi que perdía dinero.[5]

Dejando a un lado las malas decisiones empresariales, la devota dedicación financiera de Kaselowsky hacia las causas perdidas nazis lo situó en una posición excelente con el *Gauleiter* de Westfalia, que lo invitó a la convención del Partido ese septiembre.[6] Como invitados de honor de segundo nivel, se hospedó a Kaselowsky y a su esposa en el Hotel Bamberger de Núremberg, donde también se alojaban la amante secreta de Hitler, Eva Braun, y la directora Leni Riefenstahl. Pero las noticias de las contribuciones de Kaselowsky consiguieron llegar de alguna manera al hotel de lujo de Núremberg, porque Fritz Kranefuss no tardó en proponer al provinciano jefe del pudin que se uniera al círculo íntimo de Himmler.

Kaselowsky aceptó de inmediato. Le encantó desde el principio. Presente en todas las reuniones, adoraba las ventajas y el acceso a las altas esferas que acompañaban a la condición de miembro. El segundo miércoles de cada mes, Kaselowsky viajaba de Bielefeld a Berlín para reunirse con el Círculo de Amigos de Himmler en el Club Aéreo, situado en el centro de la capital.[7] Göring había reconvertido el majestuoso parlamento prusiano en la lujosa sede de este club, con un bar abierto las veinticuatro horas, un salón para beber cerveza y un famoso restaurante, todo junto al Ministerio de Aviación y frente al cuartel general de la organización de seguridad de Himmler. Tras una copa de bienvenida, el grupo de cuarenta hombres cenaba copiosamente sentados según un orden que rotaba de reunión en reunión y, después, se retiraban a los salones del club para hablar de negocios, nunca de política.

Himmler apareció para hacer la colecta justo antes de que Kaselowsky se uniera. Una fría y brillante mañana de enero de 1936, Flick, Steinbrinck y el resto del círculo se reunieron con el líder de las SS en el hotel Regina Palace de Múnich, en la calle Maximilianstrasse, para una excursión. Un autobús los esperaba a las puertas del hotel de lujo para llevarlos a su destino, al noroeste de la ciudad: el campo de concentración de Dachau.[8] Cuando el autobús aparcó, Himmler introdujo a los hombres en el campo, pasando por delante de un grupo de presos ataviados con el uniforme penitenciario. El tour que el líder de las SS les ofreció personalmente por Dachau estaba «muy cuidadosamente preparado y disfrazado», declararía después uno de los miembros. Primero les mostró los barracones y los talleres, donde los sastres, carpinteros y zapateros encarcelados se dedicaban a sus oficios. Los magnates comieron en la cafetería del campo tras visitar la cocina para probar los alimentos que se preparaban. Himmler los guio incluso hacia un pasaje de celdas, donde abrió una con un prisionero dentro por el que se interesó personalmente. A continuación, el grupo visitó la cercana fábrica de porcelana que dirigían las SS antes de regresar a Múnich, donde cenaron juntos.

Tras la cena, Himmler se levantó para dar un breve discurso. Ahora que les había mostrado que los campos de concentración no eran tan malos como hacían pensar los rumores, tenía que pedirles algo a sus adinerados amigos. «Para las SS y el resto de mis funciones, no necesito dinero y no lo quiero, pero para algunas tareas culturales y para acabar con ciertas situaciones de emergencia para las que no dispongo en absoluto de capital, les estaría enormemente agradecido si decidieran proveerme de fondos para dicho propósito»,[9] dijo humildemente. Entre sus proyectos favoritos estaba la asociación de crianza Lebensborn, en cuyos centros de maternidad se daba a luz a los niños de la «raza superior».

Como es evidente, ninguno de los hombres de negocios se atrevió a decir que no. Kranefuss sugirió una contribución anual de los miembros de al menos diez mil *reichsmark*. Ya había conseguido que el barón Kurt von Schröder, el financiero en cuya mansión Hitler y von Papen habían sellado el destino de Alemania, accediera a ser el tesorero del grupo. Para cobrar los pagos, von Schröder abrió una «cuenta especial S»[10] en su banco privado de Colonia y Steinbrinck se encargaría de la recolección de los fondos. Los millones empezaron a fluir de inmediato.[11] Flick comenzó a donar cien mil *reichsmark* al año al círculo. Kaselowsky dio cuarenta mil. Aunque este último se había perdido la excursión a Dachau, sí que asistió a la visita que Himmler ofreció personalmente del campo de concentración de Sachsenhausen, al norte de Berlín.[12] Un campo diferente, pero el mismo *spiel*.

7

A finales de junio de 1934, Ferdinand Porsche firmó un contrato con una escéptica y reticente asociación de la industria del automóvil del Reich para desarrollar el Volkswagen. La organización de fabricantes de coches había aceptado la responsabilidad financiera del proyecto y sus miembros estaban consternados con que Hitler hubiera escogido al volátil Porsche en lugar de a otros hombres más asentados, para diseñar su primer vehículo para las masas. Obviamente, los ejecutivos automovilísticos no se atrevían a contravenir los deseos del Führer, pero tampoco creían que Porsche fuera realmente capaz de desarrollar en unos meses un coche pequeño que solo costara mil *reichsmark*. En la ceremonia de firma del contrato en Berlín, un ejecutivo le dijo a Porsche con desprecio: «Si [...] no eres capaz de presentar un coche al precio esperado, no te preocupes. Simplemente dile a Hitler que es imposible y que los ciudadanos de a pie ¡deberían utilizar el autobús!».[1] Para asegurarse de que el despilfarrador de Porsche no gastara mucho dinero de la asociación, solo se le permitió cargarles veinte mil *reichsmark* mensuales por el proceso de desarrollo del coche y debía tener terminado el primer prototipo en diez meses. Fue una tarea hercúlea. Al final, Porsche necesitaría 1,75 millones de *reichsmark,* dos años, tres versiones del diseño y dar jabón políticamente a Hitler innumerables veces para completar un prototipo adecuado del Volkswagen.[2]

Mientras tanto, Porsche y su yerno, Anton Piëch, reforzaron su control familiar en el estudio de diseño de Stuttgart. El 5 de septiembre de 1935, diez días antes de que se promulgaran las Leyes de Núremberg, la Gestapo arrestó a Adolf Rosenberger, cofundador de Porsche, en el pueblo donde residía cerca de Stuttgart. Lo acusaron de «corrupción de la raza»[3] y lo pusieron en prisión preventiva en Karlsruhe. Su «delito» fue quedar con una muchacha que no era judía. Dada su envergadura como empresario judío y antiguo piloto de coches de carreras, Rosenberger ya había recibido avisos de que era un objetivo de la Gestapo, pero había decidido ignorarlos.

Las señales habían sido claras. Cinco semanas antes, el 30 de julio de 1935, Rosenberger transfirió su diez por ciento de las participaciones de la empresa de diseño de coches a Ferry, el hijo de veinticinco años de Porsche que, bajo la tutela del magnate y sus ingenieros veteranos, llevaba casi cinco años trabajando para su padre. La compañía, que anteriormente se había enfrentado a dificultades financieras, por fin se había vuelto rentable gracias al contrato de Volkswagen y al diseño de un coche de carreras que Porsche y Rosenberger habían concebido, llegando a alcanzar aquel año beneficios cercanos a los 170 000 *reichsmark.*[4] Porsche y Piëch se propusieron expulsar a los otros dos socios que no eran de la familia mediante la compra de sus acciones: Adolf Rosenberger y el barón Hans von Veyder-Malberg.

Los Porsche, padre e hijo, durante la década de 1930.

Adquirieron la parte de su cofundador judío por una fracción del valor de sus participaciones. De hecho, el dúo pagó a Rosenberger la misma cantidad nominal que este había aportado al fundar Porsche en 1930: tan solo tres mil *reichsmark*. A pesar de todo lo que Rosenberger había hecho por la empresa, le pagaron por sus participaciones en Porsche mucho menos de lo que valían. «Se me recriminó que no nos concederían ningún certificado ni nada similar como empresa no judía si yo permanecía como socio [...]. No acuso en absoluto al señor Porsche y al señor Piëch de antisemitismo»,[5] sostuvo Rosenberger. «Pero [...] se aprovecharon de mi condición de judío para librarse de mí a un precio irrisorio».

Porsche y Piëch negaron la acusación de antisemitismo, pero, independientemente de sus motivos, su adquisición de las participaciones de Rosenberger en Porsche fue un «proceso de arianización» más claro que el agua. Un activo se consideraba «arianizado» en el Tercer Reich cuando se eliminaba el «componente» judío. Dicho proceso podía ir desde pagar menos por el valor real de las empresas, participaciones, casas, tierras, joyas, oro o arte pertenecientes a los judíos, como ocurrió con Rosenberger, al descarado robo de sus posesiones. Como consecuencia de la preferencia de la Alemania nazi por los procedimientos legales formales, la arianización a menudo debía dar la apariencia de ser una transacción comercial como cualquier otra. Pero, con el tiempo, incluso esa farsa se descartaría.

El 23 de septiembre de 1935, después de casi tres semanas en una cárcel de la Gestapo, Rosenberger fue trasladado al campo de concentración de Kislau, al sur de Heidelberg. Tras cuatro días de palizas, lo liberaron repentinamente. El barón von Veyder-Malberg, el sucesor de Rosenberger en Porsche, había intercedido por él con la Gestapo en Karlsruhe, logrando con éxito su liberación. Pero Rosenberger aún debía pagar a la Gestapo cincuenta y tres *reichsmark* y cuarenta centavos por permanecer en detención preventiva o «custodia protectora»,[6] por muy eufemístico que parezca. A pesar de declarar posteriormente lo contrario, Ferdinand Porsche y Anton Piëch no hicieron nada por asegurar la liberación de su cofundador.[7] A través de su abogado, Rosenberger rogó a Porsche que le ayudara a salvar la vida, pero Porsche estaba demasiado ocupado codeándose con gente importante en el Gran Premio de España, a las afueras de Bilbao.

Rosenberger se marchó de Alemania un mes después de ser puesto en libertad y se trasladó a París en noviembre de 1935. Desde su destitución como director comercial de Porsche a principios de 1933, había estado trabajando bajo contrato para la empresa de diseño. Incluso tras su encarcelamiento, este hombre de treinta y cinco años siguió siendo el representante en el extranjero de la marca y vendiendo las patentes de Porsche en Francia, Inglaterra y Estados Unidos.[8] Rosenberger podía quedarse con el treinta por ciento de las previsiones de ventas con un contrato que duraría hasta 1940, o eso pensaba él. Porsche y Piëch no habían terminado con la tarea de menospreciar a su perseguido cofundador, pero por el momento debían contener su crueldad. Primero, Porsche debía mostrar su anhelada obra maestra al Führer: el Volkswagen.

Una tarde abrasadora de principios de julio de 1936, Porsche presentó dos coches de prueba ante Hitler, Göring y su séquito, en el retiro montañoso bávaro del canciller en Obersalzberg.[9] Los máximos representantes del nazismo estaban sudando en sus botas militares y uniformes, luciendo sus filas de medallas, bandas y condecoraciones; todas ellas premios por su servilismo. Hitler solo llevaba puesta su Cruz de Hierro de primera clase, que se le había concedido como soldado de primera del Ejército bávaro durante la Primera Guerra Mundial. No le hacía falta lucir más condecoraciones. Después de todo, era el Führer. Porsche le explicó el diseño a Hitler personalmente. Años más tarde, en plena guerra y con su final acercándose, Hitler evocaría aquel día soleado de verano para un periodista: «La forma en que estos Volkswagen iban y venían por Obersalzberg, zumbando y superando a los grandes Mercedes como abejorros, fue suficiente para impresionar a cualquiera».[10] Tras la presentación de Porsche, Hitler ofreció un tour por el «Nido del Águila», la residencia informal que le estaban construyendo y que tenía vistas de la ciudad montañosa de Berchtesgaden. Hitler ya había decidido que construiría la mayor fábrica de automóviles de Europa en el centro de Alemania y que en ella solo se producirían Volkswagen. Ahora debían dar con la localización adecuada para ello.

8

Rudolf-August Oetker, el «príncipe del pudin»,[1] sabía que disfrutaba de una posición privilegiada en la vida. Con el nombre de un padre y un abuelo a los que nunca conoció, se crio en la mansión que la familia tenía en Johannisberg, Bielefeld, con privilegio y con conciencia de su destino. Como único heredero varón, destinado a perpetuar la empresa alimentaria familiar y su apellido, Rudolf-August no tardó en darse cuenta de que «lo más valioso que heredé fue el apellido Oetker».[2] Su padrastro,

Richard Kaselowsky, al que consideraba su verdadero padre y al que siempre llamó así, lo preparó diligentemente para la tarea de encargarse de Dr. Oetker, a pesar de que el joven era un mal estudiante. Prefería montar a caballo, como el propio Kaselowsky, que era un ávido jinete y criador de caballos. Mientras que a su ahorradora madre le disgustaban los caros pasatiempos de su marido, la abuela de Rudolf-August no tenía tantas reservas. Lo malcrió todo lo que pudo, regalándole un BMW descapotable las navidades de 1933.[3] Cuando, más adelante, el joven tuvo que vender su motocicleta BMW, ella le obsequió un caballo para que le sirviera de consuelo.

Rudolf-August empezó a montar a caballo con doce años. Cuando la escuela de hípica local se incorporó a las *Reiter-SA* (las SA montadas) en 1933, Oetker, de dieciséis años, se inscribió automáticamente como miembro de la división equina de la organización paramilitar. Aquello no se puede considerar una declaración política. Pero la afiliación de otro miembro sí

Rudolf-August Oetker, entre su abuela (derecha)
y el chófer de esta (izquierda), 1933.

lo sería. El padrastro de Rudolf-August se unió al Partido Nazi en mayo de 1933. Su madre fue la siguiente, y después su hermana mayor. Rudolf-August fue el último en afiliarse. Eran una familia nazi de principio a fin.[4]

Cuando Rudolf-August terminó el bachillerato en septiembre de 1936, realizó seis meses del servicio de trabajo obligatorio que imponían los nazis. Para la ceremonia de graduación de dicho servicio, llevó en autobús desde Bielefeld a doscientas muchachas empleadas en Dr. Oetker para que bailaran con sus compañeros, lo que recordaría como «una fiesta divertida».[5] Tras abandonar el servicio militar por problemas de salud, se trasladó a Hamburgo en 1937 para entrar de aprendiz en un banco. Pero, a diferencia de los aprendices normales y corrientes, Rudolf-August se instaló en el hotel Four Seasons, en el centro de la ciudad, junto al lago interior del río Alster (Biennenalster), y se puso inmediatamente a buscar una residencia apropiada en las orillas del lago exterior (Aussenalster), la zona más cara de Hamburgo.

No tardó en dar con una propiedad en el número 15 de Bellevue. Allí, junto al lago, Rudolf-August compró una mansión con una gran parcela. La propiedad había sido arianizada. Previamente había pertenecido a Kurt Heldern, un ejecutivo de la industria del tabaco que había huido de la Alemania nazi a Sídney, Australia. Rudolf-August era consciente de la dudosa procedencia del inmueble. Incluso su padrastro nazi se mostró en contra de la adquisición al principio. «Es imposible»,[6] le dijo Kaselowsky. «Las penas forman parte de esta casa». Resuelto, Rudolf-August siguió adelante y compró la mansión y el terreno a través de Dr. Oetker por un precio mucho menor al de mercado.[7] Entre sus nuevos vecinos estaba el alcalde nazi de Hamburgo, a quien su padrastro conocía del Círculo de Amigos de Himmler. A continuación, Rudolf-August arianizó un terreno que había tras su nueva mansión, perteneciente a otros vecinos: el matrimonio judío Lipmann,[8] a quienes se obligó a vender la parcela, entre otras posesiones, para financiar sus «desesperados intentos de emigrar».[9] El terreno valía al menos 119 000 *reichsmark,* pero, «tras largas negociaciones», Rudolf-

August declaró que solo estaba dispuesto a pagar la mitad.[10] Las autoridades locales nazis, que tenían que aprobar la venta de cualquier activo en manos de judíos, rebajaron el precio final hasta los 45 500 *reichsmark*. Con el tiempo, los Lipmann lograron huir a Uruguay.

Mientras tanto, Rudolf-August estaba aprovechando al máximo su traslado a Hamburgo. A menudo pasaba los fines de semana con amigos en pueblos costeros de moda en el mar Báltico, como Heiligendamm. Allí, se encontró por casualidad con Joseph Goebbels, que estaba de vacaciones con su familia. Rudolf-August se acercó al ministro de Propaganda, se presentó e intercambiaron unas «palabras de cortesía».[11] En el hipódromo del pueblo, Hermann Göring otorgó un premio a Rudolf-August cuando un semental de los establos de su padrastro ganó una carrera. El grupo de amigos de Hamburgo del heredero de Dr. Oetker incluía a judíos que «debían de estar sufriendo represalias»,[12] pero como muchos otros alemanes, Rudolf-August mostraba indiferencia hacia sus apuros. También sabía de la existencia de los campos de concentración, pero aceptaba el mensaje del régimen de que solo eran para los enemigos del Estado. «Es todo lo que pensábamos sobre el tema. Después de todo, las personas que salían de ellos no decían nada», recordaría más adelante Rudolf-August. Pero el heredero los conocía mucho mejor de lo que decía. Al fin y al cabo, las SS lo habían instruido en uno de ellos.

9

Durante el verano de 1936, Günther Quandt ayudó a un ejecutivo judío de la industria armamentística para beneficio de ambos.[1] El noviembre anterior, la Universidad Goethe de Fráncfort había dado de baja a Georg Sachs, catedrático de metalurgia, en cuanto las Leyes de Núremberg entraron en vigor. Solo unos meses antes, Günther había introducido a Sachs en el consejo ejecutivo de Dürener como jefe del departamento de investigación. En la Alemania nazi, tus contactos y tu utilidad marcaban la diferencia entre la vida y la muerte. Pocos lo entendían mejor que Erhard Milch, lugarteniente de Hermann Göring e hijo de un farmacéutico judío. Aunque Milch no tenía buena relación con su jefe, Göring lo protegió de la opresión nazi, silenciando una investigación de la Gestapo mientras los rumores sobre su linaje recorrían de arriba abajo el Ministerio de Aviación. «¡Yo decido quién es judío!»,[2] dijo supuestamente Göring. El valor de Milch para el régimen y los negocios residía en su potestad sobre la Luftwaffe y sus millones. Puesto que Hitler estaba a punto de destinar un cuarenta por ciento de todo el presupuesto de guerra a la Luftwaffe,[3] Günther le dio a Milch una cálida bienvenida a la ostentosa fiesta de aniversario de la Dürener en 1935.

Ese mismo oportunismo es el que convirtió a Sachs, con todos sus conocimientos metalúrgicos, en alguien casi igual de relevante para Günther. En abril de 1936, el distrito berlinés controlado por Goebbels se enteró de que Günther había colocado a un judío en el consejo de una de sus empresas de armamento. El magnate se vio obligado entonces a expulsar a Sachs, pero Milch decidió que podría seguir trabajando para la compañía en un puesto menos prominente, a pesar de su «mácula»[4] (el propio Milch sabía bastante sobre ellas, al fin y al cabo). Sin embargo, a mediados de julio de 1936, Sachs le solicitó a Günther por carta que lo dejara marchar «por el bien de las dos partes». Al principio Günther se negó, deseoso de conservar los conocimientos de aquel hombre, pero unas semanas después accedió de mala gana. Sachs quería abandonar la Alemania nazi mientras pudiera, por lo que Günther le ofreció unos 36 000 *reichsmark* para ayudarle a pagar el coste de su emigración. Sachs tuvo que abonar un «impuesto de huida del Reich» para marcharse que le costó 23 000 *reichsmark*. Días antes de que partiera hacia América a principios de otoño de 1936, Günther acudió a su casa para despedirse. Sachs no tardó en encontrar un puesto como profesor de metalurgia física en la Universidad Case Western Reserve de Cleveland, Ohio, donde su familia se unió a él poco después. La mujer de Sachs expresaría más adelante que «el viejo Quandt»[5] demostró ser «un hombre honrado y de gran ayuda». El catedrático le devolvería el favor después de la guerra.

Aquel problema que aquejaba a las dos partes se había solventado. Dürener no tardó en enorgullecerse de informar de que ningún «capital extranjero o judío»[6] tenía participación alguna en la empresa. A finales de 1937, Göring recompensó a Günther por su producción en masa de armas con el título de *Wehrwirtschaftsführer* ('líder de la economía militar'), entregado a aquellos dueños de negocios o ejecutivos cuyas empresas se consideraban cruciales para el rearme. Friedrich Flick y Ferdinand Porsche también lo recibirían al poco tiempo.[7] Los únicos beneficios reales de este título eran una ornamentada insignia dorada y una buena relación con el régimen, siempre que uno siguiera siendo útil. Günther comentaría después que el ministro de Aviación le había concedido el título por su trabajo en Dürener.[8] Imaginaba, además, que la lujosa celebración del aniversario de la compañía había terminado de inclinar la balanza. Los beneficios de organizar una buena fiesta estaban más claros que el agua para Günther. Sin embargo, cuando invitó a Milch a la cena de su sesenta cumpleaños, y le asignó al nazi medio judío un sitio a su lado, el secretario de Estado canceló su asistencia en el último momento.[9]

10

Mientras Berlín ardía con la pasión de la fiebre olímpica a finales del verano de 1936, Magda Goebbels tenía algo que confesar. El 1 de agosto, durante la ceremonia de inauguración en el Estadio Olímpico de Berlín, el teórico nazi Alfred Rosenberg le contó a Goebbels «algo desagradable»[1] que había sucedido años antes entre Magda y Kurt Lüdecke, quien la había introducido en el NSDAP. Aquella noche, en la nueva mansión de ambos, Goebbels abordó el tema con Magda, quien, llorando, negó todo al principio, pero finalmente confesó la verdad: durante los primeros años de su matrimonio, había tenido una aventura con Lüdecke. Tras la confesión, Goebbels escribió en su diario al día siguiente: «Estoy muy deprimido con este asunto. Estuvo mintiéndome todo el rato. Es una enorme pérdida de mi confianza. Es todo tan terrible [...]. Tardaré bastante en recuperar-me de todo esto».[2] Puesto que hacía tiempo que Lüdecke había regresado a Estados Unidos tras sus desencuentros con otros na-zis en el poder, Goebbels debía dar con otra forma de vengarse de Magda. Y una oportunidad asomaba en el horizonte.

Dos meses antes, la noche húmeda del 2 de junio de 1936, Goebbels y su hija de tres años, Helga, estaban paseando por la isla de Schwanenwerder.[3] Goebbels, Magda, sus tres hijos y Ha-rald acababan de trasladarse a aquel exclusivo enclave residen-cial al sudoeste de Berlín. Padre e hija estaban a punto de llegar a casa cuando se encontraron con uno de sus vecinos, un actor famoso. El intérprete iba acompañado por su novia de veintiún años, Lída Baarová, una estrella del celuloide checo. Hacía poco que aquella hermosa morena había empezado a actuar en pe-lículas alemanas. La importante productora de cine berlinesa UFA, cuyos estudios se encontraban cerca de Babelsberg, la ha-bía escogido para interpretar papeles de *femme fatale*. A petición de Goebbels, Baarová y su novio les enseñaron su casa a él y a Helga aquella noche. Por aquel entonces ella no lo sabía, pero el ministro estaba a punto de obsesionarse con la UFA y con la vida personal de la actriz.

Cuando Magda confesó su aventura con Lüdecke, Goeb-bels decidió empezar a conocer mejor a Baarová. Lo organizó todo para que la última película de la UFA, con el apropiado título de *Traidor*, celebrara su gran estreno en la convención del Partido Nazi en Núremberg a principios de septiembre de 1936. De vuelta en Berlín, Goebbels invitó a Baarová y su novio a su palco de la ópera y organizó un pase de la última película de este en su mansión de Schwanenwerder. Goebbels y Baarová empezaron a verse solos más a menudo, preferiblemente en la casita de campo que el ministro tenía al norte de Berlín, junto a un lago. Cuando el otoño se convirtió en invierno, comen-zó su aventura romántica, que no tardaron en hacer pública. Goebbels empezó a llevar a Baarová como su acompañante a los estrenos de las películas y el novio de esta la mandó a paseo. Al principio dio la impresión de que a Magda, angustiada por sus problemas de salud y por traer al mundo más hijos para el

Reich, le importaba bien poco. Hitler, por el contrario, seguía profundamente comprometido con el matrimonio más famoso del Tercer Reich.

11

Como Kaselowsky descubrió enseguida, ser alguien prominente tenía sus ventajas. El 1 de mayo de 1937, Dr. Oetker fue uno de los treinta negocios alemanes a los que Hitler otorgó el título honorario de «empresa modelo del nacionalsocialismo»;[1] además, obsequió a Kaselowsky con una bandera dorada durante la ceremonia de entrega en el Club Aéreo de Berlín. La compañía alimentaria obtuvo aquel premio simbólico por cuidar extremadamente bien a sus empleados y, sobre todo, por su aplicación de los ideales laborales nazis. En cuanto a Kaselowsky, se desempeñó con orgullo como consejero delegado nazi y se lanzó a arianizar activos para Dr. Oetker, sus filiales, la familia Oetker y demás empresas que controlaban a la menor oportunidad.[2]

Después de que Kaselowsky obligara en 1935 a la editorial Gundlach, controlada por Oetker, a que fusionara su rentable periódico con una publicación del Partido Nazi que no lo era tanto, la empresa trató de compensar las considerables pérdidas recurriendo al mercado de las revistas. Cuando la Cámara de Prensa de Goebbels censuró y a continuación prohibió a los editores «no arios» y a los opositores al régimen distribuir y ser dueños de medios de comunicación escritos, los derechos de sus revistas y publicaciones se pudieron adquirir por un precio muy bajo. A lo largo de 1935, Gundlach arianizó una editorial de revistas de Berlín y sus oficinas de la calle Potsdamer, igual que hizo con los derechos de una revista que antes pertenecía a un distribuidor judío. En Austria, Gundlach arianizó a Oskar Fischer, una editorial vienesa dueña de seis revistas. En enero de 1936, Kaselowsky aprobó la reconversión aria de una filial de Dr. Oetker en la «Ciudad Libre de Danzig» (Gdansk), gobernada por nazis. En la ciudad portuaria del mar Báltico, la empresa arianizó gran parte de un negocio de envasado a un precio «extremadamente favorable»,[3] un sesenta por ciento por debajo de su valor real de mercado, después de que la mayoría de sus socios judíos anunciaran que se retiraban de la compañía.

La familia Kaselowsky-Oetker también compró las participaciones de otras tres empresas que ya habían sido arianizadas.[4] La más importante de ellas fue la que pertenecía al fabricante de cervezas berlinés Ignatz Nacher, cuyas compañías habían sido brutalmente higienizadas por el Dresdner Bank y, por otro lado, por un consorcio dirigido por banqueros privados de Múnich. Más o menos a la vez que Friedrich Flick adquiría la finca bávara de Nacher en 1937,[5] la familia Oetker se hizo con un tercio de las participaciones de la cerveza maltesa Groterjan, una de las cerveceras de Nacher arianizadas por el consorcio de bancos. Esta fábrica marcó la entrada de la dinastía Oetker en la industria de las bebidas alcohólicas, que sigue siendo una parte importante del conglomerado familiar hoy en día. Pero las arianizaciones hechas por Kaselowsky, Oetker y Porsche palidecían en comparación con el alcance y tamaño de las realizadas por Günther Quandt, Friedrich Flick y August von Finck.

12

A finales de la primavera de 1937, Joseph Goebbels, todavía inmerso en su intensa relación sentimental con Lída Baarová, estaba atareado planificando distintas exposiciones de arte. Y debía darle las gracias al barón August von Finck por ello. Lo que al tacaño financiero le faltaba en generosidad lo compensaba inspirándola en otros. En cuatro años, von Finck había recaudado doce millones de *reichsmark* para el nuevo museo de Hitler en Múnich, cantidad suficiente como para cubrir los continuos sobrecostes de la construcción. Los bávaros se mofaban del gigantesco edificio llamándolo «el templo de la salchicha blanca».[1] El Partido Nazi había tenido que aportar cien mil *reichsmark* a su construcción; von Finck se encargó del resto. El banquero aprovechaba sus viajes de negocios para adelantar su misión de captación de fondos, y visitaba a los magnates en sus mansiones y fincas. Mientras los millones del rearme fluían desde el régimen hacia los bolsillos de los empresarios industriales, von Finck convencía a algunos de los nombres más importantes del mundo empresarial germánico para que donaran y se convirtieran en miembros fundadores del museo, lo que tan solo les costaría cien mil *reichsmark*. Friedrich Flick, Gustav Krupp, Carl Friedrich von Siemens y Robert Bosch se encontraban entre los dadivosos magnates que sacaron sus talonarios.[2]

A principios de junio de 1937, Hitler y Goebbels volaron a Múnich para inspeccionar el museo y la muestra inaugural, escogida por un jurado, que se tituló la «Gran exposición de arte alemán». El propio von Finck se encargó de la visita. El dúo, sin embargo, quedó horrorizado: «Han colgado unas obras que hacen que se te ponga la piel de gallina»[3] escribió Goebbels en su diario. «El Führer está furioso». Las paredes estaban cubiertas casi en su totalidad con horripilantes escenas históricas de las conquistas germánicas. Al parecer, los encargados de la exposición la habían centrado alrededor del concepto nazi de «sangre y tierra», y lo habían interpretado literalmente. El resultado final no estaba a la altura de la visión artística del nacionalsocialismo que tenía el canciller. Hitler se planteó posponer la exposición durante un año antes que «mostrar semejante bazofia»,[4] y designó a su fotógrafo personal como nuevo conservador de la muestra de ahí en adelante. Pero aquel evento mediático no podía desmontarse con tan poco margen sin causar con ello cierto bochorno al canciller. La exposición debía seguir adelante.

Cuando ambos regresaron un mes más tarde para la inauguración, Hitler quedó más contento.[5] No se había realizado ningún cambio en la temática, pero se había reducido el número de cuadros sangrientos. El 18 de julio de 1937, el Führer inauguró la Haus der Deutschen Kunst y su primera exposición, con von Finck a su lado. Durante el evento, Magda y Goebbels se gastaron cincuenta mil *reichsmark* en arte nazi para sus distintas residencias. Además, al mismo tiempo, Goebbels había organizado otra exhibición a unas manzanas de distancia, en los soportales del Hofgarten. Se le había ocurrido la idea de mostrar obras de arte confiscadas —realizadas por artistas modernos, en su mayoría alemanes, aunque también había algunos extranjeros—, que representaran lo que, en su opinión, era arte no deseado en el Tercer Reich. La exhibición de «arte degenerado» mostró seiscientas obras de artistas como Max Beckmann, Marc Chagall, Max Ernst, Otto Dix, Paul Klee, George Grosz y Vasili Kandinsky. La muestra atrajo rápidamente a más de dos millones de visitantes, dos veces más que la exposición de la Haus der Deutschen Kunst.

Incluso así, el régimen estaba encantado con von Finck y sus esfuerzos para recaudar fondos para el museo de Hitler, cometido por el que no tardaría en ser recompensado.

Meses más tarde, Goebbels expresó sus opiniones sobre otra preciada innovación nazi. A principios de septiembre de 1937, visitó Stuttgart para unirse a Ferdinand Porsche en el rodaje de prueba del Volkswagen. «La potencia de tracción del coche es fabulosa, sube bien las cuestas y tiene una suspensión excelente. Pero ¿tiene que estar tan poco adornado por fuera? Le he dado a Porsche ciertos consejos al respecto. Los ha aceptado sin reparos»,[6] escribió en su diario. Prefería que lo llevaran en bonitas limusinas. El ministro de Propaganda inspeccionó el Volkswagen de nuevo tres meses después y las mejoras lo alegraron. «El Dr. Porsche ha presentado una obra maestra»,[7] escribió complacido, como siempre que alguien seguía sus órdenes. Concedió a Porsche de inmediato el Premio Nacional de las Artes y las Ciencias; pero al diseñador lo esperaban recompensas todavía mayores.

13

Meses después de haber ayudado a una familia judía a huir de Alemania, Günther Quandt desvalijó a otra.[1] El 9 de junio de 1937, su compañía armamentística DWM publicó una declaración de una sola frase en el periódico financiero de Berlín. Se había hecho con el control de otro negocio: Henry Pels, un fabricante de herramientas de última generación que producía perforadoras y cortadoras de hierro en su fábrica de Erfurt, la ciudad más grande de Turingia. Lo que no se explicaba en aquella concisa comunicación era que Günther había arianizado el negocio de forma agresiva once días antes. La mañana del 29 de mayo de 1937, el cirujano Fritz Heine se había visto obligado a vender la participación mayoritaria de su mujer en su propia empresa familiar muy por debajo del valor de mercado, y a dimitir de su puesto en el consejo de supervisión durante una tensa reunión de socios mantenida en las oficinas de Günther, en Askanischer Platz. Heine era el único miembro «no ario» del consejo y representaba a su mujer Johanna, quien había heredado las participaciones cuando su padre —el fundador de la empresa Henry Pels— y su madre murieron en 1931. Su único hermano había sido un soldado alemán que había «fallecido heroicamente por la patria»[2] durante la Primera Guerra Mundial. El matrimonio Heine y sus dos hijos fueron bautizados como protestantes, pero aquello no los salvaría de las Leyes de Núremberg, puesto que los progenitores de ambos eran judíos.

Günther compró las participaciones de los Heine con bonos del Estado difíciles de vender que valían unos quinientos mil *reichsmark*, por lo que les robó al menos un millón y medio. El valor nominal de las participaciones de Johanna era de unos dos millones de *reichsmark*, pero su valor real sería probablemente mucho mayor. Günther tasó las máquinas de la compañía, por sí solas, en tres millones de *reichsmark* poco después del proceso de arianización. El magnate se convirtió en el presidente del consejo de supervisión de Henry Pels, llenó la junta con sus socios comerciales y ejecutivos y reestructuró la compañía para convertirla en una fructífera empresa de armamento. Hacia 1938, la compañía ya generaba un beneficio bruto de seis millones de *reichsmark* produciendo trípodes para armas, cañones y artillería antiaérea para submarinos. Günther también arianizó la denominación social: retiró el nombre del padre de Johanna (Henry Pels) y la rebautizó como Berliner-Erfurt Maschinenwerken. Aun así, la correspondencia comercial a menudo seguiría realizándose en papel con el antiguo nombre «no ario» de la empresa en el membrete.

Las cosas no terminaron bien para el matrimonio Heine. Su hijo ya se había trasladado a América tras terminar sus estudios de ingeniería y su hija no tardó en huir a Gran Bretaña con la ayuda de un párroco en Berlín. Pero la pareja permaneció en Alemania. Confiaban en que «la persecución nacionalsocialista acabará pronto».[3] No fue así. Se obligó a Johanna y Fritz a abandonar su mansión en el Westend de Berlín y a subarrendar dos habitaciones. El 24 de octubre de 1941, se los deportó en tren desde Berlín a Lodz, situada en el Warthegau, un territorio ocupado por los nazis en Polonia, donde el conocido de Günther, el despiadado *Gauleiter* Arthur Greiser, gobernaba sobre millones de personas, incluidas las que ocupaban el gueto judío de Lodz, principal punto de recogida del campo de exterminio de Chelmno. Es probable que el matrimonio Heine fuera asesinado en Chelmno a mediados de noviembre de 1941, aunque en sus certificados de defunción aparece Litzmannstadt, el nombre nuevo que los nazis dieron a Lodz. En Alemania, el resto de las posesiones de la pareja se confiscaron como impuesto de partida por haber «huido» del territorio del Reich. Para Günther, los Heine fueron únicamente el principio del enorme expolio que llevaría a cabo por Alemania y Europa.

Y no trabajaría solo. Günther había descubierto a un joven talento que lo ayudaría a expandir su imperio.[4] Una mañana lluviosa de septiembre de 1937, Günther se encontraba tras el escritorio doble de su despacho en el número 3 de Askanischer Platz, entrevistando al elegante abogado de derecho farmacéutico que estaba sentado frente a él y anotando cuidadosamente sus respuestas. Se llamaba Horst Pavel, tenía veintinueve años y, cuando Günther lo conoció en un evento empresarial, le dio la sensación de que tendría talento para los negocios. A mediodía, Günther le ofreció el puesto de director del departamento legal de la AFA. Pavel tenía tres horas para considerar la oferta. La aceptó a las tres de la tarde. Günther pensaba que a Herbert, su hijo mayor y sucesor natural, no le vendría mal algo de competencia. Herbert había terminado sus cuatro años de ciclo formativo sobre gestión en la AFA en mayo de 1937 y había empezado a trabajar como director en Pertrix, una filial de la AFA en Berlín que producía linternas y baterías. Pavel era dos años mayor que Herbert, pero igual de ambicioso. Haría todo lo que estuviera en su mano para superar al hijo del jefe.

Además, Günther fomentó aquella competición. Pensaba en términos darwinianos y escribió sobre «una batalla por la vida»[5] de su hijo. Le dio a Pavel el despacho contiguo al suyo y, al poco de contratarle, se llevó a su nuevo protegido en un crucero de casi cuatro meses por Sudamérica. Desde el transatlántico *Cap Arcona,* Günther compartió algunas observaciones personales sobre los sudamericanos con sus ejecutivos en Alemania: «El principio de la raza pura es imposible [en Brasil] puesto que el país entero está compuesto de italianos, españoles y alemanes cruzados con indios»,[6] escribió en una carta. «Además de los negros, con quienes también se mezclan indiscriminadamente. Esto ha dado lugar a una raza que resiste al letal clima, con suficiente impacto intelectual por parte de los de piel blanca y roja. En contra de estos estándares se encuentra el país blanco de Argentina, que es el más inteligente». Durante el viaje, Günther le hizo a Pavel una golosa oferta: si se quedaba en el grupo Quandt, llevaría la gestión comercial de toda la AFA y ocuparía una posición en el comité ejecutivo. Así sin más, Günther convirtió a Pavel en su mano derecha: Herbert tendría que luchar, una vez más, por llamar la atención de su padre.

14

En el otoño de 1937, Friedrich Flick preparaba un expolio. El 4 de noviembre de 1937, Otto Steinbrinck, su lugarteniente, le escribió en una comunicación que Wilhelm Keppler, el omnipresente intermediario de Hitler entre el régimen y el mundo empresarial, le había informado de que «desde hace algún tiempo, hay una nueva ola de ventas de activos judíos en Alemania».[1] Incluso los propietarios judíos «de quienes uno no se lo hubiera imaginado antes» se estaban esforzando por «librarse de sus posesiones en Alemania», escribió Steinbrinck. Flick aprovechó la oportunidad de inmediato. Algunos de los primeros activos pertenecientes a judíos que adquirió fueron para su uso particular. Disfrutaba comprando lujosos bienes inmuebles y en esta ocasión fueron tres:[2] uno en Baviera, otro cerca de Berlín y el último una propiedad de caza en Austria; todos eran patrimonio de familias empresarias judías que necesitaban venderlos mientras tuvieran opción. (La finca bávara[3] y los terrenos de caza austríacos[4] aún son propiedad de algunos de los nietos de Flick).

En noviembre de 1937, el primer proceso de arianización de Flick llevaba meses en curso. A finales de ese verano había puesto sus miras en los altos hornos de Lübeck, una importante fábrica de arrabio de la ciudad portuaria hanseática.[5] Era una de las pocas empresas importantes de la industria pesada alemana en manos de judíos. Los accionistas de Lübeck eran sobre todo familias judías con negocios locales, así como empresas y bancos asociados con ellas. Flick tenía a esa empresa en el punto de mira desde hacía casi una década. Había llegado el momento de atacar.

La adquisición de los altos hornos de Lübeck se había vuelto de vital importancia para Flick a principios de ese año. Podían proveer a sus fábricas de aluminio con arrabio, del que había una gran escasez. Y lo que es más, Lübeck tenía un consejero delegado nazi que estaba deseando ayudar en la arianización de la compañía que dirigía. Veía a sus accionistas judíos como la razón principal por la que la HWA no le concedía contratos armamentísticos. Entonces Flick entró en acción. Primero, logró sacar adelante una OPA hostil dirigida contra el segundo mayor accionista de Lübeck, una compañía de comercio de mineral de hierro clasificada como judía. Cuando algunos de los accionistas de la empresa trataron de agrupar sus acciones y trasladarlas al extranjero, Flick recurrió a la amenaza de las sanciones del régimen para obligar a los accionistas judíos a vender. Aun así, y a pesar de que se celebró en sus oficinas centrales de Bellevuestrasse en Berlín, no asistió a la última reunión de la compra a principios de diciembre de 1937. Dicha reunión tenía como objetivo convencer a los últimos indecisos, un grupo de accionistas extranjeros y el banco Warburg, que se resistían a vender sus activos. Flick explicó su ausencia a Walther Oldewage, el negociador impuesto por el régimen que llevaría a cabo la operación: «Obligarme a debatir con este comité es un nuevo truco de los judíos, en el que no voy a caer dadas mis malas experiencias hasta este momento».[6] Finalmente, los accionistas vendieron.

En los días posteriores al acuerdo, Flick abordó a los accionistas mayoritarios de Lübeck, la familia judía Hahn. Se mostraron de acuerdo en vender sus activos en dos lotes casi de inmediato, y por varios millones por debajo del valor de mercado, pero con una condición. Para proteger a su propia empresa familiar, una importante planta siderúrgica en el Ruhr, los Hahn insistieron en que se redactara una declaración en la que se estipulara que las autoridades interpretarían la venta de su parte de Lübeck como señal de su buena voluntad, y que su empresa siderúrgica quedaría exenta de cualquier medida coercitiva. Pero Oldewage se negó y solo proporcionó una declaración oral a los efectos. Aun así, los Hahn siguieron adelante con el trato, vendiendo el primer lote de sus acciones a Flick en diciembre de 1937. Unas semanas después, como recompensa por su ayuda, Flick arrebató a Oldewage a las autoridades gubernamentales y lo contrató en una de sus siderúrgicas, en un puesto de mando intermedio con un sueldo generoso. Cuando Oldewage fue a asumir su nuevo puesto, Steinbrinck le dio a Flick su opinión antes de despedirse: «[Oldewage] me parece demasiado blando en el aspecto humano; yo le aconsejé personalmente que fuera más duro con los judíos».[7]

En las semanas posteriores a la venta del primer lote de los Hahn, las presiones del régimen sobre esta familia judía solo fueron en aumento. Amenazaron con arrestarlos e internarlos en un campo de concentración. Cuando se dirigieron al departamento de arianización del ministro de Economía en Berlín para asegurarse de que dejarían en paz a su empresa, un funcionario nazi les dijo que no se creía que hubieran sido tan estúpidos como para «aceptar una letra de cambio para la que no hay cobertura».[8] Entonces no les quedó más remedio que vender su planta siderúrgica a un importante competidor y emigrar a Inglaterra. La familia vendió el último lote de las acciones de Lübeck a Flick, aunque, de nuevo, por millones por debajo de su valor de mercado. Necesitaban el dinero para escapar. Flick era ahora el accionista mayoritario de Lübeck y ya estaba preparando su siguiente proyecto de arianización.

En su vuelo sin retorno de Londres, los Hahn coincidieron con Otto Steinbrinck. El lugarteniente de Flick estaba de viaje de negocios. Miró de arriba abajo a la familia judía y dijo con desprecio: «Tenéis suerte de haber conseguido escapar».[9]

15

El siguiente proceso de arianización que llevaría a cabo Friedrich Flick —mucho más ambicioso— ya estaba en marcha mientras asaltaba la Lübeck. A principios de noviembre de 1937, Wilhelm Keppler contó a Otto Steinbrinck que había más compañías preseleccionadas para dicho proceso. Entre ellas se encontraban los activos alemanes propiedad de los conglomerados de Julius e Ignaz Petschek, creados originalmente por los epónimos hermanos Petschek, unos judíos checos. Para cuando los dos conglomerados llamaron la atención de Flick, hacía tiempo que se habían separado. Los hijos de los dos hermanos eran sus propietarios y gestores, aunque no se llevaban bien. No obstante, el régimen nazi mostró un gran interés por los herederos Petschek. En conjunto, los primos controlaban cerca del sesenta y cinco por ciento de las reservas de lignito del este y centro de Alemania, lo que los convertía en los responsables del dieciocho por ciento de la producción de carbón sin procesar de todo el Reich alemán.[1] Y esto solo era una pequeña parte de todas las operaciones que desarrollaba Petschek. La más amplia era una variedad de minas de carbón en Bohemia y Moravia, regiones checas sobre las que Hitler ya había puesto sus miras.

Cuando Keppler contó a Steinbrinck que los intereses alemanes de los Petschek iban a ser arianizados, confirmó algo que ya había llegado a oídos de Flick y Steinbrinck por otras fuentes: el grupo Julius Petschek, establecido en Praga y el menor de los dos conglomerados, ya estaba manteniendo conversaciones con dos sociedades para vender las participaciones mayoritarias que tenía en dos grandes empresas de lignito alemanas. Y no eran dos sociedades cualquiera las que se peleaban por los activos Petschek: una era Wintershall, el gigante de la potasa y del petróleo del que Günther Quandt poseía una cuarta parte, e IG Farben, la empresa química más grande del mundo. Si Flick lograba hacerse con las participaciones de lignito de los Petschek en Alemania, se aseguraría una fuente de combustible para su fábrica siderúrgica principal durante décadas. Era un «asunto vital»,[2] le comunicó Steinbrinck a Keppler el 3 de noviembre de 1937. Dos semanas después, Steinbrinck reiteraría a Keppler que el conglomerado de Flick quería participar, «sea como sea», en la «liquidación de la propiedad P.». Ambos acordaron «causar problemas al componente judío»,[3] como lo denominó Keppler.

El «asunto P. o Petschek», como Flick y sus auxiliares se referían irónicamente a sus esfuerzos de arianización, se convirtió en una prioridad. El magnate y su lugarteniente empezaron a tantear al régimen nazi y a sus contactos en Petschek para acceder a las negociaciones en primera posición. Muchos de estos contactos eran compañeros del Círculo de Amigos de Himmler, entre los que destacaba Herbert Göring, medio hermano del *Reichsmarschall* Hermann. Simplemente por su relación consanguínea, Herbert consiguió primero el puesto de secretario general en el Ministerio de Economía y después distintos puestos ejecutivos en importantes compañías alemanas. Como resumiría un historiador, Herbert Göring «creó un puesto descaradamente parasitario en el Tercer Reich al monetizar el acceso directo a su poderoso medio hermano».[4] Flick y Steinbrinck se apuntaron al carro y le prometieron a Herbert una buena compensación «en caso de que se resuelva el asunto P.».

En una reunión con Steinbrinck, Herbert Göring señaló que los Petschek tenían toda la atención de su medio hermano. Hermann Göring estaba en plena ejecución de su «Plan Cuatrienal»[5] para la economía de la Alemania nazi. Su grandioso diseño pretendía conseguir el rearme del país y, lo que era más importante, la conversión de Alemania en una autarquía: un Estado completamente autosuficiente que ya no dependería de las importaciones de países extranjeros. Las reservas de lignito de los Petschek, propiedad de judíos extranjeros nada menos, eran parte lógica del plan. En una reunión posterior con Flick, Herbert Göring confirmó que, aunque que los herederos de Julius Petschek querían vender, el grupo Ignaz Petschek rechazaba todas las propuestas.[6] Tendrían que lidiar con él más adelante.

Con el apoyo de los dos Göring, Flick se colocó en la primera posición en la mesa de negociación. A mediados de diciembre de 1937, el magnate informó al consejero delegado de Wintershall, que también era socio comercial de Günther y miembro del Círculo de Amigos de Himmler, de que iba a exigir la adquisición de las empresas de lignito alemán de Julius Petschek. El consejero delegado le respondió con un «furioso silencio».[7] Al mismo tiempo, Herbert Göring le contó a un miembro de la junta de Julius Petschek que las negociaciones se transferirían a un consorcio bajo el liderazgo de Flick. La información se transmitió a uno de los hijos de Julius Petschek, que rompió de inmediato las negociaciones con Wintershall e IG Farben, demostrando así su predisposición a hablar con Flick. Pero el proceso se alargó. Los hijos de Julius Petschek, ciudadanos checos, habían creado una complicada estructura de propiedad.[8] Hacía tiempo que habían trasladado el *holding* principal que poseía sus acciones en empresas alemanas al extranjero. Dichas participaciones, por lo tanto, estaban con la United Continental Corporation (UCC) en Nueva York, cuyo antiguo presidente era John Foster Dulles, el futuro secretario de Estado de Estados Unidos. Además, los herederos de Julius Petschek querían que les pagaran en dólares estadounidenses, cosa que Hermann Göring y las autoridades nazis no permitían para la compra de empresas alemanas.

A mediados de enero de 1938, Steinbrinck redactó un extenso memorando que Flick utilizaría una semana después en la presentación sobre cómo resolver el «asunto Petschek».[9] El 21 de enero, Flick habló en Berlín ante un público de una sola persona: Hermann Göring. Propuso al *Reichsmarschall* un proceso de arianización doble. Según el magnate, aunque solo él se encargaría de negociar un acuerdo con los hijos de Julius Petschek, haría falta llegar a un compromiso en lo relativo al pago en moneda extranjera. Expuso que se le debía conceder en exclusiva la negociación, puesto que varios pujadores provocarían la subida del precio y darían a los Petschek la opción de elegir la mejor oferta. Afirmó que, a su vez, una venta voluntaria debilitaría la rotunda negativa a vender de los herederos de Ignaz Petschek. Su presentación fue un éxito rotundo. Hermann Göring firmó el documento que Flick había traído preparado y le confirió un mandato para la negociación exclusiva con ambos grupos Petschek, si bien este no era vinculante y no incluía ningún compromiso en el asunto de la divisa extranjera.

Los representantes de los herederos de Julius Petschek llegaron a Berlín al día siguiente. Su negociador principal era George Murnane, un banquero de Nueva York especializado en inversiones y con buenos contactos, que había sucedido a su amigo Dulles como presidente de la UCC. Murnane quería generar una «atmósfera de paz»,[10] pero Flick marco una línea dura desde la primera reunión al declarar que solo él había recibido autorización para negociar por «orden de lo más alto *[sic]*».[11] El pago en dólares, con los recursos de que disponían los alemanes, era imposible. Si los Petschek no accedían a ciertas concesiones pronto, Flick amenazó con la posibilidad muy real de que se produjera una absorción contra su voluntad. Pero Murnane se negó a ceder en la cuestión de la divisa y del precio de compra, estipulado en quince millones de dólares, a pesar de expresar su simpatía por lo que él llamó «el problema alemán, es decir, la cuestión del rearme y de los judíos».[12]

Tras otras dos reuniones infructuosas, Flick rompió abruptamente las negociaciones al comienzo de una nueva ronda el 31 de enero de 1938. Mintió, alegando que su negociación por mandato expiraba aquel día. En el último fragmento de un comunicado que leyó enigmáticamente en voz alta a toda la sala, Flick dejó claro que, sin un acuerdo, se expropiaría a los herederos Petschek. Un impávido Murnane, al que Flick había mantenido bajo vigilancia a todas horas,[13] puso en evidencia su farol y anunció que ya había recibido una oferta de once millones de dólares por parte de la Wintershall de Günther Quandt. A continuación, Murnane subió la apuesta: las empresas alemanas en Estados Unidos podrían verse «amenazadas [...] por las mismas medidas que ahora se estaba encontrando él en Alemania».[14]

La respuesta de Murnane disparó las alarmas entre los más altos cargos de las autoridades financieras nazis. Ante esta amenaza sobre los activos alemanes en el extranjero, especialmente hacia las filiales americanas de la IG Farben, Hermann Göring y sus lacayos cedieron en lo concerniente al pago en dólares. Flick, sin embargo, no tenía ninguna prisa por reanudar las negociaciones. La anexión de Austria por parte de Hitler era inminente, y Flick quería esperar y ver cómo afectaba a su posición en la negociación. Al parecer, la afectó de forma muy positiva.

Después de que Hitler anexionara su país natal, Austria, a mediados de marzo de 1938, y amenazara con que Checoslovaquia sería la siguiente, los herederos de Julius Petschek se mostraron dispuestos a rebajar el precio que pedían de forma significativa. Y habría más presiones políticas.[15] A finales de abril de 1938, Hermann Göring promulgó varios decretos que intensificaban la persecución de los judíos. Toda compra o arrendamiento de bienes estaba ahora sujeta a la autorización del Estado si un judío, alemán o extranjero, estaba involucrado, y los judíos extranjeros ahora también debían notificar a las autoridades todas las propiedades que tuvieran en Alemania. Göring, además, esbozó la posibilidad de que el Estado pudiera expropiar si era en beneficio de la economía alemana.

El 10 de mayo de 1938, Flick y la UCC —ahora representada por el vizconde Strathallan, el socio británico de Murnane— reanudaron las negociaciones en Baden-Baden, una ciudad-balneario de moda junto a la frontera francesa. En las reuniones, que continuaron una semana después en Berlín, debatieron sobre un acuerdo de 6,3 millones de dólares, menos de la mitad del precio de mercado de las acciones, casi 5 millones por debajo de la oferta de Wintershall y 9 millones menos que el precio inicial que pedía Murnane tres meses antes. El estado de ánimo y la balanza de poder se habían inclinado a favor de Flick. Strathallan le dio las gracias a Flick y elogió «el espíritu de todas nuestras conversaciones».[16] Murnane telegrafió a Flick desde Nueva York: «Quiero expresar mi admiración por su habilidad y ecuanimidad al llevar a cabo la transacción y por su destreza en las negociaciones». Flick respondió del mismo modo, atribuyendo el éxito a que «trabajamos juntos fielmente, y descubrimos por su parte una amplia comprensión de los requisitos alemanes». (Más adelante, investigadores estadounidenses acusarían a Murnane de no haber representado correctamente «los intereses de sus clientes».[17] Los norteamericanos pensaban que «cayó en el juego de los nazis en lo relativo a la propiedad de los Petschek al ceder [...] en todos los puntos y mostrar debilidad»). Los herederos de Julius Petschek se las ingeniaron para vender el resto de sus bienes en los Sudetes a un consorcio checo,[18] semanas antes de que Hitler ocupara la zona. Después, emigraron a Estados Unidos y Canadá.

Pero Flick no había terminado. Procedió a venderle algunas de las minas de lignito de la firma Julius Petschek a Wintershall e IG Farben. El magnate terminaría embolsándose unos beneficios de casi 600 000 dólares[19] con todo el proceso de arianización, además de asegurarse gratis una fuente de combustible para sus fábricas siderúrgicas. Como comisión por la ayuda en la negociación, Flick transfirió temporalmente un millón de acciones de la Lübeck a Herbert Göring. El medio hermano corrupto del *Reichsmarschall* podría quedárselas hasta que reportaran dividendos. Flick también le dio un préstamo para comprar un conglomerado naviero que, según el magnate, Herbert le devolvió tras hacer un «magnífico negocio»[20] por el cual vendió su participación mayoritaria al competidor armamentístico y siderúrgico de Flick, la dinastía Krupp. Wintershall terminó perdiendo en la arianización de Julius Petschek, pero aquello no desalentó a Günther Quandt. Ya tendría más oportunidades de participar en negocios turbios. Y, de cualquier modo, unas veces se gana y otras se pierde. El propio Flick estaba a punto de aprender esa misma lección en sus propias carnes.

16

La Haus der Deutschen Kunst abrió sus puertas en julio de 1937, justo cuando los procesos de arianización empezaban a cobrar impulso, y el barón August von Finck estaba listo para capitalizar todo el trabajo duro que había realizado para Hitler. Algunos de los miembros más conocidos del Partido Nazi, como el abogado personal del Führer, Hans Frank, y el corrupto dirigente de Múnich, Christian Weber, ya tenían sus cuentas personales y del NSDAP en el banco privado del aristócrata, el Merck Finck.[1] Había llegado la hora de que von Finck expandiera su institución financiera y se librara de sus rivales judíos. Primero atacó a un competidor de Múnich: Martin Aufhäuser, socio principal de H. Aufhäuser, uno de los bancos privados más grandes de Alemania.[2] El financiero había protestado contra las Leyes de Núremberg, según las cuales se lo clasificaba como judío. Aufhäuser solicitó una exención de las leyes para que se restauraran sus derechos personales y poder salvar su banco familiar, procedimiento que requería el permiso directo de Hitler. Pero, como era de esperar, el Führer se negó a concedérselo.

Von Finck aprovechó la oportunidad para forzar la situación. En una carta a la Cámara de Comercio de Múnich, el 11 de noviembre de 1937, expuso una propuesta para deshacerse del banco H. Aufhäuser y concluyó: «El sector de la banca privada alemana sigue compuesto, a día de hoy, por corporaciones no arias. La arianización gradual de este oficio, que está tan fuertemente influenciado por el componente judío, no debe detenerse con la concesión de exenciones, sino que [...] debe fomentarse a toda costa».[3] El banco H. Aufhäuser se incautó durante la *Kristallnacht* ('Noche de los Cristales Rotos')[4] —la tristemente célebre matanza de judíos que ocurrió por toda la Alemania nazi el 9 y 10 de noviembre de 1938—, y se arianizó rápidamente. Tras varias semanas en «detención preventiva» en el campo de concentración de Dachau, Martin Aufhäuser y su hermano huyeron de Alemania y terminaron en Estados Unidos. Su otro socio en el banco y su esposa se suicidaron tras la *Kristallnacht*. Von Finck, como representante estatal de los bancos privados de Baviera, fue el responsable de la liquidación de la cartera personal de acciones de Martin Aufhäuser.[5] Los ingresos se emplearon para pagar los impuestos de «huida» del banquero una vez logró escapar del país.

La primera arianización de von Finck[6] surgió por sí sola mientras él redoblaba sus ataques contra sus colegas judíos en Aufhäuser. Otto Christian Fischer, un destacado banquero nazi que formaba parte de la junta directiva del museo con von Finck, fue una figura clave en la conversión aria de la banca, como director de la autoridad bancaria del Reich. En el otoño de 1937, Fischer puso a von Finck en contacto con Willy Dreyfus, el propietario del importante banco privado alemán J. Dreyfus, y con Paul Wallich, un socio de Dreyfus en la sucursal de Berlín.

Willy Dreyfus había decidido vender su banco familiar a raíz de las presiones para que aplicara procesos de arianización. Ya había cerrado su banco de Fráncfort, después de que amenazaran a uno de sus socios con la deportación a un campo de concentración, y, al mismo tiempo, empezó a buscar comprador para la sucursal berlinesa, que era más grande. Añadir una oficina en la capital era una oportunidad excepcional para von Finck. Su banco privado tenía solo una sucursal en Múnich,

August von Finck y Hitler haciendo el
saludo nazi en la Haus der Deutschen Kunst.

pero toda la acción se encontraba en Berlín. Naturalmente, él quería estar allí.

Las negociaciones entre Willy Dreyfus y el adjunto de von Finck comenzaron en diciembre de 1937. Julius Kaufmann, un director medio judío de Dreyfus, supervisó los tres meses de conversaciones en Berlín. Más adelante detallaría cómo von Finck coaccionó a Dreyfus para que rebajara el precio de venta de su sucursal bancaria. Para empezar, von Finck se negó a hacerse cargo de las obligaciones del banco sobre las pensiones de sus empleados y pensionistas judíos, valoradas en 450 000 *reichsmark*. Después de que Willy Dreyfus presentara el balance general, con provisiones y amortizaciones que reducían el valor de su filial bancaria otros 400 000 *reichsmark,* von Finck lo presionó para que hiciera rebajas mayores, entre ellas una infravaloración de sus bienes raíces. Estos ajustes restaron otros 700 000 *reichsmark* del precio de venta, que se fijó en unos dos millones de *reichsmark*. En resumidas cuentas, Julius Kaufmann estimó que von Finck obligó a Willy Dreyfus a vender su filial de Berlín por al menos 1,65 millones de *reichsmark* (un millón y medio de dólares de la época) por debajo de su precio real.[7] Pero Merck Finck aseguraría después que unas «negociaciones amistosas»[8] fueron las que condujeron a la «absorción» de Dreyfus.

Paul Wallich, el antiguo socio de la sucursal de Berlín, firmó el contrato para permanecer como asesor durante una década, a pesar de que Merck Finck había publicado una norma corporativa de que el banco solo podría emplear a individuos de «pura sangre alemana».[9] Los empleados también debían presentar «pruebas de los orígenes arios» de sus cónyuges. Tanto Wallich como Julius Kaufmann entraban en la categoría de judío según las Leyes de Núremberg, pero sus esposas no lo eran, por lo que se les permitió pasar de Dreyfus a Merck Finck, pero el acuerdo solo duraría hasta que los dos hombres judíos —en «privilegiados matrimonios mixtos» previos a la llegada al poder de los nazis— dejaran de considerarse útiles para Merck Finck.

El barón Egon von Ritter, amigo íntimo de von Finck, se convirtió en el socio principal de la filial berlinesa de Merck Finck. Von Ritter no tardó en despedir a Kaufmann por «no ser ario», pero lo obligó a quedarse los seis meses que le restaban de contrato para ayudar con la reorganización. Kaufmann, al menos, sobrevivió. A Paul Wallich le fue mucho peor. Su contrato se rescindió cuando Merck Finck dejó de precisar sus servicios, pero solo después de aprovecharse de su ayuda para trasladar las cuentas de los clientes. Wallich se suicidó durante un viaje de negocios a Colonia solo unos días después de la *Kristallnacht*.

La arianización de Dreyfus dio popularidad inmediata al banco de Finck en Berlín, donde se lo empezó a conocer como el «banco del Führer».[10] Era el mayor cumplido que podía hacerse a un fanático tan obsesionado con Hitler como von Finck. La arianización también se alabó en los círculos financieros alemanes como un anteproyecto de la «desjudificación»[11] del sector de la banca privada, lo que desencadenaría una gran retirada de fondos de los bancos judíos más pequeños de todo el país. Cuando el proceso de arianización se dio por finalizado y se notificó el 5 de marzo de 1938, Willy Dreyfus emigró a Basilea, Suiza. Pero aquella no sería la última vez que tendría que lidiar con von Finck.

17

La arianización más espectacular de la banca privada cayó en manos de August von Finck una semana después de concluir la adquisición de Dreyfus. El 12 de marzo de 1938, el ejército alemán se dirigió hacia Austria y la incorporó al Reich. Miles de austríacos llenaron las carreteras y las calles para dar la bienvenida a las tropas. La persecución de la población local judía, tanto por parte de los alemanes como de los austríacos, ya se había iniciado mientras el *Anschluss* —nombre con el que se conoció a la anexión— estaba en marcha. La arianización de S. M. von Rothschild, el banco privado más grande del país, que pertenecía a la rama austríaca de la afamada dinastía Rothschild, se ofreció de inmediato a von Finck.[1] El barón Louis von Rothschild, que dirigía el banco, con sede en Viena, que había fundado su bisabuelo, fue arrestado durante la anexión[2] y encarcelado en el antiguo hotel de lujo Metropole, el nuevo cuartel general de la

Gestapo en el casco antiguo de Viena. Y el banco familiar fue requisado. El resto de sus posesiones, incluidas las obras de arte y los palacios, fueron saqueadas. La infame Oficina Central para la Emigración Judía de Adolf Eichmann se estableció rápidamente en uno de los palacios embargados a los Rothschild.

Emil Puhl, el vicepresidente del Reichsbank, recordaría más adelante que el Ministerio de Economía de Funk prefería que S.M. Rothschild fuera arianizado por un banco privado. Funk quería evitar que los grandes bancos comerciales como el Deutsche o el Dresdner aumentaran su influencia en Austria. Puhl dijo que muchos bancos privados alemanes querían arianizar S.M. Rothschild, pero que la elección de Merck Finck «procede, sin duda, de la influencia que el señor Fink *[sic]* tenía en el partido y en el Estado».[3] Von Finck era miembro del consejo consultivo del Reichsbank, entre sus muchos otros puestos en el régimen nazi.

El padre de von Finck y el de Louis von Rothschild habían sido buenos amigos, y, por lo tanto, von Finck hijo fue invitado a Zúrich por un representante de Rothschild a principios de mayo de 1938 «para hablar sobre posibles soluciones»[4] para el banco incautado. Después, von Finck viajó a Viena, donde se reunió con Josef Bürckel, el corrupto *Gauleiter* de la capital y comisionado del Reich en Austria tras el *Anschluss*. Von Finck le explicó a Bürckel que quería expandir su banco hasta el sudeste de Europa y le pidió ayuda «para obtener, con ese propósito, algún banco vienés con propietarios judíos».

En una reunión más multitudinaria al día siguiente, von Finck fue informado de que el banco S.M. Rothschild era el que mejor se adaptaba a sus necesidades y se nombró a Merck Finck su administrador. Pero las SS se negaron a transferir a su favor la administración de un activo tan valioso. Von Finck viajó entonces a Berlín para solicitar la intervención de Hermann Göring. Hasta que Göring no firmó y envió un telegrama al jefe de las SS de Austria asegurándole que von Finck estaba «a la altura para afrontar trabajos difíciles»[5] y que tenía «excelentes contactos en el partido», las SS no reconocieron a Merck Finck como administrador de S.M. Rothschild, lo que se hizo efectivo a principios de julio de 1938, justo a tiempo para la fiesta del cuarenta cumpleaños del barón, que se celebraría en dos semanas.

Semanas antes de finalizar su segundo proyecto de arianización, von Finck rechazó otro. El 3 de junio de 1938, recibió una carta del alcalde nazi de Núremberg en la que le preguntaba, citando conversaciones previas mantenidas sobre el asunto, si estaría interesado en la arianización del banco privado Anton Kohn.[6] La institución financiera, propiedad de los hermanos Kohn (judíos), había sido junto con Merck Finck el banco privado principal de Baviera, pero con el ascenso de Hitler pasaba por una mala racha. El 11 de junio de 1938, von Finck respondió al alcalde que ya no le interesaba la arianización de Anton Kohn por la terrible situación financiera del banco y su limitada «clientela judía».[7] A los ojos de von Finck, la falta de clientes judíos significaba menos activos de los que adueñarse. Con tan poco para robar, no era una propuesta de negocio atractiva para el aristócrata antisemita.

Más adelante, ese mismo verano, von Finck y Friedrich Flick trabajarían juntos en la arianización de un banco. En septiembre de 1938, proporcionaron capital para la conversión aria de Simon Hirschland,[8] un importante banco privado judío en la región del Ruhr. Para dicha transacción, dirigida por el Deutsche Bank, recibieron la ayuda del experto en estos procesos raciales, Hugo Ratzmann, el mismo banquero al que Günther Quandt había recurrido en su incautación de Henry Pels el verano anterior. A estas alturas, todos los magnates se conocían bien entre ellos. Von Finck era miembro del consejo de supervisión de una siderúrgica de Flick y de una de sus empresas de carbón. Los dos pertenecían también al consejo de supervisión de Allianz y al de AEG, un fabricante de equipo eléctrico, junto con Günther.

Como Flick, von Finck también desarrolló un vínculo de beneficio mutuo con Hermann Göring. Merck Finck no tardó en terminar con su posición de mero administrador de S.M. von Rothschild comprándolo por unos 6,3 millones de *reichsmark*,[9] unos cuarenta y dos millones por debajo del valor estimado del banco.[10] La compra se financió, en parte, con bonos robados de las propias cuentas bancarias personales de los Rothschild. Tras la venta, Göring volvió a intervenir a petición de von Finck.[11] Esta vez era el Ministerio de Economía de Funk el que se negaba a entregarle los activos de S.M. von Rothschild a Merck Finck. Cuando Göring intervino de nuevo, el ministro en persona los transfirió al banco privado de von Finck.

Los procesos de arianización acercaron a von Finck y Flick aún más a Göring.[12] Puesto que los tres eran ávidos cazadores, los magnates asistieron a las celebraciones de cumpleaños de Göring en su hacienda de Carinhall, al norte de Berlín, en numerosas ocasiones. Von Finck le hizo al ministro regalos por valor de hasta diez mil *reichsmark* como agradecimiento por haberle ayudado a conseguir el banco Rothschild. Flick fue incluso más lejos y le regaló cuadros de antiguos maestros de la pintura que adquirió en una subasta.

También constituían una parte esencial del régimen nazi. Tras trece meses en la cárcel, la Gestapo liberó a Louis von Rothschild después de obligarlo a entregar el banco de su familia y sus posesiones personales. Von Finck después afirmaría[13] que utilizó su propia relación con Göring para asegurar la liberación de Rothschild cuando, en realidad, fueron los dos hermanos de este quienes pagaron unos veintiún millones de dólares por su puesta en libertad.[14] Sigue siendo la cantidad más alta pagada por un rescate que se conozca en la historia moderna, ascendiendo a unos 385 millones de dólares actuales (unos 355 millones de euros). Rothschild emigró entonces a Estados Unidos.

El arianizado S.M. von Rothschild se refundó como el banco Eduard von Nicolai, nombre de su nuevo socio principal en Viena. Von Finck proporcionó casi todo el capital[15] y se quedó con la mayoría de las participaciones del banco. El otro socio de Viena era el barón Edmund von Ritter. Su hermano Egon, socio principal de la sucursal berlinesa arianizada del Merck Finck, se lo recomendó al propio von Finck.[16] Dos barones hermanos, dos procesos de arianización distintos. Eduard von Nicolai no se ganó el cariño de la comunidad empresarial vienesa en absoluto. Las «bruscas tácticas y codazos [de von Nicolai] durante la adquisición de nuevos negocios para su banco eran de tal naturaleza que desprestigió a los hombres de negocios alemanes en el extranjero»,[17] según el director de Allianz en Austria.

Arreglárselas para destacar por su mal comportamiento en los negocios era toda una hazaña, teniendo en cuenta que durante el Tercer Reich había mucha competencia para ello.

Los esfuerzos de von Finck para recaudar fondos para el proyecto favorito de Hitler dieron unos resultados excelentes. Desde que se inaugurara el museo de Múnich un año antes, había arianizado dos de los bancos privados más importantes del país. El valor de las acciones de Merck Finck se cuadriplicó en poco tiempo de 22,5 millones a 99,2 millones de *reichsmark*.[18] A pesar de su afamada tacañería, von Finck compartió los beneficios con sus amigos. Empezó haciendo socios de sus bancos arianizados a los hermanos von Ritter, sus compañeros aristócratas. Después, gracias a su proceso de arianización más notable, también recompensó a Otto Christian Fischer, su compañero en el consejo de administración del museo y principal banquero nazi, convirtiéndolo en socio y accionista de Merck Finck. Un historiador concluyó que, con estos astutos movimientos, Merck Finck «se estableció como el banco privado más exitoso de la era nacionalsocialista».[19] Fue una expansión cimentada por su destreza en los negocios, una buena red de contactos utilizada a la vieja usanza y, por supuesto, los beneficios del saqueo basado en un despiadado antisemitismo.

18

El 26 de mayo de 1938, Hitler se encontraba sobre un podio en el claro de un bosque, con la visera de su gorra protegiéndolo del sol abrasador, rugiéndole a un público de más de cincuenta mil personas: «¡Odio la palabra imposible!».[1] Estaba a punto de colocar la primera piedra de la fábrica de Volkswagen. La fábrica se encontraba en el centro geográfico de la Alemania nazi, en el municipio de Fallersleben, cerca de una hacienda llamada Wolfsburg. Estaba estratégicamente situada junto a la autopista que iba de Berlín a Hannover, a la vía del tren que unía la capital con la región del Ruhr, y a un canal de navegación. Un año antes, Hitler había trasladado la responsabilidad de construir la fábrica más grande de Europa de la industria automovilística al Frente Alemán del Trabajo (DAF por sus siglas en alemán), la organización nazi que había sustituido a los sindicatos. Consideraba que el DAF estaba mejor preparado para encargarse de un proyecto tan importante a nivel nacional y de semejante envergadura financiera, con un coste estimado de noventa millones de *reichsmark* que, en realidad, ya se aproximaba a los doscientos.[2] El líder corrupto y alcohólico del DAF, Robert Ley, había dado para el proyecto un cheque en blanco a Ferdinand Porsche, financiado por las cuotas de los miembros y por activos incautados a los sindicatos. Como terreno para la fábrica, el DAF compró a un conde cerca de mil quinientas hectáreas de praderas. Al empobrecido aristócrata le preocupaba más que lo

Colocando la piedra fundacional de la fábrica
de Volkswagen, 26 de mayo de 1938.

expropiaran que perder los robles centenarios de su finca, por lo que finalmente sucumbió al atractivo de los millones nazis.

La mañana de la ceremonia se trasladó a millares de personas al campo en trenes reservados especialmente para la ocasión.[3] La gente se colocó a lo largo de la carretera que conducía al lugar de construcción, al que Hitler llegó en un coche descapotable mientras se escuchaba el sonido de las trompetas y gritos de «¡Sieg Heil!». Las SS tuvieron dificultades para controlar a la multitud. Todo el mundo empujaba hacia delante para conseguir vislumbrar al Führer y el nuevo y brillante cabriolé en que iba montado. «En la zona acordonada y reservada para Hitler y su séquito, tres modelos del "coche del pueblo" […] resplandecían a la luz del sol, estratégicamente situados frente a la tribuna de madera decorada con hojas frescas de los bosques»,[4] escribió un cronista. Desde allí, el canciller alemán pronunció su discurso. Hacia el final del evento, que duró una hora y se retransmitió en directo por la radio nacional, Hitler realizó un anunció sorprendente: los vehículos nuevos no se llamarían Volkswagen, si no Kraft durch Freude-Wagen («coche de la fuerza a través de la alegría»), en honor a la organización de turismo del DAF. Ferdinand Porsche, detrás de Hitler, lucía una expresión horrorizada. Dejando a un lado lo poco práctico del nombre, este era completamente opuesto al que Porsche hubiera deseado: el suyo.

El verano anterior, Porsche se había reunido con Henry Ford, su héroe desde hacía tiempo, en su complejo industrial de Rouge River, Detroit. Ferdinand Porsche quería ser para Alemania lo que Ford era para Estados Unidos. De hecho, la planta de Volkswagen tomaría como modelo la de Ford. Y como Ford con su epónima creación, Porsche esperaba que el Volkswagen recibiera su nombre. Pero el diseñador de automóviles no estaba predestinado para ello, al menos no de momento. Tras la ceremonia, Ferry, el hijo de veintiocho años de Porsche, condujo a Hitler de vuelta a su tren privado en el descapotable. Su padre, decepcionado, iba sentado en la parte de atrás.

No obstante, la ceremonia le dio muy buena publicidad al Volkswagen. Un corresponsal del *New York Times* escribió, entusiasmado, sobre la idea de que las autovías europeas se llenaran de «miles y miles de pequeños escarabajos brillantes»,[5] dando así lugar, inconscientemente, al apodo que se asociaría al coche cuando se convirtiera en un fenómeno global años más tarde. Las imágenes de Ferry llevando al Führer circularon por todo el mundo. Cartas de amor, imágenes picantes y proposiciones de matrimonio dirigidas al atractivo e improvisado chófer inundaron el estudio de diseño de Porsche en Stuttgart.[6]

Ahora que su padre se había convertido en director de la fábrica de Volkswagen, Ferry se hizo con el control del estudio de Stuttgart. La empresa Porsche estaba en plena expansión,[7] lo que también se financiaría con los millones del DAF. Un mes después de la ceremonia, la compañía se trasladó de sus oficinas en Kronenstrasse, en el centro de Stuttgart, a una gran parcela en el distrito de Zuffenhausen. Se había levantado una fábrica de coches en la que Porsche podría construir sus diseños. El terreno, donde aún hoy permanece la sede central de Porsche, se había expropiado a los Wolf, una familia judía,[8] y se había arianizado la primavera anterior a un precio por debajo de su valor de mercado. Porche no le dio más importancia a aquello: era como se hacían negocios. Había otro asunto, relacionado con el cofundador judío de la compañía, cuyas participaciones habían acabado en manos de Ferry, que también tenía que abordar.

A principios de junio de 1938, Adolf Rosenberger recibió una carta en su apartamento de París en la Avenue Marceau, a la vuelta de la esquina del Arco del Triunfo. Aquel mensaje desde Stuttgart contenía malas noticias. El barón Hans von Veyder-Malberg informaba a su predecesor de que la compañía de diseños Porsche ya no podía seguir manteniendo su contrato de licencia de patentes con él «por orden de sus superiores».[9] El hombre que lo había sacado del campo de concentración también interrumpía toda clase de contacto profesional y personal con él por «cierto empeoramiento de la situación interna». La carta estaba fechada el 2 de junio, una semana después de que Hitler pusiera la primera piedra de la fábrica de Volkswagen. Ferdinand Porsche y Anton Piëch estaban cortando los últimos lazos con el cofundador judío de la compañía.

El 23 de julio de 1938, Rosenberger escribió a Piëch —que también era el duro asesor legal de la Porsche—, para sugerirle dos formas de distanciarse amistosamente:[10] darle doce mil dólares para empezar de nuevo en Estados Unidos o licenciar las patentes de Porsche para Estados Unidos a Rosenberger. Pero Piëch no seguía la corriente a los nazis meramente por una necesidad empresarial; compartía su ideología[11] y acababa de afiliarse al partido por segunda vez. Como austríaco, entró primero en la filial del NSDAP en su país natal en mayo de 1933, solo para incorporarse al Partido Nazi alemán el 2 de junio de 1938. Después, Piëch también solicitó el ingreso en las SS, en las que fue admitido.

En otra carta, Rosenberger hizo una solicitud especial a la sociedad que había cofundado: «El doctor Porsche me ha dicho[12] en varias ocasiones que, en vista de todos nuestros años de cooperación y los riesgos que he asumido siempre para la compañía, puedo contar con él en cualquier momento, y creo que las modestas peticiones de compensación que solicito no solo contarán con su completa aprobación, sino que empleará toda su influencia para dar un fin amistoso a nuestros ocho años de relación». Rosenberger reconoció «que podría resultarte complicado seguir trabajando conmigo, como persona no aria, como lo hacías antes».

Pero, echando sal en la herida de la arianización, Anton Piëch rechazó con frialdad la propuesta. «Mi empresa no admite tus peticiones[13] bajo ninguna circunstancia y las rechaza por falta de base legal», le respondió el 24 de agosto de 1938 con el pretexto de que Rosenberger no había logrado vender ninguna patente en el extranjero durante los últimos años. Ese mismo mes, la Gestapo comenzó el proceso de revocarle la nacionalidad alemana. Había llegado la hora de abandonar Europa.

19

Las cosas entre Joseph y Magda Goebbels explotaron un sofocante domingo de mediados de agosto de 1938. Durante los dos años anteriores, su matrimonio había constado de tres personas.

Ahora, la pareja creía haber encontrado una solución. Ese día, Goebbels invitó a su amante Lída Baarová a que se uniera a él, Magda y unos amigos en su yate, el *Baldur*. Irían de excursión por el río Havel, que fluía junto a su mansión de la isla berlinesa de Schwanenwerder. La pareja tenía algo importante que preguntarle a la actriz checa. Mientras comían, Goebbels y Magda le propusieron un *ménage à trois:*[1] Magda seguiría siendo la esposa, la encargada de la casa, los hijos y los deberes del Reich, y Baarová sería la amante oficial de Goebbels. La actriz, perpleja, les pidió un tiempo para pensárselo. Magda se arrepintió de inmediato y le abrió su corazón a Hitler la noche siguiente. El Führer seguía sintiendo un gran cariño por Magda y mantenía una singular relación platónica con la pareja desde 1931, según la cual Magda y Goebbels eran su modelo a seguir para el matrimonio.

Hitler ordenó a Goebbels que acudiera a la Cancillería del Reich y le exigió que pusiera fin a la aventura. «He tomado unas decisiones muy complicadas.[2] Pero son definitivas. Doy una vuelta en coche durante una hora. Un buen paseo sin ir a ningún sitio en particular. Me parece que vivo en un sueño. La vida es tan dura y cruel […]. Pero el deber está por delante de todo lo demás», escribió Goebbels en su diario al día siguiente. Después mantuvo «una conversación muy larga y triste» con Baarová. «Pero me mantengo firme, aunque mi corazón amenaza con romperse. Y ahora comienza una nueva vida. Una vida dura y difícil dedicada únicamente al deber. Mi juventud se ha acabado», escribió el 16 de agosto de 1938. Pero lo cierto es que mantuvo su idilio con Baarová y Magda empezó a plantearse el divorcio.

Goebbels y Magda acordaron una tregua y pospusieron cualquier clase de decisión sobre su matrimonio hasta finales de septiembre. Había temas más importantes que atender. La guerra se aproximaba tras la amenaza de Hitler de invadir y ocupar los Sudetes, en Checoslovaquia, una región en la que la mayoría de la población era de etnia alemana. Cuando la tregua que la pareja se había dado acabó durante el pico de la crisis de los Sudetes, Goebbels pidió a su ayudante de siempre, Karl Hanke, que mediara en la crisis matrimonial, aliviado de tener a alguien en quien confiar. Después de que Hanke hablara con las partes implicadas, Goebbels le solicitó que volviera a plantearle el asunto a Hitler. «Todo depende de su decisión»,[3] escribió en su diario el 11 de octubre de 1938, al día siguiente de que Hitler completara la anexión de los Sudetes.

Hitler no había cambiado de opinión. Estaba harto de la «fiebre del divorcio»[4] entre las filas de los líderes nazis. Goebbels cedió por fin. Desarrolló «terribles dolores de corazón»[5] y fue a ver la última película de Baarová, acertadamente titulada *Cuentos prusianos de amor,* para contemplarla por última vez. Puesto que a Goebbels le faltaba el coraje suficiente para romper con ella una segunda vez, hizo que su amigo íntimo, el conde Helldorf, el jefe de policía de Berlín, «llevara a cabo mi difícil tarea».[6] Para colmo de males, Helldorf le dijo a Baarová que ya no se le permitía trabajar como actriz en Alemania,[7] por lo que esta cambió inmediatamente Berlín por Praga, que acabaría bajo la ocupación alemana unos meses más tarde.

Goebbels, no obstante, no quedó contento con la actuación de Hanke como mediador. «Ya no me hablo con Hanke.[8] Ha sido una cruel decepción», escribió en su diario justo antes de que Hitler reiterara su decisión. Como un biógrafo del ministro de Propaganda dijo delicadamente: «Al parecer se había aprovechado de su posición como mediador para ofrecerle algo más que palabras de consuelo»[9] a Magda, quien le confesaría a su marido el verano siguiente la aventura amorosa que mantuvo con Hanke. «Hanke ha demostrado ser un canalla de primera categoría.[10] Mi desconfianza sobre él estaba completamente justificada», escribió Goebbels el 23 de julio de 1939.

Esta vez fue Magda la que habló a Hitler sobre su aventura amorosa.[11] De nuevo, el Führer decidiría sobre el destino del matrimonio más preeminente del Tercer Reich, y su conclusión fue la misma: seguirían juntos. Después de todo, su matrimonio era un asunto de Estado. Goebbels cesó a Hanke de su cargo en el Ministerio de Propaganda. El ayudante se había enamorado perdidamente de Magda y quería casarse con ella, pero terminó en el frente. Los Goebbels se reconciliaron y Magda no tardó en dar a luz a Heidrun, su sexto y último hijo.

20

A pesar de que las empresas alemanas de lignito de Julius Petschek habían sido arianizadas a principios de junio de 1938, los herederos de Ignaz Petschek seguían controlando, de momento, su propio conglomerado empresarial familiar, que era más grande. No obstante, Friedrich Flick estaba listo para mover ficha contra ellos, fuera como fuera. Desde la sede central de Ignaz Petschek en la ciudad de Aussig del Elba (Ústí nad Labem) —en los Sudetes y a veinte minutos en coche de la frontera alemana , el mensaje seguía siendo un rotundo no. La familia Petschek se negaba a negociar con los activos a los que Flick había echado el ojo: una amplia variedad de minas, producción y operaciones comerciales de lignito en el centro de Alemania, valoradas en 250 millones de *reichsmark*.[1] Karl Petschek, uno de los hijos de Ignaz, estaba a cargo de la supervisión de las acciones alemanas de lignito de la familia. «Esta gente quiere acabar conmigo [...], bueno, pues no lo conseguirán»,[2] reflexionó combativo. Karl sostenía que no podía vender los activos de la familia porque su padre ya los había «vendido» a cambio de participaciones en otros grupos empresariales localizados en los paraísos fiscales de Mónaco, Suiza y Luxemburgo.[3]

Sin embargo, ni residir ni tener un negocio en el extranjero garantizaba estar a salvo de la avaricia de los nazis. Con la crisis de los Sudetes forjándose en el horizonte, Flick decidió aumentar la presión sobre los herederos de Ignaz Petschek. A lo largo de junio de 1938, el asesor legal de Flick, Hugo Dietrich, sacó una gran cantidad de información sobre las participaciones patrimoniales de Ignaz Petschek de los registros de la empresa, que Otto Steinbrinck había entregado a las autoridades nazis correspondientes. Steinbrinck se quejó ante un burócrata nazi de que «la actitud [de los Petschek] es completamente indiferente».[4] Pero le parecía que el rumor de que «J.P. Morgan [hijo] está tras el grupo Ignaz Petschek es inverosímil. Morgan siempre ha sido antisemita, y si se lo tienta con un excelente negocio, difícilmente estará preparado para camuflar a los judíos». Steinbrinck pidió a Dietrich que escribiera una nota legal en la que se explicaba que los herederos de Petschek en realidad dirigían su negocio desde Berlín, por lo que el grupo podía adquirirse según los procedimientos de arianización «habituales». Dietrich también redactó el borrador de un decreto que estipulaba que el Estado podía nombrar a un administrador legal que controlara cualquier empresa clasificada como judía.[5] Según dicho borrador, este administrador podría vender la empresa incluso contra la voluntad de sus propietarios. Este borrador se trasladó al Ministerio de Economía de Walther Funk y a la oficina del Plan Cuatrienal de Göring, con la esperanza de que el partido adoptara sus ideas como política oficial. Flick no pudo hacer más. Los herederos de Ignaz Petschek seguían negándose a negociar con nadie, y todas sus esperanzas de conseguir sus intereses empresariales en Alemania a través del sector privado se vieron frustradas. Había llegado el momento de que el régimen interviniera.

A finales de julio de 1938, se formó un grupo de trabajo interministerial en Berlín dedicado exclusivamente a «resolver el problema» de Ignaz Petschek. Los burócratas nazis enseguida dieron con un método que ya habían comprobado que funcionaba para la arianización: aplicar un gigantesco impuesto ficticio al conglomerado, lo que permitiría al régimen hacerse con el control de los activos del carbón de Petschek como pago. El impuesto, que empezó en treinta millones de *reichsmark* en septiembre, fue creciendo hasta los seiscientos setenta millones,[6] aproximadamente tres veces más que el valor real de las acciones alemanas de lignito de Petschek. Los herederos habían perdido su ventaja.

Y Flick también. Con las preparaciones para la arianización ahora firmemente en manos del Ministerio de Economía del Reich, el magnate se enfrentaba de repente a una dura competición por los intereses del carbón. Las empresas industriales de Alemania hacían cola para expoliar al conglomerado. Entre estos nuevos jugadores destacaba el propio régimen nazi a través de Reichswerke Hermann Göring, un grupo industrial propiedad del Estado al que el ministro megalómano le había puesto su nombre. Flick tenía un nuevo y poderoso adversario: Paul

Pleiger, el consejero delegado del complejo estatal y uno de los funcionarios económicos más importantes del Tercer Reich.

Pleiger tenía un problema que resolver: Reichswerke no disponía de fuentes importantes de energía. A finales de junio de 1938, le comunicó a Flick que estaba «muy descontento»[7] por haberse quedado fuera del reparto de las acciones de Julius Petschek, tras el proceso de arianización, que Flick había conseguido unas semanas antes tras acorralar a la otra rama de la asediada familia Petschek. El consejo que Flick le dio al directivo de Reichswerke fue que esta vez subiera al *ring*. Pleiger respondió, con falsa modestia, que en su mente se había imaginado un intercambio de lignito por antracita.[8] Pleiger necesitaba urgentemente asegurarse una fuente de antracita en el centro de Alemania para Reichswerke, ya que, a diferencia de las empresas asentadas en el Ruhr, no disponía de sus propias minas de carbón para producir coque. Y le hacían falta inmensas cantidades de coque para fundir los minerales y fabricar hierro de forma competitiva. Disponer de su propia fuente de suministro reduciría los costes de Reichswerke y la liberaría de su dependencia de los magnates del Ruhr.

Casualmente, Flick poseía mucha más antracita de la que podía procesar a través de Harpener y Essener —sus minas de carbón del Ruhr—, y quería más lignito. Pleiger era plenamente consciente de ello. Mientras que la antracita presentaba un poder calorífico más alto, el lignito era más rentable. Pleiger necesitaba energía y Flick quería monopolizar un mercado lucrativo.

Hitler ocupó los Sudetes a principios de octubre de 1938 y, en cuestión de diez días, el territorio fue cedido a Alemania. Las oficinas del conglomerado Ignaz Petschek fueron asaltadas el primer día de la invasión y los documentos que allí quedaban se confiscaron. Al mismo tiempo, Pleiger acudió de nuevo a Flick con la idea del intercambio, justo después de que Göring le prometiera que Reichswerke tomaría parte en este proceso de arianización del grupo Petschek. Pero Flick no tenía ninguna prisa por llegar a un acuerdo. Sabía que la asignación de un administrador para Ignaz Petschek estaba al caer.

El 3 de diciembre de 1938, tres semanas después de la *Kristallnacht*, Hermann Göring promulgó el «Decreto para el uso de la propiedad judía»,[9] que se basaba en premisas similares a las del borrador de Hugo Dietrich. De ahí en adelante, se asignaría un administrador a cualquier empresa clasificada como judía, y este podría venderla en contra de la voluntad de sus dueños. Sin embargo, con el tiempo, el decreto fue más allá. El régimen nazi terminó empleándolo para privar a los judíos que vivían en el territorio del Reich de todas sus pertenencias de valor: empresas, viviendas, tierras, acciones, obras de arte, joyas y oro. Les robaron prácticamente todo lo que tenían, salvo lo considerado de primera necesidad. El expolio de esas últimas modestas posesiones llegaría también con el tiempo.

El administrador para el conglomerado Ignaz Petschek se nombró en enero de 1939. Aunque el mandato para que Flick fuera el único negociador de todos los activos de Petschek seguía siendo válido, estaba perdiendo su valor. Con la competencia amontonándose y el régimen dando un giro hacia la expropiación directa de los bienes Petschek, Flick consideró que su mejor oportunidad para conseguir una parte del botín era llegar a un acuerdo con Pleiger, por lo que aceptó su propuesta. El Reichswerke recibiría su porción de los activos de lignito de Ignaz Petschek y después los intercambiaría por parte de las minas de antracita de Flick. El plan recibió la rápida aprobación del régimen.

Sin embargo, el año de negociaciones entre Flick y Pleiger en Berlín fue conflictivo y largo. El problema principal era cuantificar las valoraciones y volúmenes del carbón. Además, Pleiger quería mucha más antracita de la que Flick estaba dispuesto a darle. Ninguna de las partes se mostró inicialmente dispuesta a transigir. Pleiger, que se jugaba su posición en el Reich con esta transacción, resultó ser un negociador inconsistente. Cuando Flick pensó a principios de junio de 1939 que habían alcanzado un acuerdo, Pleiger cambió las condiciones. Entonces Flick, enfurecido, se retiró de la mesa de negociaciones. Hasta principios de diciembre no llegaron por fin a un acuerdo, cuya ejecución se prolongaría hasta el final de la guerra.

Flick sacó la pajita más corta en las negociaciones con el conglomerado estatal. Tuvo que obligar a sus estimadas minas Harpener, en el Ruhr, a que cedieran más de un tercio de sus empleados y de su producción de coque y carbón.[10] Pleiger se aseguró mil ochocientos millones de toneladas de antracita además de unas minas potencialmente productivas. Flick podía asimilar las pérdidas, pero tendría que llevar a cabo unas reinversiones muy caras. A cambio, ganaría ochocientos noventa millones de toneladas de lignito, lo que lo convertía en el actor más valioso de la industria de este mineral en la Alemania nazi.

Como es lógico, los únicos que realmente perdieron fueron los herederos de Ignaz Petschek. Mientras que sus primos se las ingeniaron para vender sus empresas justo a tiempo, Karl Petschek y sus hermanos no recibieron nada por sus intereses familiares. Los desmesurados impuestos que se les exigieron fueron cobrados con sus activos y la familia fue despiadadamente expropiada por el régimen nazi, ayudado por su cómplice, Friedrich Flick.

21

El 20 de abril de 1939, durante la fiesta en Berlín del cincuenta cumpleaños de un entusiasmado Hitler, Ferdinand Porsche le regaló el primer Volkswagen terminado: un Escarabajo negro descapotable. Göring recibiría el segundo y Goebbels el cuarto. El «coche del pueblo», de hecho, no llegó al pueblo. Durante el Tercer Reich, solo se construyeron seiscientos treinta y todos fueron para la élite nazi. A los 340 000 alemanes que se apuntaron al plan de ahorro automovilístico del DAF se les estafaron unos 280 millones de *reichsmark*.[1] Mientras tanto, como el complejo industrial de la Volkswagen en Fallersleben todavía no estaba terminado, empezó a remodelarse para la producción de armas. Ayudado por su hijo Ferry y su yerno Anton Piëch, Ferdinand Porsche, jefe de la planta Volkswagen, tuvo que cambiar radicalmente de rumbo y pasar de diseñador de coches civiles y de carreras a fabricante de armas, tanques y automóviles militares.

Pero para producir lo que fuera, primero hacía falta una fábrica que funcionara al cien por cien. Cuando Hitler visitó la planta a principios de junio de 1939, Porsche solo se atrevió a enseñarle la sala de prensado porque era la sección más avanzada del complejo.² La gigantesca fachada de ladrillo de la fábrica, que medía más de mil doscientos metros de largo, ocultaba que las salas interiores estaban completamente vacías.³ A la que se suponía que sería la fábrica de coches más grande del mundo, capaz de producir en cadena un millón y medio de vehículos al año, todavía le faltaba la mayor parte de la maquinaria básica. Fallersleben era poco más que un polvoriento campo de barracones,⁴ ocupados principalmente por tres mil obreros italianos que Mussolini, aliado de Hitler, había enviado para ayudar a terminar la construcción (apenas había alemanes disponibles, puesto que se había llamado a filas a la gran mayoría). Para cuando llegó el frío atroz del invierno de 1939, las salas de la fábrica principal de Volkswagen seguían sin calefacción, y las escaleras no disponían de cristales en las ventanas. Se necesitaban mucha más mano de obra para terminar el trabajo y mantener el lugar en funcionamiento, y a Ferdinand Porsche le daba igual si los trabajadores venían por voluntad propia o a la fuerza.

22

La tarde del viernes 29 de diciembre de 1939, Otto Steinbrinck, sentado tras el escritorio de su casa de Berlín, en el suntuoso barrio de Dahlem, escribió a mano una carta a Friedrich Flick, su jefe desde hacía quince años, que estaba pasando las Navidades en su finca de Baviera. Era una carta de renuncia. Steinbrinck había encontrado un trabajo nuevo; el régimen lo había escogido para supervisar el imperio siderúrgico que se había expropiado a Fritz Thyssen. A pesar de que Thyssen fue el primer magnate en apoyar abiertamente a Hitler, ahora se había vuelto contra él. Como miembro del Reichstag, Thyssen se había negado a apoyar la declaración de guerra y había huido de Alemania.

Steinbrinck también estaba deprimido y abandonó el conglomerado de Flick de mala manera. Su relación con el magnate se había ido deteriorando con los años.¹ La carga de trabajo era agobiante, sus respectivas mujeres no se llevaban bien y Steinbrinck también se había peleado con el incompetente hijo mayor de Flick, Otto-Ernst, al que estaban preparando para suceder a su padre. Las ambiciones profesionales de Steinbrinck no se estaban cumpliendo y quería un papel más destacado. La familia Flick nunca se lo concedería; nunca formaría parte de la dinastía. «El esfuerzo que supone cooperar por obligación ha destruido en nosotros más del beneficio superficial que hemos conseguido. Me expresaste la opinión, en numerosas ocasiones, de que ponía demasiada ambición y entusiasmo personal en mi trabajo. Hoy sé que tus críticas sobre mi desempeño, en lo concerniente a tus intereses, son ciertas»,[2] escribió amargamente el fanático funcionario de las SS a su jefe. «He seguido siendo siempre un soldado en el frente y, por lo tanto, no siempre he podido de compartir la opinión de un comerciante que solo calcula y mide el riesgo». Flick le dictó a su secretaria una enfurecida respuesta, en la que culpaba a Steinbrinck por lo que él consideraba hipocresía.[3] Pero no envió la carta. En su lugar, aceptó su dimisión y ascendió a dos parientes para que ocuparan el puesto de Steinbrinck.

Para entonces, la Segunda Guerra Mundial ya había dado comienzo. Los pacíficos años de rearme y procesos de arianización habían sido excepcionalmente beneficiosos para Flick. Ahora era el tercer productor de acero más importante de la Alemania nazi, con cien mil trabajadores a su cargo, cinco veces más que en 1933. Sus ingresos tributables entre 1937 y 1939 habían ascendido a sesenta y cinco millones de *reichsmark,* unos trescientos veinte millones de dólares actuales (unos trescientos millones de euros).[4] Y las conquistas territoriales del ejército de Hitler a lo largo de Europa estaban a punto de proporcionarle más oportunidades para expandir su imperio industrial. Ahora debía formar a su sucesor y embarcarse en una nueva misión de expolio sin la ayuda de su lugarteniente de confianza. Pero esta circunstancia no ralentizó al magnate ni lo más mínimo.

23

A pesar de ser uno de los fabricantes de armas más importantes de la Alemania nazi, Günther Quandt no quería que hubiera una guerra. «Una noticia devastadora»,[1] escribió durante la crisis de los Sudetes. Y se alegró cuando parecía que se había evitado el conflicto bélico: «¡Todo vuelve a la normalidad!». Günther siempre había asumido que el rearme alemán era una medida defensiva. «No pensaba que permitirían que estallara la guerra»,[2] escribió tras la caída del Tercer Reich. Pero cuando Alemania invadió Polonia el 1 de septiembre de 1939, se adaptó enseguida a la nueva realidad. «El pueblo alemán está luchando por sus derechos vitales. Henchidos de confianza, acudimos a nuestro Führer y su Wehrmacht, que en poco tiempo ya han conseguido triunfos nunca vistos y nos llenan de orgullo y admiración»,[3] escribió Günther a los empleados de la AFA, su fábrica de baterías, dos semanas antes de la invasión.

La guerra era un buen negocio. Günther predijo que las ventas anuales de la AFA se triplicarían respecto a las de los tiempos de paz y alcanzarían los ciento cincuenta millones de *reichsmark*,[4] unos ingresos récord que DWM, su fábrica de armas, pronto sobrepasaría (e incluso doblaría). A los pocos días del comienzo del conflicto bélico, Günther le dijo a uno de sus ejecutivos: «Si hay guerra, hay guerra y, por lo tanto, debemos actuar como si nunca fuera a terminarse. Dejemos que la paz nos sorprenda felizmente».[5] El hijo mayor de Günther, Herbert, consideraba la postura de su padre una «estrategia corporativa prudente».[6] Mientras que su medio hermano Harald estaba preparado para presentarse voluntario en el frente, Herbert tuvo que demostrarle a su arrogante padre su valía en el igualmente despiadado campo de batalla de las sucesiones en los negocios. Ninguno de estos dos frentes recompensaba la moralidad.

PARTE III

«Los muchachos ya se han convertido en hombres»

1

A finales de octubre de 1939, Harald Quandt regresó a Berlín durante un breve permiso del servicio de trabajo obligatorio de seis meses que estaba realizando como mensajero motorizado en la Polonia ocupada. La Alemania de Hitler y la Unión Soviética de Stalin habían conquistado y dividido el país a principios de ese mes después de que los dos dictadores firmaran un pacto de no agresión. El hijo pequeño de Günther estaba a las puertas de la edad adulta, a solo unos días de cumplir los dieciocho. Había terminado la educación secundaria justo antes de que estallara la guerra. En su ceremonia de graduación, Günther y Magda se sentaron juntos en la primera fila,[1] en aparente armonía.

Durante los cinco años y medio anteriores, Harald había vivido con su madre y su padrastro en una situación familiar cada vez más complicada por el creciente número de hermanastros y de infidelidades parentales. Desde que su aventura con Lída Baarová terminara, Goebbels pasaba la mayor parte de la semana solo en una residencia palaciega del centro de Berlín financiada generosamente por su ministerio, que se encontraba en las proximidades del inmueble.[2] Por lo demás, sin embargo, el domicilio fracturado de los Goebbels seguía centralizado en la mansión familiar de la estilosa isla de Schwanenwerder y en la finca campestre del ministro al norte de Berlín. Claro que Harald, como millones de jóvenes, pronto tendría un nuevo hogar: los devastadores campos de batalla de la Segunda Guerra Mundial, repartidos por el continente europeo.

Como mensajero, Harald ya había presenciado las atrocidades de la guerra y la ocupación en el frente polaco y en las zonas ahora cruelmente gobernadas por los nazis. Habló largo y tendido con Magda y Goebbels sobre lo que allí había presenciado (aparentemente el comienzo de los crímenes de guerra alemanes). El 28 de octubre de 1939, Goebbels escribió en su diario que Harald «había vivido toda clase de cosas en Polonia. Los muchachos ya se han convertido en hombres».[3] Al día siguiente, el ministro de Propaganda celebró su cuarenta y dos cumpleaños y Harald volvió a hablar con su padrastro sobre sus experiencias en Polonia. Tras la conversación, Goebbels escribió en su diario que su hijastro «ya es un hombre de verdad y un soldado» que «ha mejorado de forma increíble». Para Goebbels, lo que Harald había visto era positivo; forjaba el carácter. Pero el adolescente estaba profundamente afectado por sus vivencias. El 2 de noviembre de 1939, un día después del decimoctavo cumpleaños de Harald, Goebbels escribió: «He hablado con Magda sobre Harald esta tarde. Nos preocupa un poco».[4]

En los días entre esas dos fechas, Goebbels había evaluado con sus propios ojos la situación de las partes ocupadas de Polonia. Voló a Lodz el 31 de octubre de 1939, donde le dieron la bienvenida el *Gauleiter* Hans Frank, un cliente bancario de Merck Finck, y su ayudante Arthur Seyss-Inquart, el antiguo canciller de Austria. A continuación, fue de paseo en coche por el gueto judío de la ciudad (cerca de 230 000 personas —un tercio de la población de Lodz— eran judías). Se bajó del vehículo para inspeccionarlo todo cuidadosamente en persona.

A Goebbels no le gustó lo que vio. En una entrada de su diario —en la que terminaba confesando su preocupación por Harald—, detalló lo que había advertido en el gueto: «Es indescriptible. Ya no son seres humanos, son animales. Esta labor ya no es humanitaria, sino quirúrgica. Se deben realizar incisiones, y bastante radicales además. De lo contrario, Europa desaparecerá por culpa de la enfermedad judía». El gueto aglutinaba a unos 160 000 judíos cuando los nazis cerraron sus puertas seis meses más tarde, encarcelando a sus residentes. En términos generales, unos 210 000 judíos pasaron por el gueto de Lodz, que servía de centro de recogida para los campos de exterminio repartidos por la Polonia ocupada, pero principalmente para el cercano Chelmno.

A la mañana siguiente, Goebbels viajó en coche a Varsovia. Llegó a la capital polaca tras un recorrido «a través de campos de batalla y pueblos y ciudades completamente barridos a balazos. Una imagen de la devastación. Varsovia es un infierno; una ciudad demolida. Nuestras bombas y proyectiles han hecho su trabajo. Ni una sola casa está intacta. Los habitantes tienen un aspecto sombrío y están estupefactos. Se arrastran por entre las calles como si fueran insectos. Es repulsivo», escribió. Voló de vuelta a Berlín a las dos de la tarde, contento de dejar atrás «este espantoso lugar», y aterrizó al atardecer en Tempelhof, justo a tiempo para las celebraciones del cumpleaños de Harald. Un día después, informó a Hitler de su rápido viaje a Polonia. «Mi exposición del problema judío, en especial,[5] ha recibido su completa aprobación. Los judíos son productos de deshecho», escribió en su diario. «Un problema clínico más que social».

El 1 de noviembre de 1939, mientras Goebbels examinaba los escombros de Varsovia, el padre biológico de Harald cerró un trato importante en la cercana Poznan. Ese día, la DWM de Günther Quandt fue nombrada administradora de Cegielski,[6] un complejo de armas expropiado y, a su vez, la fábrica más grande de la ciudad. Las plantas Cegielski eran famosas por su producción de locomotoras, artillería y ametralladoras, y las autoridades armamentísticas nazis las habían clasificado como las fábricas más importantes de la ciudad. Por suerte para Günther, el ministro de Economía del Reich, Walther Funk, había favorecido a su viejo amigo, por delante de otros demandantes ansiosos por hacerse con el control del complejo.

Las fábricas Cegielski también serían el próximo destino de Harald. Tras regresar a Polonia, empezó a hacer prácticas en la fundición,[7] en el área de construcción de locomotoras de DWM. A mediados de enero de 1940, Magda visitó a su hijo en Poznan e informó a Goebbels de que Harald «se comporta maravillosamente.[8] Se ha convertido en todo un hombre con una pronunciada sensibilidad social. Ahora solo tiene que unirse a la Wehrmacht para defender su posición allí». El siguiente destino de Harald sería, de hecho, el campo de batalla, pero en un papel mucho más temerario de lo que su madre y su padrastro hubieran imaginado jamás.

2

Harald Quandt había vivido con su madre, su padrastro y sus hermanastros desde que tenía doce años y medio, cuando la pareja decidió no devolvérselo a Günther tras las vacaciones de Pascua de 1934. A pesar de la amarga disputa que se produjo por la custodia, Magda y Goebbels permitían que Harald visitara a Günther una vez cada dos fines de semana. Aunque el niño se estaba criando en la que podría considerarse la familia más radical del Tercer Reich, no era un nazi. De hecho, a Harald no podría haberle importado menos el nazismo. Podía permitirse esta opinión porque, como hijastro de Goebbels, era libre de hacer lo que quisiera. Además, como adolescente tenía cosas más importantes en la cabeza que abrazar una ideología fascista: chicas, motocicletas y coches, principalmente.[1]

Como resultado, el expediente de Harald en las organizaciones juveniles nazis fue un despropósito.[2] Con catorce años, lo suspendieron durante un periodo de prueba en la *Hitlerjugend* de la Marina, unas fuerzas auxiliares del movimiento juvenil nazi donde recibió entrenamiento premilitar. Al pubescente Harald no le gustaban los ejercicios y se peleó con el jefe de su pelotón. Rehuía sus obligaciones y convenció a Magda para que le escribiera notas de ausencia «por dificultades en la escuela».[3] Su historial de asistencia era tan irregular que, en otoño de 1936, le dijeron que no regresara. Además, cuando llegó el momento de que se convirtiera en miembro del NSDAP en 1938, ni siquiera rellenó el formulario y nunca se unió al Partido Nazi.

Harald relataría después que el objetivo de Goebbels era apartarlo «lo máximo que pudiera[4] de las ideas de mi padre. Debía convertirme en un oficial de la Marina, no en un hombre de negocios o un ingeniero». Pero Harald no se unió a la Marina, sino a la Luftwaffe. En junio de 1940, mientras hacía sus prácticas en Poznan, se presentó voluntario para la unidad de paracaidistas de élite después de que mataran a su mejor amigo del colegio, un comandante de tanques, durante la invasión alemana de Francia. «Ya nada me retiene aquí. Soy igual que todos los demás»,[5] escribió desde Poznan a otro amigo del colegio. Goebbels se alegraba de que su hijastro fuera a unirse a las fuerzas armadas para que lo «pulieran como Dios manda»,[6] ya que Magda había empezado a quejarse de la falta de disciplina de su hijo mayor. «Es un adolescente y su comportamiento es escandaloso», escribió en su diario a finales de julio de 1940. Durante sus prácticas en la fábrica de Poznan de su padre, Harald se echó una novia,[7] una actriz del Teatro Metropolitano. Magda la odiaba. Durante su siguiente visita a Poznan, Magda irrumpió en el despacho del director artístico y exigió que la despidieran, pero el director se negó. Poco después, fue arrestado y obligado a trabajar en la planta de Poznan de Günther.

Por suerte para su madre, el entrenamiento de Harald con la 1.ª Unidad de Paracaidistas comenzó unas semanas después.[8] Fue destinado a Dessau, a un par de horas en coche del sudeste de Berlín. Cuando Harald regresó a casa durante un permiso de dos días a mediados de octubre de 1940, Goebbels escribió con aprobación: «El ejército lo ha enderezado».[9]

A principios de noviembre de 1940, unos días después de su decimonoveno cumpleaños, Harald pasó una semana de vacaciones de vuelta en Berlín.[10] Ursula y Silvia Quandt lo acompañaron. Ursula acababa de divorciarse de Herbert, el medio hermano mayor de Harald. Silvia era la hija de tres años de ese matrimonio roto. Cuando Harald regresó a Dessau, Ursula y Silvia se quedaron con los Goebbels en Berlín y terminaron viviendo con ellos casi tres meses. En un extraño giro de los acontecimientos, Goebbels pasó el día de Navidad de 1940 con tres mujeres —Ursula, Magda y su mejor amiga, Ello— que habían estado casadas con distintos hombres de la dinastía Quandt a la que Goebbels tanto odiaba.

Celebraron ese día de Navidad en la finca de Goebbels en Bogensee, al norte de Berlín.[11] Goebbels había transformado la acogedora cabaña de madera, donde había pasado tantas noches con Lída Baarová, en una inmensa casa de campo con treinta habitaciones, un edificio para el servicio con otras cuarenta estancias, y un gigantesco garaje.[12] A primera hora de la tarde, Goebbels y las mujeres salieron a montar los nuevos caballos de la familia durante dos horas por el paisaje nevado de Brandeburgo. Después, se pusieron a leer, escuchar música y contarse historias unos a otros, probablemente cotilleos sobre Günther, Herbert y el resto de los Quandt. La opinión que Goebbels tenía de Herbert no había mejorado desde la primera vez que lo vio años atrás, cuando lo había descrito como «un poco retrasado». Escribió en su diario que Ursula «tiene un aspecto exquisito» desde que se divorció «de su horrible marido».[13] Lo cierto es que Herbert se encontraba en mitad de «un capítulo particularmente oscuro»[14] de su vida a finales de 1940, uno que a Goebbels le causaba gran satisfacción.

3

En octubre de 1940, Günther Quandt, su mano derecha Horst Pavel y Herbert exploraron la Francia ocupada durante diez días. Günther había elaborado una «lista de deseos»[1] con una docena de objetivos franceses —entre ellos empresas judías— que quería adquirir para su negocio de baterías de la AFA. Para Herbert, 1940 iba a ser un gran año. Cumplió treinta años; se unió al consejo ejecutivo de la AFA como responsable de recursos humanos, del departamento de publicidad y de Petrix, una filial de la AFA; se divorció de Ursula; y se afilió al Partido Nazi de acuerdo con su nuevo estatus de ejecutivo.[2] El comienzo de la Segunda Guerra Mundial lo había reconciliado con su competidor, Pavel. Herbert recordaría después cómo terminó su rivalidad: «Cuando estalló la guerra, el trabajo se complicó [...] y tenía que resolver todas mis tareas con mi colega, el doctor Pavel [...]. En resumen, la guerra nos [...] unió».[3] Entre estas tareas se incluía la adquisición de antiguas empresas judías francesas arianizadas. O como Herbert lo expresaría de forma críptica más adelante: «Empresas industriales o fábricas que se habían ofrecido o sugerido a otras para su compra».[4]

Ahora que la guerra había llegado, Günther estaba decidido a hacer lo que siempre hacía en cualquier circunstancia: sacar provecho. En agosto de 1940, dos meses antes del viaje de reconocimiento, Günther envió a Corbin Hackinger, uno de sus empleados de más confianza, a Francia. Para guardar las apariencias, Hackinger dimitió de su puesto en la AFA en Berlín antes de trasladarse a París, donde este hombre bigotudo de cincuenta y pocos años se instaló en el cuarto piso de la Rue La Boétie n.º 44, cerca del Palacio del Elíseo. La «Agencia Hackinger»[5] era una rama de la AFA, apenas disimulada, que cubría los territorios de la Francia ocupada y de la de Vichy. Entre las muchas tareas que desempeñó allí, debía identificar empresas con dueños judíos y ayudar en su arianización. Además, colaboró en su adquisición para la AFA a través de empresas pantalla, fideicomisarios y testaferros, entre los que se encontraba su propia amante.

Günther, Herbert y sus compinches consideraban a las empresas francesas de baterías un objetivo fácil. Pero se equivocaban.[6] Aunque las autoridades galas colaboraron ávidamente con los nazis, no querían que sus empresas cayeran en manos de la industria alemana y pusieron trabas a casi todos los procesos de arianización extranjeros; preferían expropiar a sus ciudadanos judíos ellos mismos. Hackinger no veía con buenos ojos el control de los burócratas franceses, pero no se atrevió a hacer nada más que quejarse.

De los siete intentos conocidos de arianización por parte de la AFA, cinco fracasaron.[7] Las dos fábricas que Günther consiguió comprar fueron gracias a los entusiastas esfuerzos de su hijo mayor. En nombre de Pertrix, Herbert y Pavel negociaron la compra de la arianizada fábrica de chapa de Hirschfeld,[8] en Estrasburgo, la capital de la Alsacia ocupada. Era mucho más sencillo para las empresas alemanas operar en esa región, porque estaba gobernada por las autoridades nazis, no por las francesas. Todavía desesperado por impresionar a su padre, Herbert a veces hacía negocios durante los fines de semana en Estrasburgo para poder estar de vuelta en su puesto el lunes en Berlín. Esto le valió los elogios de sus compañeros ejecutivos.

Tras su éxito con Hirschfeld, Herbert ayudó a la AFA a comprar la mayoría de las acciones de Dreyfus,[9] otro negocio de metal laminado arianizado y ubicado a las afueras de París. Hackinger lo denominó el «mejor objetivo»[10] con el que se había topado. Las fábricas de chapa podían utilizarse para producir linternas, un clásico de Pertrix. Herbert se había hecho fuerte en Pertrix, donde había comenzado su carrera, y ahora era uno de los principales ejecutivos. Pero, hasta que no asumió estas nuevas responsabilidades durante el periodo de guerra en la AFA, no logró ganarse el respeto de su padre. «Desde ese momento [...] rara vez he tomado una decisión, o considerado alguna posibilidad de cierta importancia, sin consultarle»[11] escribiría después Günther sobre su hijo mayor. Poco preocupaba a padre e hijo que estuvieran quitándoles el sustento y el trabajo de toda su vida a los judíos. Para ellos, solo existía la expansión del imperio Quandt. Y eso es lo que hicieron.[12] Empresas belgas, polacas, croatas y griegas pronto serían presa de esta verdadera banda de saqueadores empresariales.

4

Harald Quandt disfrutaba mucho siendo paracaidista. Se sentía como en casa entre sus compañeros de la base de Dessau. Además de aprender a tirarse en paracaídas, lo adiestraron en el disparo de rifles y pistolas, posiblemente fabricados por la compañía de su padre, y le enseñaron la canción de guerra de los paracaidistas: «Verde es nuestro paracaídas, fuerte el corazón joven, de acero nuestras armas, hechas de mineral alemán».[1] Todo el mundo era joven y aventurero en aquel grupo de hermanos alemanes. Había fiestas y bromas, que casi hicieron que Harald fuera expulsado de la Luftwaffe antes de tan siquiera vislumbrar el campo de batalla. «Harald ha echado a perder su carrera militar por el momento, por una estupidez»,[2] escribió Goebbels en su diario el 12 de febrero de 1941. «Una travesura con un trasfondo más serio. Ahora tiene que pagar por ello. Con suerte, no gastará más bromas y esta historia se habrá acabado para siempre». Es imposible saberlo a ciencia cierta, pero Harald seguramente hizo algo peligroso después de una noche de haber bebido en exceso.[3] El hecho de que Harald se hubiera «pasado de la raya»[4] tuvo a

Goebbels preocupado varios días. Estaba decidido a sacar a su hijastro del apuro e incluso mandó a uno de sus ayudantes a Dessau para que comprobara cómo estaba Harald, quien, claro está, no era un soldado como otro cualquiera. Como hijastro de Goebbels, gozaba de una protección que no tenía ningún otro miembro de la Wehrmacht. Cuando el ayudante regresó a Berlín, Goebbels anotó únicamente: «Problema resuelto».[5]

A primera hora de la mañana del 20 de mayo de 1941, Harald por fin fue a la guerra. Su primera misión fue la espectacular invasión de Creta.[6] Los Aliados querían construir una base de bombarderos en esa isla, que era el bastión que les quedaba en el área de Grecia, y los alemanes querían evitarlo a toda costa. La llamada Operación Mercurio fue la primera operación con tropas mayoritariamente aerotransportadas de la historia militar. Como escribiría el primer ministro británico Winston Churchill en sus memorias: «Nunca un ataque lanzado por los alemanes fue tan arriesgado y despiadado como este».[7]

Harald y sus compañeros despegaron de su base en la Grecia continental antes del amanecer, «con fuego en el corazón y una orgullosa confianza en que tendríamos buena fortuna durante la guerra». Mientras sobrevolaban la costa griega, cazas alemanes aparecieron a ambos lados para escoltarlos hasta su zona de salto sobre la isla. El fuego antiaéreo británico empezó a disparar a la aeronave en la que iba Harald en cuanto sobrevoló la costa cretense. Entonces, Harald recibió la orden —«¡Listos para saltar!»— y se encendió una luz verde. El joven de diecinueve años se lanzó desde el avión y descendió en caída libre hacia la batalla.

El salto fue magnífico. Era un día claro, la altitud era perfecta y los lanzaron sobre los lugares de salto designados con una «precisión milimétrica». Los paracaidistas alemanes cayeron sobre el fuego de las metralletas de los soldados británicos, pero Harald y la mayoría de sus compañeros se las ingeniaron para aterrizar en Creta sin ningún rasguño. Eso sí, más de cuarenta proyectiles habían perforado su paracaídas, lo que hizo que Harald cayera mucho más rápido y golpeara el suelo a gran velocidad. Tras desabrocharse el arnés, recuperó el contenedor con su arma, que había aterrizado a cincuenta metros.

El enfrentamiento comenzó de inmediato. Harald y sus compañeros temían particularmente a los numerosos francotiradores, que se escondían en árboles y setos. También les preocupaba el calor. El primer día de combate hubo más de 50 °C a la sombra, y no fue el más caluroso que padecieron. Tras un largo y difícil combate, las tropas alemanas lograron conquistar la isla el 1 de junio de 1941. Pero la masacre no había acabado. La batalla de Creta fue la primera vez durante la guerra que los alemanes se topaban con una resistencia generalizada por parte de los civiles locales.[8] Las fuerzas nazis, dirigidas por el general de la Luftwaffe Kurt Student, ejecutaron a miles de cretenses como represalia y redujeron a cenizas varios pueblos para someter a la resistencia. El segundo de Student cumplía con una orden que este había transmitido durante la contienda: por cada soldado alemán muerto o herido, eliminarían a diez cretenses.

La invasión fue un éxito para los paracaidistas a pesar de que seis mil hombres murieron o fueron heridos durante la acción. Incluso Winston Churchill quedó impresionado. «Las Fuerzas Aéreas alemanas representaban la llama de las Juventudes Hitlerianas y eran la ardiente personificación del espíritu teutónico de venganza por la derrota de 1918»,[9] escribió. «La flor y nata de la virilidad alemana se expresaba a través de estas valientes, bien entrenadas y completamente devotas tropas de paracaidistas nazis. Depositar su vida sobre el altar de la gloria alemana y el poder mundial era su apasionada resolución».

Harald destacó en su primer despliegue y le concedieron la Cruz de Hierro de primera clase.[10] Magda había estado preocupadísima por su hijo. Había oído decir que en Grecia se mutilaba a los prisioneros de guerra alemanes.[11] Goebbels, al que no se informó previamente sobre la misión o la movilización de Harald, estaba inmensamente orgulloso de su hijastro, como también lo estaba Hitler. A mediados de junio de 1941, Goebbels le habló al Führer de «la valentía de Harald, lo que lo colma de alegría. Sigue estando muy unido al muchacho».[12]

Harald regresó a Alemania seis semanas después, justo a tiempo para la fiesta del sesenta cumpleaños de su padre en Ber-

Harald Quandt, de uniforme, con Magda y
Joseph Goebbels y sus seis medios-hermanos, 1942

lín. Lo ascendieron de inmediato a suboficial[13] y redactó un
artículo para la revista corporativa de la AFA en el que detalló
sus experiencias en Grecia. «La Operación Creta nos ha demostrado una vez más que no existe nada "imposible" para los paracaidistas alemanes», escribió con actitud desafiante. «Todos
tenemos el deseo único de asestar un golpe mortal a los ingleses,
preferiblemente en su propia isla». Su padre se hizo eco de dicho
sentimiento. Durante los bombardeos sobre Londres (conocidos como el *Blitz)* y la batalla de Inglaterra, Günther notificó
a los empleados de la AFA por escrito que la Luftwaffe «ya ha
dado un letal y decisivo golpe contra nuestro primer y último
enemigo»,[14] los británicos. Y, en casa, «todo el mundo cumple
[también] con su deber y realiza el máximo esfuerzo posible
para contribuir al fin victorioso de la lucha alemana por la supervivencia». Pero la invasión de Gran Bretaña se canceló y sería
el frente oriental el que aguardaba a Harald.

5

El 26 de junio de 1941, la Operación Barbarroja —la funesta invasión nazi de la Unión Soviética— llevaba en marcha cuatro días cuando, en la Bellevuestrasse de Berlín, Friedrich Flick pidió a su auditor que redactara una carta importante para el ministro de Economía del Reich.[1] El magnate tenía grandes planes para su sucesión. Planeaba convertir en accionistas del *holding* que controlaba su inmenso conglomerado de acero, carbón y armas a sus dos hijos más jóvenes: Rudolf, de veintiún años, y Friedrich Karl, de catorce. Prácticamente cuatro años antes había hecho lo mismo con su hijo mayor, Otto-Ernst, un día después de que cumpliera los veintiuno.[2] Este movimiento había coincidido con la conversión legal del grupo de negocios industriales en un conglomerado que llevaba el nombre de Flick y era propiedad de la familia. Pero Flick ya no estaba tan seguro de querer nombrar a Otto-Ernst, su «príncipe heredero»,[3] su sucesor.

Friedrich Flick y sus hijos, Otto-Ernst (al fondo), Rudolf (delante, a la derecha) y Friedrich Karl (a la izquierda) en la casa familiar de Grunewald, en Berlín, a principios de la década de 1930.

Ser el primogénito de Flick, el arrogante magnate, suponía una carga muy especial y Otto-Ernst sentía una enorme presión. Debía dar muestras de su valía a la sombra de su frío y cerebral padre. Lo cierto es que no podrían haber sido más diferentes el uno del otro. A Otto-Ernst —que creció rodeado de sirvientes, en la villa que la familia tenía en el frondoso barrio de Grunewald de Berlín— le gustaba salir a correr, la música, el cine y el teatro. Pero Flick prefería que sus hijos compitieran en carreras de remo. «Un muchacho criado en un ambiente burgués normal nunca hubiera podido sobrevivir a semejante educación»,[4] señaló Otto-Ernst en una ocasión. A la vez que ambicioso e inteligente, también era socialmente inepto y reaccionaba con exageración en situaciones estresantes. Su gran estatura solo agravaba su ansiedad. Era larguirucho y sobrepasaba desgarbadamente al resto de la familia con su metro noventa y cinco.

Parecía claro que Otto-Ernst no estaba hecho para suceder a su padre, y no es que no lo intentara. A principios de 1939, tras un semestre estudiando administración de empresas en Berlín, su padre lo obligó a dejarlo[5] y le ordenó que se hiciera cargo de la gestión de una nueva planta de granadas en el complejo siderúrgico de Turingia. El primer puesto ejecutivo de Otto-Ernst no fue bien. Decidido a dejar su propia huella, tuvo un fuerte enfrentamiento con uno de los gerentes de la fábrica de su padre.[6]

El hijo mediano de Flick, Rudolf, tenía la férrea determinación que le faltaba a su hermano mayor. El «temerario»[7] de la familia se alistó en 1939 y se convirtió en teniente de la división de élite de la Luftwaffe que dirigía el general Göring, cuyos miembros a menudo actuaban de guardaespaldas del *Reichsmarschall*. El 28 de junio de 1941, la tragedia golpeó a la familia. Seis días después del comienzo de la Operación Barbarroja, Rudolf atravesaba con su regimiento la ciudad ucraniana de Dubno cuando fue alcanzado por un proyectil de artillería y murió.[8]

A Flick la muerte de Rudolf le afectó muchísimo.[9] Incluso desarrolló una terrible reacción cutánea. Solicitó a Hermann Göring que repatriaran el cuerpo de su hijo, pero se le denegó. En cambio, el *Reichsmarschall* organizó que llevaran a Flick en avión a la tumba de Rudolf, cerca de Leópolis. Las acciones del hijo mediano en la empresa se dividieron entre Otto-Ernst y un adolescente Friedrich Karl, al que su padre llamaba «el pequeño hombrecito».[10] Flick no tenía ni idea de la cantidad de problemas que le darían —y darían, de hecho, al resto de Alemania—, los dos hijos que le quedaban.

A mediados de septiembre de 1941, Flick envió a Otto-Ernst a Lorena para su siguiente tarea:[11] trabajar en la planta siderúrgica expropiada de Rombach, en Francia, que Göring le había asignado a Flick tras unas negociaciones relámpago. Allí, el joven Otto-Ernst, de veinticinco años, estaría bajo las órdenes de su futuro suegro, que dirigía el complejo industrial. Ahora que Rudolf había muerto, Otto-Ernst sentía una presión todavía mayor por demostrarle a su padre su valía, para gran desgracia de todos los que fueron obligados a trabajar en Rombach.

6

Un día húmedo de agosto de 1941, Ferry Porsche llegó a los bosques de Masuria,[1] en Prusia Oriental, para presentar un prototipo a Hitler y Himmler en la Guarida del Lobo, el cuartel general del Führer en el frente oriental. El padre de Ferry había estado ocupado transformando el Volkswagen para que sirviera a los militares. En colaboración con la Wehrmacht, Ferdinand Porsche había diseñado el *Kübelwagen*[2] (el 'coche cubo'): un vehículo todo terreno ligero que las tropas del general Rommel estaban utilizando en la campaña del Norte de África. Ferry, de treinta y un años, había sido convocado en la Guarida del Lobo para mostrar el último diseño de su padre: el *Schwimmwagen* (el 'coche nadador'), un vehículo anfibio todo terreno que se estaba desarrollando en colaboración con las Waffen-SS, la rama militar de la maquinaria de terror de Himmler. El padre de Ferry no lo acompañó en el viaje; ya se estaba dedicando a su siguiente proyecto. El éxito del coche cubo le había conseguido, a sus sesenta y cinco años, otro encargo de diseño. Un día antes de que comenzara la Operación Barbarroja, Hitler nombró a Porsche jefe de la comisión de tan-

ques para que realizara nuevos diseños de los vehículos acoraza-
dos de combate para el frente oriental. Mientras que Ferry seguía
supervisando el estudio de diseño de Stuttgart, Porsche nombró
jefe y cedió el control de la fábrica de Volkswagen en Fallersleben
a su yerno, Anton Piëch.

La producción de armas y vehículos militares había despe-
gado desde que finalmente terminara de construirse el gigantesco complejo durante la primavera de 1940.[3] El *Kübelwagen*,
el misil V1, minas antitanques, bazucas, piezas de tanques, el
bombardero bimotor Ju 88 y el primer avión de combate de
reacción del mundo —el Me 262—, se producían en la fábrica
para alimentar la máquina de guerra nazi.[4] Cada vez se utilizaban más trabajadores forzados. Desde junio de 1940, se empleó
a cientos de mujeres polacas y soldados alemanes encarcelados
(en su mayoría insubordinados o desertores) en el complejo
Volkswagen, al que, aun así, le seguían faltando trabajadores
para cumplir con la demanda de producción. Estos trabajadores
recibían un sueldo muy bajo, vivían y trabajaban en pésimas
condiciones y no tenían libertad para abandonar el complejo
industrial o gastar su irrisorio sueldo fuera de él. Se los mantenía

Ferry Porsche (de traje) de pie junto a Hitler mientras este
inspecciona el coche nadador, con Himmler a su espalda. 1941.

en una parte de los terrenos de la fábrica rodeada por alambre de espino y los guardias los maltrataban terriblemente. Ahora bien, si todo salía como estaba planeado y Hitler aprobaba el prototipo, sus callosas y huesudas manos no tardarían en ponerse a montar las partes del coche nadador del Tercer Reich.

Tras 'la demostración de Ferry, el mismísimo Hitler dedicó un rato a inspeccionar el coche anfibio. Le hizo varias preguntas detalladas a Ferry, al que el Führer le pareció «más simpático [sic] si lo conocías personalmente».[5] A Hitler le preocupaban los soldados que tendrían que conducir el vehículo. Además de luchar contra los rusos, debían defenderse de enjambres de mosquitos en el frente oriental. «¿No podrían ustedes haber ideado para este coche alguna clase de red contra los mosquitos que los proteja mientras se desplazan?», preguntó el Führer a Ferry. En ese mismo instante, un general que estaba junto a Hitler recibió el picotazo de un mosquito en la mejilla. A la velocidad del rayo, el Führer alargó el brazo y lo abofeteó, matando así al mosquito. La sangre empezó a recorrer el rostro del hombre de inmediato. «¡Fijaos!» graznó Hitler riéndose. «¡El primer general alemán que ha derramado sangre durante la guerra!».

Ferry aseguraría después que Himmler le invitó a dar un paseo por los bosques esa tarde y que lo convirtió en oficial honorario de las SS en el acto.[6] Lo cierto es que Ferry ya se había presentado voluntario para entrar en las SS en diciembre de 1938[7] y que lo admitieron como oficial el 1 de agosto de 1941, antes de hacer la demostración del coche frente a Hitler y Himmler.

Miles de coches nadadores empezaron a producirse en el complejo de la Volkswagen en Fallersleben. A principios de octubre de 1941, semanas después de la exhibición de Ferry, la fábrica se convirtió en una de las primeras del Tercer Reich en utilizar a prisioneros de guerra soviéticos como mano de obra forzosa: unos seiscientos cincuenta en total.[8] Los hombres llegaron muy desnutridos y apenas podían caminar. Muchos se desplomaron operando las máquinas y veintisiete murieron durante las primeras semanas. Millones de camaradas estaban a punto de seguirles en el camino de la esclavitud, la tortura y la muerte.

7

El 19 de noviembre de 1941, Friedrich Flick, tres de sus ayudantes más cercanos y otros tantos magnates del acero, recibieron «unos informes interesantes»[1] desde la Ucrania ocupada. Flick iba a volver a hacer negocios con su rival, Paul Pleiger. El imperio del consejero delegado de Reichswerke había seguido expandiéndose desde el principio de la guerra. Göring había nombrado a Pleiger supervisor de la industria del carbón de la Alemania nazi y, ahora, el *Reichsmarschall* estaba a punto de ponerlo a cargo del saqueo de ciertos recursos industriales de las zonas de la Unión Soviética ocupadas por los nazis. Como nuevo «dictador financiero»[2] de la región, Pleiger no tardó en proponer un negocio conjunto entre una de las compañías siderúrgicas de Flick y Reichswerke.[3] Su objetivo sería explotar las fábricas de acero expropiadas en el río Dniéper, que recorría de norte a sur el corazón industrial de Ucrania. Flick aceptó de inmediato.

El informe sobre la industria siderúrgica que se leyó aquel frío día en la oficina central de Flick, en la Bellevuestrasse de Berlín, no era de los que uno recibe normalmente.[4] El testimonio, redactado por el experto en industria Ulrich Faulhaber, detallaba impasiblemente los horrores del frente oriental. A las afueras de Kiev, Faulhaber pasó por delante de innumerables columnas de prisioneros de guerra soviéticos vigiladas por tropas alemanas. Cuando alguno de estos prisioneros tropezaba y no podía dar un paso más, lo ejecutaban allí mismo. Durante la noche, Faulhaber presenció actos de canibalismo entre los famélicos soldados soviéticos, que «freían y se comían a sus propios camaradas» en los campos de tránsito alemanes. Las patrullas nazis, entonces, ejecutaban a estos soldados caníbales «por su falta de disciplina».

Faulhaber, en su informe, también hablaba sobre la matanza masiva de judíos ucranianos. Los llamados *Einsatzgruppen* (grupos de operaciones especiales) recorrieron la Europa del Este masacrando a cerca de 1,3 millones de judíos. Bajo las órdenes de Himmler y supervisados por su lugarteniente, Reinhard Heydrich, estos escuadrones de la muerte se seleccionaron de entre las filas de las Waffen-SS, la Gestapo, la policía y demás cuerpos de seguridad nazis. A medida que los alemanes avanzaban a través de la Europa del Este, los *Einsatzgruppen* rondaban por la retaguardia, asesinando a todo aquel que encontraban a su paso. Algunas de las ciudades más grandes de Ucrania, entre ellas Kiev y Dnipró, estaba ahora «libres de judíos [...]. Aquellos que no escaparon fueron "liquidados"», escribió Faulhaber. También especificó que el centro de Kiev estaba «en ruinas», aunque no pudo evitar reconocer que la vista hacia las estepas orientales desde la orilla oeste del río Dniéper era «hermosa e inolvidable». Algo es algo.

La muerte estaba por todas partes. La Nochevieja de 1941, Rudolf-August Oetker llegó a Varėna, una localidad de menos de dos mil habitantes al sur de Lituania, cerca de la frontera bielorrusa. Como su padre había muerto en la batalla de Verdún durante la Primera Guerra Mundial, la familia Oetker no quería que su único heredero varón fuera destinado al frente y tiraron de sus contactos para conseguirle un cometido distin-

Rudolf-August Oetker (en el centro, al fondo) con su uniforme de la Wehrmacht, detrás de su madre Ida y el *Gauleiter* de Westfalia, Alfred Meyer, en 1941.

to. Cuando lo reclutaron se le destinó al servicio de *catering* de la Wehrmacht en Berlín.[5] En Varėna, por lo tanto, el príncipe del pudin de Bielefeld, con veinticinco años, se encargaría de proporcionar alimento a los soldados alemanes que estuvieran de paso hacia el frente oriental. Se lo alojó en la ciudad con una costurera polaca que hablaba alemán. Durante las heladoras noches, Rudolf-August bebía vodka para entrar en calor y mantener a los fantasmas de la ciudad a raya.

Varėna era una ciudad afligida. Tres meses y medio antes de que Rudolf-August llegara, un tercio de la población había sido asesinado. El 9 de septiembre de 1941, el *Einsatzkommando* 3, capitaneado por el coronel de las SS Karl Jäger, acorraló a 831 judíos en la sinagoga. Un día después los condujeron a una arboleda a kilómetro y medio del pueblo, situada junto a la carretera principal, donde habían cavado dos grandes hoyos separados entre ellos por veinticinco metros: uno para los hombres y los niños, y otro para las mujeres y las niñas. El coronel Jäger anotó que ejecutaron a 541 hombres, 141 mujeres y 149 niños junto a los hoyos aquel día. Entonces, el *Einsatzkommando* se trasladó al siguiente pueblo. Y después al siguiente. Y así una y otra vez. El 1 de diciembre, Jäger calculó que su unidad había masacrado a 137 346 personas desde principios de julio de 1941.

Rudolf-August fingiría después sorpresa de «seguir siquiera con vida»[6] porque Varėna estaba situada «en el centro de una zona de partisanos». Pero los verdaderos partisanos del Báltico estaban luchando contra los soviéticos, no contra los alemanes. En realidad, los nazis utilizaban el término partisano como un eufemismo para el exterminio de los judíos y el brutal sometimiento de los lugareños de los territorios ocupados del frente oriental. Las atrocidades de Varėna no hicieron que Rudolf-August se replanteara su entrada en las SS. El 1 de julio de 1941 ya había sido aceptado como voluntario de las Waffen-SS,[7] cuyos miembros componían una tercera parte de los itinerantes *Einsatzgruppen*.

Un nuevo e importante amigo de Berlín, llamado Rudolf von Ribbentrop, le había dado a Rudolf-August una idea de cómo era la vida en las Waffen-SS. Rudolf era el hijo mayor de Joachim von Ribbentrop, el servil ministro de Asuntos Exteriores de la Alemania nazi y adorador del Führer, que no gustaba a nadie. Goebbels bromeaba de que el arribista von Ribbentrop se había «casado con su dinero y había comprado su nombre».[8] En realidad se había desposado con una heredera de Henkell, uno de los productores más importantes de vino espumoso de Alemania. Además, hizo que lo adoptara un pariente muy lejano para así poder añadir la partícula nobiliaria «von» a su apellido, a pesar de que su nada aristocrático padre biológico seguía con vida.

A finales de 1940, Rudolf-August conoció al hijo de diecinueve años de Ribbentrop en Berlín y se hicieron amigos enseguida.[9] Rudolf, comandante de las Waffen-SS, había sido herido y se estaba recuperando cerca de la capital. Es evidente que impresionó a Oetker con sus historias de la guerra, porque, en enero de 1941, el príncipe del pudin empezó a preparar su ingreso en las Waffen-SS.[10] En Bielefeld, el secretario de su padrastro, Richard Kaselowsky, peleaba por conseguir los documentos que demostraran la ascendencia «aria» de Oetker hasta sus bisabuelos; uno de los muchos requisitos que hacían falta para que las «racialmente puras» Waffen-SS te admitieran. En Varéna, Oetker esperaba a que lo licenciaran de la Wehrmacht para marcharse de los campos bañados de sangre de Lituania y presentarse a la instrucción de oficiales de las SS.

8

A finales de diciembre de 1941, Harald Quandt regresó a la base paracaidista en Dessau tras su primera misión en el frente oriental. No estaba contento. Cerca del frente de Leningrado, se había desplegado al batallón de Harald como infantería de tierra,[1] en lugar de dejarse caer tras las líneas enemigas como era habitual. La carnicería que presenció en el frente de batalla lo había dejado inquieto y desilusionado. Pasó la Nochevieja con los Goebbels y sus invitados, estrellas del celuloide, en la finca campestre del ministro al norte de Berlín. Mientras todo el mundo se sentaba alrededor de una larga mesa de comedor vestida con un mantel blanco y reflexionaba sobre el ajetreado año anterior, Goebbels habló a sus invitados sobre la perspectiva de una victoria inminente. Pero Harald lo interrumpió: «Eso es un disparate. La guerra […] durará al menos otros dos años».[2] Goebbels se puso en pie y empezó a gritarle. El paracaidista de veinte años defendió su postura. Su desencuentro se intensificó hasta tal punto que Magda tuvo que reunir todas sus fuerzas para alejar a Goebbels de su hijo. Algunas personas habían sido ejecutadas por insubordinaciones mucho menores.

No fue el caso de Harald, desde luego. Durante el año siguiente, se lo destinó sin parar a distintos puntos de la Europa asolada por la guerra. Contrajo ictericia en la Francia ocupada, donde lo habían mandado en una misión para colocar minas. A finales de julio de 1942, volvió a Berlín con un permiso para recuperarse. Le contó a su padrastro «cosas interesantes»[3] sobre las preparaciones que la Wehrmacht estaba llevando a cabo contra un posible intento de los británicos de establecer un segundo frente. Harald y sus compañeros seguían ansiosos por pelear contra los anglosajones. «Sienten una rabia especial hacia ellos porque la espera constante evita que tengan vacaciones o tiempo libre. Sería conveniente que los ingleses vinieran, si es que acaso quieren hacerlo, cuanto antes. Nuestros soldados están preparados para darles una cordial y cálida bienvenida», escribió Goebbels en su diario.

Pero los británicos no fueron, al menos no de momento. A mediados de octubre de 1942, Harald regresó al frente oriental. Tenía muchas ganas de que llegara su siguiente misión y se había resistido «enérgicamente»[4] a que lo destinaran a la reserva. A Magda y a Goebbels les preocupaba que volviera al combate. Rezaban para que «saliera sano y salvo de la siguiente misión complicada»[5] que se le asignara. Esta vez se lo envió cerca de Rzhev, al oeste de Moscú, a una batalla alrededor de la ciudad que llevaba en marcha catorce meses y se había cobrado la vida de millones de soldados alemanes y soviéticos. El número de bajas era tan alto que se conocía a este frente de la guerra como «la trituradora de Rzhev». Y Harald «corría más peligros que nadie»,[6] según un compañero. Salía solo de noche en misiones de reconocimiento para localizar las posiciones del enemigo y se metió en «problemas con los partisanos soviéticos»[7] en Rzhev, según relató Goebbels a Hitler.

El 23 de febrero de 1943, Goebbels recibió una carta de Harald[8] en la que le agradecía el envío de un paquete al frente de Rzhev que iba repleto de material propagandístico. Harald halagó a Goebbels elogiando sus últimos discursos, de los cuales el último, que había dado cinco días antes, había sido el más trascendental hasta la fecha. El 2 de febrero, la Wehrmacht y sus aliados se rindieron en Stalingrado y el Ejército Rojo aprovechó el momento para avanzar hacia el oeste. Su larga marcha hacia Berlín había dado comienzo. Se declaró «la guerra total»[9] ahora que el conflicto se había vuelto contra Hitler y sus tropas. La tarde del 18 de febrero, Goebbels subió al escenario del Sportpalast de Berlín frente a miles de personas, como había hecho tantas otras veces antes. Por encima de él, bien alto, colgaba una enorme pancarta blanca y roja con el nuevo lema propagandístico del régimen en letras mayúsculas: «La guerra total, la guerra más corta». Para las decenas de millones de alemanes que estaban escuchando, Goebbels planteó una situación fantasmagórica en la que hordas de soldados soviéticos se aproximaban, seguidos de «los comandos de exterminación de los judíos», para reducir Alemania a la inanición, terror y anarquía masivos. Al final del discurso, el ministro preguntó a su público: «¿Queréis una guerra total? Si fuera necesaria, ¿queréis que sea más completa y radical que la que podemos imaginarnos siquiera hoy en día?». La muchedumbre enloqueció. Era puro y verdadero odio, avivado y convertido en fuego.

A mitad del discurso, mientras hablaba de los judíos, Goebbels dejó escapar la palabra «erradicación», que enseguida reemplazó por «represión». No quería llamar la atención sobre lo que ya estaba ocurriendo: el asesinato sistemático de millones de judíos en campos de exterminio que se habían estado construyendo en secreto por la Polonia ocupada. Un año antes, durante una conferencia dirigida por Heydrich en una mansión junto al

Joseph Goebbels dando su discurso de la "Guerra Total"
en el Sportpalast de Berlín, 18 de febrero de 1943.

lago Wannsee berlinés, se había tratado el tema de «la solución
final para la cuestión judía» para asegurarse de que todos los
departamentos del régimen cooperaban en su implementación.
«Se está empleando un procedimiento un tanto barbárico, que
no debe describirse en detalle, y que no deja mucho de los judíos»,[10] confesó Goebbels en su diario.

9

Mientras su hijo pequeño, Harald, luchaba a lo largo de Europa, desde Francia al frente oriental, Günther Quandt se mantenía ocupado en Berlín con la falta de mano de obra y sus rega-
teos con los bancos. Durante el transcurso de 1942, Günther se
había visto envuelto en duras negociaciones con los tres bancos
más importantes de Alemania: el Deutsche Bank, el Commerzbank y el Dresdner Bank. Quería financiar una nueva expansión de DWM, su empresa armamentística.[1] La compañía había
tenido ventas por valor de 182 millones de *reichsmark* ese año
y el volumen se doblaría hasta los 370 millones en 1943. Sin

embargo, DWM también tenía serias deudas. El crecimiento no es barato, sobre todo en tiempos de guerra. Los bancos ya habían prestado a DWM cerca de ochenta millones de *reichsmark*, una cantidad de crédito desmesurada, y se mostraban indecisos sobre si deberían conceder más. A sus ojos, ya no parecía «justificado».[2] Pero aun así, Günther quería más y lo quería costara lo que costara.

En las negociaciones que mantuvo en octubre de 1942 con la directiva del Deutsche Bank, Günther no dudó en citar «el uso de trabajadores poco cualificados (prisioneros de guerra, reclutas extranjeros, etcétera.)»[3] como una de las razones por las que el banco debía concederle un tipo de interés más bajo en su próximo préstamo. Esa clase de trabajadores costaba dinero, sobre todo los que habían sido esclavizados, encarcelados, maltratados y privados de alimento. Los bancos cedieron durante el verano y procedieron a emitir un nuevo bono de cincuenta millones de *reichsmark* para DWM,[4] que lo necesitaba desesperadamente. La demanda era tan alta que las peticiones a los bancos para adquirir parte de esta nueva emisión de bonos para DWM sobrepasaron las previsiones, y la emisión se vendió entera en solo unos días. Los mercados de capitales habían vuelto a superar al capital humano. Pero después de esta emisión de bonos, los bancos grandes le cortaron el grifo. La máquina de guerra nazi se estaba calando y ahora su dinero corría peligro.

Puesto que millones de hombres estaban siendo reclutados o se presentaban voluntarios para la Wehrmacht, la mano de obra era cada vez más escasa en Alemania. La falta de trabajadores[5] se volvió apremiante especialmente a raíz del constante derramamiento de sangre del frente oriental, en el que la Wehrmacht perdía a cerca de sesenta mil soldados al mes desde junio de 1941. Para suplir la escasez, Hitler activó «uno de los mayores programas laborales coercitivos que el mundo ha visto jamás» a principios de 1942. Los funcionarios nazis a los que se encargó la tarea de ampliar el trabajo forzoso fueron Fritz Sauckel, el *Gauleiter* de Turingia, al que Hitler había nombrado general plenipotenciario para la expansión del empleo en marzo de 1942, y el arquitecto Albert Speer, al que el Führer había convertido en el nuevo ministro de Armamento del Reich ese mismo mes.

Durante 1942, Sauckel aumentó rápidamente el número de personas a las que se reclutaba de manera forzosa, o simplemente se deportaba, para que trabajaran en las fábricas alemanas. Se trajo a millones de personas de toda Europa, pero la gran mayoría, apodada *Ostarbeiter* por las autoridades nazis, provenía de la Unión Soviética y Polonia. Mientras tanto, en una conferencia de varios días celebrada a finales de septiembre de 1942, Hitler aceptó la sugerencia de Speer de que los prisioneros de los campos de concentración debían emplearse en la producción.[6] Esta decisión aumentó considerablemente el uso de este tipo de presos por parte de las empresas alemanas, lo que provocó un rápido crecimiento de los campos de concentración secundarios, o subcampos, construidos en los terrenos de las fábricas, o cerca de ellos, a lo largo del país. Al menos doce millones de extranjeros[7] fueron obligados a trabajar en Alemania durante la guerra: hombres y mujeres, niños y niñas. Dos millones y medio de ellos murieron allí tras haber sido sometidos a espantosas condiciones laborales y de vida.

IG Farben, Siemens, Daimler-Benz, BMW, Krupp y diversas compañías controladas por Günther Quandt y Friedrich Flick fueron algunas de las industrias privadas que más mano de obra forzosa y esclava utilizaron. Cualquier negocio alemán podía solicitar trabajadores forzosos o prisioneros de guerra en su oficina de empleo local. Desde principios de 1942 en adelante, la Oficina Central de Economía y Administración de las SS (SS-WVHA) —capitaneada por Oswald Pohl, general de las SS y miembro del Círculo de Amigos de Himmler— también podía proporcionar prisioneros de los campos de concentración a los negocios. Si una empresa los solicitaba a dicha organización, esta la evaluaba y, tras aprobar su petición, se construía un subcampo cerca de su fábrica y se la proveía de prisioneros. La compañía pagaba este recinto, pero «alquilaba» a cada prisionero esclavizado por las SS por una tarifa diaria de cuatro a seis *reichsmark,* dependiendo de las capacidades del preso. Entre las colaboraciones entre los campos de concentración dirigidos por las SS y las compañías alemanas que empleaban mano de obra esclava se encontraban Auschwitz con IG Farben; Dachau con BMW; Sachsenhausen con Daimler-Benz; Ravensbrück con Siemens; y Neuengamme con la AFA de Günther, la Volkswagen de Porsche y Dr. Oetker.[8]

10

Antes de que estallara la guerra, Günther Quandt estaba empeñado en construir un nuevo complejo industrial de vanguardia para su negocio de baterías de la AFA en Alemania. Quiso la suerte que la ciudad de Hannover vendiera una gran parcela, de unos mil metros cuadrados, en la periferia industrial de la ciudad y que se la ofrecieran a la AFA. Günther escribió orgulloso que había trabajado «larga y duramente en los planes»[1] para la nueva fábrica, con unos resultados asombrosos. Tras la guerra, los inspectores británicos bautizaron a la nueva fábrica de la AFA como, posiblemente, «la planta de producción de baterías más grande del mundo»,[2] un título que haría que Elon Musk, el creador de Tesla, se retorciera de la envidia hoy en día. En el otoño de 1940, la fábrica de la AFA en Hannover empezó a producir baterías para los infames submarinos de la Marina alemana y para los torpedos eléctricos G7 que utilizaban para hundir barcos.[3]

Hacia principios de 1943, más de la mitad de los 3400 empleados de la fábrica de la AFA en Hannover eran trabajadores forzados, pero ninguno procedía aún de los campos de concentración.[4] Los gerentes de la planta de Günther habían negociado sin éxito con las SS sobre el empleo de prisioneros del campo de concentración de Neuengamme, cerca de Hamburgo. Sin embargo, la AFA no podía garantizar una separación entre los presos y los trabajadores libres en la fábrica, una condición en la que insistían las SS.

En marzo de 1943, las SS terminaron transigiendo en la condición de la separación y llegaron a un acuerdo con la AFA. Se levantó un subcampo en los terrenos industriales de Hannover; uno de los ochenta y cinco que Neuengamme tendría en la zona. La construcción del campo y sus suministros corrieron por cuenta de la AFA, desde la instalación de las camas al alambre de espino, e, inicialmente, la comida preparada en las cocinas de la empresa. Las SS, en cambio, controlaban el campo y se hacían cargo de los guardias, los prisioneros, su ropa, comida, «cuidado médico» (si es que se lo puede llamar así) y su traslado desde y hacia Neuengamme. La AFA pagaría a las SS los consabidos seis *reichsmark* al día por cada prisionero cualificado y cuatro por cada uno que no lo fuera.

Dicho precio no significaba que se fuera a pagar nada a los prisioneros esclavizados de la AFA; de hecho, se los consideraba «menos que esclavos».[5] Las SS y la AFA acordaron interesadamente «proporcionar incentivos a los detenidos para motivarlos a que mejoraran su trabajo, por el bien de la producción».[6] Solo que, en lugar de dinero, recibirían cupones que únicamente podrían emplear en el comedor del campo si alcanzaban los objetivos semanales establecidos en el sistema de bonificación de las SS.[7] Evidentemente, este sistema estaba plagado de abusos y favorecía a los presos que gozaban de buena salud. Los llamados *Kapos* —prisioneros a los que los generales al mando de los campos encomendaban tareas de supervisión— golpeaban a sus compañeros para «motivarlos» a cumplir sus objetivos, pero luego les robaban los cupones. Uno de los *Kapos* del subcampo de la AFA era un criminal con problemas mentales que supervisaba a los presos de la cocina, que eran demasiado débiles como para trabajar en la fábrica. Les fustigaba con el extremo de un cable, les daba manguerazos en invierno y una vez golpeó tan fuerte a un prisionero francés en el abdomen con sus botas con refuerzos de hierro que este murió unas horas después.

En el departamento de plomo de la fábrica de la AFA, los presos no tenían permitido ponerse máscaras protectoras o ropa que los aislaran de los gases venenosos. Si contraían saturnismo, con síntomas como cólicos estomacales, se los obligaba a seguir trabajando a pesar de los dolores punzantes. Además, en esta zona, los prisioneros también tenían accidentes con el plomo hirviente. Sus extremidades, con quemaduras de tercer grado, debían amputarse. Y, a menudo, se les quedaban enganchadas las manos y los brazos en la maquinaria de Günther, donde, según describiría después un testigo, «mientras permanecían completamente conscientes, la máquina le despegaba la mayor parte de la carne de sus huesos hasta la parte superior de los brazos».[8]

La construcción del subcampo de la AFA comenzó a mediados de julio de 1943. Cerca de cincuenta prisioneros alemanes, polacos y serbios de Neuengamme empezaron a levantar los barracones, que solo se encontraban a ciento veinte metros de la fábrica. Se envió a unos veinte hombres de las SS para que vigilaran la zona de la obra y ya entonces comenzaron los abusos a los prisioneros. El primer líder del campo fue el sargento de las SS Johannes Pump, que había supervisado la construcción. Según declararía posteriormente un testigo, «golpeaba con su porra de madera a los prisioneros que consideraba que no trabajaban lo suficientemente rápido [...]. Y cuando las mujeres empleadas en la fábrica de baterías lo observaban, lo hacía con especial brutalidad para alardear».[9]

Cerca de mil quinientos prisioneros de Neuengamme terminaron en el campo para trabajar en la fábrica de Günther, y se enfrentaron a la misma clase de abusos y a algunos mucho peores. Delante de los barracones, se les obligó a construir una zona para pasar lista equipada con patíbulos que se divisaban desde fuera del campo. Los presos que escapaban y volvían a ser arrestados eran ahorcados delante del resto de prisioneros para dar ejemplo. A otros fugitivos se los ejecutaba de un tiro en la nuca. Al menos 403 personas perdieron la vida en el complejo de la AFA. Pero Günther tenía otras cosas en la cabeza.

La tarde del 27 de julio de 1943, un día antes de su sesenta y dos cumpleaños, Günther se encontraba en casa hablando de la evolución política con sus hijos Herbert y Harald.[10] Las cosas pintaban mal para Alemania. El aliado de Hitler, Mussolini, había sido depuesto en Roma dos días antes, lo que ponía final a veintiún años de gobierno fascista en Italia. Las fuerzas aliadas habían invadido Sicilia y la Wehrmacht había perdido el control del norte de África y del Mediterráneo.

Harald había vuelto a Berlín, de permiso, dos semanas antes. El paracaidista de veintiún años había sobrevivido al extenuante frente oriental, donde había «actuado de forma excelente»[11] en combate y había sido ascendido a oficial. Su siguiente destino era Italia, que estaba a punto de abandonar la alianza del Eje y cambiar de bando. Günther defendió la deserción de Italia mientras hablaba con sus hijos. Era «la única opción razonable que una nación puede tomar cuando ve que la guerra está perdida»,[12] dijo. En realidad, Günther expuso que Alemania debería seguir el ejemplo de Italia y buscar la paz a cualquier coste.

Harald se enfureció. ¿Cómo podía tener su padre una postura tan derrotista? Lo cierto es que el recién nombrado oficial de la Luftwaffe se enfadó tanto con su progenitor que al día siguiente le refirió a su madre los comentarios de su exmarido. Sin embargo, le rogó que no le contara a Goebbels lo que Günther había dicho. Magda mantuvo su promesa, aunque solo hasta que su hijo se encontró de camino al frente sur.

Unas semanas después, Günther recibió una llamada telefónica en su mansión. Se lo convocaba a la residencia privada de Goebbels en Hermann-Göring-Strasse, en el centro de Berlín. Goebbels envió un coche para recogerlo, pero cuando Günther llegó a la majestuosa residencia con vistas al Tiergarten, el propagandista ya se había marchado al ministerio. En su lugar, Günther se encontró con su exmujer. Magda tenía una advertencia de parte de su marido. Günther era plenamente consciente de cuál era el precio de hacer comentarios derrotistas: su cabeza. Una sola afirmación más en ese sentido, dijo Magda, y Günther estaría «acabado».[13]

11

El 10 de julio de 1943, Friedrich Flick cumplió sesenta años. A diferencia de Günther Quandt, que los había celebrado por todo lo alto dos años antes, Flick pasó el día alejado de los focos de la capital. No habría ninguna cena ostentosa en un hotel lujoso de Berlín con invitados importantes del régimen, las fuerzas armadas y el mundo de los negocios, aunque Flick recibió «un sentido telegrama personal del mismísimo Führer».[1] En lugar de organizar una lujosa fiesta, los estrechos colaboradores del magnate, reacio a la prensa, montaron una campaña de relaciones públicas estrechamente controlada para los medios alemanes, con la ayuda del jefe de prensa de Göring, para homenajear a su jefe «desde una perspectiva adecuada».[2] Irónicamente, los artículos resultantes alababan en especial la habilidad de Flick de actuar en silencio. Su conglomerado de empresas realizó incluso una poco habitual declaración en la que celebraba a «los antepasados campesinos»[3] de Flick y criticaban a aquellos que lo consideraban un mero «coleccionista de participaciones industriales. Es como si uno coge a un constructor y se piensa que solo es un coleccionista de materiales de construcción», decía. El hecho de que el público supiera tan poco de él «se debe a su discreta modestia», añadía, y a que «evita a la gente».

El sigilo había llevado a Flick muy lejos en la vida. Mientras el imperio nazi empezaba a resquebrajarse durante el verano de 1943, el conglomerado de Flick estaba en su cénit. Como resultado de su expansión, que había durado una década, el magnate era ahora uno de los fabricantes más importantes de acero, carbón y armas de la Alemania nazi. Había superado incluso a su rival, Krupp, y se había convertido en el segundo productor de acero del país. El valor de los activos de las siete compañías más grandes de Flick —tres de las cuales no le pertenecían directamente— se situaba en unos novecientos cincuenta millones de *reichsmark* a principios de 1943.[4] La valoración fiscal de ese año estimó que las participaciones de Flick en su conglomerado empresarial ascendían a casi seiscientos millones de *reichsmark*.[5] Con el imperio industrial que poseía, era uno de los hombres más ricos de la Alemania nazi, si no el más rico de todos. Desde las minas de carbón y las plantas siderúrgicas hasta las fábricas de armas, y desde la Ucrania y Francia ocupadas hasta la Alemania nazi, su imperio era colosal en tamaño y alcance. Cuando el Tercer Reich necesitaba más armas, Flick se encargaba. Cuando necesita más recursos naturales, estaba ahí para prestar su ayuda. Carbón negro y lignito, hierro y acero, cañones y proyectiles; tenía todo lo necesario para alimentar la máquina de guerra nazi. Sin embargo, a Flick le faltaba un recurso clave que escaseaba en los negocios alemanes: trabajadores cualificados. Hacia 1943, los trabajadores forzados de las minas de carbón de Flick eran cada vez más a menudo mujeres y niños considerados aptos para trabajar en sus minas a cielo abierto. Muchos eran adolescentes rusos de entre trece y quince años. Para cuando se acercó el sesenta y un cumpleaños de Flick, su conglomerado empleaba entre 120 000 y 140 000 personas, de las cuales aproximadamente la mitad eran trabajadores forzados o esclavizados.[6]

Flick había empezado a utilizar prisioneros de los campos de concentración en septiembre de 1940, lo que convirtió a su grupo empresarial en una de las primeras compañías de la Alemania nazi en hacerlo. El director de la Henningsdorf, la siderúrgica de Flick próxima a Berlín, había cerrado un acuerdo con las SS meses antes y había empezado empleando a cerca de cincuenta prisioneros del cercano campo de concentración de Sachsenhausen. Al contrario que Günther, Flick no había logrado que le construyeran un subcampo en alguna de sus muchas fábricas y minas. Y no era porque no lo hubiera intentado. Los planes para levantar uno en la siderúrgica de Döhlen —una empresa conjunta cuyo 50 % controlaba Flick y el 50 % restante era del estado de Sajonia— había fracasado. A finales del verano de 1942, el posible subcampo para «judíos extranjeros» nunca llegó a materializarse, porque, para entonces, el Führer había decidido que prefería asesinar de inmediato a los judíos en vez de capitalizar su valor como trabajadores sin sueldo.[7]

Además de importar mano de obra esclava, durante el verano de 1943 Flick estaba ocupado controlando a su hijo mayor, Otto-Ernst, en Francia. El heredero de veintiséis años estaba sembrando el caos en la planta siderúrgica de Rombach,[8] de la que su padre era administrador después de que Göring se la cediera cuando el complejo, situado en la Lorena controlada por los nazis, fue expropiado. En febrero de 1943, Flick había ascendido a su sucesor a director del enorme complejo siderúrgico, que ya manufacturaba más del veinte por ciento de la producción de acero crudo de Flick. Otto-Ernst sucedió a su suegro en el cargo de director de Rombach tras haber trabajado sin descanso para reemplazarlo. Desesperado por demostrarle su valía a su padre, Otto-Ernst se embarcó en una ambiciosa, pero cara, estrategia de producción armamentística para Rombach, que irónicamente denominó «programa de calidad».[9]

El mes en el que ascendieron a Otto-Ernst, la Dirección General de Armamento (HWA) nombró a Rombach proveedora principal de quince fábricas de munición situadas en la Francia ocupada. Les proporcionaría acero de alta calidad a la vez que producía granadas y proyectiles para la Wehrmacht. La decisión de Otto-Ernst de dar prioridad al suministro de acero de calidad para el programa de armas nazi exigía una inmensa renovación de las infraestructuras de Rombach que no solo supuso un enorme coste financiero, sino también de vidas humanas.

El viraje de Otto-Ernst hacia la producción de armas con costes más elevados alarmó de inmediato a su padre. A principios de marzo de 1943, Flick ya se había visto envuelto en la gestión de Rombach y había señalado el peligroso aumento de los costes, que eran prueba suficiente para él de que «las cosas no podían estar yendo bien».[10] Pero incluso así, nada había cambiado hacia junio. En una carta a Otto-Ernst y al resto de los directores, Flick reiteró que, en Rombach, «debemos hacer la máxima aportación armamentística posible, pero también es imprescindible que mantengamos nuestra reputación y estatus […]. No debemos ponernos en ridículo».

Cuando, en agosto de 1943, las pérdidas económicas se agravaron por una fuerte caída en la producción, la paciencia de Flick con Otto-Ernst se agotó. Amenazó con enviar a uno de sus colaboradores más estrechos para que le arrebatara el control de la compañía a su hijo si los ingresos y la producción no mejoraban. Otto-Ernst, que no era particularmente conocido por sus habilidades sociales, trató de restar importancia a su propia implicación en la debacle desacreditando a uno de los directores, táctica que no tuvo ningún éxito ante su padre. Flick tenía claro que al que se le había ido de las manos el negocio era a su hijo. Otto-Ernst había vuelto a demostrarle que no era el adecuado para dirigir el imperio familiar.

Mientras tanto, las condiciones laborales de Rombach eran desastrosas,[11] «de las peores de las fábricas de Flick»,[12] concluiría más adelante un historiador. A medida que la escasez de mano de obra se agravaba rápidamente en 1942, el suegro de Otto-Ernst había empezado a depender ampliamente de los trabajadores coaccionados y de los prisioneros de guerra soviéticos. Así, se desplazó a cientos de rusos, como si fueran ganado humano, hacia las distintas fábricas siderúrgicas expropiadas de Lorena.

Cuando Otto-Ernst se hizo cargo de Rombach, el número de trabajadores forzados asignados a la fábrica iba en aumento, lo que le permitió compensar una parte de los costes de su caro programa armamentístico. Hacia el verano de 1943, más de la mitad de las 6500 personas empleadas en Rombach eran trabajadores forzados retenidos allí mismo, en cuatro campos distintos. Cerca de un cuarto eran mujeres, una cifra asombrosamente alta para una siderúrgica, y la mayoría de ellas eran *Ostarbeiter,* trabajadoras forzadas del este de Europa. Se las empleaba para trabajos duros, en jornadas de doce horas, reparando la vía férrea, cargando y descargando carbón y carretas, e incluso trabajando en los hornos de fundición del acero. Las que estaban embarazadas debían seguir con sus tareas casi hasta dar a luz. Se les ofrecía medio litro de sopa para comer, «un brebaje que normalmente se daría a los cerdos»,[13] indicaría más tarde una mujer. Se metía hasta a treinta mujeres en una habitación diminuta para dormir mientras la lluvia y las corrientes de aire se colaban por el tejado de sus barracones. Además, las que estaban en régimen de trabajo forzoso recibían un sueldo irrisorio, y el refugio antiaéreo era exclusivamente para las alemanas.

Los capataces y jefes de seguridad de la fábrica de Rombach fueron una sucesión de hombres sádicos de las SS y la Gestapo, ayudados por diversos sicarios. La mayoría de ellos intimidaba y maltrataba a los trabajadores simplemente porque podían hacerlo: mataron a un joven *Ostarbeiter* a golpes; una intérprete se lanzó bajo a un tren tras recibir amenazas de que iban a apalearla y llevarla a un campo de concentración por haber comprado ilegalmente unos zapatos; un grupo de intérpretes rusos, que apuñalaron a un par de guardias, fueron ahorcados en los terrenos de la fábrica. Un historiador que más adelante detallaría cómo fue el trabajo forzoso y esclavo que se dio en el conglomerado de Flick escribió que estos hombres de las SS «perpetraron estos crímenes en las mismísimas narices de Otto-Ernst Flick, quien podría haberlos contenido en cualquier momento [...]. El hijo de Flick dio cobijo al régimen de terror de los capataces de la fábrica, y su disposición a hacerlo aumentó a medida que sus actividades empresariales en Rombach fracasaban».[14]

12

El 27 de mayo de 1943, un hombre llamado Josef Herrmann escribió una carta aleccionadora a Ferdinand Porsche, que se encontraba en Stuttgart. Este judío alemán había trabajado con el diseñador de coches en Austro-Daimler y necesitaba la ayuda de su antiguo compañero. Herrmann había huido a Ámsterdam con su hermana, a la que habían deportado y, aunque él no lo supiera entonces, asesinado en Auschwitz. Ahora él también corría peligro. Le preguntó a Porsche si podría enviar una carta al alto cargo bávaro de las SS al frente de las fuerzas de seguridad de los Países Bajos, explicando las contribuciones de Herrmann a «la economía e industria nacional austríacas».[1] Los judíos podían incluirse ocasional y excepcionalmente en una lista que les libraba de ser deportados de forma directa a campos de concentración por «méritos en tiempos de paz». La carta en cuestión se redactó a máquina, pero nunca se envió. A mediados de junio de 1943, la secretaria de Porsche escribió a Herrmann. Sin aclarar sus razones, Porsche, a pesar de todo, no se «sentía capaz de enviar una confirmación de tus antiguos servicios civiles al comandante de las fuerzas de seguridad». Herrmann fue deportado poco después. Murió en Bergen-Belsen el 30 de marzo de 1945, una semana después de cumplir setenta años y dos semanas antes de que el campo de concentración fuera liberado. Cuando las cosas se pusieron difíciles, el supuestamente independiente Porsche, con todos sus contactos, no se atrevió a ayudar a un antiguo compañero que se enfrentaba a la muerte.

Durante el verano de 1943, Porsche estaba ocupado salvándose a sí mismo. Su nuevo puesto como jefe de la comisión de tanques estaba siendo un fiasco.[2] Los prototipos que diseñaba —incluido un supertanque difícil de manejar llamado Maus—, no eran adecuados para formar parte de la Operación Ciudadela, la última gran ofensiva alemana sobre la Unión Soviética. El ministro de Armamento, Albert Speer, que también era su rival en el campo del diseño, estaba a punto de destituir al magnate de casi setenta años de su puesto. Su década como ingeniero favorito de Hitler estaba a punto de llegar a un brusco fin.

Mientras tanto, Anton Piëch, el yerno de Porsche, gobernaba un régimen del terror en la fábrica de Volkswagen en Fallersleben. El primer subcampo en el complejo se llamó, eufemísticamente, «Pueblo del Trabajo».[3] Tras un acuerdo entre Porsche y Himmler, se asignó a los prisioneros la tarea de terminar la construcción de una fundición de metales ligeros. A cambio, Porsche suministró cuatro mil *Kübelwagen* a las Waffen-SS. Los prisioneros provenían de Neuengamme y, más adelante, de Sachsenhausen y Buchenwald. También deportaron a la fábrica a presos de Auschwitz y Bergen-Belsen para otra clase de proyectos.

Ferdinand Porsche sobre uno de los tanques que diseñó, 1943.

A mediados de julio de 1943, la Gestapo y los guardias de la fábrica, provistos de porras de goma y armas de fuego, interrumpieron «una procesión musical espontánea»[4] de trabajadores forzados franceses y holandeses que estaban cantando y tocando guitarras y flautas. Cuarenta de ellos fueron trasladados a un brutal campo penitenciario en las proximidades. Los que regresaron con vida tres semanas después se habían transformado en «seres humanos distintos». Ese mismo verano, Piëch «declaró abiertamente […] que debía emplear a *Ostarbeiter* baratos para cumplir con el deseo del Führer de que el Volkswagen se produzca por novecientos noventa *reichsmark*».[5] El número de *Ostarbeiter* aumentó rápidamente a más de 4800 personas, entre las que también había adolescentes. Estaban todos amontonados en una parte del campo de la fábrica, rodeada con alambre de espino. Un sádico cocinero del comedor «espolvoreaba esquirlas de cristal en las sobras para que los presos malnutridos se hicieran daño mientras rebuscaban entre los restos de comida»,[6] descubriría más adelante un historiador.

Cerca de la mitad de los *Ostarbeiter* del complejo de Volkswagen eran mujeres. Algunas de las polacas y de las rusas se quedaban embarazadas o llegaban en ese estado a los campos. Las madres eran obligadas a entregar a sus bebés de inmediato tras el parto, a los que se trasladaba al «Centro infantil para niños extranjeros»[7] en el cercano pueblo de Rühen. Las condiciones de estos sitios «eran inimaginables»,[8] según palabras de un fiscal británico que después explicó: «Por la noche, los bichos salían de las paredes de esos barracones y se posaban literalmente sobre los cuerpos y caras de los niños […] Algunos de los menores presentaban de treinta a cuarenta forúnculos o abscesos». Al menos 365 bebés polacos y rusos murieron en el centro infantil de Rühen a causa del abandono, las infecciones y la falta de cuidados.

13

Alrededor de las nueve de la mañana del 12 de diciembre de 1943, un tren perteneciente al líder de las SS, Heinrich Himm-

ler, se detuvo en la estación de Hochwald, en los bosques ma-
surianos de Prusia Oriental. En él iban Richard Kaselowsky,
Friedrich Flick y otros treinta y seis miembros del Círculo de
Amigos de Himmler. El grupo había salido de Berlín la noche
anterior y, tras un trayecto de trece horas en aquel tren-cama,
por fin habían llegado a su destino. Himmler los había invitado
a visitar su puesto de mando, apodado «Guarida Negra», que
se encontraba a veinticinco kilómetros al este de la Guarida del
Lobo de Hitler.[1] Desde la estación de tren, los hombres tomaron un autobús hasta el cuartel general de la guerra, donde se les
ofreció un tour guiado tras un desayuno de salchichas blancas.
Himmler se unió a ellos durante una hora al mediodía y les
dedicó unas palabras. Tras la comida, se proyectó una película
y el coro de las SS dio un concierto. La visita terminó con una
cena ligera y Himmler volvió a unirse a sus «amigos» durante
otra hora mientras tomaban el té. Finalmente, los visitantes regresaron en tren a Berlín.

Algunos miembros describirían después la visita como una
«inmensa decepción»[2] y «aburrida [...] a pesar de las salchichas
blancas, que estaban buenas»,[3] porque Himmler no había di-
vulgado ninguna información confidencial sobre cómo pensaba
Hitler darle la vuelta al curso de la guerra. Flick dudaba de si lo
que había visitado era el cuartel general de Himmler o un ma-
nicomio.[4] Pero para Richard Kaselowsky, el consejero delegado
de Dr. Oetker, el tour había cumplido con su propósito. Sacó
fuerza interior del discurso de Himmler. «Según el *Reichsführer
SS,* todavía se otean en el horizonte duras pruebas y batallas,
por lo que debemos mantener el ánimo. Pero el *Reichsführer* está
plenamente convencido de que, al final de la lucha, habrá una
victoria alemana que asegure nuestro futuro. Debemos plantar
esta creencia en nuestros corazones y no dejar que la destruyan
las numerosas dificultades del día a día»,[5] escribió Kaselowsky a
un pariente tras la visita.

El magnate del pudin de Bielefeld tenía razones para ser
optimista: Dr. Oetker estaba en auge gracias a la guerra.

En 1942, se habían vendido en la Alemania nazi más de
quinientos millones de paquetes de su famosa levadura en polvo

y mezcla para hacer pudin,[6] más del doble que al principio de la guerra. Dr. Oetker había obtenido el monopolio oficial de la levadura en el Tercer Reich y era uno de los proveedores de Hitler para el frente. Sus productos de horneado se enviaban a los soldados alemanes que luchaban por toda Europa, y también se unió empresarialmente a la Wehrmacht para suministrar nutritivas frutas y verduras deshidratadas a las tropas.

El hecho de que Kaselowsky perteneciera al Círculo de Amigos de Himmler le proporcionó incluso más oportunidades de negocio. A través del grupo, había conocido al general de las SS Oswald Pohl, jefe de la Oficina Central de Economía y Administración de las SS (SS-WVHA).[7] Pohl supervisaba todos los campos de concentración y de trabajo que dirigían las SS, así como la miriada de intereses empresariales de la organiza-

Póster de las cajas de polvos para hacer pudin que
Dr. Oetker distribuyó para la Wehrmacht.

ción y el suministro de trabajadores esclavizados a los negocios alemanes.

El hecho de que Kaselowsky y Pohl se conocieran de antes resultó muy oportuno a principios de marzo de 1943. Para un negocio conjunto entre Dr. Oetker y Phrix, una empresa química de fibra, se estaban edificando fábricas para producir levadura.[8] Ambas compañías necesitaban más trabajadores esclavos para las duras labores de construcción, ya que la dirección no estaba satisfecha con el desempeño de los débiles prisioneros de los que disponía. Tras una visita al lugar de las obras en Wittenberge, Pohl envió sin demora a cientos de prisioneros del campo de concentración de Neuengamme al subcampo de la fábrica. Kaselowsky quedó «muy satisfecho»[9] cuando Pohl convenció a Himmler para que garantizara que la fábrica de levadura se terminaría de construir. Irónicamente, la levadura Phrix se enviaría más adelante al campo principal de Neuengamme, cerca de Hamburgo, e incluso llegaría a la enfermería, donde algunos de los mismos prisioneros hambrientos que habían construido las fábricas se recuperaban, si es que tenían esa suerte.

Evidentemente, todos los favores de las SS tenían un precio. Siempre había un *quid pro quo*. A cambio de más esclavos para construir las fábricas, Kaselowsky accedió a la petición de Pohl de que las SS participaran en el futuro negocio de la levadura de Dr. Oetker y Phrix. En abril de 1943, el hijastro de Kaselowsky, Rudolf-August Oetker, se unió al comité consultivo de esta nueva aventura. Unos meses antes, Rudolf-August había empezado su adiestramiento para convertirse en oficial de las Waffen-SS, con un curso de liderazgo administrativo en la SS-Führerschule del campo de concentración de Dachau, cerca de Múnich. Después aseguraría falsamente que la escuela estaba «aislada»[10] del campo de concentración vecino, como si fueran dos entidades independientes, y que no había «notado nada [...] fuera de lo normal» en Dachau. Lo cierto es que el colegio era parte integral de un complejo más amplio en el que se incluía el campo de concentración. Durante su adiestramiento allí, los prisioneros entraban a limpiar las dependencias de los estudiantes, según escribió el propio Rudolf-August más adelante. El heredero de veintiséis años hablaba con los presos a los que obligaban a limpiar su habitación y no solo anotó que no parecían estar «mal alimentados», sino que concluyó: «Sospecho que era intencional, para que la gente que trataba con ellos dijera que los campos de concentración no eran tan malos».

Además del adiestramiento militar y de combate, Rudolf-August recibió adoctrinamiento ideológico en las escuelas de las SS,[11] que incluían cursos como «Estudios sobre la raza», «Tareas de la política racial» y «Políticas de población». Por deseo expreso de su abuela, Rudolf-August se uniría al consejo de administración de Dr. Oetker cuando cumpliera veintisiete años, la edad a la que su padre biológico había muerto en Verdún. Pero para cuando llegó la fecha señalada en septiembre de 1943, aún seguía adiestrándose para convertirse en oficial de las SS. Un año más tarde, sin embargo, un oscuro golpe del destino lo obligaría a abandonar sus ambiciones paramilitares y hacerse cargo de la empresa familiar.

14

A mediados de enero de 1944, Harald Quandt regresó a Berlín procedente del frente sur. Como adjunto al estado mayor de la 1.ª División de Paracaidistas, había estado luchando por el sur de Italia contra las fuerzas aliadas desde finales del verano, intentando conservar las regiones de Apulia y Abruzos. El oficial, de veintidós años, tenía una salud débil y solo le «quedaban palabras de menosprecio»[1] para los italianos, que habían cambiado de bando y se habían unido a los Aliados. Goebbels, sin embargo, estaba contento con la forma en que la guerra había enmendado el carácter de su hijastro. «La experiencia en el frente ha surtido en él un gran efecto»,[2] escribió el ministro de Propaganda en su diario el 17 de enero de 1944. «Salta a la vista que la guerra no solo destruye, sino que también da confianza, sobre todo a los jóvenes, para quienes ha supuesto el mejor aprendizaje».

Pero Goebbels se equivocaba con respecto a su hijastro: estaba harto de la guerra.[3] A principios de febrero de 1944, lo ingresaron en un hospital militar de Múnich por un grave resfriado. Cuando Goebbels visitó la ciudad unos días más tarde, fue a verlo y le instó a que se recuperara cuanto antes para regresar con su unidad. Pero Harald no volvería a la batalla en un tiempo. «Harald nos preocupa un poco. Todavía [...] no puede partir hacia el frente»,[4] escribió Goebbels el 13 de febrero de 1944. «Me resulta muy violento porque su división se encuentra ahora mismo en un durísimo enfrentamiento en el frente meridional [...]. Magda lo visitará el lunes en Múnich y lo reprenderá».

Goebbels temía perder su honor por culpa de la enfermedad de su hijastro. Solo se preocupaba por Harald si sus heroicidades proporcionaban material para sus campañas de propaganda. Cuando Magda visitó a su hijo en el hospital, mantuvieron una fuerte discusión. Harald se había cansado de la guerra, de su madre y de su padrastro, ambos unos nazis radicales. Se había abierto una brecha entre ellos. Harald «mostraba de todo menos decencia»,[5] escribió el ministro después de que Magda se desahogara con él por teléfono. El asunto molestó a Goebbels durante semanas, incluso después de que Harald se hubiera recuperado y regresado al frente italiano a mediados de marzo de 1944. Magda seguía «muy descontenta»[6] con su hijo, de manera que Goebbels le envió «una vigorosa carta» al frente. «Creo que es la única forma de que recupere el sano juicio», escribió en su diario el 16 de marzo de 1944. «No debemos prestar atención al hecho de que ahora mismo se encuentre frente al enemigo. Es mejor que sepa lo que pensamos de él a que se vea arrastrado aún más, a causa de nuestra indulgencia, por terrenos resbaladizos».

Un mes después, Goebbels recibió respuesta a su «muy severa carta».[7] Harald le había escrito desde el frente de la implacable batalla de Montecasino, al sur de Roma. Fueran cuales fueran las dudas que albergara, habían desaparecido. Le prometía a Goebbels que «por fin eliminaría de su vida la ofensa» que su padrastro había criticado y que «había entrado en razón». Goebbels quedó muy satisfecho con el aparente éxito de su carta, según escribió en su diario el 19 de abril de 1944, un día antes del cincuenta y cinco cumpleaños de Hitler. Durante esta misma época, Harald escribió una carta desde Italia a un amigo del colegio que se encontraba en el frente oriental. «La cabeza alta, viejo amigo, esto va sobre nosotros»,[8] dijo. Harald sabía que Alemania iba perdiendo. Pero, incluso aunque Harald estuviera harto de la guerra, la guerra aún no había terminado con él.

15

En la primavera de 1944, Günther Quandt viajó desde Berlín al complejo armamentístico de Cegielski, en Poznan, para atender un acto en su honor al que debían asistir todas las personas que allí trabajaban.[1] Había comprado el complejo para DWM después de que se le asignara su administración. Günther expandió los edificios originales y construyó una nueva fábrica, lo que convirtió el lugar en uno de los complejos armamentísticos y de munición más grandes del Tercer Reich. Sus mejoradas plantas de Poznan producían lanzallamas, torpedos aéreos, cañones de artillería, ametralladoras y armas para los bombarderos Ju 88, una de las aeronaves de combate más importantes de la Luftwaffe. Prácticamente no existían límites para la capacidad de producción de DWM en la ciudad polaca. Incluso cuando la guerra estaba bien avanzada, hacia abril de 1944, la fábrica manufacturaba cuatrocientos millones de balas de infantería.

Para ello, según estimó después un historiador, Günther dispuso en Poznan de hasta veinticuatro mil trabajadores forzados.[2] La tuberculosis era una enfermedad común, ya que aquellos que operaban en la fundición estaban rodeados de humo, fuego y temperaturas que llegaban a más de 80 °C. La asistencia médica de verdad solo estaba disponible para los alemanes, por lo que los polacos recibían cuidados básicos que, en realidad, se les negaban si se consideraba que saldrían muy caros. Los adolescentes de doce años en adelante debían realizar turnos nocturnos y desempeñar extenuantes trabajos manuales, y a menudo recibían palizas de los guardias de seguridad de la fábrica y del oficial de las SS a cargo. Unos setenta y cinco trabajadores forzados fueron ejecutados.

Delante de la mano de obra, principalmente esclavizada, el *Gauleiter* Arthur Greiser colmó de elogios a Günther y a su empresa armamentística, y los comparó con otro legendario fabricante de armas. «¡El Wartheland [que era el nombre que le habían puesto los nazis a esa región de la Polonia ocupada] se enorgullece de la presencia de DWM! ¿Dónde estaríamos sin Krupp, sin DWM? Sí, con todas sus filiales aquí en el este, y el oeste [...] y en todo el gran Reich alemán, DWM representa hoy en día el mismo poder que Krupp, y el nombre de "Quandt" suena igual de bien que "Krupp" y es justamente temido por sus enemigos en todo el mundo».[3] Günther tomó la palabra entonces y dio su propio discurso: «Mientras la gente se pensaba que fabricábamos ollas para cocinar, en 1934 ya estábamos preparando la guerra del Führer».

Un trabajador forzado alemán, llamado Reinhardt Nebuschka, presenció dicha escena. Había sido director artístico en un teatro de Poznan, pero, como ya vimos, durante el verano de 1940 hizo enfadar a quien no debía. Mientras visitaba a Harald en Poznan, Magda había irrumpido en el despacho de Nebuschka para exigirle que despidiera a la actriz que salía con su hijo. Nebuschka se negó y fue arrestado por la Gestapo unos meses más tarde. Lo obligaron a trabajar, de entre todos los sitios posibles, en la fábrica de DWM de Günther en Poznan. El hombre aseguraría después que Goebbels había dado la orden de «acabar conmigo».[4] Y aun así, tras escuchar el discurso de Günther en la fábrica, Nebuschka escribió varias cartas dirigidas a Goebbels y Göring en las que acusaba a Günther y a los ejecutivos de su planta de mandar a Berlín las raciones de comida destinadas a los trabajadores forzados polacos y prisioneros de guerra rusos. Tras enviar las cartas, la Gestapo volvió a arrestarlo y lo trasladaron a Fort VII, una prisión en Poznan que, además, fue el primer campo de concentración que los nazis establecieron en la Polonia ocupada. Nebuschka sobrevivió a su cautiverio, regresó a Alemania y no tardó en volver a redactar otra carta en la que detalló lo que había presenciado en la fábrica de Günther. Esa misiva, sin embargo, fue dirigida al fiscal jefe estadounidense de los Juicios de Núremberg.

16

El 9 de mayo de 1944, Ferdinand Porsche, su hija Louise y su hijo Ferry se pusieron a salvo en Austria con sus familias y la mayoría de los empleados de Porsche. Abandonaron Stuttgart porque la ciudad estaba siendo asediada por los bombardeos aéreos aliados y la empresa de Porsche era uno de los objetivos. Junto a la casa de campo familiar, en lo alto de una colina con vistas a Stuttgart, se había establecido un comando antiaéreo en la antigua casa de los vecinos judíos de los Porsche, pero la presencia de esta unidad solo aumentaba la vulnerabilidad del diseñador de coches y de su familia. Una mañana, la familia salió de su refugio antiaéreo y vieron que «el brillo rojizo del fuego ascendía, brillante, desde la depresión del terreno: Stuttgart estaba en llamas»,[1] recordaría Ferry más adelante. Había llegado la hora de partir.

El clan Porsche-Piëch aguardó el fin de la guerra en Austria, moviéndose entre la finca de Schüttgut, que Ferdinand Porsche había comprado en Zell am See, y el bucólico pueblo montañoso de Gmünd, donde Ferry empezó a desarrollar el primer coche de carreras de la marca Porsche. Hasta el momento de la partida, Ferry había estado dirigiendo la empresa de diseño de Stuttgart, que explotó a cientos de trabajadores forzados.[2] En el verano de 1942, se erigió un campo para trabajadores forzados cerca de la nueva fábrica de coches de Porsche, parte del cual lo utilizó de forma exclusiva, la empresa familiar para alojar a sus *Ostarbeiter*. La explotación que la familia realizaba de estos trabajadores se extendió a la esfera privada. En marzo de 1943, Ferry y su mujer Dodo incorporaron a una «encantadora»[3] niña ucraniana de dieciséis años al personal de su hacienda familiar en Austria. «Si es tan trabajadora como hermosa, Ferry puede darse por satisfecho», le escribió un pariente de Porsche a Louise Piëch para hablarle de la adolescente.

Con su mujer Louise y sus hijos sanos y salvos en Austria, el régimen de terror de Anton Piëch en el complejo de Volkswagen en Fallersleben siguió adelante.[4] A mediados de mayo de 1944, un ingeniero de Volkswagen viajó a Auschwitz y escogió a trescientos trabajadores del metal húngaros. Se los empleó brevemente en la fábrica de Volkswagen para ayudar a producir el misil V1, una de las «armas milagro» de los nazis, pero rápidamente se los deportó a la Lorena controlada por los nazis para la conversión de una mina de hierro en una fábrica subterránea de armas. En ella, los presos se unieron a otro grupo de quinientos prisioneros judíos que también habían sido seleccionados en Auschwitz por la Volkswagen. El 31 de mayo de 1944, se trasladó a cerca de ochocientos prisioneros de Neuengamme al complejo de Volkswagen para que construyeran en su lado sudoeste un campo que alojara a los trabajadores forzados. El sargento de las SS, Johannes Pump, fue el primero en hacerse cargo del denominado campo Laagberg. A principios de ese mismo mes de mayo, se desplazó a este sádico hombre de las SS a unos noventa y cinco kilómetros al este, desde el subcampo de Neuengamme situado en la fábrica de la AFA de Günther Quandt en Hannover al ubicado en la fábrica Volkswagen dirigida por Piëch. En ambos sitios, el régimen de violencia y brutalidad continuó.

17

A mediados de septiembre de 1944, el campo de concentración de Sachsenhausen trasladó uno de sus treinta subcampos en Berlín a Niederschöneweide, una zona industrial en la parte este de la capital. Se encontraba un poco más abajo de Pertrix —la fábrica de baterías de Quandt cuyo jefe de personal era el hijo mayor de Günther, Herbert— y era distinto a los demás: en él solo había prisioneras.[1] Vigiladas por las SS en la orilla sur del río Spree, en Berlín, las mujeres vivían en un cobertizo para barcos abandonado situado en los terrenos del Loreley, un antiguo club nocturno.

Durante los siguientes meses, quinientas mujeres del subcampo fueron obligadas a trabajar en la fábrica de Pertrix. Muchas de ellas ya habían pasado años en prisiones policiales o campos de concentración. Las belgas y las polacas habían sido trasladadas varias veces, desde un subcampo previo al cobertizo para barcos y, antes de eso, desde Ravensbrück, un campo de concentración femenino a casi cien kilómetros al norte de Berlín. Las polacas, a su vez, habían llegado a Ravensbrück desde Auschwitz.

En Pertrix se las forzó a trabajar en turnos de doce horas, manipulando sin ningún equipo de protección ardientes ácidos para las baterías que les atravesaban la piel. Debían ir vestidas con ropa a rayas blancas y negras —como si se quisiera enfatizar su condición de presidiarias— y una cruz en la espalda, además de con unos zuecos de madera en los pies. A menudo eran víctimas del maltrato físico de los guardias de las SS, que las acompañaban a las fábricas y las vigilaban dentro de ellas. No disponían de enfermería ni de jabón para poder asearse, y la comida como Dios manda escaseaba; lo que sí había, y a raudales, eran plagas. En el cobertizo para barcos, las mujeres debían compartir, de dos en dos, una sola plataforma de madera como cama.

Herbert Quandt no solo era responsable de las esclavas del campo de concentración femenino de Pertrix. El hombre de treinta y cuatro años estaba tratando de construir su propio subcampo cerca de una de sus propias casas. Dos décadas después de que su padre comprara Severin para asegurarle un futuro profesional a su hijo enfermo, Herbert adquirió su propia hacienda, Niewerle.[2] El sucesor de Günther le había cogido manía a Severin. La boda de los Goebbels la había profanado, como también lo hizo la traición del pariente que la cuidaba, que transformó la querida finca familiar en una fortaleza nazi.

Aunque Herbert dejó de ir a Severin, continuó siendo un entusiasta amante de la naturaleza, había desarrollado una afición por la cría de caballos Trakehner y, a pesar de su discapacidad visual, disfrutaba con las lanchas motoras, los coches rápidos y la navegación. En el otoño de 1942, compró la finca de Niewerle, de más de doscientas cuarenta hectáreas y situada en la campiña de la Baja Lusacia, a unos ciento cincuenta kilómetros al sureste de Berlín. Durante los dos años siguientes, en cuanto tenía tiempo libre, cogía un tren desde Berlín hasta el pueblo más cercano a Niewerle. Después, desde la estación, tomaba un coche de caballos que lo conducía a su hacienda, a unos ocho kilómetros de distancia. Pasaba allí todos los fines de semana salvo «alguna ocasión muy excepcional».[3] Hacia diciembre de 1944, ya empleaba a una docena de extranjeros para el jardín, la cocina y el servicio doméstico, entre los que se incluían cuatro polacos, cuatro ucranianos y dos prisioneros de guerra.

Niewerle tenía una localización muy conveniente para Herbert. A causa de los constantes ataques aéreos sobre Berlín, la producción de baterías para aeronaves de la AFA y de Pertrix se trasladaría a dos pueblos de la Baja Silesia —en los confines remotos orientales de la Alemania nazi—, para poder protegerla mejor. En Żagań, uno de esos pueblos, Herbert participó personalmente en la planificación y construcción de un subcampo.[4] Su idea era utilizar a los prisioneros del campo para continuar con la producción que se reubicaría allí desde Berlín. Żagań se encontraba a tan solo cuarenta kilómetros al este desde Niewerle. El 27 de octubre de 1944, un ingeniero de la AFA presentó varios bocetos y habló sobre ellos con Herbert y sus colegas en el consejo de Pertrix. Una semana después, el ingeniero envió una solicitud a la Organización Todt —la entidad de ingeniería nazi que edificaba los campos de concentración, entre otras estructuras homicidas— para que construyera los barracones en los que se mantendría a los prisioneros.

Un mes más tarde, el 2 de diciembre de 1944, se celebró una reunión preliminar con un oficial de las SS proveniente del cercano campo de concentración de Gross-Rosen, que poseía aproximadamente cien subcampos repartidos por el Tercer Reich. Dos días después de este encuentro, se informó personalmente a la mano derecha de Günther, Horst Pavel, y a Herbert de los progresos de edificación en Żagań. Dos de los barracones estaban casi completados y probablemente ya se empleaba a cerca de veinticinco prisioneros del campo de concentración en su construcción. Hacia mediados de enero de 1945, se habían mandado cuarenta vagones de tren cargados de maquinaria y herramientas a Żagań. Las autoridades nazis estimaban que se tardaría tres meses en terminar el subcampo y solo cuando se diera esta circunstancia se podrían solicitar prisioneros de Gross-Rosen para los distintos proyectos de trabajo esclavo. Sin embargo, esto nunca sucedió; el Ejército Rojo se aproximaba. A finales de enero, semanas antes de que las tropas soviéticas conquistaran Żagań y Niewerle, Herbert se hizo cargo personalmente de la evacuación de aquel subcampo sin terminar.

18

El 30 de septiembre de 1944 fue un soleado sábado otoñal. Al este de Westfalia, los bombarderos estadounidenses salieron de la nada hacia las dos de la tarde. Empezaron a lanzar bombas sobre Bielefeld y demolieron gran parte del centro histórico. Cuando sonaron las sirenas, Richard Kaselowsky, su mujer y sus dos hijas se guarecieron en el sótano de su casa de campo en Johannisberg, donde disponían de un refugio antiaéreo. Un impacto directo sobre la propiedad fue lo que probablemente acabó al instante con los cuatro miembros de la familia, aunque es posible que el carbón almacenado en el sótano los asfixiara. Su obituario comenzó con una frase que se había vuelto muy común: «Arrebatados de nuestro lado por un ataque terrorista».[1]

Rudolf-August Oetker estaba a semanas de convertirse en oficial de las Waffen-SS cuando recibió la noticia de que su madre, sus dos hermanas pequeñas y su padrastro habían muerto. La pérdida no era solo una tragedia personal para el aspirante a oficial de veintiocho años, sino que también era un mazazo para uno de los proveedores principales de Hitler: Dr. Oetker. Se concedió, por tanto, un permiso a Rudolf-August para que aparcara sus obligaciones militares y tomara el control de la empresa alimentaria familiar. Un mes más tarde, tras completar con éxito su adiestramiento, fue ascendido a *SS-Untersturmführer,* el rango más bajo de los oficiales de esta organización terrorista.

Antes de que las bombas cayeran sobre el hogar de su infancia, había sido designado para trabajar en el cuartel general de la Oficina Central de Economía y Administración de las SS, en Berlín,[2] la organización liderada por Oswald Pohl, general de las SS y poderoso conocido de su padrastro a través del Círculo de Amigos de Himmler. Claro que, a causa de la muerte de Kaselowsky, Rudolf-August nunca llegaría a trabajar para las SS en la capital. A pesar de que su carrera paramilitar había terminado abruptamente, otra estaba a punto de comenzar: estaba listo y preparado para seguir los pasos de su padrastro. «No soy capaz de imaginarme a un padre mejor que Richard Kaselowsky»,[3] diría en una entrevista más de medio siglo después, «ni a un maestro mejor».

A finales de octubre de 1944, Rudolf-August visitó en Berlín a Fritz Kranefuss, compañero oficial de las SS y la fuerza motriz tras el Círculo de Amigos de Himmler. Después del encuentro, Kranefuss aconsejó al líder de las SS que enviara una carta de pésame a Rudolf-August en lugar de a su hermana mayor. «Él es el verdadero heredero del negocio Oetker y ahora sucederá a su padrastro como administrador»,[4] escribió Kranefuss, quien ya había comunicado la muerte de Kaselowsky a las SS: «Como todos sabemos, el doctor Kaselowsky pertenecía al Círculo de Amigos y, aunque no fuera uno de los nuestros antes de la toma de poder, demostró extraordinariamente bien su valía después. Tanto en hechos como en humanidad, ha sido un ejemplo a seguir como pocas veces puede decirse de otros líderes empresariales».[5]

Para Kaselowsky no habían sido los contactos y las ventajas empresariales lo que habían hecho tan especial al Círculo de Amigos de Himmler. Todo eso no eran más que añadidos. A este arribista westfaliano el Círculo y sus reuniones le habían gustado tanto porque le habían hecho sentir que realmente había triunfado. A mediados de mayo de 1944, unos meses antes de su muerte, reflexionaba en una carta sobre una reunión del grupo en la bombardeada Berlín: «La hermosa velada que pasamos en el jardín del casino del Reichsbank, como si fuera un remanso de paz en mitad de un mundo en ruinas, será algo que no olvidaré nunca».[6]

19

El infortunio golpeó a Harald Quandt a finales del verano de 1944, cuando las tropas alemanas se retiraban de Italia. El 9 de septiembre, el general de la Luftwaffe Kurt Student informó personalmente a Goebbels de que su hijastro había sido herido en la costa adriática de Italia, cerca de Bolonia. Harald estaba desaparecido y era probable que los Aliados lo hubieran hecho prisionero. Goebbels decidió no contárselo a Magda «de momento, para no preocuparla innecesariamente».[1] Esperaba que Harald siguiera con vida y encargó a la Cruz Roja, a través de sus contactos internacionales, que recabaran toda la información posible sobre el destino de su hijastro.

Goebbels tardó casi dos semanas en contarle a Magda que su hijo mayor había desaparecido y que probablemente lo habían capturado los Aliados, noticia que ella se tomó con algo de filosofía, pero que decidieron no revelar a sus seis hijos pequeños. El vigésimo tercer cumpleaños de Harald pasó de largo el 1 de noviembre de 1944, sin ninguna señal del joven. Magda y Goebbels estaban cada vez más nerviosos ante la perspectiva de no volver a verlo jamás. Una semana después, un capitán del escuadrón de Harald le dijo a Goebbels que habían disparado a su hijastro en el pulmón antes de que desapareciera.[2] Seguía sin estar claro si había sobrevivido a la bala o dónde se encontraba. Goebbels amplió la red de contactos, inmiscuyendo en el asunto a las embajadas alemanas de las neutrales Suiza y Suecia para que lo ayudaran en la búsqueda de Harald. El servicio diplomático de la Alemania nazi, a través de su embajada en Estocolmo, incluso contactó con embajadas aliadas para que aportaran información sobre el destino del hijastro de Goebbels.

El 16 de noviembre de 1944, más de dos meses después de que se notificara la desaparición de Harald, Goebbels recibió un telegrama de la Cruz Roja con buenas noticias: Harald, aunque herido, había sido localizado en un campo de prisioneros de guerra británico en el norte de África.[3] Magda rompió a llorar de alegría cuando su marido le comunicó la noticia por teléfono. Sentía como si su primogénito hubiera vuelto a nacer. La pareja recibió una carta de él la tarde siguiente, en la que relataba que lo habían malherido y había recibido dos transfusiones de sangre, pero que médicos alemanes lo estaban tratando y cuidando muy bien en el campo de prisioneros. A Hitler, que había estado «muy preocupado»[4] por Harald, también le «complació mucho» que hubieran localizado al joven, escribió Goebbels en su diario.

Dos meses más tarde, el 22 de enero de 1945, en la residencia de Hitler en la Cancillería del Reich, Hermann Göring dio al matrimonio Goebbels una carta personal en la que se honraba a Harald, y una Cruz Alemana de oro con una esvástica en el centro. Se les entregó la medalla a ellos, en ausencia de Harald, por sus hazañas en combate. A Goebbels le emocionó el gesto de Göring; los dos hombres siempre habían tenido una relación complicada. Más adelante, sin embargo, Goebbels no pudo evitar criticar a su compañero de gabinete, encargado de la Luftwaffe, en su diario: «Uno se siente siempre conmovido por su humanidad, pero, lamentablemente, no está consiguiendo lo que debería en su campo, y tanto el Reich como el pueblo alemán están pagando muy caro su fracaso».[5]

Al final, las premoniciones de Harald sobre la guerra resultaron acertadas. Las tropas soviéticas y aliadas se acercaban a Berlín y el final de la Alemania nazi estaba cerca. Da la casualidad de que Harald no volvería a ver a su madre, a su padrastro o a sus seis medio hermanos nunca más. Las palabras de despedida de la funesta pareja para su querido Harald le llegarían por carta, mucho después de que fallecieran.

PARTE IV

«Tú seguirás con vida»

1

Días antes de la rendición de la Alemania nazi, el 8 de mayo de 1945, Harald Quandt se encontraba en el cuartel para oficiales al que había sido asignado en el campo de prisioneros de guerra 305, en la ciudad portuaria de Bengasi (Libia), donde el Ejército británico lo retenía como el preso número 191901.[1] Se estaba tomando un vaso de ron con sus compañeros cuando la BBC emitió por radio un boletín informativo: se habían descubierto los cuerpos de sus seis medios hermanos en el *Führerbunker,* un refugio antiaéreo en el jardín de la Cancillería del Reich, en el centro de Berlín. Los cuerpos de su madre y de su padrastro, Magda y Joseph Goebbels, aparecieron en el exterior, en dicho jardín. Harald no creía lo que estaba escuchando. El antiguo paracaidista y teniente de la Luftwaffe de veintitrés años había estado muy unido a los seis pequeños y quedó destrozado al enterarse de que habían muerto. Un compañero de guerra que estaba con él cuando escuchó la noticia dijo después que Harald, «un hombre estrictamente disciplinado, frío y reservado»[2] se había pasado horas consternado.

Más adelante, todavía durante su cautiverio, recibió dos cartas de despedida que parecían enviadas desde la tumba. La primera era de su madre, Magda:

> ¡Mi querido hijo!³
>
> Llevamos ya seis días encerrados en el *Führer-bunker* —papá, tus seis hermanitos pequeños y yo— para dar a nuestras nacionalsocialistas vidas el único final honorable que parece posible. No sé si recibirás esta carta. Tal vez algún alma caritativa consiga, después de

todo, que mi despedida definitiva llegue a tus manos.
Deberías saber que me he quedado con papá contra
su voluntad y que el domingo pasado el Führer quería
ayudarme a escapar. Pero ya conoces a tu madre; com-
partimos la misma sangre, por lo que ni me lo planteé.
Nuestra gloriosa idea es morir, y con nosotros, todo lo
hermoso, admirable, noble y bueno que he conocido
en mi vida. No merece la pena vivir en el mundo que
vendrá tras el Führer y el nacionalsocialismo, así que
también he traído a los niños. Son demasiado buenos
para la vida que nos espera y Dios misericordioso me
comprenderá cuando yo misma les dé la salvación. Tú
seguirás con vida y solo quiero pedirte una cosa: nunca
olvides que eres alemán, nunca actúes con deshonra y
asegúrate a lo largo de tu vida de que nuestras muertes
no han sido en vano.

Los niños son maravillosos. Sin ayuda alguna,
cuidan los unos de los otros en estas condiciones más
que primitivas. Tanto como si tienen que dormir en el
suelo, tienen poco que comer o deben estar sin lavarse,
entre otras cosas, ni protestan ni derraman lágrimas. El
impacto [de las bombas] hace que el búnker se sacuda.
Los niños mayores protegen a los pequeños, y su presencia aquí es una bendición, aunque solo sea porque
hacen sonreír al Führer de vez en cuando.

Ayer por la tarde, el Führer se quitó su insignia
dorada del partido y me la puso a mí. Me siento feliz y
orgullosa. Ojalá Dios me dé fuerzas para llevar a cabo la
última tarea y la más dura. Solo nos queda un objetivo:
seguir fieles al Führer hasta la muerte. Que tengamos
que terminar nuestras vidas con él es una bendición
del destino con la que nunca nos hubiéramos atrevido
a soñar.

Harald, mi querido hijo, para tu viaje te ofrezco
lo mejor que me ha enseñado la vida: ¡sé fiel! ¡Fiel a ti
mismo, fiel a otros y fiel a tu país! ¡De todas las formas
posibles!

Empezar una nueva página es difícil. Quién sabe si seré capaz de rellenarla. Pero sigo teniendo tantísimo cariño que me gustaría poder darte, tantísima fuerza, y quiero aliviarte todo el dolor que sentirás por nuestra pérdida. Enorgullécete de nosotros e intenta recordarnos con honra y felicidad. Todo el mundo muere algún día y ¿no es mejor vivir una vida breve, pero honorable y valiente, a una larga y deshonrosa?

Debo dejar ya la carta… Hanna Reitsch se la llevará. ¡Tiene que marcharse! ¡Te abrazo con el amor de madre más profundo y sincero de todos!

Mi querido hijo…

¡Vive por Alemania!

Tu madre

La segunda carta era del padrastro de Harald, Joseph Goebbels:

Mi querido Harald:[4]

Estamos encerrados en el *Führerbunker* de la Cancillería del Reich y luchamos por nuestras vidas y nuestro honor. Solo Dios sabe cómo terminará esta batalla. Lo que sí sé es que, vivos o muertos, saldremos de esta con honor y prestigio. No creo que volvamos a vernos nunca, de manera que estas serán, probablemente, las últimas palabras que recibas de mí. Si sobrevives a esta guerra, espero que solo nos brindes honor a tu madre y a mí. No es necesario que todos estemos con vida para producir un impacto en el futuro de nuestro pueblo. Quizá solo quedes tú para proseguir con el legado de nuestra familia. Hazlo siempre de manera que no nos dé razones para sentirnos avergonzados. Alemania sobrevivirá a esta terrible guerra, pero solo si nuestro pueblo tiene ejemplos en los que fijarse para volver a alzarse, y queremos que tú seas ese ejemplo.

Puedes sentirte orgulloso de tener una madre como la que tienes. Anoche, el Führer le dio su insignia dorada del partido, que ha llevado prendida en su abrigo durante años, y ella sin duda se la merece. De aquí en adelante solo tienes un cometido: demostrarte a ti mismo que eres merecedor del mayor de los sacrificios, sacrificio que estamos dispuestos y decididos a realizar. Sé que lo serás. No dejes que el ruido del mundo que está a punto de comenzar te confunda. Algún día, las mentiras caerán por su propio peso y la verdad volverá a imponerse. Habrá llegado el momento entonces de que nos alcemos por encima de todos, puros e inmaculados, como siempre ha sido nuestra fe y nuestro empeño.

¡Adiós, mi querido Harald! Si volvemos a vernos alguna vez dependerá de Dios. Si no es así, siéntete orgulloso de formar parte de una familia que, incluso en los tiempos de desdicha, ha permanecido fiel al Führer y a su pura y sagrada causa hasta el último momento.

Te deseo lo mejor y te envío mis más sinceros saludos,

Papá

Harald no conocía aún los horripilantes detalles de la muerte de su familia; no saldrían a la luz pública durante un tiempo. La tarde del 28 de abril de 1945, Magda y Joseph Goebbels escribieron estas dos cartas a su querido Harald.[5] Magda se las dio a Hanna Reitsch, la mejor piloto de pruebas de la Alemania nazi, que había ido de visita al *Führerbunker* mientras las tropas soviéticas se acercaban al centro de Berlín. Hitler le dio a Reitsch dos cápsulas de cianuro como regalo de despedida. Ella salió de la capital alemana esa misma noche desde una pista improvisada cerca de la Puerta de Brandenburgo. Fue el último vuelo que salió de Berlín antes de que el Ejército Rojo capturara la ciudad. Los soviéticos intentaron destruir el avión, temerosos de que Hitler estuviera escapando en él, pero Reitsch consiguió despegar con éxito. Fue detenida por soldados estadounidenses después de tomar tierra en Austria, con las cartas para Harald aún en su posesión. Aunque el capitán de la Fuerza Aérea de Estados Unidos que interrogó a Reitsch se quedó con las cartas originales, las autoridades americanas enviarían después copias de ellas a Harald a Bengasi.[6]

El 30 de abril de 1945, dos días después de que Magda y Joseph escribieran a Harald, Adolf Hitler ingirió una cápsula de cianuro —al igual que su mujer, Eva Braun, sentada a su lado—, y después se disparó en la cabeza con su pistola modelo Walther. Ambos se habían casado la noche anterior, poniendo fin de manera oficial al voto de castidad que Hitler había mantenido como símbolo de su dedicación al pueblo alemán. Pero la pareja no disfrutaría de su matrimonio durante mucho tiempo. El Führer sabía que el Ejército Rojo había entrado en la ciudad de Berlín y que se encontraba a pocas manzanas de distancia, cada vez más cerca de su búnker de hormigón reforzado. Siguiendo las instrucciones de Hitler, los cuerpos de ambos se incineraron en el jardín de la Cancillería.

De acuerdo con el testamento del Führer, el padrastro de Harald, Joseph Goebbels, sería nombrado nuevo canciller de Alemania. El cargo, sin embargo, solo le duraría un día. El documento también especificaba que su sucesor debía escapar de Berlín con su mujer y sus hijos, pero Goebbels se negó. El hombre que tanto había servido a su Führer durante más de veinte años no cumpliría su última orden.

Al día siguiente del suicidio de Hitler, Magda vistió a los seis niños con camisones blancos y les cepilló el pelo. El dentista de las SS, Helmut Kunz les puso una inyección de morfina. Cuando estaban bajo los efectos de la droga, Magda les introdujo a cada uno una cápsula de cianuro en la boca y se aseguró —ayudada por uno de los médicos personales de Hitler, el doctor Ludwig Stumpfegger— de que mordían el cristal. Magda llevó a cabo este acto en sus dependencias privadas para evitar preocupar al personal. Rochus Misch, uno de los guardaespaldas de Hitler, descubrió posteriormente a Magda jugando al solitario, con el rostro muy pálido, los ojos inyectados en sangre y una «fría»[7] expresión.

Unas horas después de que Magda asesinara a sus hijos, Joseph y ella subieron, cogidos del brazo, las escaleras que conducían hacia el jardín de la Cancillería. Poco después, el ayudante de Goebbels, Günther Schwägermann descubrió los cuerpos sin vida de la pareja en dicho jardín. El matrimonio también había ingerido cianuro. La insignia dorada del Partido Nazi del Füh-rer seguía prendida del vestido de Magda. Un soldado de las SS, que cumplía órdenes de Goebbels, disparó varias veces a sus cuerpos por si acaso, los empapó con gasolina y les prendió fue-go. Sus restos carbonizados fueron descubiertos al día siguiente por una tropa soviética en el suelo arrasado del jardín, tirados entre unas hormigoneras.

Entre las últimas personas que vieron con vida a Magda en el *Führerbunker* se encontraba Albert Speer, el arquitecto de Hitler convertido en ministro de Armamento. «Estaba pálida y hablaba solo de trivialidades, con un tono de voz bajo, aunque noté que sufría una profunda agonía por la irrevocable y cada vez más cercana hora de la muerte de sus hijos [...]. Solo cuando estaba a punto de marcharme insinuó cómo se sentía: "Cuánto me alegro de que al menos Harald [...] esté con vida"»,[8] detalla-ría luego Speer en sus memorias.

2

A principios de marzo de 1945, Magda le había hecho una vi-sita a su mejor amiga Ello,[1] la madrina de Harald, en un sana-torio en las colinas de Dresde, dos semanas después de que la ciudad fuera arrasada por las bombas de los Aliados. Magda no acudió en su acostumbrada limusina, sino en una furgoneta de reparto de una compañía tabacalera, sentada junto al conduc-tor. Había ido a despedirse de quien era su mejor amiga desde hacía veinticinco años. Parecía haber pasado un siglo desde su primer encuentro en la rural Pritzwalk. Se habían casado con los Quandt y después se habían divorciado de ellos. Pero Ello nun-ca había vuelto a pasar por el altar. Más adelante confesaría que Günther había ofrecido ayuda a Magda para salvar a los niños. Según Ello, Günther había dispuesto un refugio en Suiza para ellos y se ofreció a mantenerlos y encargarse de su educación. Pero Magda se negó. Sus hijos morirían con ella. Ello recordaría más adelante el soliloquio de Magda; cómo, en un intento final por responsabilizarse de su papel cómplice en las atrocidades masivas del Tercer Reich, justificaba sus razones para hacerles a sus hijos lo impensable:

> Hemos exigido cosas monstruosas al pueblo alemán y hemos tratado a otras naciones con una crueldad despiadada. Por esta razón, los vencedores reclamarán una venganza total... Todo el mundo tiene derecho a vivir; pero nosotros no, lo hemos perdido... Me responsabilizo a mí misma. Yo formé parte de ello. Creía en Hitler y durante bastante tiempo también en Joseph Goebbels... En los días que están por llegar, Joseph será recordado como uno de los mayores asesinos que Alemania haya producido jamás. Sus hijos lo escucharán a diario y la gente les atormentará, los odiará y los humillará. Tendrán que cargar con los pecados de su padre; les harán pagar por ellos... ¿Recuerdas que te conté en su momento, con bastante sinceridad, lo que el Führer dijo en el Café Anast de Múnich cuando vio al pequeño niño judío? ¿Lo recuerdas? Que le gustaría aplastarlo como a un bicho en una pared... No podía creérmelo y pensé que solo lo dijo para provocar. Pero después lo hizo de verdad. Era todo tan horrorosamente espantoso; y perpetrado por un sistema al que yo pertenecía. Ha conseguido esparcir por todo el mundo una gran sed de venganza. No me queda más remedio, debo llevarme a los niños conmigo, ¡debo hacerlo! Solo me sobrevivirá mi Harald. Él no es hijo de Goebbels...

Magda pasó la noche con Ello en el sanatorio. A la mañana siguiente, Ello la acompañó al camión de reparto, donde aguardaba el conductor. Magda aceleró hacia los escombros de Dresde, camino hacia las ruinas de Berlín, al *Führerbunker*, su destino final. Se arrodilló sobre el asiento delantero, se asomó por la ventanilla y le dijo adiós con la mano a Ello hasta que perdió por completo de vista a su amiga.

3

El 25 de abril de 1945, una semana antes de que su exmujer matara a sus seis hijos y se quitara la vida, Günther Quandt huyó de Berlín y de las tropas soviéticas que cada vez estaban más cerca. Trató de conseguir un permiso de entrada en Suiza por «asuntos de negocios», pero puesto que aparecía registrado en la oficina de inmigración de dicho país como financiador de Hitler, se le negó el acceso. El magnate, por tanto, tuvo que partir hacia Baviera. Se había filtrado la noticia de que este estado del sur de Alemania formaría parte de la zona de ocupación estadounidense. Hombres como Günther, Friedrich Flick y August von Finck esperaban, no sin razón, políticas empresariales «amistosas»[1] por parte de los estadounidenses, que eran capitalistas.

Günther empezó alquilando una «modesta habitación» en un castillo de Leutstetten —un pueblo rural cerca del lago Starnberg, a veinte kilómetros al sur de Múnich—, pero los soldados británicos y estadounidenses no tardaron en ocupar el edificio. No obstante, en lugar de ser detenido por los Aliados, lo acogió el alcalde de la ciudad, que vivía en una casa en las montañas. Por el momento, el magnate creía que «la única opción acertada que tenía»[2] era «pasar todo lo desapercibido que pudiera». Y tenía buenos motivos para ello. Además de la gran cantidad de armas que había fabricado y de todas las empresas que había arianizado, según la estimación posterior de un historiador, el magnate había empleado en todas sus fábricas a unos 57 500 trabajadores forzados y esclavizados.[3]

El 18 de abril de 1945, una semana antes de que Günther abandonara Berlín, la Oficina de Servicios Estratégicos (OSS), la antecesora de la CIA, había publicado un informe de cuatro páginas sobre el magnate. La agencia de espionaje tenía vigilado al calvo hombre de negocios desde el verano de 1941, cuando tuvo lugar la lujosa celebración de su sesenta cumpleaños. La OSS describía a Günther como «uno de los principales empresarios industriales de Alemania, cuya cartera de sociedades, considerable antes de 1933, se ha expandido enormemente desde el ascenso al poder de Hitler».[4] «Comparte la responsabilidad de preparar y ejecutar las políticas económicas nazis y de explotar financieramente los territorios dominados por los alemanes». Los métodos empresariales de Günther le habían asegurado el éxito «sin tener que meterse en jaleos de batallas».[5] Los investigadores del Departamento del Tesoro estadounidense no tardaron en incluirlo en la lista de cuarenta y tres líderes empresariales alemanes que serían acusados de crímenes de guerra ante un tribunal militar en Núremberg.[6] Cuando Günther se enteró de que estaba en la lista, redactó una encolerizada réplica y pidió que se enviara al Senado de Estados Unidos.

Antes de considerar huir a Suiza y Baviera, los planes de Günther habían pasado por huir de Berlín a Bissendorf,[7] un pueblo a veinte kilómetros al norte de su fábrica de la AFA en Hannover, que estaba a punto de ser ocupada por los británicos. Quería estar presente como máximo representante de su negocio de baterías, pero se lo pensó mejor; su figura despertaba demasiada atención. Desde febrero de 1945, un grupo de directivos de Günther habían estado yendo y viniendo de Berlín a Bissendorf para establecer una oficina central alternativa cerca de la moderna fábrica de la AFA. Entre ellos se encontraba su hijo mayor, Herbert, quien tras supervisar personalmente la evacuación a finales de enero del inacabado subcampo de Gross-Rosen, en la Baja Silesia, ahora se trasladaría más cerca de la preciada nueva fábrica de su padre, donde estaban sucediendo nuevos horrores.[8]

Con las fuerzas aliadas aproximándose, la planta industrial de Günther en Hannover cerró a finales de marzo de 1945. La dirección de la fábrica quemó todos los documentos, salvo una lista con nombres de prisioneros. Más o menos al mismo tiempo, otros cientos de presos débiles y enfermos llegaron al subcampo de la AFA, procedentes del campo de concentración principal de Neuengamme. Una semana más tarde, el 5 de abril, cerca de mil prisioneros del subcampo de la AFA, a los que se consideró lo suficientemente «aptos», fueron obligados a caminar hacia el campo de concentración de Bergen-Belsen, a más de cincuenta kilómetros de distancia, en una marcha de la muerte. Su estado de salud era deplorable y no disponían de suficiente alimento, ropa o calzado. Solo el primer día, un enfermero de las SS ejecutó fácilmente a cincuenta de ellos que ya no podían dar un paso más. Y más prisioneros fueron ejecutados en los días siguientes. Lo que quedó del grupo llegó a Bergen-Belsen el 8 de abril, y los que seguían vivos una semana después fueron liberados por las tropas británicas.

A los que fueron dejados en el subcampo de la AFA en Hannover les aguardaba un destino horrible. Cerca de seiscientos prisioneros habían estado demasiado enfermos o débiles como para unirse a la caminata, pero ahora había que trasladarlos. El 6 de abril, un día después de que comenzara la marcha de la muerte hacia Bergen-Belsen, un comandante de las SS ordenó la evacuación del campo de la AFA. Dos días después llegó un tren de mercancías, aparentemente por petición de la AFA, para evacuar a los prisioneros. Pero el tren se detuvo en la zona rural de Sajonia-Anhalt. Los restos bombardeados de otro tren bloqueaban las vías y el transporte de prisioneros desde los campos de concentración de toda Alemania se interrumpía allí. Se vaciaron los trenes. Sesenta y cinco presos ya habían muerto en el viaje desde Hannover y ahora se obligó a la mayoría de los supervivientes a continuar a pie. Había, eso sí, algunas carretas para transportar a los más débiles. Los prisioneros terminaron en la ciudad de Gardelegen, a la que las tropas estadounidenses se estaban acercando. Tras analizar la situación con los oficiales de las SS y de la Wehrmacht, el líder nazi local decidió encerrar a los prisioneros en un granero a las afueras de la ciudad y prenderle fuego. Las fuerzas de las SS lanzaron granadas de mano hacia la estructura en llamas y dispararon a los que trataban de escapar. El 15 de abril de 1945, los soldados estadounidenses descubrieron los cuerpos carbonizados de mil dieciséis personas. A muchos se los había quemado vivos.

Diez días después, el coronel estadounidense George Lynch se dirigió a los habitantes de Gardelegen: «Algunos dirán que los responsables de este crimen fueron los nazis. Otros señalarán a la Gestapo. Pero la responsabilidad no recae sobre ninguno de los dos, sino sobre el pueblo alemán [...]. Vuestra supuesta Raza Superior ha demostrado que solo lo es para los crímenes, la crueldad y el sadismo. Habéis perdido el respeto del mundo civilizado».[9]

4

Durante la noche del 7 al 8 de abril de 1945, un día después de que las SS evacuaran el subcampo de la AFA en Hannover, Herbert Quandt y la mano derecha de Günther, Horst Pavel, huyeron de Berlín y se instalaron en Bissendorf con veinte empleados. La sede provisional de la empresa se ubicó en el balneario de la ciudad, y el grupo se instaló en unos barracones situados en un pinar a las afueras del pueblo. Las condiciones de vida allí eran algo primitivas.[1] La comida escaseaba, el campamento se inundaba a menudo y los hombres utilizaban esquirlas de un foco reflector antiaéreo como espejos para afeitarse.

Los soldados británicos ocuparon la fábrica de la AFA en Hannover el 20 de abril de 1945. Estaba prácticamente intacta, por lo que no tardaron en volver a ponerla en marcha. La planta industrial, en la que apenas unas semanas antes había trabajado personal esclavizado en condiciones escalofriantes, fabricando baterías para submarinos y torpedos, empezó a producir pilas secas para el ejército británico. Herbert permaneció bajo vigilancia; se sospechaba que era un «títere de su padre».[2] Los británicos le prohibieron la entrada en la fábrica y que trabajara para la AFA, y nombraron a Horst Pavel administrador de la planta.

Ahora dependía de Pavel conseguir salvar la fábrica de la AFA en Hannover y evitar su desmantelamiento total. Günther, desde Baviera, no soportaba que lo hubieran obligado a renunciar a su control.[3] Empezó a obsesionarse con la idea de que Pavel, su lugarteniente de confianza, estaba conspirando contra él. Ni siquiera Herbert se libró de las sospechas de su padre. El heredero escribió a Günther para comunicarle que debía dejar a un lado su desconfianza si querían superar los retos a los que se enfrentaban.

Unas semanas antes de huir de Berlín, a Herbert se le presentó la oportunidad de conseguir una empresa arianizada para él solo mediante la adquisición de Max Franck, uno de los principales fabricantes de ropa interior de Chemnitz. Se planteó seriamente la compra de aquella antigua empresa judía porque, por una vez, sería una decisión exclusivamente suya, alejada de «la sombra de su gran padre».[4] Al final, sin embargo, no siguió adelante.

A pesar del enorme sufrimiento que habían causado los dos Quandt, Herbert se sentía agradecido por todo lo que había aprendido de Günther durante la guerra. «Creo que, especialmente durante estos difíciles años, desde un punto de vista industrial, he sido capaz de aprender más cosas de mi padre de lo que habría podido hacer en circunstancias normales»,[5] reconocería más adelante. Hacia el verano de 1945, lo que quedaba del imperio empresarial de ambos pendía de un hilo. Pero, aun así, sus problemas palidecían en comparación con el escrutinio al que se estaba sometiendo a Friedrich Flick y con el caos que asolaba a las empresas lideradas por el mediocre Otto-Ernst.

5

Friedrich Flick huyó de Berlín a Baviera en febrero de 1945.[1] Se fugó a su finca de Sauersberg, situada a tan solo una hora al sur de donde Günther se escondía de la justicia. Flick la había adquirido del perseguido fabricante de cervezas judío Ignaz Nacher años antes. (La propiedad sigue perteneciendo a una de las nietas de Flick hoy en día).[2]

Poco antes de que las fuerzas aliadas liberaran el complejo siderúrgico francés de Rombach a finales del verano de 1944,[3] Otto-Ernst Flick regresó a Alemania, donde su padre le ofreció otro trabajo. En esta ocasión, quería que liderara la fábrica armamentística de Gröditz, en Sajonia.[4] En ella, más de mil prisioneros malnutridos —traídos de los campos de concentración de Flossenbürg y Dachau en Baviera; Mauthausen y Gusen en Austria; y, finalmente, de Auschwitz— manufacturaban cañones y proyectiles de artillería. Las SS los retenían y maltrataban en el ático de la planta industrial. En octubre de 1944, Flick inspeccionó las instalaciones cuando acudió para presentar a su hijo de veintiocho años como director. Después fue a cenar al casino de la fábrica para celebrar el nuevo puesto de Otto-Ernst. Como había ocurrido en Rombach, este nombramiento también resultó contraproducente.[5] A las pocas semanas de su llegada, el imprudente Otto-Ernst trató de despedir a dos de los ejecutivos de más confianza de su padre.

Otto-Ernst había fracasado en todos y cada uno de los puestos de gestión en los que había estado desde que comenzara la guerra. Pero, aun así, su padre volvió a ascenderlo.[6] El 1 de febrero de 1945, Flick nombró a su hijo consejero delegado de Maxhütte, su empresa siderúrgica más importante, con accrías y minas repartidas por toda Baviera y Turingia. Como sucedió en Rombach, Otto-Ernst estaba sustituyendo a su suegro, al que obligaron a jubilarse anticipadamente. El heredero de Flick empezó en su nuevo empleo el 7 de marzo de 1945 mientras el mundo se derrumbaba a su alrededor.

En Maxhütte, los gerentes de la fábrica habían tenido trabajando a los *Ostarbeiter* y prisioneros de guerra durante casi cien horas a la semana, por lo que estos estaban muy débiles para continuar. Los gerentes decidieron entonces castigarlos y redujeron sus ya de por sí mínimas raciones de comida por «fingir» sentirse incapacitados. «El ruso como mucho, y tampoco recibían tanto»,[7] concluyó lacónicamente un empleado más adelante. Los accidentes y las muertes eran frecuentes. Las trabajadoras forzadas iban descalzas en las acerías; «algo poco recomendable con mal tiempo»,[8] comentó con indiferencia uno de los directivos de la empresa.

A mediados de marzo de 1945, una epidemia de tifus de la garrapata se extendió por Gröditz y mató a ciento cincuenta prisioneros en cuestión de días. Semanas más tarde, con el Ejército Rojo y las tropas estadounidenses acercándose rápidamente a la fábrica, las SS enviaron al resto de prisioneros de Gröditz en una marcha de la muerte de diez días de duración hacia Praga. Antes de partir, ejecutaron a unos 185 prisioneros a los que consideraron demasiado débiles para caminar y los enterraron en una gravera junto a la fábrica de Flick.[9]

Mientras se mataba de hambre y se asesinaba a los prisioneros en sus fábricas, Flick —sano y salvo en su finca de Sauersberg, en una colina al oeste de Bad Tölz— puso en marcha el llamado «programa Tölzer».[10] El magnate ya había dividido su oficina central entre Berlín, Düsseldorf y Baviera, pero ahora, para conseguir un colchón que lo mantuviera durante la posguerra, trató de transferir los activos de su conglomerado empresarial a su propiedad personal. La maniobra, sin embargo, falló.

Para cuando el Cuerpo de Contrainteligencia (CIC) —la agencia de seguridad militar encargada de detener e interrogar a muchos de los sospechosos más infames de la Alemania nazi— lo puso bajo arresto domiciliario a mediados de junio de 1945, Flick solo había sido capaz de transferir uno de sus negocios a su control directo. Dio la casualidad de que Fella era la única empresa de maquinaria de Flick que no había producido armas durante la guerra. Flick corría ahora el riesgo de que le arrebataran por completo su conglomerado de acero y carbón. Más de la mitad de sus fábricas y minas se encontraban en la zona soviética y pronto se le expropiarían. El resto de plantas industriales de Flick fueron puestas, de momento, bajo control aliado. Su imperio continental de armas, esclavos y saqueos había llegado a su fin.

La detención de Flick llevaba meses gestándose. En una comunicación de mayo de 1945, la OSS lo denominó «el líder empresarial individual más poderoso, que comparte la formulación y ejecución de las políticas económicas nazis» y que «se ha beneficiado del botín de la conquista nazi en Europa».[11] Tras semanas de arresto domiciliario, Flick fue detenido oficialmente y trasladado al castillo de Kransberg[12] (cuyo nombre en clave era *Dustbin,* 'cubo de basura'), un centro de detención al norte de Fráncfort en el que se estaba interrogando a sospechosos preeminentes como Albert Speer, Hjalmar Schacht y Wernher von Braun. Robert H. Jackson, un juez del Tribunal Supremo estadounidense recién nombrado fiscal jefe en Núremberg, recibió una comunicación en la que uno de sus ayudantes esbozaba las líneas generales de un posible juicio contra los empresarios industriales, y en la que citaba a Flick, «el más poderoso [de ellos]»,[13] como uno de los posibles acusados.

A principios de agosto de 1945, Flick fue trasladado de Kransberg a Fráncfort y entregado a la Oficina del Gobierno Militar de Estados Unidos en Alemania (OMGUS), que había ocupado la antigua sede de IG Farben situada en el barrio de Westend. Días antes del traslado de Flick, había concluido la última Conferencia de los Aliados en Potsdam. En ella, el presidente americano Harry Truman, el dictador soviético Iósif Stalin y el nuevo primer ministro británico Clement Attlee alcanzaron un acuerdo sobre los objetivos de ocupación para Alemania: «democratización, desnazificación, desmilitarización y descartelización».[14]

Hacía tiempo que Truman había firmado la primera ley de ocupación americana para Alemania, que mantendría ciertas partes de la industria, en lugar de destruirla por completo, y que establecía procedimientos judiciales apropiados contra los criminales de guerra nazis, en lugar de ejecutarlos directamente. Días después de que finalizara la Conferencia de Potsdam, las fuerzas aliadas, incluida Francia, firmaron la carta de constitución del Tribunal Militar Internacional (TMI) de Núremberg. Dicho organismo se encargaría de acusar y juzgar a veinticuatro de los líderes políticos y militares más importantes de la Alemania nazi por crímenes de guerra, crímenes contra la paz y crímenes contra la humanidad. El TMI sería el primero de muchos juicios en Núremberg, incluido un posible segundo tribunal[15] organizado por los Aliados que se centraría exclusivamente en juzgar a los principales empresarios industriales, financieros y consejeros delegados alemanes. Sin embargo, dado lo fuertemente entrelazados que habían estado estos conglomerados y cárteles industriales con la máquina de guerra nazi —tomemos a los grupos siderúrgicos y de carbón de Flick o Krupp y al gigante químico IG Farben como ejemplos—, los Aliados optaron por un enfoque de divide y vencerás. Su plan era desintegrar estos mastodontes industriales y procesar a sus propietarios y directivos.

Tras la detención de su padre, Otto-Ernst aprovechó que el puesto de mayor responsabilidad había quedado vacante y se embarcó en una arriesgada reorganización.[16] Empezó despidiendo a los directivos de Maxhütte de toda la vida, en los que no confiaba, y los reemplazó por otros que le parecieron leales a su causa, entre ellos dos antiguos miembros de las SS y SA. Las autoridades estadounidenses de Baviera, sin embargo, no se tomaron muy bien este cambio. Arrestaron a Otto-Ernst durante unos días y revirtieron los cambios de personal que había realizado. Pero tras su liberación, el heredero de Flick siguió donde lo había dejado: el 30 de julio de 1945 se reincorporó y readmitió a los gerentes nazis. Las autoridades estadounidenses, hartas, prohibieron la entrada del joven de veintiocho años a Maxhütte y no tardaron en arrestarlo y conducirlo a la misma prisión de Fráncfort en la que se encontraba su padre. Con ambos entre rejas y todas sus minas y fábricas ocupadas, los pronósticos para el grupo empresarial Flick eran verdaderamente sombríos.

6

El barón August von Finck pasó una guerra mucho más tranquila que Günther Quandt y Friedrich Flick. Los dos hijos adolescentes del aristócrata de cuarenta y seis años eran aún demasiado jóvenes para recibir la formación necesaria para convertirse en sus sucesores. Además, había llevado a cabo la arianización del banco Dreyfus de Berlín y del banco Rothschild de Viena antes de que estallara la guerra. Como resultado, el magnate de las finanzas pudo sentarse relajadamente a supervisar su creciente banco privado Merck Finck y las inversiones de su familia en Allianz y Munich Re, y no tuvo que preocuparse por asuntos como la producción armamentística, la mano de obra esclava o los demás quebraderos de cabeza a los que se enfrentaron sus compañeros durante la guerra. (Solo sufrió uno, inesperado, durante esta época: su divorcio). Reunió otros ocho millones de *reichsmark* para la Haus der Deutschen Kunst de Múnich, después de que Hitler «expresara su deseo»[1] de que otro edificio independiente mostrara exposiciones relacionadas con la arquitectura. A causa de la guerra, sin embargo, la estructura nunca llegó a edificarse. Von Finck también continuó ejerciendo su habilidad para los saqueos.[2] Ni siquiera los amigos fallecidos de Günther se encontraban a salvo de la avaricia del barón. En 1941, Merck Finck e IG Farben expropiaron una empresa minera de magnesio austríaca después de que su propietario estadounidense, Emil Winter, muriera. Winter era un emigrante alemán gentil que se había convertido en empresario siderúrgico en Pittsburgh. Como Günther lo había admirado enormemente, a él y a su compañía,[3] Magda y él lo habían visitado en su mansión de Pittsburgh, un edificio digno de la realeza, durante su viaje por Estados Unidos. Sin embargo, este era un mundo en el que imperaba la ley del más fuerte.

La paz y la tranquilidad de von Finck se vieron bruscamente interrumpidas cuando la Wehrmacht se rindió el 8 de mayo de 1945. Este arianizador antisemita, conocido por su tacañería, fue puesto bajo arresto domiciliario por los soldados estadounidenses en su finca de Möschenfeld, al este de Múnich. Los había estado esperando fuera, en el frío helador, envuelto en unas pieles antiguas completamente raídas, a pesar de que tenía suficiente madera a su disposición como para encender un fuego.[4] Von Finck retiró rápidamente una foto de Hitler que tenía sobre el piano y que incluso llevaba una dedicatoria. Confiscaron sus expedientes y los enviaron a Múnich, donde las autoridades estadounidenses se hicieron con el control de Merck Finck, gracias a una política por la que los activos alemanes quedaban bajo su dirección, y nombraron administrador del banco a un superviviente de un campo de concentración. También se apartó al aristócrata de su puesto de presidente del consejo de supervisión de las dos aseguradoras más importantes de Europa, Allianz y Munich Re. Pero, por el momento, continuó siendo el mayor accionista de ambas compañías.

Ya se había señalado al banco privado de von Finck en un informe de 1944 del Departamento del Tesoro estadounidense sobre la destitución de los altos cargos de los bancos alemanes: «Estudien especialmente a las [...] compañías privadas que se han enriquecido con las arianizaciones (por ejemplo, Merck Finck & Co.)».[5] Los Aliados tenían especial interés en disolver los bancos privados y comerciales de Alemania que habían financiado incontables fábricas armamentísticas, procesos de arianización y campos de concentración y de exterminio a lo largo y ancho del Tercer Reich. Los puestos de Günther Quandt y Friedrich Flick en los consejos de supervisión, respectivamente, del Deutsche Bank y del Dresdner Bank, por lo tanto, los hacían incluso más sospechosos a ojos de los Aliados.[6]

A pesar de la caída de Hitler, la lealtad de von Finck hacia el Führer permaneció intacta hasta el final. Kurt Schmitt, el antiguo consejero delegado de Allianz y ministro de Economía del Reich, que tan a menudo había acompañado al aristócrata en sus visitas a Hitler, le dijo a uno de los interrogadores americanos: «Incluso durante los últimos años de la guerra, cuando personajes destacables me confesaron abiertamente que Hitler [...] había conducido a Alemania al borde del abismo, v. Finck [...] nunca me expresó ninguna duda o crítica sobre el liderazgo del Führer».[7] Hans Schmidt-Polex, otro directivo de Allianz y viejo amigo de von Finck, declaró ante su interrogador estadounidense que el barón banquero, incluso durante los primeros meses de 1945, le había reconocido que «seguía siendo un nazi convencido» que «moriría por sus creencias si era necesario».[8]

Los estrechos lazos de von Finck con Hitler situaron de lleno a su banco privado en el punto de mira de los estadounidenses y los soviéticos. En mayo de 1945, un informe de la Sección de Economía de Guerra del Departamento de Justicia de Estados Unidos manifestó que el banco de von Finck era «el propietario y administrador de la fortuna privada de Hitler».[9] Esa afirmación todavía estaba por demostrar. El nombre de Hitler no aparecía en la lista que había entregado el banco de nazis prominentes que habían abierto alguna cuenta privada en Merck Finck. La propaganda soviética afirmaba que, mientras Hitler estuvo en el poder, von Finck lo había convertido en accionista de Merck Finck,[10] pero el banco también negó esta acusación.

La impresión que tenían las autoridades americanas sobre von Finck empeoró mientras seguía bajo arresto domiciliario. Un informe del Departamento de Hacienda de Estados Unidos describía al banquero como «pronazi en todos los aspectos: alto, esnob, reservado, quisquilloso y burócrata. Se dice que tiende totalmente hacia la frialdad; que es tan poco sentimental que raya la crueldad, así como extremadamente ambicioso».[11] A finales de mayo de 1945, oficiales estadounidenses lo trasladaron a un campo de internamiento, donde lo interrogaron. Descubrieron que era «un tipo algo complicado; alguien que durante años ha tratado de sacar el mayor provecho de dos mundos, beneficiándose enormemente de la [re]organización de los bancos judíos [Rothschild, Dreyfus, etcétera.] bajo la apariencia de estar protegiéndolos».[12] Pero ahora que tenían bajo custodia a este astuto personaje, ¿qué planeaban hacer con él los americanos? Resultó que prácticamente nada.

7

Los estadounidenses sacaron al barón August von Finck del campo de internamiento en octubre de 1945, tras cinco meses de detención. Lo aguardaba un futuro incierto. Se le prohibió el acceso a su banco y a los consejos de administración a los que pertenecía, y el asunto de los procesos de arianización seguía sobre la mesa. Se había liquidado lo que quedaba del banco S. M. von Rothschild de Viena[1] y algunas de las acciones se devolvieron al barón Louis von Rothschild, que había emigrado a Estados Unidos.

Willy Dreyfus, el antiguo dueño de su banco familiar, no se había aventurado a ir tan lejos. Había emigrado a Basilea, Suiza, después de que Merck Finck arianizara su sucursal en Berlín en 1938. Cuando terminó la guerra, Dreyfus empezó a investigar si él y los herederos de su socio fallecido podían hacer responsable económicamente a von Finck de dicho proceso de arianización. Como Dreyfus no tenía interés alguno, ni opciones, de reabrir el banco, quería una indemnización. A pesar de una «comprensible reticencia por volver a pisar suelo alemán»,[2] Dreyfus cruzó la frontera para explorar qué opciones tenía su recurso y se encontró por casualidad con von Finck en una reunión en Múnich el 29 de septiembre de 1946. El aristócrata se sintió profundamente ofendido cuando Dreyfus se negó a saludarle.

Von Finck le dijo a Dreyfus que «si los papeles se hubieran invertido, él se habría acercado y hubiera aprovechado la oportunidad para darle las gracias por la digna adquisición de su negocio en 1937-38». Cuando el asesor legal de Dreyfus le contó a von Finck la razón de la visita de ambos a Múnich — poner en marcha los procedimientos de indemnización contra él—, el barón pareció «sorprendido» y «algo preocupado». Von Finck accedió a resolver el asunto de forma directa y tan rápida como fuera posible. Pero Dreyfus, dudoso, dijo que rompería de inmediato cualquier negociación si el banquero aristócrata «seguía banalizando las circunstancias de la arianización».

Las negociaciones entre los dos hombres se desarrollaron en una atmósfera «glacial»,[3] pero se cerraron en tan solo tres días. El 2 de octubre de 1946, Dreyfus y von Finck firmaron un acuerdo: Dreyfus recibiría cerca de dos millones de *reichsmark,* principalmente en participaciones de Allianz y Munich Re. Así, se restituirían los cerca de 1,65 millones de *reichsmark* que Merck Finck no pagó por la sucursal de Dreyfus en Berlín en marzo de 1938, más algunos fondos de comercio. Los herederos del antiguo socio de Dreyfus, Paul Wallich, que se suicidó poco después del proceso de arianización, recibirían unos cuatrocientos mil *reichsmark* también en acciones.

Sin embargo, el acuerdo entre Dreyfus y von Finck se frenó en seco.[4] El control de los bienes de Merck Finck estaba en manos de los americanos, por lo que el barón ni tenía acceso a las acciones de su banco privado, ni podía transferir participaciones a Suiza, donde Dreyfus vivía y se había nacionalizado. Puesto que tampoco existían todavía leyes americanas sobre las compensaciones de guerra para la Alemania ocupada, el acuerdo quedó en pausa. Mientras tanto, von Finck seguía siendo un objetivo clave de los investigadores estadounidenses. Aunque los descubrimientos de dichas investigaciones continuaban siendo un secreto bien guardado, un juicio contra el barón estaba más que asegurado.

8

La producción se detuvo en la fábrica de Volkswagen a principios de abril de 1945. Apenas quedaba comida en el inmenso complejo de Fallersleben, y los nazis comenzaron a emplearlo como lugar de tránsito de las deportaciones de otros subcampos de concentración.[1] El 7 de abril, las SS ordenaron la evacuación del resto de subcampos de la fábrica de Volkswagen. Un centenar de prisioneros de uno de ellos pereció tras su deportación a Wöbbelin, uno de los muchos subcampos de Neuengamme, situado a horas de distancia hacia el norte. Seiscientas cincuenta prisioneras judías retenidas en una de las salas de la fábrica fueron deportadas en vagones de carga a Salzwedel, un campo de concentración solo para mujeres a una hora de distancia hacia el noreste. Una semana después, las fuerzas estadounidenses las liberaron.

El resto de los trabajadores forzados y esclavizados de la planta industrial de Volkswagen fueron liberados por tropas norteamericanas el 11 de abril de 1945. Un día antes de la llegada de los soldados, el sádico director de la fábrica, Anton Piëch, huyó del complejo, llevándose consigo[2] más de diez millones de *reichsmark* en efectivo robados de las arcas de Volkswagen, y de enviar a cerca de doscientas cincuenta soldados de la milicia de la fábrica a luchar al frente. Se escabulló a su Austria natal con esos millones, donde el clan Porsche-Piëch lo esperaba en la finca familiar de Zell am See. Durante los ocho años anteriores, la empresa Porsche ya había facturado a la planta Volkswagen unos veinte millones y medio de *reichsmark* por sus servicios de diseño y desarrollo. «Es probable que esta suma sentara las bases económicas del éxito de la creación, tras la guerra, de la sociedad Porsche»,[3] concluyeron décadas más tarde dos historiadores.

A mediados de mayo de 1945 en Austria, un equipo de investigación aliado llevó a cabo una redada en la finca de cuatrocientas hectáreas de Zell am See y en las oficinas centrales provisionales de Porsche en Gmünd.[4] Comenzaron preguntando a Ferdinand Porsche y a sus ingenieros sobre su participación en el desarrollo de tanques y vehículos militares. A medida que el interrogatorio se iba endureciendo, Porsche y su personal se vinieron abajo y entregaron los diseños técnicos de la compañía. En el momento de la redada, la OSS publicó un memorando sobre el diseñador de armas y automóviles: a través de Hitler, «a Porsche se le confió la ejecución de uno de los proyectos favoritos de los nazis»: el Volkswagen.[5] Porsche también «jugó un papel importante en el equipamiento de la maquinaria de guerra nazi».

Anton Piëch, de cincuenta años, y el hijo de Porsche, Ferry, fueron arrestados por el CIC el 29 de julio de 1945 y llevados a un campo de internamiento cerca de Salzburgo. Detuvieron a Ferdinand Porsche cinco días después, pero se lo trasladó al castillo de Kransberg, en Alemania. El diseñador estrella de sesenta y nueve años se quejó a sus interrogadores de que ya lo habían investigado exhaustivamente en Austria. «El apoyo de Hitler era meramente necesario para conseguir implementar mis ideas»,[6] les dijo.

Pero la producción de armas para los nazis no era lo único que había puesto a Ferdinand Porsche a merced de estos investigadores. Los Aliados querían esos secretos comerciales para ellos. Y en cuanto a la gestión brutal que Porsche y Piëch habían llevado de la fábrica de Volkswagen, en la que emplearon a unos veinte mil trabajadores forzados y esclavizados, entre ellos unos cinco mil prisioneros de campos de concentración, a los Aliados les importaban poco las deplorables prácticas profesionales de los magnates. Les preocupaba sobre el todo el dinero de Porsche y Piëch, por lo que los acusaron de robar los activos de Volkswagen para su propio beneficio. Y no se equivocaban. Tras saquear las arcas de Volkswagen, Piëch había seguido enviando facturas desde Austria,[7] por valor de más de 1,25 millones de *reichsmark* por los servicios prestados por la compañía, incluso después de ocuparan la planta y empezaran a supervisarla las fuerzas armadas británicas. Puesto que Piëch todavía no había sido depuesto oficialmente de su cargo de director de la fábrica, seguía sintiéndose con derecho a actuar así.

Ferdinand Porsche negó haber participado en ningún desfalco; después de todo, quien había robado a Volkswagen había sido su yerno. Lo liberaron tras cinco semanas y regresó a Austria. Anton Piëch y Ferry también salieron del campo de internamiento en que se encontraban después de que Ferdinand se pasara varias semanas hablando con las autoridades aliadas para conseguirlo. Pero cuando los investigadores estadounidenses y británicos empezaron a olvidarse de ellos, el trío cayó en el punto de mira de otra fuerza aliada: los franceses.

9

Bielefeld, ciudad natal de Rudolf-August Oetker, fue tomada por los norteamericanos el 4 de abril de 1945. En cuestión de unos días, el magnate tuvo a tres oficiales del ejército estadounidense alojados en su casa, a los que agasajó con botellas de *schnapps* de Steinhäger, la ginebra local de Westfalia, y a los que aseguró que quería marchar con ellos contra los soviéticos.[1] Claramente, no tenían ni idea de que su encantador anfitrión era un oficial de las Waffen-SS.

La diversión de Rudolf-August, de por entonces veintiocho años, terminó cuando la Alemania nazi capituló el 8 de mayo: Bielefeld se encontraba en la zona ocupada por los británicos. Como oficial de las Waffen-SS, lo arrestaron de inmediato y lo destituyeron de todos sus cargos profesionales. Llevaba al frente de la empresa alimentaria de su familia desde que su madre, padrastro y hermanastras murieran durante un bombardeo estadounidense. El 18 de mayo rindió cuentas ante las autoridades británicas de Bielefeld, que lo detuvieron directamente. Le comunicaron que al día siguiente se le trasladaría a Staumühle, un gigantesco campo de internamiento británico a treinta kilómetros al sur de Bielefeld. Junto a otros presos, se lo retuvo al principio en una fábrica abandonada a las afueras del pueblo. Más adelante, el heredero recordaría: «De la nada, aparecieron unos tipos que empezaron a apalearnos como si no hubiera un mañana. Luego escuché que eran polacos, pero nadie lo sabía a ciencia cierta. Yo tampoco pude fijarme mucho porque enseguida me golpearon en la cabeza y me desmayé».[2]

Cuando Rudolf-August se despertó en Staumühle, estaba paralizado, por lo que se lo trasladó rápidamente a un hospital militar británico en un castillo, a unos kilómetros al este de la frontera holandesa. Durante su recuperación mientras estaba detenido, leyó la novela debut de Thomas Mann, *Los Buddenbrook*. El texto relata la caída de una rica familia comerciante del norte de Alemania a través de cuatro generaciones, y fue la razón principal por la que concedieron a Mann el Premio Nobel de Literatura. Leerla «deprimió mucho»[3] a Rudolf-August; y no era de extrañar. Era el heredero de una dinastía empresarial diezmada, también del norte de Alemania, y se hallaba preso e inmóvil en su país natal, que estaba destrozado por la guerra y ocupado por los extranjeros. Al menos tenía a su mujer, Susi, que iba a visitarlo y conseguía llevarle a escondidas tabaco, juegos de mesa y, claro está, polvos de chocolate para hacer pudin. A mediados de enero de 1946, Rudolf-August salió en libertad tras ocho meses detenido. Aunque con el tiempo había empezado a caminar poco a poco, los médicos le dijeron que tendría que utilizar un bastón el resto de su vida.

Rudolf-August pensaba que, como sucesor de Richard Kaselowsky, su padrastro nazi, las autoridades británicas lo habían apresado por ser «culpable por asociación». Bajo el control que Kaselowsky había ejercido en Dr. Oetker durante la época nazi, la familia se había beneficiado de los procesos de arianización, de la producción de armas, del empleo de mano de obra forzada y esclava, y había colaborado estrechamente con las SS y la Wehrmacht para dar a los soldados una mejor alimentación. Kaselowsky incluso había sido miembro del Círculo de Amigos de Himmler y había pagado una cuota por ello. Pero todos estos asuntos se olvidaron con su muerte. A los británicos solo les importaba el papel de Rudolf-August como oficial de las Waffen-SS.

Mientras el magnate permaneció entre rejas, la propiedad de Dr. Oetker y sus filiales quedó bajo control británico y se nombró un nuevo administrador. A raíz de su detención, le habían prohibido reconstruir su negocio familiar, y ahora también habían congelado sus activos. Había perdido su empresa, no le permitían trabajar, probablemente iban a juzgarlo como oficial de las SS y seguía gravemente herido. Tras su liberación, se trasladó con su mujer y sus hijos a la casa de invitados de su finca familiar en Bielefeld. La prohibición de trabajar le resultó «frustrante»,[4] pero, aparte de leer y aprender a andar de nuevo, no había mucho más que pudiera hacer. Daba largos paseos con su hijo por parajes salpicados de ovejas y cabras. Pero, aun así, todavía no se había resignado a vivir una vida apacible apartado del mundo. El príncipe del pudin estaba esperando el momento oportuno.

10

Günther Quandt también prefirió pasar desapercibido tras la derrota bélica. Mientras detenían a infinidad de ricos compañeros, él había conseguido dar esquinazo a los Aliados, milagrosamente, en la Baviera rural. Se estaba planteando, no obstante, trasladarse a Hannover,[1] donde su hijo Herbert estaba instalado cerca de la que una vez fue su preciada fábrica de baterías AFA, ahora ocupada por los británicos. Sin embargo, mientras aguardaba la decisión de los norteamericanos sobre si lo imputarían o no en Núremberg, dos tribunales alemanes también empezaron a investigarlo: uno en Hannover y otro en Starnberg, cerca de la ciudad a la que había huido. Tuvo que renunciar, por lo tanto, a sus planes de traslado a finales de 1945; parecía más prudente quedarse en Baviera.

En enero de 1946, Günther pensaba que las inminentes elecciones en Estados Unidos a mitad de legislatura supondrían un cambio positivo para él en la zona de ocupación americana. «Los republicanos no compartirán el punto de vista de que el dinero es robado. Ya casi siento una brisa de aire fresco»,[2] le escribió a un amigo. Sin embargo, para cuando los republicanos celebraron su victoria aplastante frente a los demócratas y retomaron el control del Congreso ese otoño, hacía tiempo que se había arrestado a Günther y se lo había trasladado a un campo de internamiento.

A mediados de marzo de 1946, los investigadores del CIC interrogaron a Günther durante dos horas en Starnberg. A sus ojos, este organismo no era más que «la versión americana»[3] de la Gestapo. Cuando entregó su cuestionario de la OMGUS, Günther añadió una sección titulada la «Persecución política del doctor Günther Quandt»,[4] en la que detallaba su supuesto maltrato a manos de Goebbels. Pero con esto no impresionó a sus investigadores. A mediados de junio de 1946, pusieron a Günther bajo arresto domiciliario en la casa que el alcalde tenía en Leutstetten, en la montaña de Tierkopf. «Unos cuantos caballeros»[5] se interesaron ahora por él. Los estadounidenses confiscaron todos sus archivos y los enviaron a Núremberg. Después, el 18 de julio de 1946, diez días antes de su sesenta y cinco cumpleaños, el CIC lo detuvo. Este año no habría ocasión para celebraciones lujosas.

En primer lugar, se encarceló a Günther en Starnberg. A finales de agosto de 1946, sin embargo, se lo trasladó a un campo de internamiento de Moosburg, al noreste de Múnich, donde se lo registró bajo la categoría de «se busca»[6] para los juicios a empresarios industriales en Núremberg, sobre los que todavía no se había tomado una decisión. Las pesquisas que se estaban llevando a cabo sobre el magnate en Hannover acababan de concluir y los investigadores lo consideraron un «capitalista reaccionario, uno de los primeros soldados de asalto y un activista militar. Sus influencias contra la ideología nazi y la economía de guerra tendrían que haber sido más activas dada la posición que ocupaba en la esfera económica, para que su reivindicación de que se oponía al régimen fuera fidedigna [...]. Su antagonismo privado y personal hacia el doctor Goebbels [...] no puede considerarse, bajo ningún concepto, una descarga de responsabilidad política».[7] Los investigadores también recibieron «la urgente solicitud» de los representantes de los trabajadores de la AFA de que apartaran «de una vez por todas» a Günther y a su hijo Herbert de cualquier contacto que tuvieran con la empresa de baterías. Se tachó a Günther de «no apto para ningún puesto» en la economía alemana de ahí en adelante.

El magnate empezó entonces a trabajar en su defensa.[8] Como conseguir cualquier tipo de representación legal era todo un logro —millones de alemanes la estaban buscando— y no hablemos ya de dar con un buen abogado, en agosto de 1946 Günther contrató a uno de Starnberg sin experiencia a quien ordenó que, junto a sus familiares y empleados, empezara a recopilar declaraciones y documentos que lo exculparan.

Una de las primeras paradas del abogado fue en la casa que Ello, la mejor amiga de Magda y antigua integrante del clan Quandt, tenía en Berlín. Ello había dejado el Partido Nazi en 1935, pero siguió siendo una invitada muy querida en la casa de los Goebbels. Günther estaba basando parte de su defensa en el hecho de que había sido un opositor al nazismo y una víctima de Goebbels, que lo había chantajeado para que se uniera al NSDAP. Ello le ayudó felizmente a confirmar esta mentira. «Goebbels aprovechó todas las oportunidades que se le presentaban para denigrar y burlarse del "odiado Quandt"»,[9] expuso en una declaración jurada de finales de agosto de 1946. Explicó el conocido cuento sobre la relación entre los dos hombres: Günther se había visto obligado a plegarse ante las exigencias de Goebbels de que se uniera al Partido Nazi por miedo a que el maestro de la propaganda se hiciera con la custodia del joven Harald, «eliminara la influencia de su padre» y lo adoctrinara e introdujera en la causa nazi. Incluso después de que Goebbels lograra quedarse con el hijo de Günther, Ello declaró que Harald nunca sucumbió a la ideología nazi y que el «amor y el cariño que sentía por su padre», contra todo pronóstico, nunca desapareció.

Este testimonio recibiría el apelativo de *Persilschein* —'un vale para Persil'— por la famosa marca de detergente alemán. Es un término irónico para cualquier declaración que pretenda blanquear la mancha de colaboración y simpatía hacia los nazis. Las personas sospechosas de ser nazis podían quedar absueltas de sus supuestos delitos si las declaraciones juradas de familiares, amigos o compañeros los refutaban ante los tribunales. A menudo, un *Persilschein* era suficiente para garantizar a cualquier acusado de nazismo un certificado de respetabilidad que le permitiría volver al trabajo o, en el caso de los magnates, recuperar el control de sus imperios empresariales y sus puestos en los consejos de administración. Como es evidente, Günther necesitaba mucho más que un único *Persilschein*. Mientras que su abogado claramente intervino en la redacción del testimonio de Ello,[10] Günther ordenó personalmente a su hermano pequeño Werner, el exmarido de Ello, que no hiciera «ninguna promesa ni mención a ningún asunto monetario»[11] a la hora de conseguir más declaraciones exculpatorias, de Ello o de cualquier otro, para así mantener una apariencia de honestidad.

A finales de octubre de 1946, Harald envió una declaración desde el campo de prisioneros de guerra británico de Bengasi, que confirmaba los «hechos» detallados en el afidávit de Ello: «Nunca fui miembro ni candidato del NSDAP. Este rechazo al partido y sus organizaciones se debe, exclusivamente, a la influencia de mi padre, y pude permitírmelo porque, como "hijastro del doctor Goebbels", no solían preguntarme por estos temas».[12] Harald estaba ansioso por empezar de nuevo en la vida. Consideró la opción de viajar o incluso emigrar a Australia, Nueva Zelanda o Egipto cuando lo liberaran.[13] Pero no tardó en cambiar de opinión. Hacia principios de 1947, el joven de veinticinco años estaba listo para regresar a Alemania. No paraba de ver cómo ponían en libertad a docenas de sus compañeros de guerra, pero su turno no llegaba. «Esto ya no resulta nada divertido. Quieres irte a casa; volver a ser un ser humano entre otros humanos y no un prisionero entre gente autoritaria que, aunque muy afable, no olvida ni por un segundo que eres "un miembro de la derrotada Wehrmacht"»,[14] escribió a su padre.

Los *Persilschein* más valiosos eran los que redactaban las personas con algún origen o conexión judía, lo que condujo a la vulgar expresión coloquial de «judíos-coartada».[15] Algunas de estas declaraciones, sin embargo, eran sinceras. En octubre de 1946, Georg Sachs, un antiguo directivo armamentístico de Günther, escribió desde Estados Unidos una carta a un miembro del consejo de DWM. Günther había apoyado económicamente a Sachs para que pudiera huir de la Alemania nazi en 1936, y el hombre respondía ahora con empatía ante el encarcelamiento del magnate: «Siento lástima por Quandt porque siempre se comportó con bastante decencia. Si lo desea, puedo realizar por él una declaración jurada [...] si piensa que puede estar en dificultades. ¿Ha escapado su hijo del suicidio colectivo de Goebbels? [...] Nadie puede esperar de mí que juzgue con moderación la situación de Alemania. Evidentemente, lo siento por toda la gente que, sin tener culpa directa de ello, ahora atraviesa terribles dificultades. Pero, por otro lado, cualquier persona con estudios o sin ellos tendría que haberse dado cuenta antes de la clase de canallas que estaban al mando». Günther ansiaba obtener un afidávit de Sachs. Y este, ahora catedrático de metalurgia física en Cleveland (Ohio), se lo dio. Testificó que Günther había preparado un «generoso acuerdo financiero»,[16] que lo ayudó a trasladar a su familia y sus pertenencias, y que ahora solo deseaba, «sinceramente, que no se considere un criminal de guerra al doctor Quandt».

Mientras lo retenían en el campo de internamiento de Moosburg, Günther empezó a escribir sus memorias, en las que habló de su infancia, sus comienzos en el mundo empresarial, sus viajes al extranjero y su conquista de varias compañías durante la República de Weimar. Dedicó casi treinta páginas a su vida con Magda, aprovechando la oportunidad para describirse a sí mismo como una víctima de los nazis que, a diferencia de los fanáticos de los Goebbels, no había apoyado ni a Hitler ni a sus ideas. No escribió prácticamente nada sobre sus actividades empresariales durante el Tercer Reich. Sí se refirió, sin embargo, tres veces, a su negocio armamentístico de la Deutsche Waffen-und Munitionsfabriken, aunque solo por su acrónimo DWM, que sonaba más inofensivo y menos militar. Insinuó que solo fabricaba locomotoras, piezas industriales y máquinas. Además, no pudo evitar alardear sobre que el número total de «empleados» había crecido hasta los 150 000 durante la guerra, aunque se le olvidó mencionar la utilización de decenas de miles de trabajadores forzados y esclavizados en sus plantas industriales. Sí que aludió a todo el duro trabajo adicional que el desarrollo de la guerra les había causado a él y a todos sus «empleados», pero concluyó, orgulloso: «Conseguimos hacerlo».[17]

La autobiografía fue un intento poco sutil de disfrazar y blanquear el papel de Günther durante el Tercer Reich, y de poner a los estadounidenses de su parte ahora que se acercaban los

Juicios de Núremberg. Dedicó un capítulo entero a sus viajes por Estados Unidos y a su admiración por el país, concluyendo con sensiblería: «¡América! Con cuánta frecuencia pienso: el ascenso de este continente es uno de los capítulos más maravillosos de la historia de la humanidad».[18] Dada su inmensa fortuna y conexiones, Günther admitía en sus memorias que podría haberse marchado de la Alemania nazi cuando hubiera querido; sin embargo, a pesar de que nunca sirvió en ninguna guerra, se consideraba a sí mismo un soldado leal: «un empresario como yo podría haberse alejado. Tenía amigos en el extranjero, en el norte y sur de América, que me hubieran acogido en cualquier momento. Pero me habría parecido que eso era desertar, por lo que permanecí en mi puesto. Mantuve un contacto estrecho con mis colegas más allegados, cuidé de mi gran número de trabajadores y plantilla e intenté mantener las fábricas y las empresas a mi cargo intactas».

Incluso la única reflexión que Günther realizó sobre su propia «culpa» le dejaba en buen lugar. Escribió que, a diferencia de sus compatriotas, había sido de los primeros en leer *Mein Kampf*, el libro de Hitler: «En él aparecían las cosas a las que nos enfrentaríamos si este hombre entraba en el gobierno. No hablaba solo del trabajo y el pan, sino también de la guerra y la opresión de otras sociedades. Por desgracia, la mayoría de los alemanes no leyó este libro hasta que ya fue tarde. Si lo hubieran hecho, podríamos habernos ahorrado uno de los capítulos más espantosos de la historia de Alemania. Me reprocho a mí mismo no haberme tomado a Hitler más en serio. Si otras personas y yo hubiéramos hecho copias de algún fragmento de *Mein Kampf* y hubiéramos repartido millones de ellas, con la condición de que las hubieran leído, ¡no hubiéramos recibido un castigo tan severo!».

El gran fabricante de armas escribió que había dado la bienvenida a la reconstrucción de las fuerzas armadas alemanas durante la década de 1930, «porque pensaba que era la única forma de poner freno al gobierno arbitrario del partido. Durante un tiempo me pareció imposible que algún día se emplearan para una nueva guerra mundial. Las continuas afirmaciones de Hitler de que quería la paz me engañaron».

La derrota de Alemania había supuesto pérdidas materiales para Günther. Para empezar, algunos de los negocios que había arianizado se devolvieron a sus legítimos dueños o a los herederos de estos que habían sobrevivido. Günther también lamentó la pérdida de su casa de Berlín, su finca de Severin y sus fábricas textiles, «de maquinaria» y de baterías. Muchas se destruyeron, fueron incautadas o acabaron en el territorio ocupado por los soviéticos. «Admito que estas pérdidas no son tan importantes en comparación con la catástrofe que le ha tocado sufrir al pueblo alemán. Pero, aun así, me han afectado profundamente»,[19] escribió en un vago intento de evitar sentir lástima por sí mismo. «Había planes, esfuerzos y esperanzas depositadas en cada fábrica y máquina perdida». En una carta a un amigo, escribió que el número de fallecidos era «terrible»,[20] pero también se preguntó: «¿Quién tenía siquiera la más mínima idea de la cantidad de víctimas que los nazis cargaban sobre su conciencia?».

La vida en el campo de Moosburg, en el que había más de diez mil prisioneros alemanes, fue dura para el envejecido magnate.[21] Günther compartía un barracón con cerca de cien hombres. Se levantaba a las cinco y media de la mañana para así poder utilizar el baño, que solo disponía de dos grifos, él solo. Comía de una lata, iba ataviado con la ropa del campamento, que no era de su talla, y llevaba puestos unos zapatos demasiado grandes, que adaptó a su pie con ocho trozos de cartón. Se le estaba encorvando la espalda de pasar semanas y semanas sentado en bancos y banquetas sin respaldo. Para evitar «reflexionar sobre su destino»,[22] acudía a las charlas que ofrecía el colegio del campo por las tardes: «Tres sobre el Tíbet, dos sobre África oriental, una sobre China, seis sobre agricultura, dos sobre teoría musical, dos sobre pedagogía, seis sobre el círculo de estudios europeo-americano, dos sobre la India, tres sobre las religiones cristianas a lo largo del tiempo y al menos veinte sobre medicina, de 19.00 a 20.00».[23]

Hacia mediados de septiembre de 1946, las investigaciones norteamericana y alemana sobre el imperio de Günther continuaban, pero todavía no se había hecho ninguna acusación contra él. En su lugar, lo fueron trasladando de un campo a otro hasta que terminó en uno situado en los terrenos del antiguo campo de concentración de Dachau. Las condiciones en Dachau habían mejorado mucho desde que los nazis se marcharan. «Calefacción central, baños amplios, que puedes utilizar tú solo si te levantas a las seis en punto, lo cual no es difícil porque descansamos de 21:00 a 6:00 y de 13:00 a 15:00. Hay agua corriente fría y tenemos agua caliente tres veces por semana»,[24] le escribió a un amigo. Cuando el magnate fue llevado al hospital militar de Dachau por problemas cardiacos, describió que se sentía como un «invitado del gobierno de Estados Unidos en el mejor sanatorio de Alemania. No está nada mal; las habitaciones están agradablemente calefactadas, hay agua corriente, y están los baños y la comida, buena y abundante. Sin olvidar los impresionantes cuidados médicos».[25]

11

Los Flick, padre e hijo, estaban causándoles a sus interrogadores americanos un buen dolor de cabeza. Los interrogatorios de ambos en Fráncfort estaban demostrando ser «poco satisfactorios, puesto que los Flick se muestran esquivos y contradictorios en sus respuestas»,[1] decía una de las comunicaciones escritas de uno de los investigadores. Flick padre se retrataba a sí mismo como un opositor y víctima de los nazis, al que habían obligado a trabajar con ellos.[2] Le dio la vuelta a la verdad sobre los procesos de arianización que había llevado a cabo para que así el relato le fuera favorable: eran acuerdos diseñados para ayudar a los empresarios judíos a escapar de los nazis. El magnate también resaltó la supuesta naturaleza descentralizada de su conglomerado empresarial para fingir que toda la toma de decisiones recaía, de forma individual, en los gerentes. Aseguró, por lo tanto, no haber tomado parte en la producción armamentística ni en las solicitudes para conseguir trabajadores forzados o esclavizados. Los lugartenientes de Flick, la mayoría de ellos arrestados a principios de 1946, se ciñeron a historias parecidas para defenderse.

Durante su interrogatorio, Otto-Ernst descargó todas las responsabilidades respecto a las condiciones laborales y de vida de los trabajadores del complejo siderúrgico de Rombach, sobre los otros directores y las autoridades nazis. Los *Ostarbeiter* estaban alojados en habitaciones que eran «casi demasiado bonitas»,[3] declaró el heredero de los Flick durante uno de los interrogatorios. Dijo que había querido mantenerse al margen de las condiciones laborales lo máximo posible, pero aseguró haberse dado cuenta de que «los *Ostarbeiter* tenían libertad para ir de un lado a otro» y de que «parecían estar muy bien alimentados. La comida era excelente. ¿Verjas con alambre de espino? No lo sé». Otto-Ernst negó que existiera ninguna diferencia entre el sueldo de los trabajadores normales y los forzados: «En principio, el Reich tenía una política de trabajo y desempeño igualitarios; daba exactamente lo mismo quién realizara el trabajo».

En respuesta a las rocambolescas respuestas de Otto-Ernst, Josif Marcu, uno de los investigadores norteamericanos asignados a los Flick, lo amenazó con someterlo a trabajos forzados o encarcelarlo durante diez años si no dejaba de mentir.[4] No causó efecto alguno. De hecho, el heredero de Flick se quejó de estar encerrado en el mismo pasillo que los infames asesinos de las SS Oswald Pohl y Otto Ohlendorf. Irónicamente, esos mismos hombres, junto al padre de Otto-Ernst, habían formado parte del Círculo de Amigos de Himmler. Flick padre incluso había acudido a una presentación de Ohlendorf en el Ministerio de Propaganda de Goebbels en 1943, en la que, con el apoyo de material filmado en el frente oriental, Ohlendorf habló sobre sus labores como comandante del *Einsatzgruppe* D, responsable de la masacre de más de noventa mil personas —sobre todo judíos— en la Unión Soviética.

En marzo de 1946, Robert H. Jackson, el fiscal jefe, escogió a Telford Taylor como su ayudante para el primer juicio de Núremberg, que sería el más importante.[5] Taylor también presidiría la División de Procedimientos Posteriores, que constituyó la base de la Oficina del Jefe del Consejo para los Crímenes de Guerra, una autoridad americana de enjuiciamiento en Alemania encargada, en parte, de investigar a las grandes empresas.

Ese mes, Josif Marcu informó a la prensa de la detención oficial de Flick, llamándolo «el mayor poder individual tras la máquina de guerra nazi».[6] Además, respaldó encarecidamente la idea de juzgar al magnate junto a otros empresarios industriales.

Cuando finalmente entregó sus hallazgos al afable Taylor —educado en la Escuela de Derecho de Harvard—, Marcu dejó claro que Flick era un firme candidato para Núremberg. Marcu denominó a Flick «el barón ladrón germánico, moderno y hecho a sí mismo»,[7] que «se caracterizaba por un perverso deseo de conseguir un poder absoluto. Su crecimiento industrial se basaba en operaciones inmorales y despiadadas; apoyaba actos y a individuos condenados hoy en día por un mundo indignado; privaba a trabajadores honestos de los frutos de su esfuerzo; participó en programas de arianización de un alcance inaudito; en el expolio de bienes y propiedades en países brutalmente anexados y subyugados; empleó decenas de miles de trabajadores esclavizados, hombres y mujeres, apartados a la fuerza de sus hogares y países. Era el productor de armas más importante de la máquina bélica nazi». Como conclusión, Marcu terminó su comunicación a Taylor declarando que Flick «había empleado a trabajadores esclavizados ucranianos en sus propiedades expoliadas de Francia, y a trabajadores esclavizados franceses en sus fábricas expoliadas de Ucrania; era un hombre que había derribado las fronteras nacionales de Europa para satisfacer su deseo personal de poder» debía estar en el banquillo de los acusados de Núremberg.

En noviembre de 1946, padre e hijo fueron trasladados de la sección de descartelización de la OMGUS en Fráncfort a la de crímenes de guerra de Núremberg. Este movimiento se produjo un mes después de que se dictaran los veredictos finales del primer juicio de Núremberg.[8] El viejo camarada de Flick, Hermann Göring, fue sentenciado a muerte, pero se suicidó la noche anterior a su ejecución. En su lugar, el antiguo ministro de Asuntos Exteriores nazi, Joachim von Ribbentrop, fue el primero de los condenados que murió ejecutado en la horca. El ascenso social de von Ribbentrop concluyó en el patíbulo. El esclavista Fritz Sauckel fue ahorcado una hora después. Robert

Ley, que había financiado la fábrica de Volkswagen de Ferdinand Porsche, también se suicidó antes de que comenzara el juicio. El viejo amigo de Günther Quandt, Walther Funk, fue condenado a veinte años en prisión, como también le ocurrió al rival de Porsche en tiempos de guerra, Albert Speer. El antiguo canciller Franz von Papen, cuyo deseo de venganza había llevado al poder a Hitler, fue absuelto, como también lo fue Hjalmar Schacht, amigo de Flick y antiguo presidente del Reichsbank.

Flick había contratado al abogado litigante de Schacht para preparar su defensa, pero seguían sin imputarlo. Ni siquiera estaba claro si finalmente habría juicio. Aun así, Flick se estaba preparando para plantar batalla.

Tras concluir el principal juicio de Núremberg, quedó claro que el segundo, dirigido por los Aliados y centrado en los empresarios alemanes, no se celebraría.[9] Para empezar, la absolución de Hjalmar Schacht había sentado un mal precedente. Además, a los Aliados les preocupaba tanto celebrar «un juicio-espectáculo anticapitalista dominado por los soviéticos»[10] como que al público no le apeteciera ver otro largo conjunto de casos que podría «restarle valor a los verdaderos éxitos logrados con el primer»[11] juicio de Núremberg. A los británicos, cansados de la guerra, también les inquietaba que surgieran costes financieros adicionales. De manera que los norteamericanos seguirían adelante solos. Telford Taylor, que sucedió a Robert H. Jackson como fiscal jefe, accedió a supervisar doce juicios posteriores en Núremberg —competencia exclusiva de Estados Unidos—, entre los que se incluirían tres contra los ejecutivos y empresarios industriales alemanes. Pero una pregunta importante seguía flotando en el aire: ¿a cuáles de todos ellos escogería Taylor?

12

A principios de noviembre de 1945, un teniente del ejército francés visitó la finca de los Porsche-Piëch en Zell am See, Austria. Hacía poco que las autoridades británicas y estadouniden-

ses habían dejado en libertad a Ferdinand Porsche, a su hijo
Ferry y a su yerno Anton Piëch, a la espera de futuras investigaciones. Ahora, el oficial francés se acercó al trío con una invitación. Una comisión gala, encabezada por el ministro comunista
de Industria, quería trabajar con el patriarca para desarrollar
una versión francesa del Volkswagen, tarea en la que le ayudaría
la firma Renault, propiedad del Gobierno después de haberla
nacionalizado por su colaboración con los nazis.

Ansioso por volver a trabajar con un Gobierno, Porsche
proveyó rápidamente a los galos de montones de folios con diseños y datos técnicos.[1] A continuación empezó a negociar con
la comisión de Baden-Baden, la base de las autoridades de ocupación francesas que se encontraba cerca de la frontera alemana
con Francia. A mediados de diciembre de 1945, Porsche, Piëch
y Ferry viajaron a Baden-Baden para la segunda ronda de las
negociaciones, pero unos soldados franceses vestidos de paisano
los arrestaron repentinamente como sospechosos de haber cometido crímenes de guerra.

Resulta que Peugeot, el competidor de Porsche, se había
quejado al Gobierno tras escuchar los rumores de las negociaciones. Según Peugeot, contactar con Ferdinand Porsche era
antipatriótico por parte de los franceses, dada la relación del
magnate con Hitler y la asociación de Volkswagen con los nazis
(lo que Peugeot realmente temía era un aumento de la competitividad de Renault). Más grave fue, sin embargo, la acusación
de Peugeot de que Porsche y Piëch habían cometido crímenes
de guerra. Siete directores de una fábrica de Peugeot francesa
saqueada por Volkswagen habían sido deportados a campos de
concentración y tres habían muerto en ellos. Y todo mientras
Porsche y Piëch estaban a cargo del complejo de Volkswagen, en
el que se obligó a miles de civiles y soldados franceses a trabajar
como mano de obra forzada y esclavizada. Pero, como venía
siendo típico de las autoridades aliadas, las brutales prácticas
laborales de los magnates no importaban lo más mínimo al Gobierno francés.

Tuvieron que ser, por lo tanto, la deportación del personal
de Peugeot y la acusación de asesinato las que propiciaran el

arresto de los tres hombres por parte de las fuerzas de seguridad francesas y su reclusión en Baden-Baden. Ferry fue liberado en marzo de 1946, pero permaneció bajo arresto domiciliario en un pueblo de la Selva Negra hasta julio, momento en el que por fin se le permitió regresar a Austria. Por su parte, a Porsche y a Piëch se los trasladó a las afueras de París, donde se los recluyó en las habitaciones de los criados de una villa que había pertenecido a la familia Renault. En lugar de quedarse a la espera de juicio en la cárcel, se solicitó a Porsche que asistiera en el desarrollo del Renault 4CV, y aunque contribuyó en aspectos cruciales del diseño del minicoche, el consejero delegado de Renault le dijo al Gobierno que el magnate había hecho un trabajo lamentable. El director de la compañía, héroe de la Resistencia, no soportaba que se concediera a este diseñador estrella alemán, acusado de cometer crímenes de guerra contra compatriotas franceses, ni el más mínimo reconocimiento por su ayuda en la construcción del coche francés. A mediados de febrero de 1947, se trasladó a Porsche y a Piëch desde las afueras de París a una dura prisión militar en Dijon, donde quedaron a la espera de juicio.

Con los dos hombres en la cárcel, la responsabilidad de rescatar el negocio familiar, que se encontraba en serias dificultades, cayó en manos de los hijos de Porsche, Louise Piëch y Ferry.[2] La fábrica de Porsche en Stuttgart —abandonada desde que el clan y sus empleados se marcharan a Austria— estaba utilizándose como taller de reparaciones del ejército estadounidense desde que cayera, junto con los demás activos privados de Ferdinand Porsche, bajo el poder de los norteamericanos. Puesto que la familia había huido a Austria, los estadounidenses se estaban planteando seriamente la liquidación de la sociedad Porsche en Alemania. Mientras tanto, la solicitud de Ferdinand Porsche para convertirse en ciudadano austríaco fue rechazada porque se hallaba detenido. La ciudadanía le habría permitido transferir su compañía y sus acciones a Austria, librándose así del control que ejercían sobre ellas los estadounidenses, pero no pudo ser. Tendría que dar con otro método para rehuir a los americanos.

En tiempos desesperados son necesarias medidas desesperadas. A principio de 1947, los hermanos Porsche decidieron dividir formalmente el negocio familiar.[3] Louise había mantenido la nacionalidad austríaca gracias a su matrimonio con Anton Piëch, por lo que constituyó una nueva empresa en Salzburgo, con el nombre de Porsche, a la que se transfirieron los activos austríacos de la familia. Ferry, por su parte, se aferró a su nacionalidad alemana para salvar la parte de la compañía Porsche de Stuttgart. Pero, debido al control que los norteamericanos ejercían sobre dichos bienes, Ferry tuvo que operar desde la seguridad de la base que la compañía tenía en Austria, en los Alpes, donde se mantenía ocupado cumpliendo el sueño de su padre de diseñar el primer coche de carreras con el nombre familiar: el Porsche 356.

Desde la cárcel, Anton Piëch escribió al cofundador de Porsche, Adolf Rosenberger, solicitándole mil dólares para pagar su fianza y la de Ferdinand Porsche.[4] Esta petición llegaba después de que ambos arianizaran las participaciones de Rosenberger en la empresa más de una década antes. Ahora Piëch le ofrecía la licencia americana de las patentes de Porsche, a pesar de haber rechazado fríamente esta petición cuando Rosenberger se la hizo en 1938. El hombre había emigrado a Estados Unidos en 1940 y ahora vivía en Los Ángeles bajo el nombre de Alan Robert. Tras la guerra, mandó un telegrama a Louise Piëch, al que ella respondió transmitiéndole sus esperanzas de que pudieran retomar sus relaciones comerciales con él cuando se levantara el embargo sobre los bienes de Porsche. A partir de entonces empezaron a escribirse con regularidad. Rosenberger también mantenía correspondencia con Ferry e incluso envió paquetes con surtidos a la hacienda familiar. Era evidente que Rosenberger quería volver a formar parte de la compañía.

Con Ferdinand Porsche y Anton Piëch a punto de ser juzgados en Francia y la siguiente generación luchando por la supervivencia de Porsche como empresa, parecía que el judío Rosenberger tenía verdaderas posibilidades de regresar a la firma de diseño de coches que había cofundado.

13

Tras pasar un año en el limbo de los campos de internamiento, Günther Quandt, de sesenta y seis años, fue informado a mediados de septiembre de 1947 de que no estaría entre los magnates que serían juzgados en los procesos a empresarios industriales en Núremberg.[1] En su lugar, la oficina de crímenes de guerra de Telford Taylor lo transfirió, junto con todas las pruebas que se habían recopilado contra él, a la jurisdicción alemana. «Entre los treinta primeros que se entregaron a los alemanes [...] se encontraba Guenther *(sic)* Quandt, fabricante de armas alemán y primer marido de la señora de Paul Joseph Goebbels»,[2] escribió Associated Press el 27 de octubre de 1947, que cubrió su traslado a Dachau. Uno de los fiscales de Starnberg había presentado un escrito contra Günther en el que se lo acusaba de haber cometido delitos graves durante el régimen nazi, pero solo se le imputaban cargos por haberse beneficiado de la producción de armas y munición.[3]

Con el comienzo de la Guerra Fría a principios de 1947, las prioridades de la administración de Truman cambiaron: se pasó de sancionar a Alemania a alentar su recuperación económica.[4] En resumen, Estados Unidos quería un bastión contra la expansión comunista en Europa, y la parte occidental de Alemania, que tenía el potencial para convertirse en la mayor economía de Europa, podría ser clave para contener a la Unión Soviética y reanimar al resto del continente. El secretario de Estado George C. Marshall no tardó en anunciar un plan de ayudas con su nombre que proporcionó quince mil millones de dólares a Alemania y a otros países occidentales de Europa. El gobernador militar de la OMGUS, Lucius D. Clay, sustituyó la política de ocupación punitiva aplicada por Estados Unidos por otra que fomentaba el autogobierno alemán. Las zonas de ocupación británica y estadounidense en Alemania occidental ya se habían unido para coordinar este viraje.

A esto siguieron unos cambios cruciales. Las autoridades aliadas aceleraron la entrega de los posibles criminales de guerra y simpatizantes nazis a los llamados tribunales alemanes de desnazificación, que eran unos comités judiciales regionales con una estructura similar a la de un tribunal penal.[5] Los demandados contrataban a sus propios abogados si podían permitírselo, pero, dado el abrumador número de acusados, los jueces y los fiscales eran mayoritaria y significativamente no juristas, salvo en los casos más importantes. A los imputados se los acusaba de haber cometido un delito grave, un delito a secas o un delito menor, o de haber sido meros simpatizantes, y si alguno era condenado, la pena era la cárcel, un campo de trabajos forzados, una multa o alguna combinación de estas opciones. A los que se absolvía, se los clasificaba como «persona exonerada».

Como es natural, la mayoría de los alemanes no tenía muchas ganas de sentenciar a sus compatriotas, a los que se estaba juzgando por delitos y convicciones políticas en las que muchos de los propios elegidos como jueces o fiscales habían participado. Y los millones de acusados tampoco se sentían particularmente inclinados a contar la verdad sobre sus simpatías hacia los nazis y sus transgresiones durante la guerra. Innumerables delitos y secretos quedaron enterrados.

Günther permaneció cautivo incluso tras su traslado a Dachau.[6] Las autoridades consideraban que había un alto riesgo de fuga y lo ubicaron en una parte del campo donde otros sospechosos de haber cometido crímenes de guerra aguardaban sus juicios de desnazificación. Desde allí, Günther pasó al contraataque. A finales de octubre de 1947 escribió una carta a su abogado en la que aseguraba que había abandonado la fabricación de armas en DWM después de comprar la empresa en 1928, y que solo retomó la producción cuando las autoridades nazis se lo ordenaron en 1943.[7] El abogado trasmitió esta mentira descarada, junto con varias declaraciones juradas que la apoyaban, al tribunal de Starnberg. La estratagema funcionó. A principios de diciembre de 1947, el fiscal de Starnberg rebajó los cargos contra Günther de delitos graves a simples delitos, aunque basándose en dudosos principios legales.[8] También se trasladó al magnate desde Dachau a un campo de internamiento más cómodo en Garmisch-Partenkirchen, un pueblo de montaña en la frontera con Austria.

Pero eso bastó para Günther. El 10 de enero de 1948, escribió otra carta al tribunal de Starnberg quejándose de que llevaba «encarcelado más de un año y medio sin ningún motivo aparente».[9] Pidió que lo liberaran de inmediato y que se lo juzgara por delitos menores, defendiendo vergonzosamente en dicha misiva que su «pertenencia al partido se produjo bajo circunstancias abusivas» y que «el gobierno nacionalsocialista [lo] había acosado severamente durante años».

Günther fue puesto en libertad diez días más tarde, pendiente de futuros procesos judiciales y sin que el tribunal de Starnberg hubiera fijado una fianza.[10] Por la razón que fuera, ya no consideraban que existiera riesgo de fuga. Ese mismo mes, se nombró a Julius Herf nuevo fiscal del caso. Günther encontró a un fuerte adversario en Herf, un destacado abogado público. Este personaje «lógico y frío como un témpano»[11] había procesado a varios miembros de las SA en Berlín antes de 1933 y ahora estaba a cargo de los casos de desnazificación más importantes de Baviera. Con su «mordaz ingenio, inteligentes formulaciones y cortante estilo al acusar»,[12] y sus elegantes trajes —llevaba un pequeño pañuelo perfumado en el bolsillo de la chaqueta—,[13] era temido en toda Alemania.

El 8 de febrero de 1948, Herf presentó una nueva demanda contra Günther en el tribunal de Starnberg.[14] Ofreciendo mucho más contenido que la vez anterior, Herf comenzó exponiendo que incluso aunque la pertenencia de Günther al NSDAP fuera resultado de la extorsión a la que lo sometió Goebbels, el magnate «no sufrió ninguna desventaja de la supuesta enemistad con el partido. Ningún obstáculo se cruzó en su camino a la hora de consolidar y expandir sus intereses comerciales e industriales». De hecho, como argumentó Herf, Günther «recibió todo el apoyo de las autoridades competentes del Reich en sus intereses empresariales». Para poner todo esto de relieve, el fiscal enumeró veintinueve puestos ejecutivos que Günther tuvo durante la época nazi en las empresas que controlaba, desde la AFA a DWM, y los cargos que ocupó en los consejos de supervisión de Deutsche Bank, Daimler-Benz y AEG.

Además de citar la producción de armas y munición del magnate, Herf centró el caso contra Günther en el fallido pro-

ceso de compra de la mayor parte de las acciones de Tudor, una
compañía de baterías con sede en Bruselas. El fiscal procedió
de esta manera —a pesar de tener en su poder muchas pruebas
documentales de otras arianizaciones que Günther había intentado y en las que había tenido éxito, y de otras expropiaciones
que, junto a su hijo Herbert y sus auxiliares en la AFA, habían
llevado a cabo en la Europa ocupada—, porque, a diferencia de
los otros casos, en este Herf tenía un testigo clave: Léon Laval,
el socio mayoritario de Tudor. Günther y sus asociados habían
presionado a Laval para que vendiera sus participaciones mientras el hombre estaba detenido por la Gestapo y su hijo estaba
preso en un campo de concentración.[15]

A finales de febrero de 1948, Günther reemplazó a un abogado sin experiencia por otro y escogió a uno que acababa de
colegiarse.[16] Era una mala señal y el juicio planeaba sobre su
cabeza. Su nuevo abogado consiguió un aplazamiento de un mes
para familiarizarse con el caso y ganar tiempo. La estrategia de
la defensa sería agresiva. En respuesta a la acusación de Herf,
Günther escribió una biografía de 164 páginas a modo de im-
pugnación y exigió la absolución. Además, afirmaba que las declaraciones de Herf se basaban en pruebas circunstanciales y en
«argumentos falsos».[17] Y añadió treinta *Persilscheine* a su demanda, entre las que se incluían las declaraciones juradas de Herbert
y otros socios empresariales cercanos, que dieron fe de la fuerza
moral de Günther y de la suya propia. La misma pandilla de
hombres que había sido tan fundamental para la producción
armamentística masiva, la estrategia de arianización y el uso de
mano obra esclava del imperio Quandt se reunía ahora para limpiar su buen nombre.

14

El juicio de desnazificación de Günther en Starnberg comenzó
el 13 de abril de 1948. Una semana antes, el magnate se había
trasladado de Baviera a una pequeña casa prefabricada en Stuttgart, situada en el barrio de Ferdinand Porsche,[1] por lo que, los

días que se celebrara alguna sesión —estaban planeadas ocho, desde mediados de abril a finales de julio— tendría que desplazarse de vuelta hasta Starnberg. Harald y Herbert acudirían para testificar en persona. Harald había abandonado el campo de prisioneros británico en Bengasi tras ser puesto en libertad en abril de 1947. El joven, de veintiséis años, había pasado la mitad de su vida hasta ese momento en el hogar de los Goebbels, en el frente y en el campo de prisioneros. Ahora trabajaba de soldador, albañil y empleado de fundición, pero pronto empezaría a estudiar ingeniería mecánica en Hannover.[2] Puesto que Harald nunca se había unido al Partido Nazi, no tuvo que pasar por ningún proceso de desnazificación.

El medio hermano de Harald, Herbert, sí que pasó por estos procedimientos a finales de 1946 en Hannover. Herbert —que se había afiliado voluntariamente al partido, estuvo involucrado en procesos de arianización en Francia, ayudó a planear y construir un subcampo de concentración en la Baja Silesia y había sido el responsable de personal de una fábrica de baterías en Berlín en la que se abusó de cientos de prisioneras de campos de concentración— fue absuelto por un comité de desnazificación que no sabía nada de estos delitos. Los jueces dictaminaron que el heredero no solo «nunca apoyó activamente al partido, sino que criticó abiertamente sus políticas».[3] Así, Herbert quedó en libertad.

Los hijos de Günther estuvieron entre los primeros testigos de la defensa.[4] Harald habló sobre cómo Goebbels había desacreditado a su padre por no ser un nazi, mientras que Herbert describió peleas entre Günther y Magda relacionadas con el antisemitismo de esta. Cuando los dos hermanos hubieron cumplido con su cometido hacia su padre, Léon Laval subió al estrado. Herf no se había hecho ningún favor a sí mismo construyendo el caso en torno a Laval. La situación de Tudor era compleja y Laval no era el testigo perfecto.[5] Había tenido contacto con un nazi muy bien conectado durante el intento de adquisición de Tudor —Herbert Göring, el corrupto medio hermano del *Reichsmarschall*—, hecho que no favoreció a las perspectivas de la acusación. Y la animadversión de Laval por

Günther tampoco ayudó.[6] A pesar de no tener pruebas de ello, responsabilizó al magnate de su arresto por parte de la Gestapo e influyó en el cariz del juicio a causa de la indignación que sentía. Así, los testimonios se convirtieron en una competición de gritos. El propio abogado de Laval lo reprendió por su conducta emocional y por llamar al estrado a varios asociados que procedieron a debilitar el caso.

Günther lo presenció todo con regocijo. Creía que su «completa rehabilitación»[7] era cosa hecha. En sus argumentaciones finales, Herf sostuvo que Günther había intentado obligar a Laval a vender sus participaciones en su momento de máxima debilidad.[8] El fiscal también apeló a los esfuerzos de Günther por arianizar y expropiar empresas a lo largo de la Europa ocupada, para demostrar que la «cruzada por el poder» del magnate se había extendido por todo el continente; no se limitó a Laval y Tudor. Herf recomendó que, por haber apoyado a los nazis y haberse beneficiado de la situación, se declarara a Günther un delincuente, se lo multara con quinientos mil marcos, se lo sentenciara a cumplir condena durante un año y medio en un campo de trabajos forzados, condena de la que descontaría el tiempo que ya había permanecido preso.

El tribunal de Starnberg no estuvo de acuerdo. En el fallo que emitieron el 28 de julio de 1948,[9] el día del sesenta y seis cumpleaños de Günther, se declaró a este un mero seguidor de los nazis y su única sanción fue el pago de las costas del proceso judicial. El tribunal consideró que el magnate era «un ser humano apolítico» que había rechazado por completo el nazismo. Aunque sus peleas con Magda y Goebbels no podían concebirse como una «resistencia activa», los jueces creyeron que el ministro de Propaganda lo había obligado a convertirse en miembro del Partido Nazi. El inexperto tribunal tampoco consideró que el empresario industrial se hubiera beneficiado del régimen de Hitler. Dictaminaron que Günther «se negó a poner las fábricas que dirigía al servicio de la política de armamento de los tiranos», a pesar del hecho de que había sido en uno de los mayores fabricantes de armas de todo el Tercer Reich. Según el tribunal, sus esfuerzos para llevar a cabo procesos de arianización a lo largo de Europa no podían verse como «una política de expansión inaceptable». Además, los jueces se quedaron con una opinión negativa de Léon Laval y declararon que había convertido una disputa empresarial en un asunto político. Los numerosos afidávits que Günther había presentado a su favor, particularmente los que proporcionaron las personas con alguna clase de relación con el judaísmo, también impresionaron al tribunal, que declaró que estos testimonios hablaban de la «naturaleza humana» de Günther. Y, por si fuera poco, concluyeron que en las empresas del magnate se había «cuidado adecuadamente a los extranjeros». Solo una víctima de trabajos forzados había testificado lo contrario y, según la conclusión (errónea) de los jueces, no había acusado a Günther personalmente de ningún delito.

Herf recurrió la sentencia. Las audiencias del recurso tuvieron lugar en Múnich, a finales de abril de 1949, y el propio Günther no asistió por motivos de salud. En sus argumentos finales, Herf empleó el libro de Max Weber, *La ética protestante y el espíritu del capitalismo* para explicar la personalidad de Günther: «En la base de todo esto se encuentra la excitación de la búsqueda del poder, la embriaguez de levantar una enorme compañía y la obsesión con la autoafirmación; pero también está el creer en el valor del trabajo que uno realiza, no solo porque el trabajo es algo moral, sino porque levantar la compañía es el bien supremo y cualquier cosa que se resista a ello es delezneble»,[10] afirmó.

Herf insistió en su recomendación de que se condenara a Günther. Pero la cámara de apelaciones de Baviera confirmó el fallo del tribunal inferior.[11] Dictaminaron que no había «pruebas claras» de que Günther se hubiera procurado unas «ventajas excesivas». Sin embargo, los jueces reconocieron que la valoración no había sido fácil «en el caso de un hombre que había demostrado a lo largo de toda su vida que sabía cómo acumular una gran fortuna y un gran poder económico».

El 23 de mayo de 1949, cuatro semanas tras el veredicto de la cámara de apelaciones de Múnich, el país se dividió oficialmente en dos. La República Federal de Alemania, denominada informalmente Alemania Occidental, unificó tres zonas de ocupación —la estadounidense, la británica y la francesa— en un nuevo Estado independiente, con su capital en Bonn y con el canciller Konrad Adenauer como líder. El verano anterior, el marco alemán había reemplazado al *reichsmark* como moneda oficial del país para ayudar con la descontrolada inflación. La zona ocupada por los soviéticos se estableció como la República Democrática Alemana, un Estado comunista más conocido como Alemania Oriental, con su capital en Berlín Este.

Herf recurrió el veredicto sobre Günther una última vez. En diciembre de 1949, el tribunal de casación de Baviera mantuvo la decisión de la cámara de apelaciones, concluyendo que, en el caso de Günther, no había «pruebas concluyentes de culpabilidad».[12] Aunque el magnate inicialmente se enfadó porque no lo habían absuelto activamente, no tardó en alabar el fallo como la «sentencia más magnífica de todas».[13]

Pero Günther todavía no estaba libre de sospecha. Ese mismo diciembre, fue investigado en Berlín por el maltrato a trabajadores de su fábrica de Pertrix, donde se emplearon y mantuvieron en un subcampo cercano durante las últimas etapas de la guerra unas quinientas prisioneras de campos de concentración, entre otros muchos cautivos.[14] Günther aseguró que solo había visitado la fábrica de baterías dos veces durante la guerra y negó tener conocimiento alguno sobre el «denominado *Judenlager*»[15] ('campo judío') en Pertrix. También protegió a su hijo Herbert; una investigación similar en Berlín, relacionada con las actuaciones de Herbert en Pertrix, no condujo a ninguna parte. En una carta a su abogado, Günther mintió más aún si cabe, y escribió que Herbert, como director comercial de la compañía durante la guerra, no había estado a cargo del personal. Pero lo cierto es que, según concluiría un historiador más adelante, Herbert habría tenido «conocimientos precisos»[16] sobre el empleo de trabajadores forzados y esclavizados en la fábrica.

El 24 de febrero de 1950, un juzgado berlinés de desnazificación rehabilitó a Günther después de que la comunidad judía que quedaba en la ciudad no pusiera objeción.[17] El magnate cargó los 29 500 marcos de los honorarios de sus abogados a la AFA y volvió al trabajo. Por fin era un hombre libre. Había dado comienzo una nueva década y, con ella, una nueva era para Alemania; una era de inmensa prosperidad y un sepulcral silencio.

15

Aunque Julius Herf se había visto obligado a aceptar la casi completa exculpación de Günther Quandt, el obstinado abogado no se rendiría con los especuladores del Tercer Reich. Tuvo otra oportunidad en los tribunales cuando acusó al barón August von Finck. A pesar del exhaustivo escrutinio de los investigadores estadounidenses, al final el hombre más rico de Baviera no fue un candidato serio para los Juicios de Núremberg. A principios de noviembre de 1948, Herf imputó a von Finck por ser un nazi comprometido que había recaudado veinte millones de *reichsmark* para el museo de arte de Hitler, y al que el régimen había recompensado ampliamente por sus esfuerzos, según demostró Herf. Los procesos de arianización que había llevado a cabo en dos bancos —Dreyfus, en Berlín, y Rothschild, en Viena— habían cuadriplicado el balance general de su banco privado, Merck Finck: de 22,5 millones de *reichsmark* en 1933 a 99,2 millones en 1944.[1]

El juicio de desnazificación contra von Finck se celebró en Múnich, a finales de diciembre de 1948. El testigo principal contra el banquero era Willy Dreyfus. Aunque Dreyfus y von Finck habían llegado a un rápido acuerdo en octubre de 1946, no se les había permitido llevarlo a cabo y tuvieron que adaptarse iniciando los procedimientos formales de restitución que dictaba la ley de ocupación americana. Después de que dicha ley se implementara en noviembre de 1947, los dos hombres reiniciaron las negociaciones. En agosto de 1948, tras varias conversaciones exhaustivas, llegaron a un acuerdo que era exactamente igual al que habían cerrado dos años antes.

Dreyfus recibiría varias participaciones para restituir lo que Merck Finck no le había pagado por la filial de su banco en Berlín, como también las obtendrían los parientes del antiguo socio de Dreyfus, Paul Wallich. Dreyfus sostuvo que Wallich, que se había suicidado tras los procesos de arianización del negocio, «había sufrido tales humillaciones por parte de la dirección de Merck, Finck & Co., que [...] aquello contribuyó en amplia medida a quebrantar su espíritu».[2] Pero Dreyfus se apresuró entonces a cambiar una última cláusula del acuerdo, que los habría obligado, a él y a los familiares de Wallich, a devolver todas las participaciones de la restitución si una futura ley alemana anulaba el acuerdo. Viendo la oportunidad de recuperar unas participaciones que se escapaban de sus manos, von Finck dio marcha atrás. De pronto aseguró que la ley americana de la restitución no era aplicable al acuerdo y que cualquier insinuación de que su banco era responsable del suicidio de Wallich era una ofensa. El acuerdo se rompió.[3]

El 22 de diciembre de 1948, al comienzo del juicio, el normalmente implacable Herf, por razones que no estaban claras, cambió la categoría de la acusación de von Finck de un delito normal a un delito menor.[4] Ese mismo día, en los juzgados, von Finck negó todos los cargos. Según el banquero, la transacción de Dreyfus había concluido de buena fe en 1938, y la adquisición que su banco realizó del Rothschild había sido para proteger los activos de los clientes de los nazis. Sostuvo que sus esfuerzos en la recaudación de fondos como presidente del consejo de administración del museo, en el que se lo había incluido por indicación directa de Hitler, no habían sido una demostración de sus simpatías nazis, sino más bien una buena forma de promocionar los intereses de su negocio. Afirmó que hacer contactos también había influido en el crecimiento de su banco durante los años del nazismo.

Se entregaron al tribunal unos cuarenta *Persilscheine,* todos los cuales atestiguaban la postura apolítica, e incluso antinazi, de von Finck, y varias declaraciones juradas de antiguos colegas y clientes judíos. Este movimiento de la defensa se había vuelto extremadamente común en los procedimientos de desnazificación. Pero entonces se produjeron varios giros extraños en el juicio a von Finck.[5] Que Herf hubiera rebajado la gravedad de la acusación contra el banquero ya fue muy inusual. Una corres-

pondencia, supuestamente incriminatoria, que los investigadores estadounidenses habían confiscado al barón, desapareció
misteriosamente del expediente judicial; los jueces ordenaron,
de repente, que la parte del procedimiento que tenía que ver
con el proceso de arianización de Rothschild se realizara a puerta cerrada «por razones de seguridad nacional»;[6] testigos de la
acusación a los que se había citado para testificar contra von
Finck no se presentaron ante el tribunal o cambiaron radicalmente la naturaleza de su testimonio ante los jueces.

Un antiguo confidente de von Finck revelaría más adelante
a la revista *Der Spiegel* que un posible testigo de la acusación
«que sabía muchas cosas y odiaba a Finck»[7] recibió la impactante suma de 500 000 marcos (unos 120 000 dólares de la época,
casi un millón y medio de euros actuales) por no asistir al juicio.
Se decía que el soborno se había realizado sin que el tacaño empresario financiero lo supiera.

Pero el subterfugio no terminó ahí. Julius Herf era homosexual, cosa que era un secreto a voces. A principios de la década
de 1930, el apodo del fiscal de casos penales en los bajos fondos
de Berlín había sido *Schwule Jule* o «Jules el gay».[8] Justo antes de
que comenzara el juicio contra von Finck, alguien se presentó
en el despacho de Herf y aludió abiertamente a la orientación
sexual del abogado; también «reveló que conocía ciertos detalles de una naturaleza muy delicada, cuya revelación hubiera
sido terrible para el fiscal»,[9] contó el antiguo confidente de von
Finck a *Der Spiegel*. «Herf debía tener todo esto en cuenta antes de decidir qué iba a hacer ante el tribunal». Los actos ho-
mosexuales eran delito en Alemania (siguieron siéndolo hasta
1994) y solían ser objeto de cotilleos. Circulaban rumores sobre
las relaciones de Herf y otros fiscales con hombres más jóvenes
y, sin duda, los partidarios de von Finck estaban ansiosos por
explotarlos.[10]

Además de rebajar los cargos contra von Finck, Herf también anunció, hacia el final del proceso judicial, que ya no tomaría en consideración el proceso de arianización de Rothschild
en sus argumentaciones finales, pues daba por buenas las afirmaciones de la defensa de que von Finck se había hecho con el

control de la compañía para proteger las acciones de esta.[11] A pesar de que el testimonio de Willy Dreyfus se consideró creíble, se descartó a otro testigo clave de la acusación, un director medio judío al que Merck Finck retuvo inicialmente tras el proceso de conversión aria, por ser, según palabras de sus antiguos compañeros, un borracho en quien no se podía confiar.

El 14 de enero de 1949, el tribunal de desnazificación de Múnich sentenció que von Finck había sido un mero un seguidor de los nazis y le condenó solo a pagar dos mil marcos a un fondo de restitución general.[12] Los jueces fallaron a favor del banquero y aceptaron su declaración de que su papel en el asunto del museo no había sido una demostración de sus simpatías nazis, sino que se debía meramente a la promoción de los intereses de su negocio. Estuvieron de acuerdo en que Dreyfus había experimentado graves desventajas como resultado de las leyes discriminatorias del régimen hitleriano, pero también sostuvieron que ni von Finck fue el responsable directo de esas leyes ni se había aprovechado de la situación. Además, determinaron que, en el caso Rothschild, von Finck «se comportó de una forma tan ejemplar que decir lo contrario es ir demasiado lejos». Según el tribunal, el banquero de cincuenta años se había comportado como un «mercader de la realeza» que, en realidad, había corrido un gran peligro frente a las autoridades nazis por la transacción. De hecho, los jueces llegaron incluso a calificar sus «esfuerzos» en el asunto Rothschild como una «resistencia activa».

Herf no tardaría en arrepentirse de haber cedido al chantaje. Un mes después de la sentencia, el fiscal presentó un recurso de apelación contra von Finck. Pero, de nuevo, el mismo visitante de la otra vez volvió a aparecer en su oficina con las mismas amenazas veladas.[13] Una semana después de presentar el recurso, Herf lo retiró sin explicación alguna, con una parca nota de una sola línea dirigida al tribunal de Múnich.[14]

En cuanto a von Finck, no estaba del todo satisfecho con el resultado del juicio y recurrió la sentencia. Solicitó la amnistía, basándose en una herida que había recibido durante la Primera Guerra Mundial, para no pagar nada y se le concedió.[15] Von Finck quedaba así desnazificado y regresó al trabajo.

Herf y Dreyfus, sin embargo, no tuvieron tanta suerte. Poco después del juicio, Herf fue relevado de su puesto de fiscal por «delitos» de índole homosexual,[16] que se le imputaron cuando unas cartas insinuantes que había escrito a hombres jóvenes salieron a la luz.[17] En 1951, según Dreyfus, su propio abogado actuó a sus espaldas y aceptó en su nombre solo una fracción del acuerdo inicial que había cerrado con von Finck. El barón había ido retrasando el tema que la balanza del poder estuvo a su favor. Dreyfus inició entonces un procedimiento contra von Finck en los tribunales estadounidenses. Su litigio avanzó hasta el Tribunal Supremo, pero en 1976 dicho organismo se negó a tratar el caso.[18] Willy Dreyfus murió al año siguiente con noventa y un años.

16

La desnazificación de Rudolf-August Oetker ni siquiera llegó a los tribunales. Un subcomité interno de su propia empresa lo desnazificó después de que recurriera su despido como consejero delegado de Dr. Oetker (las autoridades británicas lo habían apartado del puesto por haber pertenecido a las Waffen-SS). El 9 de abril de 1947, su caso se presentó ante el comité de desnazificación de Dr. Oetker en Bielefeld, que estaba formado por empleados de la compañía en su totalidad. La espuria defensa de este treintañero fue la siguiente:[1] como le habían ordenado dejar el servicio de *catering* de la Wehrmacht para unirse a las Waffen-SS, envió una solicitud para recuperar su rango de oficial, que había perdido después de que lo trasladaran «obligado» a las Waffen-SS. Procedió de este modo porque le habían dicho que este rango era un prerrequisito para convertirse en director general de una empresa.

Se habían recibido muchos *Persilscheine* en nombre de Rudolf-August y, ahora, varios empleados de Dr. Oetker testificaron a su favor ante el comité. No había testigos de la acusación porque «nadie notó ninguna actividad política»[2] por parte del heredero de la compañía. El comité de desnazificación, compuesto por cinco miembros, aceptó la explicación de Rudolf-August y lo absolvió, recalcando que, además de haberse visto obligado a unirse a las Waffen-SS, también se lo había considerado no apto para el servicio militar.

Unos meses más tarde, las autoridades británicas confirmaron el veredicto de exoneración. En agosto de 1947, Rudolf-August fue restituido como consejero delegado de Dr. Oetker tras más de dos años de ausencia. Sus participaciones mayoritarias en la compañía quedaron fuera del control británico al mes siguiente y, unos días después, Rudolf-August solventó el último obstáculo. El 20 de septiembre de 1947, el día de su trigésimo primer cumpleaños, el administrador asignado por los británicos fue oficialmente retirado de sus funciones de supervisión en Dr. Oetker. Rudolf-August volvía a tener el control del negocio repostero de su familia.[3] El príncipe del pudin volvía a resurgir.

17

Siete semanas más tarde, el 31 de julio de 1947, Ferdinand Porsche y Anton Piëch salieron libres de la prisión militar de Dijon después de que Louise Piëch entregara un millón de francos como fianza. Los hombres habían estado detenidos prácticamente en todo momento desde hacía dos años. Regresaron a Austria, donde se les permitió esperar su juicio en Francia por delitos de crímenes de guerra.[1] A ambos se los había imputado por el saqueo de la fábrica de Peugeot —que en su momento estuvo en manos de Volkswagen— y por la deportación de siete jefes de dicha planta a distintos campos de concentración (tres de ellos murieron).

El 5 de mayo de 1948, un tribunal militar de Dijon exculpó a Porsche y a Piëch. El caso, ya de por sí considerado débil, se vino abajo cuando los testigos franceses testificaron a favor de los magnates. Los jueces decretaron que ninguno de los dos había desempeñado ningún papel en el saqueo de la fábrica de Peugeot o en la deportación de sus gerentes. De hecho, se dijo que habían presionado por la liberación de los prisioneros. Y, eso sí, en ningún momento del juicio se mencionó el empleo, por parte de Porsche y Piëch, de miles de civiles y soldados franceses como trabajadores forzados y esclavizados en el complejo industrial de Volkswagen.

Durante la detención de los dos hombres, Ferry y Louise trataron de salvar el negocio familiar dividiéndolo formalmente en dos: Louise Piëch creó una nueva empresa bajo el nombre de Porsche en Salzburgo mientras que Ferry resucitó la Porsche original en Stuttgart. Una pregunta, sin embargo, quedaba sin responder: ¿qué harían con Volkswagen? El complejo industrial de Fallersleben estaba bajo control de los militares británicos, que renombraron el pueblo que lo rodeaba como Wolfsburgo y empezaron a producir en masa los Volkswagen originales. El «coche del pueblo» de Hitler se estaba convirtiendo en el muy querido Escarabajo. Aun así, Ferdinand Porsche lo había diseñado y, durante la guerra, había negociado con Volkswagen un contrato sobre la remuneración inicial que recibiría en el caso de que, en algún momento, el coche se produjera en masa.[2]

El momento había llegado al fin. A mediados de septiembre de 1948, pocos meses después de que Ferdinand Porsche y Anton Piëch fueran absueltos en Francia, sus familias iniciaron negociaciones con el nuevo consejero delegado de Volkswagen, Heinrich Nordhoff. El directivo, escogido por los británicos, también tenía un pasado reciente algo turbio. Como Ferdinand Porsche, Günther Quandt y Friedrich Flick, Nordhoff había sido nombrado *Wehrwirtschaftsführer* por el régimen nazi mientras trabajaba como ejecutivo de Opel, donde empleó a cerca de dos mil trabajadores forzados.[3] Pero tras la desnazificación de Nordhoff, las autoridades británicas ignoraron sus antiguos pecados.

Las negociaciones tuvieron lugar en la ciudad balneario de Bad Reichenhall, en Baviera, pegada a la frontera de Austria y a tan solo quince kilómetros de Obersalzberg, el antiguo lugar de retiro de Hitler en las montañas donde, doce años antes, Porsche había presentado sus prototipos de Volkswagen ante el Führer y lo había convencido para que empezara a producirlos. Ahora se negociaba otra clase de acuerdo: cómo pagar a Porsche en los años venideros por el modelo Escarabajo de Volkswagen que había diseñado.[4]

Generosamente, por supuesto. El coche se convertiría en un gran éxito. La familia Porsche terminó negociando un 1% sobre la tasa de matriculación de cada Escarabajo que se vendiera, lo que serían unos 21,5 millones de modelos en todo el mundo hasta que dejaron de fabricarse en 2003. Y lo que es más, la compañía Porsche que Louise y Anton Piëch tenían en Salzburgo recibiría derechos exclusivos de importación de los Volkswagen. Gracias a ello, su empresa se convertiría en la concesión automovilística más grande de Austria y volvería a venderse a Volkswagen por 3300 millones de euros en 2011. Además, otro acuerdo oficial también mejoró la situación de la dinastía: la hija de Heinrich Nordhoff se casó con el hijo de Louise y Anton Piëch.

A diferencia de otras dinastías empresariales alemanas, el clan Porsche-Piëch había entrado en la época nazi, en enero de 1933, al borde de la bancarrota. Ahora, durante la posguerra, sin embargo, el acuerdo de Bad Reichenhall le aseguraba un lugar junto al resto de dinastías y lo convertiría en una de las familias más ricas de Alemania y Austria. Y todo sucedió a mediados de septiembre de 1948, antes de que se manufacturara el primer coche deportivo de Porsche y mientras la fábrica originaria de Porsche en Stuttgart —la que un día produciría millones de unidades de los coches más deseados del mundo— seguía bajo el control del ejército estadounidense.

Desde Austria, Ferdinand Porsche escribió: «Lamento la pérdida de mi fábrica de Stuttgart [...] todos los días».[5] Aunque el control americano de la empresa de Porsche y de sus activos privados en Stuttgart se levantó a principios de marzo de 1949, esta libertad no duró mucho. Adolf Rosenberger y la firma Porsche llevaban envueltos en una acalorada batalla legal desde el verano de 1948.[6] A pesar de que el emigrante judío no había vuelto a la empresa, ahora quería una compensación: ser restituido como socio en el negocio que había cofundado, con el mismo número de participaciones que Ferdinand Porsche y Anton Piëch le habían arrebatado durante el proceso de arianización de 1935. Después de que la compañía se negara constantemente a llegar a ningún acuerdo, Rosenberger solicitó que volvieran a congelarse los activos de esta en Stuttgart, petición que se le concedió en octubre de 1949.

Cuando el caso llegó a los tribunales a finales de septiembre de 1950, uno de los abogados de Porsche y Piëch le propuso un trato al de Rosenberger: cincuenta mil marcos y un coche, del que se le permitía elegir el modelo.[7] Podía ser una versión lujosa del Escarabajo de Volkswagen o un Porsche 356, el primer coche deportivo con el nombre de la familia, diseñado por el hijo de Porsche, Ferry. Rosenberger todavía no había regresado a Stuttgart, seguía en Los Ángeles, cuidando de su mujer enferma, de manera que el abogado de Rosenberger aceptó el trato sin consultarle y, en su lugar, lo informó por carta cuando el asunto quedó resuelto. La empresa Porsche volvió a quedar libre del control americano y Rosenberger terminó escogiendo un Escarabajo.

Ferry ya había vuelto a Stuttgart desde Austria con el diseño de su coche deportivo bajo el brazo, y ahora su padre podría por fin reunirse con él. Mientras la batalla legal con Rosenberger se encontraba en su cénit en junio de 1949, también había dado comienzo el proceso de desnazificación contra Ferdinand Porsche. Había esperado en su finca de Austria —donde las medidas impuestas por estos procesos eran laxas y generosas— a que el fervor alemán por ellos disminuyera. La estrategia de defensa de su abogado fue esencialmente la misma que muchos otros alemanes habían utilizado antes: «El profesor Porsche siempre ha sido un simple técnico, un diseñador [...], los asuntos políticos del momento son y siguen siendo completamente ajenos al ámbito de su pensamiento».[8] El 30 de agosto de 1949, un tribunal de desnazificación, cerca de Stuttgart, absolvió al diseñador de coches al que Hitler un día había considerado su ingeniero favorito.

Ferdinand Porsche estaba particularmente feliz con este resultado porque significaba que no tendría que correr con los gastos del procedimiento judicial, que ascendían a cerca de treinta y nueve mil marcos. Puesto que no dejaban de congelar intermitentemente los activos de su empresa, había estado viviendo de sus dos hijos y del alquiler de su mansión en Stuttgart: «Estaba *entbräunt* gratis. Y ese "gratis" era muy importante para mí»,[9] le escribió a un amigo varios meses después del veredicto. Como los uniformes de las SA eran marrones, estar *«entbräunt»*, o haber perdido el moreno de la piel, significaba haber sido «desnazificado». Ferry, que había sido oficial voluntario de las SS y también quedó absuelto, estaba menos preocupado por el color de los uniformes nazis que sus nuevos socios habían lucido (el negro de las SS y el gris del uniforme militar, para ser más exactos). Para promocionar el primer coche deportivo de Porsche, Ferry se unió a Albert Prinzing, uno de los primeros miembros del NSDAP, que fue oficial del servicio de seguridad de las SS de Heydrich y había cultivado lazos con el partido fascista de Mussolini en Italia.[10] En resumen, un verdadero creyente. Prinzing se había pasado tres años bajo custodia de los Aliados hasta que, en mayo de 1948, un tribunal de desnazificación determinó que solo había cometido delitos menores. Entonces Ferry, su amigo de la infancia, lo contrató como director comercial de Porsche.

Desde su nuevo puesto, además, Prinzing ayudaría a Ferdinand Porsche a superar su proceso de desnazificación, pues quedó al cargo de reunir los *Persilscheine* necesarios. El diseñador de coches estaba agradecidísimo a su nuevo empleado. A mediados de enero de 1950, Porsche escribió a Prinzing para darle las gracias y decirle que era consciente de «lo mucho que has trabajado por nosotros y de lo mucho que has contribuido en todo lo que hemos conseguido».[11] Mientras que el frágil Porsche ya no tenía un papel significativo en la compañía de diseños automovilísticos que llevaba su nombre, para los dos antiguos oficiales de las SS, Ferry y Prinzing, aquel fue solo el principio. La producción del Porsche 356 comenzó en Stuttgart en noviembre de 1949 y, en solo dieciocho meses, ya había quinientas unidades disponibles. Prinzing introdujo entonces el modelo en Estados Unidos, el mayor mercado automovilístico del mundo. Fue un rotundo éxito. Los americanos ricos se convirtieron rápidamente en los clientes más importantes de Porsche fuera de Alemania. Al final no sería el perseguido cofundador judío de la marca y emigrante

alemán Adolf Rosenberger el que llevaría el preciado nombre de
Porsche a América, sino Prinzing, un antiguo *SS-Hauptsturm-
führer*.

18

Mientras que la mayoría de los magnates del Tercer Reich se
libraron con poco más que una reprimenda, a uno en particular no le ocurrió lo mismo. El 15 de marzo de 1947, Friedrich
Flick fue conducido al atestado banquillo de los acusados del
Palacio de la Justicia de Núremberg junto a cinco de sus socios.
Telford Taylor, el fiscal estadounidense del caso, leyó en voz
alta los cargos contra ellos. Flick y los demás fueron acusados
de crímenes de guerra y crímenes contra la humanidad por el
uso masivo de trabajadores forzados y esclavizados.[1] A Flick y a
cuatro de los acusados se los imputó por el saqueo de empresas
expropiadas en la Francia ocupada y zonas de la Unión Soviética. El magnate, su antiguo hombre de confianza, Otto Steinbrinck, y su primo, Konrad Kaletsch, también estaban allí por
los importantes procesos de arianización que habían llevado a
cabo en la Alemania nazi antes de la guerra. Y, por último, Flick
y Steinbrinck estaban acusados de apoyar financieramente a las
SS y sus crímenes como miembros del Círculo de Amigos de
Himmler. Los seis imputados se declararon no culpables.

El caso de Flick fue el quinto de los doce juicios que los
estadounidenses celebraron en el Tribunal Militar de Núremberg y el primero de los tres que estaban relacionados con empresarios industriales. Los procesos contra Alfried Krupp, sus
directivos y los ejecutivos del conglomerado químico IG Farben
completaron el triunvirato empresarial (los funcionarios económicos nazis Wilhelm Keppler y Paul Pleiger fueron sentencia-
dos a pasar una década en prisión en el denominado «Juicio de
los Ministerios»). Flick había realizado las arianizaciones más
importantes y había sido uno de los mayores productores de
armas y explotadores de trabajadores forzados y esclavizados del
Tercer Reich a través de su grupo empresarial de acero, carbón y

maquinaria. Durante la guerra, el número de personas a las que se había obligado a fabricar cañones y proyectiles en las plantas siderúrgicas de Flick, o a sacar carbón de sus minas, podría haber alcanzado la cifra de los cien mil.[2]

Ningún magnate se había beneficiado tanto de la Alemania nazi como Flick.[3] Solo Alfried Krupp, el otro gigante del acero, cuyo juicio comenzaría más tarde ese año, y su padre, Gustav, cuyo estado senil le impedía ser procesado, podían competir en magnitud con dicha producción de armas y ansia de mano de obra esclava y forzada. Pero Flick, en lugar de heredar su imperio industrial un siglo antes como los Krupp, lo había levantado de la nada en treinta años. Hitler había apelado a menudo a los Krupp en público como modelo a seguir para la industria alemana —de hecho, había creado incluso una ley de sucesiones solo para ellos que regulaba sus traspasos de poder—, pero Flick lo había hecho todo pasando desapercibido, con sigilo y cautela, desde 1933. El magnate que odiaba a la prensa ahora sería expuesto, por primera vez, ante el mundo entero.

El juicio contra Flick dio comienzo verdaderamente el 19 de abril de 1947. En su presentación del caso, Telford Taylor hizo hincapié en que los empresarios industriales alemanes habían

Friedrich Flick de pie en su juicio de Núremberg, 1947.

sido corresponsables de los crímenes nazis y de mantener a flote a Hitler. «Una dictadura tiene éxito no porque todo el mundo se oponga a ella, sino porque los grupos de poder la apoyan»,[4] afirmó. «La dictadura del Tercer Reich se basaba en esta infame trinidad de nazismo, militarismo e imperialismo económico». Taylor citó entonces el discurso que Hitler había dado, en febrero de 1933, durante la ahora tristemente célebre reunión que había congregado en Berlín a varios magnates, entre ellos, Flick, Günther Quandt y August von Finck. «Las empresas privadas no pueden mantenerse en la época de la democracia», había dicho el Führer. Y los titanes de la industria y las finanzas se habían mostrado de acuerdo con el líder nazi, declaró el fiscal. Sostuvo, además, que a medida que los valores morales de estos hombres se corrompieron, lo mismo sucedió con sus prácticas empresariales.

El fiscal concluyó su alegato de apertura con un duro comentario:

> La historia de este caso es [...] una historia de traición. Los acusados eran hombres ricos; dueños de numerosas minas y fábricas. Sin duda les contarán que creían en la santidad de dicha propiedad privada, y quizá digan que apoyaron a Hitler porque el comunismo alemán amenazaba dicha propiedad. Pero las fábricas de Rombach y Riga pertenecían a otras personas. Los acusados les asegurarán que no son antisemitas y que incluso protegieron a individuos judíos de los nazis. Pero, aun así, aparecer en público con Himmler y pagarle un dineral no les parecía indigno a pesar de que este casi aniquiló por completo a los judíos de Europa. Se cebaron con las desgracias de los judíos ricos. Utilizaron a seres humanos en sus minas y fábricas y ellos, de entre todos, tendrían que haber comprendido realmente la dignidad del trabajo. Sin embargo, hicieron retroceder el tiempo y restablecieron la esclavitud en Europa. Estos hombres han traicionado vergonzosamente los ideales que se pudiera haber esperado de ellos y, como con-

secuencia, han traicionado a Alemania. Ahí es donde reside su verdadera culpa.[5]

Durante las siguientes cinco semanas, Taylor y sus ayudantes presentaron el caso de la acusación contra Flick y los otros cinco imputados. Había pruebas apabullantes sobre el empleo de trabajadores forzados y esclavizados en el conglomerado empresarial de Flick, como también las había de los procesos de arianización que había llevado a cabo y de la expropiación de otras compañías. Pero a la fiscalía no le resultó particularmente fácil intimidar a Flick y al resto de acusados cuando llegó el momento de medir los conocimientos individuales y la responsabilidad personal de cada uno en estas masivas transgresiones.[6] Y los tres jueces norteamericanos tampoco ayudaron. A veces tenían dificultades con la complejidad del caso y con los montones de documentos corporativos traducidos del alemán.

El 2 de julio de 1947, el abogado de Flick, Rudolf Dix, inició la exposición de la defensa. Flick se había adelantado a Günther Quandt y había conseguido quedarse con Dix después de que este defendiera con éxito a Hjalmar Schacht en el juicio principal de Núremberg. En su alegato de apertura, el abogado habló sobre la indefensión que sufrieron la industria y los empresarios alemanes acusados frente al todopoderoso Estado nazi.[7] Argumentó que el responsable de los procesos de arianización y del trabajo esclavo era el régimen, no Flick. El magnate no había expoliado las empresas expropiadas en el extranjero, sino que había invertido en ellas, dijo. Además, sostuvo que el simple hecho de que hubiera pertenecido a un grupo como el Círculo de Amigos de Himmler no podía considerarse un delito. En resumen, según Dix, los estadounidenses solo habían imputado a Flick para que sirviera de ejemplo como representante de toda la industria alemana.

Tres días después, Flick fue el primer acusado en subir al estrado. Durante los siguientes once días, y a lo largo de hasta seis horas al día, el envejecido empresario industrial se defendió en los contrainterrogatorios, manteniéndose erguido en todo momento.[8] Flick se retrató a sí mismo como alguien que, en 1933, había entrado en el periodo nazi con una diana en la espalda. Dijo que todo el mundo lo odiaba por haber vendido en secreto su mayoría de acciones del mayor conglomerado industrial del país, la VSt, a un debilitado Estado alemán en el pico de la Depresión y a un precio alto, para colmo. También afirmó que sus generosas donaciones a otros partidos y candidatos políticos que no fueran el NSDAP, justo antes de que Hitler se hiciera con el poder, lo convirtieron en un objetivo. Además, negó que el régimen nazi le hubiera ayudado a generar su fortuna: «Me contentaba si me dejaban tranquilo y me sentía seguro. No pedí nada más porque quería vivir en paz y armonía y continuar con el trabajo de mi vida. Evidentemente, necesitaba cierta protección para ello, porque, después de todo, tenía un pasado político».[9]

Flick se presentó a sí mismo como una víctima de los nazis, un hombre con vínculos con la Resistencia y un protector de los desfavorecidos y oprimidos. Dijo que había sido «un defensor»[10] de los Petschek —la familia judía a la que, en realidad, había robado sus inmensos activos de lignito— y expuso que había «representado sus intereses [de los Petschek] durante la desesperada situación financiera». Asimismo, rechazó cualquier actuación o declaración antisemita que se le atribuyera, diciendo que, simplemente, «aullaba con los lobos»,[11] y aseguró que su pertenencia al Círculo de Amigos de Himmler era, por una parte, una garantía personal, por otra, una red de contactos y, por último, un apoyo a las aficiones e intereses culturales de los líderes de las SS. También dijo que había invertido capital en fábricas tomadas por la fuerza, como Rombach, y que había introducido mejoras en la alimentación que allí se ofrecía a la mano de obra esclava y forzada.

Ante la enorme cantidad de pruebas documentales de la fiscalía, la defensa optó por desplegar diversas estrategias.[12] Una fue trasladar todas las responsabilidades a la coacción impuesta por el Estado. Otra resaltó la descentralización del grupo empresarial de Flick, haciendo que pareciera que la toma de decisiones recaía sobre los directivos a título personal, no en el propio Flick. La defensa apabulló a los jueces con los *Persilscheine,* presentando 445 declaraciones juradas en las que se daba testimonio de las virtudes apolíticas o antinazis de los acusados. La defensa también trató de desacreditar a los testigos de la acusación, sobre todo a aquellos que habían sobrevivido al trabajo forzado o esclavo en las fábricas de Flick, lo que produjo varios enfrentamientos insólitos. Un abogado de la defensa reprendió a una mujer, una antigua *Ostarbeiter,* afirmando que cualquier alemán actual disponía de menos comida de la que ella había tenido en el campo de trabajos forzados de Rombach. Dix restó importancia a una descripción del uso de trabajadores forzados franceses en una de las cocinas de la fábrica de Flick, diciendo que los franceses eran, al fin y al cabo, los «mejores cocineros del mundo».[13] El presidente del tribunal personificaba la imagen de lo dolorosamente poco informados que estaban los jueces estadounidenses cuando le preguntó, completamente en serio, a un antiguo prisionero del campo de concentración de Gröditz, la fábrica de Flick, si allí no les daban vino tinto para cenar.[14]

El inútil hijo mayor de Flick, Otto-Ernst, les siguió la corriente en esta farsa. Aunque, de alguna manera, había logrado que no lo imputaran por su rol de líder en las plantas siderúrgicas de Rombach y Gröditz, lo convocaron como testigo de la defensa. El heredero, de treinta y un años, habló en su testimonio sobre los «paseos»[15] que había dado por el complejo de Rombach, en Lorena (Francia), y en los que había observado lo que él consideraba unas condiciones de vida más o menos confortables para los trabajadores forzados. También declaró que a las trabajadoras infrautilizadas les había dado la oportunidad de trabajar en su jardín personal los domingos para que «pudieran conseguir algo particularmente bueno para comer».

La defensa tardó tres meses en presentar el caso de los seis acusados. Por fin, a finales de noviembre de 1947, la fiscalía comenzó sus alegatos finales. Telford Taylor instó a los jueces americanos a que no sucumbieran a la afirmación de la defensa de que este juicio no era más que «un mero anacronismo»[16] en una Alemania que estaba cambiando rápidamente. En su lugar, Taylor sostuvo que «la reconstrucción que el mundo necesita no es puramente material, sino también moral». Expuso que mientras que los acusados habían dado «toda muestra de devoción por los beneficios […], están mucho menos unidos a ciertos principios fundamentales de los que depende la comunidad empresarial de cualquier nación civilizada».[17] Su «devoción por el sistema capitalista» no estaba por encima de la ley, dijo. «El sistema de libre empresa aborrece el trabajo esclavizado, y los negocios honrados no se expanden a través de los saqueos». Finalmente, el fiscal concluyó diciendo: «Sin duda […], a los empresarios se les debe pedir que se ajusten a los mismos estándares de constancia y rechazo a la perpetración de delitos que la ley exige de todos los individuos, tanto si se los tienta como si se los amenaza».

Dix resumió su alegato final en defensa de Flick citando palabras de su propia declaración inicial: «Los acusados vivían en el Tercer Reich bajo un gobierno que obligaba a sus ciudadanos a realizar actos impíos y perversos. Fue una tragedia, pero no fue culpa suya, si siquiera su trágica culpa».[18] El abogado de Bernhard Weiss, el sobrino de Flick, no fue tan sutil y cuestionó la «causa general»[19] que la fiscalía pretendía obtener con los procedimientos: «Este primer juicio a empresarios industriales no es un ataque al doctor Flick y sus adjuntos, sino a la economía y el capitalismo alemanes al completo y a los hombres de su industria».

Flick estuvo de acuerdo. Ejerció su derecho a la última palabra frente a los jueces y realizó una declaración en nombre de los seis acusados. Durante casi todos los días de los últimos ocho meses había lucido un ceño fruncido, sobre unas gafas para leer con montura negra, y un traje cruzado de un gris gastado. «Me hallo aquí como un exponente de la industria alemana»,[20] pronunció en voz alta el magnate de cabello cano. «Haciendo que se me condene, la fiscalía pretende poner verdad en su afirmación de que fue la industria alemana la que encumbró a Hitler, la que lo animó a llevar a cabo violentas guerras e instigó la despiadada explotación del potencial humano y económico de los territorios ocupados […]. Protesto contra el hecho de que, en mi presencia, se esté estigmatizando a los empresarios industriales alemanes a los ojos del mundo, tachándolos de esclavistas y expoliadores […]. Nadie […] que nos conozca a mí y mis compañeros acusados estará dispuesto a creer que cometimos crímenes contra la humanidad, y nada nos convencerá tampoco a nosotros de que somos criminales de guerra».

El presidente del tribunal ordenó entonces un receso. Los jueces regresarían en cuatro semanas para dictar sentencia sobre el caso de Flick, justo a tiempo para las Navidades.

19

El 22 de diciembre de 1947, más de cinco meses después de que Telford Taylor leyera los cargos contra Flick y sus cinco cómplices, los jueces norteamericanos volvieron al tribunal para dar su veredicto. La sesión había durado más de seis meses, se habían presentado más de mil quinientas pruebas y se había escuchado a casi sesenta testigos, entre ellos los seis acusados. La transcripción del procedimiento en inglés ocupaba más de once mil páginas. Había sido un juicio monstruoso.[1]

El veredicto decepcionaría a todas las partes.[2] Friedrich Flick fue sentenciado a siete años de prisión, de los que se restó el tiempo que ya había permanecido arrestado desde mediados de junio de 1945; Otto Steinbrinck, a cinco años; y Bernhard Weiss, el sobrino de Flick, fue condenado a tan solo dos años y medio. Los otros tres hombres, entre ellos el primo de Flick, Konrad Kaletsch, fueron absueltos.

De los seis imputados, solo Flick y Weiss fueron declarados culpables de emplear mano de obra forzada y esclava, y únicamente en una de sus fábricas. Flick fue el único condenado por saqueo, pero solo por el complejo siderúrgico expropiado de Rombach, en Francia. Los cargos por los procesos de arianización se desestimaron por completo; las transacciones habían finalizado antes del comienzo de la guerra y el tribunal dijo que su jurisdicción solo concernía a los crímenes cometidos durante el conflicto o relacionados con él. Hallaron culpables a Flick y a Steinbrinck por haber apoyado financieramente a las SS y a los delitos que estas cometieron a través del Círculo de Amigos de Himmler. Y Steinbrinck, por su parte, también fue condenado por un cargo adicional: como oficial de las SS había formado parte de una organización criminal.

En su informe final sobre el resto de procedimientos jurídicos de Núremberg, Taylor llegó a tachar a la sentencia de Flick de «extremadamente (si no excesivamente) moderada y conciliadora».[3] Sobre todo considerando lo que le ocurriría a Alfried Krupp, al que se condenó a doce años de prisión y cuyos activos se confiscaron en su totalidad. En el caso de Flick, los jueces siguieron la línea de argumento de la defensa en relación con el punto más importante: el programa de trabajo forzado y esclavo había sido creado por el régimen nazi, y su funcionamiento escapaba por completo al control de los seis acusados y de la industria alemana. Según los jueces americanos, la fiscalía solo había conseguido probar, inequívocamente, que Flick y Weiss habían hecho lo indecible por conseguir prisioneros de guerra rusos para aumentar la productividad en una de sus fábricas.

Los jueces también manifestaron que las empresas siderúrgicas que se habían expropiado en la Unión Soviética eran propiedad estatal, no privada, por lo que, en el contexto de la guerra, las incautaciones que había realizado Flick habían sido admisibles. A ese respecto, solo se lo consideraba culpable por haber arrebatado el complejo siderúrgico de Rombach a sus dueños franceses. Y aun así, de alguna manera, el tribunal concluyó que Flick había dejado el complejo en mejores condiciones que cuando se hizo con su control. Los jueces también desestimaron los cargos sobre los procesos de arianización porque escapaban a su jurisdicción y, de cualquier modo, no habían sido capaces de ver que estas transacciones eran típicamente delictivas. Según ellos, era mejor dejárselos a un juzgado de lo civil: «Una venta que se haya llevado a cabo a causa de presiones o coacciones puede cuestionarse en un tribunal de equidad,* pero [...] dicho uso de las presiones, incluso en el ámbito de la religión o la raza, nunca se ha considerado un crimen contra la humanidad».[4]

Sin embargo, los tres jueces no creyeron a Flick y Steinbrinck cuando afirmaron que sus cuotas como miembros del Círculo de Amigos de Himmler solo eran para apoyar los eso-

---

* Los tribunales de equidad se especializan en revolver toda clase de disputas relacionadas con el mundo corporativo y con las actuaciones de las empresas. *(N. de la T.)*

téricos pasatiempos e intereses culturales del líder de las SS. Aunque el tribunal consideró un atenuante el hecho de que la pertenencia a ese círculo les granjeó a los acusados cierta protección personal y concibió posible que hubieran entrado por ese motivo, los jueces afirmaron que, en algún momento tendrían que haberse dado cuenta de que sus sustanciales contribuciones anuales servían para financiar, al menos en parte, una organización criminal que estaba exterminando, entre otros, al pueblo judío. Flick y Steinbrinck habían proporcionado «un cheque en blanco»[5] a Himmler y, según los jueces, no les había «importado si se gastaba en sueldos o en gas letal».

El siguiente destino de Flick fue la prisión de Landsberg, donde más de dos décadas antes Hitler había dictado el *Mein Kampf* a dos ayudantes mientras permanecía encerrado por el fallido Putsch de Múnich. Flick también volvería a resurgir. Mucho antes de que se dictara su sentencia, había contratado a un abogado en Estados Unidos. Flick no solo fue el único condenado de Núremberg que presentó un recurso de apelación ante el sistema judicial estadounidense, sino que lograría que este llegara hasta el Tribunal Supremo. No obstante, en 1949, dicho tribunal se negó a aceptar su caso, por lo que su condena se mantuvo.[6]

20

Desde prisión, Flick tuvo que delegar ciertas tareas para lograr rescatar lo que quedaba de su imperio industrial. Mientras que una mitad de su conglomerado había sido expropiado por las autoridades soviéticas en su zona de ocupación, la otra mitad se encontraba en manos de británicos y estadounidenses. Esta última parte debía controlarse cuidadosamente, pues los Aliados planeaban reestructurar los conglomerados de acero y carbón de Alemania Occidental. Los estadounidenses y los británicos querían descentralizar la economía alemana y eliminar el riesgo de un nuevo rearme. Tras el final de su juicio en diciembre de 1947, Flick mandó a dos socios que habían sido absueltos a las zonas de ocupación americana y británica, uno a cada una. Su cometido sería negociar con los Aliados y las autoridades alemanas el aspecto que tendría dicha reestructuración.

Estas complejas negociaciones seguían en marcha cuando Flick salió de la prisión de Landsberg.[1] Tras la creación de Alemania Occidental, el presidente Truman había nombrado a John J. McCloy —el abogado republicano que había sido el artífice de la política de ocupación americana y del tribunal de Núremberg— primer alto comisionado estadounidense de la Alemania ocupada. Durante 1950 y 1951, McCloy protagonizó una serie de controvertidos actos de clemencia que afectaron a más de cien condenados en Núremberg. No solo perdonó a empresarios industriales como Alfried Krupp (devolviéndole incluso sus activos), sino que también conmutó las sentencias de muerte y redujo el tiempo en prisión de numerosos oficiales superiores de las SS, todos ellos responsables de la masacre de cientos de miles de personas, en su mayoría judías, a lo largo del territorio europeo que habían ocupado los nazis. La decisión de McCloy era política.[2] Debía apaciguar a un importante nuevo aliado: el Gobierno y los ciudadanos de Alemania Occidental. Después de todo, muchos de ellos clamaban por la reducción de las sentencias.

Telford Taylor estaba furioso. A principios de 1951, el antiguo fiscal de Núremberg condenó la decisión de McCloy en *The Nation,* al considerarla la «encarnación de la conveniencia política, distorsionada por una aproximación a la ley y los hechos muy poco sensata, por no hablar de las realidades de la política mundial contemporánea».[3] Pero el caso es que esas realidades políticas ahora favorecían a los criminales de guerra alemanes. El gobierno de Truman se estaba empantanando con la Guerra Fría y la guerra de Corea, y necesitaba una buena relación con Alemania Occidental. Era necesario hacer ciertos sacrificios.

Flick salió de prisión el 25 de agosto de 1950, después de que McCloy redujera su condena dos años por buena conducta.[4] El magnate, de sesenta y siete años, se había pasado cinco años entre rejas trabajando a tiempo parcial como secretario en la biblioteca de la cárcel de Landsberg. Flick hizo tan mal este trabajo que su sucesor tuvo que poner al día cuatro meses de devoluciones de libros que se habían ido acumulando. Ahora Flick podría volver al trabajo de verdad. Cuando las puertas de la cárcel se abrieron, reporteros y fotógrafos esperaban al magnate y al resto de presidiarios de Núremberg a los que también se liberaba ese día. Flick, que seguía aborreciendo la atención mediática, se escondió tras un paraguas y fue derecho a una limusina en cuya parte trasera lo esperaba su mujer, Marie. En cuanto subió, el vehículo salió disparado hacia la campiña bávara. Friedrich Flick era un hombre libre.

Cuando hablaba con amigos y colegas, Flick mostraba menosprecio por su condena en los Juicios de Núremberg: «El tribunal que me tocó era claramente estadounidense. Todo el mundo —secretarias, auxiliares y jueces— era norteamericano. Además, rezaban por su país dos veces al día. El rechazo a mi recurso de apelación se debió únicamente a los intereses nacionales de Estados Unidos».[5] Flick se había sometido a un proceso de desnazificación desde la cárcel y fue clasificado como exonerado en la zona de ocupación británica.[6] Puesto que había trasladado la sede de su grupo empresarial a Düsseldorf, situado en dicha zona, Flick estaba autorizado para volver al trabajo nada más quedar libre y pudo ponerse al frente de las delicadas negociaciones de reestructuración de su negocio.

Y lo hizo con bastante éxito. A finales de 1951, vendió al estado de Baviera un cuarto de sus participaciones en la gigantesca empresa siderúrgica de Maxhütte. Un año después, la Alta Comisión aliada dio su visto bueno al plan de reestructuración de Flick. En mayo de 1954, Flick ya había vendido las participaciones mayoritarias de las dos compañías mineras que le quedaban. Todas estas ventas reportaron a Flick cerca de 250 millones de marcos, de los que reinvertiría una parte en una siderúrgica francesa y belga y se convertiría, por tanto, en el precursor más indeseable de la naciente integración económica de Europa occidental. Y, aun así, le quedaban cerca de ciento cincuenta millones de marcos para invertir. ¿Qué podía hacer con ese dinero? Flick no tardó en descubrir un lugar para ellos en una de las compañías automovilísticas más importantes del mundo: Daimler-Benz. Hacia finales de la década, el criminal de guerra nazi al que se había declarado culpable volvía a estar en lo alto. Era el hombre más rico de Alemania.

PARTE V

«Nueve ceros»

1

El 27 de diciembre de 1954, Günther Quandt se fue de vacaciones a Egipto. Desde que terminaran los juicios de desnazificación, trabajaba más que nunca desde una anodina oficina de Fráncfort en la reestructuración de su imperio empresarial.[1] Pero tenía una salud frágil. Se había recuperado rápidamente de un pequeño derrame cerebral en 1950, pero todavía debía ingresar en el hospital durante algunas semanas cada tres o seis meses para tratarse otros problemas de salud. Günther siempre se presentaba en el hospital con un maletín repleto de papeles del trabajo. Ahora quería huir del brutal invierno de Alemania y pasar un par de semanas en África. Para estas vacaciones tras las Navidades, había elaborado un itinerario que incluía un viaje turístico a las pirámides de Guiza, a las afueras de El Cairo. Se hospedó en el Meno House, el afamado hotel de lujo de la capital. Pero nunca llegaría a las pirámides. La mañana del 30 de diciembre de 1954, Günther murió en la *suite* de su hotel con vistas a la esfinge. Si murió estando solo o acompañado sigue siendo un misterio. Durante largo tiempo se rumoreó que el magnate había sucumbido tras «una pequeña muerte».[2] Tenía setenta y tres años.

El ambiente en Alemania Occidental había cambiado a principios de ese año. El orgullo alemán había vuelto. Después de que el país derrotara a Hungría en la final de la Copa del Mundo de Fútbol de 1954, el cántico de la época nazi de «*Deutschland, Deutschland über alles!*»[3] ('¡Alemania, Alemania, por encima de todos!') resonó por todo el estadio de Berna. Alemania había vuelto, pero Günther se había marchado.

Los años cincuenta fueron más que una década. Supusieron el amanecer de una nueva era alemana, todo gracias al Gobierno estadounidense. El estallido de la guerra de Corea en junio de 1950 fue la chispa que encendió el resurgimiento económico de Alemania Occidental. El Gobierno de Truman empezó a gastar miles de millones de dólares en el rearme, por lo que muchas fábricas americanas se convirtieron en productoras de armas. Como resultado, la producción de otros bienes se demoró y aumentó la escasez, lo que hizo que Alemania Occidental aprovechara la ocasión. En su papel clave de nación occidental industrializada, fue capaz de llenar ese vacío en la producción y de encargarse de la descomunal demanda mundial de bienes de consumo gracias a su capacidad de exportación. Para cuando llegó 1953, la economía de Alemania Occidental se había cuadruplicado.[4] Cualquier aversión que quedara en el resto de los países a la compra de productos alemanes se desvaneció clara y rápidamente.

En la nueva república federal de Alemania Occidental, liderada por el canciller Konrad Adenauer, el *Wirtschaftswunder,* o 'milagro económico', proclamó una nueva era de crecimiento económico nunca antes visto y de gran prosperidad para la mayoría de los alemanes. En particular, los magnates desnazificados asentados en el oeste y sus herederos entraron en una época de inconmensurable riqueza mundial, que se mantiene hasta hoy. Pero estas nuevas ganancias inesperadas pasaron completamente por alto a los millones de alemanes que vivían en el Estado comunista de Alemania Oriental, gobernado por los soviéticos. Y a medida que la desigualdad se enquistaba, una cultura del silencio también se instauró en esta Alemania dividida. Enterró los horrores del Tercer Reich y el papel diabólico que muchos alemanes habían tenido en él. Los magnates de Alemania Occidental convirtieron sus decenas o cientos de millones de *reichsmark* en miles de millones de marcos o dólares, y recuperaron o consiguieron el control de sectores enteros de la economía alemana y global, sin casi nunca, o nunca, volver la vista atrás. Estos hombres dejaron a sus herederos empresas y fortunas valoradas en miles de millones, pero también un pasado manchado de sangre que aguardaba para salir a la luz.

2

El 8 de enero de 1955 se celebró un homenaje póstumo en recuerdo de Günther Quandt en el salón de actos de la Universidad Goethe de Fráncfort. Hermann Josef Abs —uno de los banqueros más influyentes del Tercer Reich, que se estaba convirtiendo actualmente en el financiero más poderoso de Alemania Occidental como presidente del Deutsche Bank— dijo lo siguiente sobre Günther en su panegírico: «Nunca se sometió servilmente al Estado autoritario».[1] Era exactamente lo contrario a lo que el propio Abs había dicho de él durante la fastuosa celebración del sexagésimo cumpleaños del magnate en Berlín en 1941. En aquella época, mientras se dirigía a la élite nazi, el banquero había elogiado el servilismo de Günther: «Pero tu característica más destacada es tu fe en Alemania y en el Führer».

Horst Pavel, el ayudante más cercano de Günther y artífice principal de la estrategia para arianizar la AFA, también pronunció unas palabras que apenas hicieron mención a la época nazi, salvo para decir lo arduamente que su jefe y mentor había trabajado durante la guerra. Pavel habló con admiración sobre la «asombrosa» habilidad de Günther para sacar el máximo rendimiento de los numerosos desastres económicos y políticos de Alemania: «Preparaba sus movimientos con cautela, y después actuaba con habilidad y tenacidad hasta que, finalmente, conseguía su objetivo».[2]

Aunque las autoridades soviéticas habían arrebatado a Günther empresas, fábricas, residencias y fincas en Alemania del Este, conservó muchos activos en Alemania Occidental:[3] la fábrica de baterías AFA en Hannover, numerosas plantas armamentísticas de DWM (además de sus filiales Mauser y Dürener), y lo que quedaba de Byk Gulden, una inmensa empresa química y farmacéutica que ya había sido arianizada cuando Günther la compró durante la guerra; por nombrar algunas. También le quedaban un tercio de las participaciones de Wintershall, el gigante del potasio y el petróleo, y un 4 % de acciones en Daimler-Benz (hasta 1945 había formado parte del consejo supervisor de esta importante empresa automovilística con sede en Stuttgart). Fue un movimiento clarividente. La motorización en masa estaba creciendo por todo el mundo, y el futuro económico de Alemania Occidental pasaba por la industria automovilística. En los años previos a su muerte, Günther reestructuró la AFA y la situó como el proveedor clave de acumuladores y baterías de arranque para coches.

Reestructurar en Alemania Occidental significaba saldar cuentas con algunas verdades desagradables. El nombre completo de DWM —Deutsche Waffen- und Munitionsfabriken— se cambió por algo que sonaba más inofensivo: IWK (Industriewerke Karlsruhe). Además, se prohibió a la compañía fabricar armas y munición (por el momento, al menos). Byk Gulden, por su parte, se había convertido en uno de los negocios farmacéuticos más grandes de Alemania a finales de la guerra, pero se debía en parte a sus filiales arianizadas. Tras el conflicto bélico, los herederos de los dueños judíos originales pusieron en marcha los procedimientos de restitución.[4] Las negociaciones concluyeron discretamente y se devolvió a los herederos tierras, edificios y maquinaria. El abogado de Günther abordó estos asuntos con pragmatismo: «No había ni una sola empresa alemana que no hubiera llevado a cabo procesos de arianización durante la guerra, por lo que había demandas de restitución aquí y allá y hacían falta abogados para resolverlas»,[5] recordaría más adelante.

Günther había luchado con uñas y dientes contra algunos de estos procesos judiciales. En 1947, Fritz Eisner, un químico judío alemán que había huido a Londres, presentó una demanda de restitución contra la AFA en la zona de ocupación británica.[6] Günther había arianizado las empresas electroquímicas de Eisner, situadas a las afueras de Berlín, en 1937, y ahora Eisner quería una compensación que complementara la miseria que Günther le había pagado. Pero las empresas se encontraban ahora en la zona de ocupación soviética y habían sido expropiadas. En lugar de disculparse con Eisner por extorsionarlo y haberle pagado menos de lo que debía, Günther hizo que sus abogados de la AFA combatieran a la demanda basándose en la premisa de la jurisdicción. La petición Eisner fue rechazada en 1955, poco después de la muerte de Günther.

3

Pero ¿cuál fue exactamente el legado empresarial de Günther Quandt? Kurt Pritzkoleit, un periodista de negocios que informaba sobre empresarios industriales, le dio este título a un capítulo de un libro sobre Quandt en 1953: «El poder del gran desconocimiento».[1] Pritzkoleit fue el primer reportero en sacar a la luz el verdadero tamaño del imperio industrial de Günther y su inclinación por el secretismo:

> Quandt desarrolló un talento para proteger su trabajo de la opinión de los extraños y lo convirtió en una habilidad que es difícil de encontrar […]. Casi nadie ha sido capaz de comprender el alcance completo y la universalidad de sus actividades, salvo aquellos que estuvieron a su lado. Desarrolla a la perfección su camuflaje; la habilidad, tan poco común entre nosotros, seres humanos débiles y vanidosos, para absorber el color protector de su entorno: entre los fabricantes textiles, parece un fabricante textil; entre los trabajadores del metal, parece un trabajador del metal; entre los especialistas en armas, parece un especialista en armas; entre los ingenieros eléctricos parece un ingeniero eléctrico; entre los expertos en seguros, parece un experto en seguros; entre los mineros de potasa, parece un minero de potasa; y en cada una de sus manifestaciones parece tan auténtico y convincente que el observador que lo descubre en alguna de sus polifacéticas actividades se cree que ese color protector es el original y único, innato e inmutable.

La continuidad dinástica y empresarial había sido crucial para Günther.[2] El magnate había visto cómo otros negocios familiares caían presa de luchas internas relacionadas con la sucesión. Como quería evitar eso a toda costa, antes de morir dispuso unos meticulosos planes. Sus hijos, Herbert y Harald, se harían cargo cada uno de una rama específica de su imperio industrial. Harald era el más dotado técnicamente de los dos. Se había graduado como ingeniero mecánico en 1953 y, como estudiante, ya había formado parte de numerosos consejos de supervisión de las empresas de su padre. Tenía sentido, por lo tanto, que se pusiera al frente de los negocios de armas y maquinaria IWK, Mauser, Busch-Jaeger Dürener y Kuka. Herbert, el hermano mayor de Harald —al que sacaba diez años—, supervisaría la AFA y las participaciones que tenían en Wintershall y Daimler-Benz.

Günther dejó a su espalda una fortuna de 55,5 millones de marcos (unos 125 millones de euros actuales),[3] la mayoría en participaciones empresariales, que legó a Herbert y a Harald prácticamente a partes iguales a través de dos conglomerados. Pero puesto que Günther ya había transferido muchos de esos activos a sus hijos a lo largo de la década anterior —una estrategia para evitar el impuesto de sucesiones de la que muchas de las personas más ricas del mundo hoy en día se siguen aprovechando—, el verdadero tamaño de su patrimonio era imposible de calcular. Baste decir que era superior a 55,5 millones de marcos.[4] La estructura formada por propiedades y deudas a través de diversos *holdings* era tan compleja que incluso los auditores más experimentados tiraron la toalla. «No resulta fácil detallar hasta qué punto los títulos financieros se adquirieron a través de fondos personales o de préstamos bancarios [...]. Estas transacciones [...] están tan entrelazadas que es imposible establecer una conexión entre la compra de títulos y de empréstitos individuales»,[5] recogía una evaluación de 1962 realizada por mandato del Gobierno alemán.

En cualquier caso, el traspaso del negocio a la siguiente generación de los Quandt se desarrolló sin contratiempos. El hijo de Günther, Herbert, bromearía después: «Con todo el respeto hacia mi padre: si su muerte no hubiera aparecido en los periódicos, nadie del sector lo habría notado».[6] El trabajo en las fábricas

Quandt se suspendió en señal de duelo durante el homenaje a Günther, pero se retomó enseguida. Herbert y Harald vivían a menos de cien metros el uno del otro en Bad Homburg, una ciudad-balneario al norte de Fráncfort. Tenían gran interés por expandir su imperio empresarial y dejar su propio legado, por lo que, tras la muerte de su padre, ampliaron rápidamente el lote de participaciones que habían heredado de este en Daimler-Benz, el fabricante de Mercedes. Sin embargo, sin que ellos lo supieran, otro magnate alemán, con incluso más dinero a su disposición que ellos, tenía sus propios planes de inversión y los millones suficientes para llevarlos a cabo. Ese magnate era Friedrich Flick, que también había posado sus miras sobre la marca automovilística más importante de Alemania. La «batalla por Daimler»[7] estaba a punto de comenzar.

4

A mediados de julio de 1955, en la junta anual de Daimler-Benz en Stuttgart, se incorporó a dos nuevos socios con paquetes importantes de acciones que, además, fueron elegidos para formar parte del consejo supervisor del fabricante de coches: Herbert Quandt y Friedrich Flick. Herbert contaba con un considerable 3,85 % de participaciones de Daimler que él y Harald habían heredado de Günther. Pero Flick sorprendió a todo el mundo cuando declaró que tenía el 25 % de las acciones, es decir, una minoría con capacidad de bloqueo. El magnate, recién salido de prisión, había empezado a comprar acciones de Daimler en secreto, y ahora, tanto él como los hermanos Quandt querían más. Herbert y Harald ansiaban un 25 %; Flick se planteaba obtener el control mayoritario. Mientras dos de las dinastías empresariales más ricas de Alemania se enfrentaban en un mano a mano por aumentar su número de acciones en Daimler, el precio de estas aumentó notablemente.[1] En enero de 1956, surgió un tercer inversor: un especulador comerciante de maderas de Bremen que se había hecho con un 8 % de las participaciones. Quería vender su lote a una de las dos partes por una cuantiosa prima: el doble de su precio.

Unidos por la presencia de un enemigo común, los Quandt y Flick firmaron una tregua. Llegaron a un acuerdo secreto para expulsar al nuevo inversor. Flick rechazó la oferta del especulador, lo que obligó a este último a venderle sus participaciones a Herbert y Harald por un precio mucho menor. Los hermanos Quandt y Flick dividieron entonces el lote y siguieron aumentando su número de participaciones. En la siguiente junta general anual de Daimler, celebrada en junio de 1956, Harald Quandt y el hijo mayor de Flick, Otto-Ernst, se unieron al consejo de supervisión del fabricante de coches de Stuttgart.

Hacia finales de 1959, Flick era el socio mayoritario de Daimler-Benz, con cerca de un 40% de la compañía. Los Quandt, por su parte, tenían un 15%. Y, entre ambos, se encontraba el Deutsche Bank, con un 28,5%. El triunvirato formado por Hermann Josef Abs —presidente de Deutsche Bank y también del consejo de supervisión de Daimler-Benz—, los Flick y los Quandt dirigiría la compañía del mayor fabricante automovilístico de Europa durante las próximas décadas. Y no fue un reinado problemático. Flick ubicó una parte de sus acciones en Daimler en un *holding* propiedad de Herbert Quandt, lo que permitió a este último cumplir los requisitos para desgravarse los impuestos. Las dinastías estaban ahora oficialmente unidas.

Pero mientras que Herbert y Flick terminaron colaborando en Daimler, cuando trataron de rescatar BMW se encontraron en bandos opuestos.[2] El fabricante de coches de Múnich estaba al borde de la bancarrota a finales de la década de 1950 a causa de la poca variedad en sus modelos y la mala gestión. Herbert le pidió permiso a Harald para comprar acciones en BMW a título personal, sin implicar al grupo Quandt. Era una inversión arriesgada, pero Herbert, al que le encantaban los coches rápidos, quería tener la oportunidad de reestructurar la empresa.

Así, comenzó a comprar participaciones de BMW y bonos convertibles. La prensa sospechó al principio que Flick estaba tras el aumento de los precios de las participaciones, pero él lo negó. Aun así, en la junta anual de BMW en diciembre de 1959, se presentó un plan de reestructuración, secundado por

Flick, que incluía la emisión de nuevas participaciones exclusivas para Daimler-Benz, que con ello controlaría mayoritariamente a su competidor. Flick, como socio principal de Daimler, lo vio como una forma barata de tener a BMW bajo su control. Pero el plan que Flick propuso no fue aceptado al final por los socios en la junta de Múnich, que fue bastante intensa. Tras el intento de golpe de Estado empresarial por parte de Flick, Herbert tomó firmemente las riendas de BMW y empezó a reorganizarla él solo tras convertirse en su principal accionista.

La reestructuración de Herbert, que duraría una década, fue un éxito.[3] Cambió la gerencia, expandió la variedad de modelos de coche y continuó comprando participaciones. En 1968, BMW consiguió mil millones de marcos de beneficios y Herbert controlaba ya el 40 %. Ese verano, vendió las acciones que la familia tenía en Wintershall, el gigante del petróleo y el gas, al coloso químico BASF por cerca de ciento veinticinco millones de marcos. Utilizó parte de estas ganancias para convertirse en el accionista mayoritario de BMW. Hasta el día de hoy, dos de sus hijos siguen manteniendo ese nivel de control sobre la compañía automovilística, motivo por el que ostentan el título de los hermanos más ricos de Alemania.

5

Para los Quandt y muchas otras dinastías empresariales alemanas, los fantasmas del Tercer Reich nunca se alejaron mucho, principalmente porque los propios magnates no dejaban de invitarlos de nuevo.[1] Harald Quandt contrató a una pareja, que había trabajado para los Goebbels durante la época del nazismo para que se uniera al servicio doméstico de su casa en Bad Homburg. «El mismo hombre que había llevado a su madre en coche durante los años treinta ahora hacía lo propio acercando a sus hijas al colegio»,[2] reveló más tarde un biógrafo de la familia Quandt. Pero estas contrataciones no se limitaron a la vida privada de Harald. Durante los primeros años de la década de 1950, Harald introdujo y situó en puestos de importancia dentro del grupo Quandt a dos de los ayudantes de más confianza de Joseph Goebbels en el Ministerio de Propaganda. El más destacado era Werner Naumann, al que se designó como sucesor de Goebbels en el testamento de Hitler. Además, Naumann había sido otro de los amantes de su madre, Magda. Cuando lo contrató como miembro del consejo de administración de Busch-Jaeger Dürener, las autoridades británicas de Alemania acaban de dejarlo libre después de que, en 1953, él y un grupo de neonazis intentaran infiltrarse en un partido político, plan que frustraron los británicos. Al parecer, al heredero de los Quandt esto no le importó lo más mínimo. Mientras hablaba con un amigo, Harald defendió su decisión de contratar a Naumann describiéndolo como «un compañero inteligente, no un nazi».[3] Pero Naumann se había unido al NSDAP en 1928 y lo habían nombrado general de brigada de las SS en 1933. Era un nazi comprometido, se viera por donde se viera.

Claro que Harald no fue el único en mantener sus vínculos con el oscuro pasado de Alemania mientras amasaba riqueza para su dinastía. Los dos antiguos oficiales de las SS, Ferry Porsche y Albert Prinzing, estaban muy ocupados convirtiendo el Porsche 356 en un enorme éxito global durante la década de 1950. Como consecuencia, Ferry se rodeó de antiguos oficiales de las SS en las oficinas de la marca en Stuttgart.[4] En 1952 colocó al barón Fritz Huschke von Hanstein a cargo de las relaciones públicas globales de Porsche y lo nombró director de su equipo de carreras automovilísticas. Von Hanstein había sido un icono de este deporte durante la guerra. Había pilotado el BMW favorito de Himmler luciendo un mono adornado con las iniciales «SS», que lacónicamente explicó que significaban «*Super-Sport*»[5] ('súper deporte'). No obstante, la trayectoria de von Hanstein en las SS no se limitó a las carreras de coches. Como capitán de las SS, ayudó en el «reasentamiento» de los judíos y los polacos en la Polonia ocupada por los nazis. Pero después de que un tribunal de las SS lo reprendiera por un intento de violación, perdió el favor de Himmler.

En enero de 1957, Porsche contrató a Joachim Peiper, que había salido de la prisión de Landsberg solo cuatro semanas an-

tes, después de que una comisión de indultos germano-estadou-
nidense conmutara su sentencia de muerte. Peiper, un antiguo
adjunto de Himmler, había sido condenado por un tribunal
militar estadounidense en Alemania después de la guerra por
haber dirigido la unidad de tanques de las SS responsable de
la matanza de Malmedy en 1944, en la que ochenta y cuatro
prisioneros de guerra americanos habían sido asesinados. Por
iniciativa de Prinzing, Porsche contrató al criminal de guerra
nazi como su jefe de promoción de ventas. Peiper estaba encantado con su nuevo puesto. «Verá [...], nado silenciosamente en
las grandes y viscosas inundaciones de la maravilla económica
de la República Federal. No en lo más alto, pero tampoco en
lo más bajo. En el medio, sin provocar la más mínima ola»,[6] le
escribió a su abogado. Pero, con el tiempo, la contratación de
Peiper agitaría bastante las aguas, incluso en una compañía tan
bien provista de antiguos oficiales de las SS (el antiguo chófer
de Hitler, Erich Kempka, y el general de las SS Franz Six, fueron
otras de sus incorporaciones). En 1960, Porsche concluyó que
esta línea de contratación podría dañar potencialmente la reputación de la marca en el país al que más vehículos se exportaban:
Estados Unidos. De manera que Peiper fue despedido.

Durante este mismo periodo, otro antiguo oficial de las
SS, Rudolf-August Oetker, se estaba beneficiando extraordinariamente del milagro económico de Alemania Occidental. Su
empresa familiar, Dr. Oetker, alcanzó un récord de ventas en
1950, cuando vendió cerca de 1250 millones de paquetes de
levadura en polvo y mezcla para hacer pudin.[7] Con esos beneficios, Rudolf-August transformó su negocio de productos de
horneado, establecido en Bielefeld, en un conglomerado mundial.[8] Aumentó las participaciones de la familia en la empresa de
fletes de Hamburg Süd e invirtió en más cerveceras. Además,
también se introdujo en nuevos sectores: compró el banco privado Lampe y nombró al banquero nazi Hugo Ratzmann su socio
principal.[9] Durante el Tercer Reich, Ratzmann había ayudado a
Günther Quandt, Friedrich Flick, August von Finck y muchos
otros magnates a llevar a cabo sus procesos de arianización y
expropiación en Alemania y la Polonia ocupada.

Cuatro años después de la muerte de Ratzmann en un accidente de coche en 1960, Rudolf-August nombró a Rudolf von Ribbentrop director general de Lampe. Era el hijo mayor del arribista ministro de Asuntos Exteriores de la Alemania nazi, que también había sido el primer hombre en morir ahorcado en Núremberg. Rudolf-August y Rudolf von Ribbentrop habían sido amigos desde 1940, pero la carrera de von Ribbentrop en las SS había sido mucho más exitosa que la del príncipe del pudin. Von Ribbentrop había sido un comandante de tanques Panzer, altamente condecorado, de la selecta 1.ª División Leibstandarte SS Adolf Hitler. Su madre había sido una de las herederas de Henkell, uno de los mayores productores de vino espumoso de Alemania. Había propuesto a su hijo como socio gerente de la compañía, después de que fuera hecho prisionero de guerra y lo liberaran, pero sus parientes y el presidente de Henkell, Hermann Josef Abs, vetaron el nombramiento. Pensaban que el apellido Ribbentrop sería malo para el negocio. Pero Rudolf-August no tenía tantos reparos. «Me convenció para que me alejara del círculo íntimo de mi familia y fuera a trabajar con él»,[10] escribió después von Ribbentrop en su autobiografía. «Las oportunidad que me brindó supuso un mayor reto para mí del que podría haberme imaginado. Le estaré siempre agradecido».

Para empezar, Rudolf-August colocó a von Ribbentrop en una fábrica de marionetas en la que había invertido,[11] periodo durante el cual von Ribbentrop reforzó sus lazos con su red de contactos de las Waffen-SS. En enero de 1957, pidió a Rudolf-August que proporcionara ayuda económica a los veteranos de su unidad de tanques de las SS que habían sido condenados por la matanza de Malmedy y que habían salido recientemente de la cárcel. Entre este grupo de criminales de guerra nazi se encontraba Joachim Peiper, el antiguo comandante en jefe de la unidad y nuevo empleado de Porsche. El mundo era un pañuelo, al fin y al cabo. Rudolf-August estaba feliz de poder ayudar económicamente a estos antiguos camaradas de las SS, pero el tacaño magnate quería evitar los pagos directos porque estos no eran deducibles. En su lugar, Rudolf-August propuso utilizar el grupo empresarial Dr. Oetker, como ya había hecho en otras ocasiones (según dio a entender), para transferir el dinero a Stille Hilfe ('Ayuda Silenciosa'), la hermética organización de ayuda humanitaria para miembros de las SS condenados y fugados; hoy en día sigue activa.

Rudolf-August no tardó en ascender a von Ribbentrop a socio general del banco Lampe. Pero el vínculo que unía a estos antiguos compañeros de las SS se terminó de consolidar cuando Rudolf-August compró el negocio familiar de vino espumoso de Henkell por ciento treinta millones de marcos en 1986.[12]

6

Uno de los magnates sí que tuvo que enfrentarse a repercusiones empresariales por sus acciones durante el Tercer Reich; y reaccionó de forma radical.[1] En noviembre de 1954, el barón August von Finck se encontraba a los pies de los Alpes planeando su venganza. El jefe de caza al que tenía empleado, un hombre llamado Bock, había puesto cadenas para la nieve al viejo todoterreno aparcado en el pueblo de Mittenwald, en Baviera, junto a la frontera con Austria. Acompañado de su sirviente, su cocinero y su perro de caza, Dingo, von Finck ascendió a toda prisa por las vertiginosas carreteras hasta Vereinsalm, su rústica cabaña de montaña decorada con astas de ciervo. Quería tomarse un respiro en soledad en la nevada cordillera de Karwendel. Acababa de soportar el primer intercambio de golpes en su lucha por conseguir el poder de dos de las aseguradoras más importantes del mundo.

De nuevo a la cabeza de su banco privado, Merck Finck, el aristócrata de sesenta y seis años llevaba un tiempo preparando una OPA hostil sobre Allianz y Munich Re, los dos gigantes de los seguros cofundados por su padre. ¿La razón tras el intento de von Finck de intentar tomar el poder de forma tan drástica? Lo habían apartado de sus funciones recientemente. En 1945, las autoridades de ocupación estadounidenses habían depuesto al barón como presidente de los consejos supervisores de las dos aseguradoras, aunque se le permitió regresar como miembro, que no presidente, del consejo de supervisión de Munich Re tras la finalización de su juicio de desnazificación. Claro que esto no era suficiente para von Finck; quería recuperar sus dos antiguos puestos. Dado el historial reciente de von Finck como leal seguidor de Hitler e importante especulador en los procesos de arianización de bancos privados, era inconcebible que dos de las aseguradoras más reconocidas del mundo le dejaran regresar como presidente. De manera que, furioso, abandonó el consejo de Munich Re. «El año 1945 tiró por la borda muchas tradiciones, y los hombres nuevos de Allianz querían su propio círculo de confianza. Después de todo, durante aquellos años, los tanques de los norteamericanos traqueteaban por todo el país y debían rodar algunas cabezas»[2] se quejó el magnate, cómodamente instalado en su cabaña, a un periodista de *Der Spiegel.*

A través de la herencia y el banco privado de su padre, von Finck seguía siendo el principal accionista de ambas aseguradoras, cuyo capital social estaba estrechamente interconectado. De manera que, como reacción al menosprecio recibido, el banquero empezó a comprar en secreto participaciones de Allianz, a través de testaferros, a lo largo de 1954. Pretendía aumentar su proporción del 8 % a, por lo menos, un 25 % para así convertirse en una minoría con poder de bloqueo y lograr el control de ambas compañías. Von Finck no recibió ninguna ayuda de los bancos comerciales de Alemania en su compra hostil porque tenían una relación muy cercana con las aseguradoras. Pero el hombre más rico de Baviera tenía dinero más que suficiente. En un movimiento excepcionalmente poco habitual en él, el tacaño financiero llegó a comprar un 16,5 % de las acciones. Sin embargo, la aseguradora bloqueó el registro de sus nuevas acciones para que el barón no pudiera hacer uso de todos sus derechos de voto. Mientras tanto, el altivo von Finck, que nunca había considerado al hombre común uno de los suyos, no logró convencer al suficiente número de pequeños socios de que se unieran a él y formaran una minoría de bloqueo.

Había que buscar una solución. Tras unas arduas negociaciones, von Finck y las aseguradoras llegaron a un acuerdo a finales de enero de 1955. A cambio de que se registraran las participaciones que acaba de adquirir, von Finck retiró su plan de que se votaran, en una junta extraordinaria de socios que él mismo había convocado, sus propuestas relacionadas con la reestructuración. Pero el banquero seguía siendo el principal accionista de las dos aseguradoras, de modo que todavía podía causarles enormes dolores de cabeza en el futuro. Se sucedieron más negociaciones, y las aseguradoras llegaron a otro acuerdo con el antiguo presidente. A cambio de una amplia porción de sus participaciones en Allianz y Munich Re, von Finck recibiría una minoría considerable en una importante empresa siderúrgica, Südwestfalen.

Para gran consternación de von Finck, sin embargo, no pasó mucho tiempo hasta que tuvo que enfrentarse a un nuevo socio mayoritario en Südwestfalen. Y no era otro que Friedrich Flick, el viejo conocido del barón. El magnate se pasó la década de 1950 haciendo negocios a diestro y siniestro, recuperando el tiempo y los activos que había perdido mientras estuvo encarcelado.[3] El grupo empresarial de Flick, asentado en Düsseldorf, se había despedido casi por completo del carbón, estaba intensificando sus inversiones en el acero y se estaba aventurando en la industria química y del automóvil. Todo mientras un antiguo sector muy familiar para el magnate empezaba a resurgir en Alemania Occidental: la producción de armas. Flick quería acceder a ella, pero no era el único. Había lucrativos contratos de defensa que conseguir y numerosos magnates echándoles el ojo. La carrera armamentística de Alemania volvía a ponerse en marcha.

7

Harald Quandt, antiguo teniente de los paracaidistas de la Luftwaffe, estaba a cargo de la rama armamentística del creciente imperio empresarial de la familia. Era el máximo responsable de IWK —antigua DWM—, que estaba resurgiendo rápidamente como uno de los fabricantes de armas más importantes de Alemania Occidental. El país le debía esta situación de rearme a la intervención de Estados Unidos en la guerra de Corea y en la Guerra Fría. Tras el fin de la primera, la administración Eisenhower exigió a sus aliados occidentales que se comprometieran a contribuir de forma más igualitaria a la carga militar que suponía la segunda. El canciller Adenauer se lo tomó como una oportunidad para tratar el tema del rearme de Alemania Occidental. En mayo de 1955, el país se unió a la OTAN y se le permitió volver a tener un ejército. Seis meses más tarde, se oficializaron sus nuevas Fuerzas Armadas, la Bundeswehr. Poco después, la IWK de los Quandt y su filial, Mauser, que fabricaba rifles, recibieron autorización para volver a producir armas.

La decisión sobre el rearme satisfizo especialmente a un genio de las tecnologías como Harald.[1] Tenía un gran campo de tiro automático, instalado en su sótano, un búnker a prueba de radiación construido bajo la villa familiar de los Quandt en Bad Homburg. En 1957, el licenciado en ingeniería incluso tuvo la oportunidad de desarrollar el prototipo de un tanque. Los ejércitos de Francia y Alemania Occidental habían acordado producir uno juntos y convocaron un concurso de diseño, que ganó un consorcio que lideraba la IWK de Harald. Pero el proyecto francoalemán del tanque no terminaría saliendo adelante. Alemania Occidental se retiró porque el Gobierno quería que el país construyera su propio tanque: el Leopard.

Alemania Occidental encargó unas cantidades impresionantes del nuevo tanque de batalla. El ejército quería entre mil y mil quinientos, ensamblados por un precio unitario de 1,2 millones de marcos; este primer pedido podía ascender, pues, a mil ochocientos millones de marcos. Harald confiaba en poder conseguir este contrato, pero se enfrentaba a la dura competencia de dos magnates mucho más experimentados que él en la construcción y el diseño de tanques: Friedrich Flick y Ferry Porsche. Aunque el hombre de confianza de Flick declaró a la prensa en 1956 que el veterano fabricante de armas «siente verdadero rechazo por cualquier clase de armamento»,[2] este se reincorporó al sector ese mismo año. Una de las filiales siderúrgicas de Flick empezó a fabricar piezas para el nuevo avión militar de transporte de la Luftwaffe, el Noratlas; el caza de combate Fiat G91; y el bombardero Lockheed F-104.

Pero esto solo era el principio de los planes de producción de armas de Flick.[3] Cuando los pedidos de locomotoras empezaron a reducirse en Krauss-Maffei —que se encontraba bajo el control de Flick—, hizo que la compañía entrara en la producción armamentística a través de la licitación del tanque Leopard, uniéndose a Daimler-Benz, para el motor, y a Porsche, para el diseño. Pero a la empresa automovilística de Stuttgart le faltaban dos de sus cofundadores.[4] Ferdinand Porsche había muerto con setenta y cinco años en 1951, seguido al año siguiente por Anton Piëch, que murió inesperadamente con cincuenta y siete años de un ataque al corazón. Los dos hombres nunca se habían recuperado del todo del tiempo que pasaron detenidos en una prisión militar francesa.

Ferry Porsche y su hermana, Louise Piëch, tomaron las riendas para fortalecer a sus respectivas compañías Porsche. Tras haber construido el primer coche con el nombre de la familia, Ferry volvía ahora a tener éxito donde su padre no lo había conseguido: con el prototipo de un tanque Porsche para su producción en masa.[5] En 1951, durante unas vacaciones esquiando en Davos, Suiza, Ferry se reunió con un miembro de la familia Tata, unos empresarios industriales de la India. Quería fabricar camiones y tanques en la India con Daimler-Benz tras la buena experiencia que tuvieron con la producción de locomotoras con Krauss-Maffei. Como es evidente, por aquel entonces a las empresas de Alemania Occidental no se les permitía construir tanques, pero Ferry dio con un vacío legal: crearían una empresa conjunta con Daimler para el diseño del tanque y la establecerían en Suiza, sorteando de esa manera la prohibición de fabricar armas en Alemania. El resultado fue una fábrica de Tata-Daimler en la India que producía en masa tanques basados en el diseño de Ferry.

Una década después, Krauss-Maffei y Daimler-Benz, ambas ahora bajo el control de Flick, le devolvieron el favor a Porsche sumando a esta empresa como encargada del diseño en su licitación por el tanque Leopard. Harald Quandt pensaba que tenía la mejor estrategia, pero subestimaba las conexiones políticas de Flick. Mientras que Harald quería llevarse la producción a Hamburgo (de ideología izquierdista), Flick propuso que el Leopard se fabricara en Baviera, el hogar conservador de Franz Josef Strauss, antiguo ministro de Defensa y poderoso presidente del partido político gobernante en Baviera, la Unión Social Cristiana (CSU). Con el respaldo de Strauss, Flick y Ferry vencieron a Harald y consiguieron el contrato en 1963.

El tanque Leopard fue un éxito rotundo.[6] Krauss-Maffei estimó el valor de sus facturación, solo con el primer contrato, en cuatrocientos ocho millones de marcos. Poco después, los ejércitos de distintos aliados de Alemania Occidental en la OTAN también empezaron a hacer sus pedidos. Hacia 1966 se habían construido cerca de 3500 tanques Leopard y se había encargado un nuevo modelo mejorado. Ferry Porsche no tenía problema con que su empresa automovilística hubiera vuelto al desarrollo armamentístico. «Uno nunca sabe en qué dirección irá la política. De acuerdo con el concepto por el que está estructurado, nuestro ejército se rige por el principio de la defensa. Y para esta tarea debemos equiparlo con las mejores armas disponibles»,[7] escribió Ferry en una de sus autobiografías.

A pesar de haber perdido el Leopard, Harald siguió adelante con el desarrollo y la producción armamentística como si nada. Lideró otro consorcio, en este caso para diseñar el prototipo de un tanque germano-americano, pero este caro proyecto tampoco se llevó a cabo.[8] Harald y Ferry diseñaron, además, sus propios vehículos anfibios.[9] Sin embargo, el prototipo militar de Ferry —no muy distinto del coche cubo de su padre— no fue seleccionado por la Bundeswehr. Y el «anficoche» para el ciudadano de a pie fue un fracaso a nivel mundial. Su empresa IWK, por el contrario, tuvo más éxito fabricando minas terrestres, y suministró más de un millón de minas antipersonas y minas antitanque al ejército de Alemania Occidental y a sus numerosos aliados.[10] Algunas de las minas antipersona de IWK se exportaron directamente o se revendieron a las zonas en guerra de África (se han descubierto unidades sin explotar en Etiopía, Eritrea y Angola, entre otros países). Proyectadas para mutilar o matar a soldados, podrían haber terminado matando incluso a más niños y civiles. Es probable que muchas de esas minas terrestres sigan estando latentes bajo suelo africano hoy en día, largo tiempo después de la muerte de Harald Quandt.

8

A las 22.30 del 22 de septiembre de 1967, el avión Beechcraft King de Harald Quandt despegó desde el aeropuerto de Fráncfort.[1] Su destino era Niza o, más concretamente, la villa de Harald en la Riviera Francesa que tenía intención de poner a la venta. Con él iban su amante y otros dos invitados. El tiempo sobre Fráncfort era tormentoso aquella noche y los pilotos no tardaron en perder el contacto por radio con el control de tráfico aéreo. Al día siguiente, un pastor que se encontraba en las últimas laderas de los Alpes descubrió los restos del avión privado. Se había estrellado contra las montañas de la región del Piamonte, no muy lejos de Turín. Harald, junto con el resto de los pasajeros y los pilotos, había perdido la vida.

Solo tenía cuarenta y cinco años cuando murió. Dejaba a su mujer, Inge; a sus cinco hijas pequeñas, con edades entre los dos meses y los dieciséis años; y veintidós puestos ejecutivos o en consejos de supervisión. Su medio hermano, Herbert, sin embargo, superaba estos números con sus seis hijos de tres matrimonios distintos y su condición de ser el hombre con más presencia en consejos directivos de Alemania Occidental. Cuando Harald murió, el único alemán más rico que los Quandt era Friedrich Flick.

Flick, al igual que los altos cargos del ejército de Alemania Occidental y Estados Unidos, acudió al funeral de Harald en Fráncfort. Entre todos, rindieron homenaje a este empresario industrial, emprendedor y encantador, que tanto disfrutaba con las personas y las fiestas. Los asociados más cercanos a Harald estaban «horrorizados» por su temprana muerte,[2] pero tampoco les sorprendió particularmente. Hacía tiempo que temían que este día llegara. A Harald siempre le había gustado vivir al límite.[3] Después de todo lo que había presenciado y superado, seguía sintiendo una pasión infantil por la vida. Esta actitud contrastaba claramente con la de su conservador medio hermano mayor, Herbert, el salvador de BMW, con una discapacidad visual, al que no le gustaban los extraños. Claro que, en realidad, el que llevaba una carga sobre los hombros era Harald. Una de sus hijas le preguntó una vez si ella tenía tantos hermanos porque él mismo los había tenido en el pasado. La respuesta a la pregunta no fue nada amable. Aunque es cierto que hablar de esos trágicos sucesos no estaba completamente prohibido, sí que se dejaron sin tratar en su mayoría. Pero eso no hacía que Harald no cargara con ese macabro pasado allá donde fuera.

Un periodista alemán describió una vez su encuentro con Harald en una fiesta en Fráncfort, organizada por un famoso arquitecto judío: «Entre las caras alegres y animadas había una pálida como la luna, quieta y en silencio, con los ojos brillantes y húmedos, mirando fijamente […] a la nada. Aquel rostro pálido, que sonreía educadamente pero con esfuerzo, permaneció inmóvil. Me pareció como si una lejana tormenta rugiera tras aquellos ojos cerosos, el recuerdo de una desgracia incurable. Harald Quandt, rico heredero, hijo de Magda Goebbels... Todo aquel que le miraba recordaba el terrible sacrificio a Baal que su madre llevó a cabo en el *Führerbunker,* cuando todo llegó a su fin».[4] Harald nunca perdonó a su madre y a su padrastro por haber matado a sus propios hijos, sus queridos hermanos, ni tampoco logró superar su acto de asesinato-suicidio. Cuando un abogado que representaba los intereses de Goebbels contactó con Harald para hablarle de la herencia de su padrastro, no quiso saber nada.[5] Le dijo al abogado que prefería mantener sus recuerdos de la casa de la isla de Schwanenwerder, en Berlín, con sus seis hermanos y su madre vivos en ella.

La muerte de Harald partió al clan Quandt por la mitad. Y la familia de Flick también se estaba disolviendo. Solo una de las dinastías empresariales sobreviviría a esta agitación interna; la otra se derrumbaría.

9

El barón August von Finck llevaba puesto un sencillo traje azul
y unos zapatos marrones, con los talones gastados, el frío día de
principios de la primavera de 1970 en el que un periodista de la
revista *Der Spiegel* se reunió con él en su finca de Möschenfeld,
al este de Múnich. El periodista quería trazar un perfil sobre el
hombre de setenta y un años para un artículo que estaba escribiendo sobre la reforma agraria. El cuello y los puños de la
camisa del banquero parecían deshilachados y llevaba la corbata
torcida. «No resulta complicado para el viejo hombre contrade-
cir el dicho de que el hábito hace al monje. Detrás de los miles
de millones de marcos, vuelven a aplicarse las normas de la gente
del campo»,[1] escribió el reportero al principio de su artículo de
doce páginas, titulado «Nueve ceros». El aristócrata «bebe poco y
fuma moderadamente, sobre todo tabaco picado de Virginia, lo
que desmiente el refrán de que el dinero no apesta». Hacia 1970,
Friedrich Flick, August von Finck, Herbert Quandt y Rudolf-
August Oetker eran los cuatro hombres de negocios más ricos
de Alemania Occidental, de mayor a menor según su fortuna.[2]
Todos eran antiguos miembros del Partido Nazi, uno de ellos
se había presentado voluntario como oficial de las Waffen-SS y
todos se habían convertido en multimillonarios.

El banco privado de este magnate en concreto, Merck Finck,
estaba valorado en mil millones de marcos, pero la mayor parte
de su fortuna se encontraba en las tierras. La finca principal de
von Finck se extendía, casi ininterrumpidamente, a lo largo de
diecinueve kilómetros a las afueras de Múnich. Las más de dos
mil hectáreas de terreno a las afueras de la ciudad más rica de Alemania —más de 18,5 millones de metros cuadrados de potencial
terreno para construir, valorados en cerca de dos mil millones de
marcos de la época— estaban compuestas por un tercio de praderas y tierra de cultivo y dos tercios de bosques. Los domingos,
el barón conducía su destartalado Volkswagen hacia la campiña
bávara y caminaba fatigosamente a través de sus bosques, ataviado con un abrigo de loden gastado. En Baviera, August von Finck

era una figura omnipresente. «Es como el cuento de la liebre y el erizo»,[3] se quejó un constructor sindicalista a un periodista de *Der Spiegel*. «Vayamos a donde vayamos, [von] Finck ya está allí».

El hombre más rico de Baviera seguía siendo además el más tacaño. Von Finck no llevaba suelto; si necesitaba dinero, perforaba con los descuidados dedos su chaleco y murmuraba: «¡Oh! Creo que no llevo nada en el bolsillo». Aceptaba monedas de buena gana de cualquiera que estuviera a su alrededor y hacía autostop para ir al peluquero de un pueblo cercano porque era quince céntimos más barato que cortarse el pelo en Múnich. «No comprende el necesario cambio social en el mundo y tampoco quiere intentar comprenderlo», escribió el periodista. «Como si estuviera en un museo, sigue viviendo en la época en la que se crio». Y von Finck no era el único magnate que se aferraba a una era más oscura.

El antiguo oficial de las Waffen-SS, Rudolf-August Oetker, seguía siendo amigo de los nazis. No había tenido reparos en contratar a su viejo compañero de las SS, von Ribbentrop, ni en donar a Stille Hilfe. A principios de la década de 1950, su segunda mujer, Susi, le dejó para casarse con un príncipe que pronto se convertiría en un reconocido político del NPD, el partido neonazi de Alemania Occidental.[4] En 1967, en la cresta de la popularidad del partido radical, *Der Spiegel* informó de que Rudolf-August se había reunido en secreto con ciertos políticos neonazis.[5] Conoció al fundador del NPD a través del nuevo marido de su exmujer mientras hospedaba a otro de los líderes del partido en su mansión de Hamburgo. En mayo de 1968, el periódico alemán Die Zeit incluyó los grupos empresariales de Dr. Oetker y Flick en una lista de los patrocinadores corporativos del NPD.[6] Ambas compañías negaron, sin embargo, haberlos apoyado.

A finales de septiembre de 1968, a pesar de las multitudinarias protestas, se inauguró un museo público en Bielefeld con el nombre de Richard Kaselowsky, el adorado padrastro nazi de Rudolf-August y miembro del Círculo de Amigos de Himmler.[7] Para el diseño del edificio, Rudolf-August había contratado al arquitecto estrella norteamericano Philip Johnson, que también había apoyado el nazismo.[8] Cuando la polémica sobre el nombre del museo resurgió décadas después, el ayuntamiento de la ciudad decidió cambiarlo y, como respuesta, Rudolf-August retiró su apoyo económico al museo, junto con las obras de arte que había prestado.

10

En diciembre de 1967, Adolf Rosenberger murió como Alan Robert en Los Ángeles, de un ataque al corazón. El perseguido cofundador de Porsche y emigrante tan solo tenía sesenta y siete años. Tras el acuerdo al que llegó con la empresa y las muertes de Ferdinand Porsche y Anton Piëch a principios de la década de 1950, Rosenberger había viajado a Stuttgart y se había reunido con Ferry, al que le había ofrecido varias patentes con la esperanza de representar a Porsche en California.[1] Después de todo lo que había ocurrido, Rosenberger seguía queriendo formar parte de la compañía que había ayudado a crear. Ferry le contestó con evasivas y el asunto quedó en nada.

Casi una década después de la muerte de Rosenberger, Ferry publicó su primera autobiografía: *We at Porsche* ['Nuestra vida en Porsche', cuyo título alemán fue *Ein Leben für das Auto*]. En ella, el diseñador de coches deportivos no solo tergiversó la verdad sobre el proceso de arianización que sufrió Rosenberger y su huida de la Alemania nazi, sino también sobre las historias de otros judíos alemanes a los que se obligó a vender sus empresas y escapar del régimen de Hitler. Ferry incluso acusó a Rosenberger de haberlo extorsionado después de la guerra. Y lo que es más, el antiguo oficial de las SS empleó descarados estereotipos y prejuicios antisemitas en su retorcido relato: «Tras la guerra, era como si las personas a las que los nazis habían perseguido se creyeran con derecho a exigir un beneficio extra, incluso en los casos en los que ya se los había indemnizado. Rosenberger no constituía, bajo ningún concepto, una excepción».[2]

Ferry, que ya tenía más de sesenta años, ofreció un ejemplo de una familia judía que había vendido su fábrica de forma voluntaria después de marcharse de la Alemania nazi a la Italia de Mussolini, solo para regresar tras la guerra y reclamar que les «pagaran una segunda vez», al menos según su interpretación de los acontecimientos. Ferry continuó diciendo: «Sería difícil culpar a Rosenberger por pensar de una manera parecida. Sin duda sentía que, puesto que era judío y los nazis —que tanto daño habían hecho— lo habían obligado a dejar Alemania, tenía derecho a un beneficio extra».

Ferry aseguró falsamente que su familia había liberado a Rosenberger cuando los nazis lo detuvieron. Pero no habían sido ni Ferry ni su padre ni su cuñado, Anton Piëch, quienes habían conseguido sacar a Rosenberger de un campo de concentración a finales de septiembre de 1935, a las pocas semanas de que los magnates del automóvil hubieran arianizado sus participaciones en Porsche. De hecho, el sucesor de Rosenberger en Porsche, el barón Hans von Veyder-Malberg, fue el que negoció con la Gestapo para que lo dejaran libre y después ayudó a los padres de este a que escaparan de Alemania.[3] Pero Ferry le arrebató el mérito de estas acciones, tan moralmente sensatas, al difunto barón en nombre de la familia Porsche: «Teníamos tan buenos contactos que fuimos capaces de ayudarlo, y lo liberaron. Por desgracia, todo esto quedó olvidado cuando el señor Rosenberger vio lo que a él le pareció una oportunidad de ganar más dinero. Claro que la mayoría de los inmigrantes que habían dejado Alemania, no solo los judíos, se sentía así».

11

Cuando murió su padre, Herbert y Harald «se juraron el uno al otro que no habría ningún conflicto fratricida en la familia Quandt».[1] Pero tras el fallecimiento de Harald en el accidente aéreo de 1967, la relación entre su viuda, Inge, y su medio hermano Herbert empeoró. Inge inició una relación con el mejor amigo de su difunto marido, que empezó a criticar las decisiones empresariales de Herbert. Las dos ramas de la familia Quandt iniciaron una separación de sus activos.[2] Tras unas largas y difíciles negociaciones, Inge y sus cinco hijas recibieron de Herbert cuatro quintos del 15% de acciones que la dinastía tenía en Daimler-Benz. Y poco después se dividió el resto de activos entre las dos familias.

Inge no estaba hecha para la vida de una heredera Quandt.[3] Se enganchó a las píldoras y fumaba cerca de cien cigarrillos al día. La mañana del día de Nochebuena de 1978, Inge apareció muerta en su cama. Había fallecido de un paro cardíaco a los cincuenta años, y debía haber sucedido mientras sostenía un cigarrillo en la mano, pues tenía quemados dos dedos. Sus hijas se quedaron huérfanas, pero incluso entonces les aguardaba otra tragedia. Al día siguiente, durante la noche de Navidad, el nuevo marido de Inge se tumbó junto al cuerpo inerte de su mujer, que se había dispuesto en su casa de Bad Homburg, se llevó una pistola a la boca y apretó el gatillo. Una de sus hijastras descubrió el cuerpo un día después.

El único consuelo para las hijas de Harald tras esta nueva doble tragedia fue que, al menos, no tenían problemas de dinero. Los Quandt habían empezado a buscar comprador para sus acciones de Daimler-Benz alrededor de 1973. La familia Flick no estaba interesada; tenían sus propios problemas, por lo que los Quandt buscaron rápidamente otro candidato. En noviembre de 1974, las familias vendieron su paquete de acciones.[4] El comprador, cuya identidad inicialmente se mantuvo en secreto, no tardó en revelarse: la Kuwait Investment Authority, el fondo soberano de inversión más antiguo del mundo. La venta resultó polémica en Alemania Occidental, pues le pisaba los talones a la crisis del petróleo de 1973, pero reportó a las familias Quandt casi mil millones de marcos, la mayor transacción de participaciones de la historia alemana. Las hijas de Harald tenían la vida resuelta. Dio la casualidad de que, en cuestión de seis semanas desde que se realizara la venta, otra más alta la eclipsó: un heredero de Flick vendió un lote de acciones de Daimler, el doble de grande, por dos mil millones de marcos. El grupo empresarial de Flick, y la familia a la que pertenecía, también se estaban viniendo abajo.

12

A principios de la década de 1960 estalló una acalorada batalla legal entre Friedrich Flick y su hijo mayor, Otto-Ernst. La sucesión estaba en peligro, como también lo estaba el futuro del conglomerado de Flick, el grupo de empresas privado más grande de Alemania Occidental. Como en el caso de Günther Quandt, la continuidad dinástica y empresarial lo era todo para Flick. Pero a diferencia de Günther, Flick nunca implementó las estructuras que permitirían que la sucesión corporativa se realizara con normalidad y el testigo pasara a sus hijos. Y si eso no fuera suficiente, el deseo de Otto-Ernst de separarse de su controlador padre lo convirtió en un líder brusco y autoritario en la sala de juntas, que irritaba a aquellos con los que trabajaba.

Otto-Ernst era lo opuesto a su frío, intelectual y calculador padre. Durante una intensa reunión familiar en Düsseldorf, que se había convocado para hablar sobre el futuro profesional de Otto-Ernst, este acusó a su padre de ser un cobarde. Flick respondió que «era la persona con mejor carácter sobre la faz de la Tierra, pero no un cobarde»,[1] y añadió que su hijo lo descubriría pronto cuando acudieran a los tribunales. El veredicto que Marie, la mujer de Flick, dio sobre su hijo, fue particularmente brutal: «Teníamos grandes esperanzas puestas en ti. Sin embargo, tus malas cualidades, aunque pocas, han cogido tanta fuerza a lo largo de tu vida que [...] te falta el carácter necesario y la idoneidad profesional para suceder a tu padre».

Después de años de tensas disputas, Flick por fin llegó a la conclusión, a finales de 1961, de que Marie tenía razón: su hijo mayor no estaba a la altura. Flick modificó el acuerdo de socios de su grupo empresarial a favor de su hijo menor, Friedrich Karl, al que se ascendió por encima de su hermano, once años mayor que él. Como respuesta, Otto-Ernst demandó a su padre y hermano por incumplimiento de contrato y solicitó en los tribunales que el conglomerado Flick se disolviera y se dividiera.[2]

El proceso judicial en Düsseldorf se alargó durante años. Otto-Ernst perdió dos veces, pero se llegó a un acuerdo extrajudicial en otoño de 1965.[3] Otto-Ernst fue expulsado del grupo empresarial familiar por un precio cercano a los ochenta millones de marcos, y su 30% de participaciones se transfirió a sus tres hijos. Su hermano pequeño, Friedrich Karl, controlaba ahora la mayoría de las acciones de la compañía. Flick tampoco estaba especialmente entusiasmado con este hijo, pero se estaba quedando sin tiempo y sin opciones. Ahora tenía sus esperanzas depositadas en sus dos nietos —ambos hijos de Otto-Ernst—, a los que se conocía como Muck y Mick.

Meses después de la conclusión del acuerdo que partió en dos a su familia, Marie falleció. La mujer de Flick desde hacía más de cincuenta años había sido testigo de la incompetencia de sus dos hijos para suceder a su marido. Otto-Ernst «siempre ha tenido talento y ha sido competente y trabajador, pero no sabe arreglárselas». Friedrich Karl «no tenía talento y nunca ha sido competente ni trabajador, pero sabe arreglárselas».[4] Ese fue la despiadada valoración que hizo de sus hijos.

La familia Flick. Otto-Ernst, el primero por la izquierda; Marie y Friedrich, en el centro; y Friedrich Karl, el primero por la derecha.

Tras la muerte de su mujer, Flick, que padecía una enfermedad bronquial producto de toda una vida fumando puros baratos, se trasladó de Düsseldorf al sur de Alemania, en busca del fresco aire alpino. Terminó instalándose definitivamente en un hotel en el lago Constanza, a pocos minutos de Suiza. Falleció en dicho hotel, en su *suite,* el 20 de junio de 1972, diez días después de su ochenta y nueve cumpleaños.

13

En el momento de su muerte, Friedrich Flick era el hombre más rico de Alemania Occidental y se encontraba entre las cinco personas más acaudaladas del mundo. Controlaba el grupo empresarial privado más grande la nación, con acciones mayoritarias en 103 casos y 227 minorías significativas, unos beneficios anuales de casi 5500 millones de euros actuales y más de 216 000 empleados, incluidos los que trabajaban en Daimler-Benz.[1]

Y aun así, Flick se había negado siempre a pagar ni un solo céntimo a aquellos que habían realizado trabajos forzados o esclavos en las fábricas y minas que controlaba. A principios de la década de 1960, la Conferencia sobre Reclamaciones Materiales Judías presentó una demanda contra Dynamit Nobel,[2] una productora de explosivos que ahora fabricaba plásticos y que estaba en manos de Flick. Durante la guerra, había empleado a cerca de 2600 mujeres judías de Hungría, Checoslovaquia y Polonia como esclavas para que elaboraran munición en fábricas subterráneas. Las mujeres salieron de los campos de concentración de Auschwitz y Gross-Rosen y se las deportó a los subcampos de Buchenwald, donde se las puso a trabajar para la marca de explosivos. Cerca de la mitad de las mujeres sobrevivieron a este calvario. Pero da la casualidad de que Flick no era el dueño de Dynamit Nobel durante la guerra, sino que se había convertido en su socio mayoritario en 1959. Sin piedad alguna, no solo rechazó de plano las demandas de compensación de las mujeres, sino que alargó las negociaciones durante años antes de retirarse por completo de ellas. Incluso John J. McCloy, el antiguo alto comisionado estadounidense de la Alemania ocupada que había ordenado que se liberara a Flick antes de tiempo, se involucró en el asunto. Apeló a la obligación moral de Flick, pero, claro está, no consiguió nada.

En los quince años anteriores a que la demanda de Dynamit Nobel acabara sobre su mesa, Flick había adquirido mucha experiencia en la negociación de indemnizaciones.[3] Durante ese periodo, el magnate resolvió tres casos de arianización extremadamente complejos. Sin admitir su culpa, Flick devolvió una mera fracción de las enormes empresas industriales que había comprado por la fuerza o que había ayudado a arrebatar a las familias Hahn y Petschek, cuyos miembros al completo habían tenido que emigrar. Y lo que es más, no solo fue capaz de quedarse con el resto de los activos, sino que Flick se las ingenió para sacar partido negociando con el Gobierno una compensación por todo el carbón que había cedido al grupo empresarial nazi Reichswerke Hermann Göring durante la arianización de Ignaz Petschek.

No resultó extraño, por lo tanto, que Hermann Josef Abs, el ubicuo presidente del Deutsche Bank, empleara un tono más serio durante el panegírico del funeral de Flick, celebrado en Düsseldorf, del que había mostrado durante el de Günther Quandt en Fráncfort. Tras alcanzar un acuerdo con los herederos de Ignaz Petschek por su dudosa participación en el proceso de arianización, Abs medió entre el Gobierno alemán y Flick en nombre de los herederos. En su papel de eterno intermediario, Abs realizó las mismas funciones para Flick en sus insensibles negociaciones con la Conferencia sobre Reclamaciones Materiales Judías. Durante el funeral de Flick, dijo que cualquier valoración sobre el trabajo que el magnate había realizado a lo largo de su vida debía «dejarse a una historiografía más objetiva que la que es habitual hoy en nuestro atormentado y derrotado país».[4]

Los turbios negocios de Flick —o los suyos propios— durante el Tercer Reich no fueron el único motivo por el que Abs realizó esta tan poco característica declaración taciturna a finales de julio de 1972. En la década de 1960, el movimiento de protesta estudiantil había marcado un giro cultural en Alemania Occidental. Una generación más progresista se había hecho adulta; una que había nacido tras la guerra y que criticaba la estructura de poder del país, el continuo y virtual dominio del Tercer Reich sobre puestos de importancia en todos los aspectos de la sociedad, y la falta de cualquier reconocimiento real sobre el pasado nazi de Alemania. Los viejos hombres reaccionarios que habían dirigido las grandes industrias alemanas estaban perplejos. Habían crecido en una época en la que la autoridad era incuestionable y los asuntos escabrosos simplemente se escondían bajo la alfombra. Además, tras casi veinticinco años de un crecimiento ininterrumpido, el *boom* económico de Alemania Occidental se estaba enfriando. Flick dejaba atrás un grupo empresarial que envejecía por momentos y a una familia que tenía la misión de mantenerlo todo unido mientras ella misma se estaba desintegrando.

Otto-Ernst no asistió al funeral de su padre en Düsseldorf. Casi dieciocho meses más tarde, sucumbió a un ataque al corazón; era un hombre roto de tan solo cincuenta y siete años. Su hermano pequeño, Friedrich Karl, no perdió el tiempo y se hizo con el control total del conglomerado, sucediendo a su padre como consejero delegado.[5] A mediados de enero de 1975, anunció la venta de un 29 % de las participaciones de Daimler-Benz al Deutsche Bank por dos mil millones de marcos. Se habían escuchado rumores de que Friedrich Karl estaba negociando la venta al completo de las participaciones en Daimler al sah de Persia, pero al Gobierno de Alemania Occidental le pareció inaceptable, sobre todo teniendo en cuenta que seis semanas antes las participaciones de los Quandt en dicha empresa se habían vendido a Kuwait. De manera que el Deutsche Bank apareció en escena. Friedrich Karl necesitaba el dinero por apremiantes asuntos familiares. Al mes siguiente, compró la parte de sus sobrinos, Muck y Mick, y de su sobrina, Dagmar, por cuatrocientos cinco millones de marcos. Así, los tres hijos de Otto-Ernst quedaron fuera del negocio familiar y Friedrich Karl gobernó solo el imperio de los Flick.[6]

A diferencia de su padre, severo y adicto al trabajo, que prefería un estilo de vida austero, Friedrich Karl disfrutaba con el boato de la riqueza. Se movía en avión privado entre sus mansiones de Baviera y Düsseldorf, su coto de caza en Austria, una villa en la Riviera Azul, un ático en Nueva York, un castillo cerca de París y un yate de sesenta metros de eslora llamado *Diana II*. Sus fiestas en Múnich eran legendariamente libertinas. El heredero de Flick, aunque listo, era perezoso, y no le interesaba especialmente dirigir el negocio familiar. Dicho cometido lo dejó mayoritariamente en manos de su amigo de la infancia, Eberhard von Brauchitsch, un deslumbrante abogado al que Flick padre había ascendido e incluido en la gerencia. Los dos mejores amigos nadaban en montañas de dinero.

Hicieron un trato con el ministro de Hacienda de Alemania Occidental: los millones de la venta de Daimler-Benz no se declararían en su gran mayoría siempre que el dinero volviera a invertirse, en los siguientes dos años, en la economía alemana o en activos extranjeros declarados aptos. De manera que, en los años siguientes, se dedicaron a mejorar distintas empresas de Flick y cientos de millones se invirtieron en negocios estadounidenses, como la empresa química W. R. Grace. La exención fiscal del grupo empresarial privado más grande de Alemania Occidental llegó justo a tiempo.[7]

Pero todo se derrumbó a principios de noviembre de 1981, cuando las autoridades fiscales hicieron una redada en la oficina del contable principal del conglomerado en Düsseldorf; se sospechaba que estaba evadiendo impuestos a nivel personal. Lo que los investigadores descubrieron fue mucho más insidioso: documentos detallando que, durante más de una década, von Brauchitsch había pagado casi veintiséis millones de marcos en sobornos a los tres partidos más importantes de Alemania Occidental con el objetivo de favorecer las exenciones fiscales.[8] Se había empleado una misión católica para lavar el dinero donado por Flick, que después se devolvía a su grupo empresarial para que se distribuyera entre sus receptores principales: la CDU/CSU, la alianza de dos partidos políticos conservadores: la Unión Democrática Cristiana y la Unión Social Cristiana de

Baviera. Von Brauchitsch se refería eufemísticamente a los sobornos como «cultivar el panorama político».[9]

El caso Flick, el escándalo político más importante de Alemania hasta la fecha, sacudió de lleno al país. *Der Spiegel* lo denominó «la república comprada».[10] En la investigación que se llevó
a cabo, se implicó a cientos de miembros pertenecientes o que
habían pertenecido al parlamento, incluido el nuevo canciller
Helmut Kohl.[11] Aunque este logró conservar su puesto, su ministro de Asuntos Económicos, el conde Otto von Lambsdorff, fue
imputado por aceptar sobornos del conglomerado de Flick y tuvo
que dimitir. Friedrich Flick negó saber nada sobre el asunto y
culpó de todo a su amigo von Brauchitsch. En 1987, se condenó
al directivo, al que también se había despedido, a dos años de prisión, que no llegó a cumplir, y a pagar una multa por evasión de
impuestos. Von Brauchitsch se mudó entonces a Zúrich y Mónaco. Siguió siendo amigo íntimo de Friedrich Karl, aunque parecía
más por necesidad que por otra cosa. De hecho, la autobiografía
que publicó posteriormente von Brauchitsch llevaba un título re-
velador: *Der Preis des Schweigens* ('El precio del silencio').[12]

Friedrich Karl Flick alrededor de 1980.

Para entonces, el grupo empresarial Flick había dejado de existir.[13] En diciembre de 1985, mientras muchas de las investigaciones sobre el caso Flick seguían en curso, Friedrich Karl vendió su negocio al completo al Deutsche Bank por 5400 millones de marcos (unos 2000 millones de euros), marcando un nuevo récord sobre la mayor transacción empresarial llevada a cabo en Alemania Occidental. Con casi sesenta años, Friedrich Karl ya estaba harto de los grandes negocios. Cobró el dinero y emigró a Austria, un país fiscalmente laxo. Casi setenta años después de que su padre pusiera en marcha la adquisición secreta de su primera compañía siderúrgica, el grupo empresarial de los Flick se había desintegrado. El escándalo de los sobornos terminó siendo la puntilla para este infame negocio familiar. Como concluiría más adelante un historiador alemán, todo lo que quedó de la anteriormente poderosa compañía de Friedrich Flick era «la enorme fortuna de sus herederos y la mala reputación de su apellido».[14]

Como su padre, Friedrich Karl se negó en rotundo a indemnizar a aquellos que habían realizado trabajos forzados o esclavos para el grupo familiar. Dejó al Deutsche Bank la tarea de satisfacer las demandas de la Conferencia sobre Reclamaciones Materiales Judías sobre Dynamit Nobel, cosa que hizo rápidamente en enero de 1986, al pagar cinco millones de marcos (casi dos millones euros) a las mujeres judías que por entonces seguían con vida.[15] El cambio en Alemania estaba a la vuelta de la esquina, y desenterraría el oculto pasado nazi de sus patriarcas empresariales más ilustres.

14

Mientras el imperio de los Flick se hundía, otras dinastías empresariales alemanas también colapsaron. El clan Porsche-Piëch no había parado de generar titulares durante las décadas de 1970 y 1980, pero no por sus nuevos y emocionantes diseños automovilísticos, sino más bien por sus sórdidos escándalos sexuales y sus luchas internas por la sucesión.[1] Y a estas disputas, bastan-

te típicas en las dinastías, se unieron las amenazas de secuestro.[2]
En 1976, uno de los hijos de Rudolf-August Oetker fue raptado
en el aparcamiento de la universidad bávara en la que estudiaba.
El joven fue retenido durante cuarenta y siete horas en una caja
de madera en la que recibía descargas eléctricas. Después de que
su padre pagara su rescate de veintiún millones de marcos (13,5
millones de euros), fue liberado, pero aquella terrible experiencia le dejó secuelas permanentes.

Aun así, de todas las tragedias que podrían ocurrirle a un
negocio familiar, la muerte de su patriarca seguía siendo la más
peligrosa. Un soleado día de finales de abril de 1980, el barón
August von Finck se desplomó tras el escritorio de su finca de
Möschenfeld y falleció. Tenía ochenta y un años. En el momento
de su muerte, el aristócrata reaccionario estaba considerado el
banquero más rico de Europa, con una fortuna estimada en más
de dos mil millones de marcos (unos mil veintidós millones de
euros actuales). Dejaba tras de sí tanto Merck Finck, su banco
privado, como también miles de hectáreas de terreno alrededor
de Múnich, de las más caras del mundo. El barón tenía cinco
hijos de dos matrimonios. «Este avaro tirano [...] sometía a sus
cinco hijos a una versión teutónica de "papá querido",* con su tacañería y exigencia, y su frialdad y distancia»,[3] dijo un perfil suyo
realizado por la revista *Fortune*. Von Finck quitó a su única hija
de su testamento a cambio de meras migajas y desheredó a su
hijo Gerhard en 1978 por «llevar un estilo de vida deshonroso»[4]
tras emigrar a Canadá (Gerhard es ahora un agente inmobiliario
de lujo en Toronto, que ofrece a sus clientes «una combinación
de la eficiencia alemana y la cortesía canadiense»).[5]

Esto dejaba a los tres hijos restantes libres para repartir-
se el patrimonio.[6] Los dos mayores, August hijo y Wilhelm,
siguieron fielmente los pasos de su padre y se hicieron cargo
de Merck Finck. Su hermano pequeño, Helmut, eligió un camino diferente. Se unió a la secta mística de Bhagwan Shree
Rajneesh en Oregón. A sus archiconservadores hermanos no

---

* La expresión *«daddy dearest»* que se utiliza en dicho artículo hace refe-
rencia a un padre que no da cariño a sus hijos y es interesado o egoísta.
(N. de la T.)

les hizo ni un pelo de gracia. En febrero de 1985, el dúo citó a Helmut en una notaría de Múnich, donde le pidieron que renunciara a su herencia a cambio de sesenta y cinco millones de marcos. Aceptó, dejó el movimiento Rajneesh y se hizo criador de caballos en Alemania. Cinco años después, sus medio hermanos vendieron Merck Finck a Barclays por seiscientos millones de marcos.

Helmut tardaría otras dos décadas en recordar que en el momento de renunciar a su herencia había sido adicto al alcohol y a las drogas, por lo que, según él, no había estado capacitado legalmente. Además, sus medios hermanos habían violado el testamento de su padre al vender el banco familiar y otros activos. Los denunció y les reclamó cientos de millones de euros que, según él, le debían. En 2019, un tribunal dictó que Helmut había estado en plena posesión de sus facultades cuando firmó el acuerdo, por lo que perdió la demanda. Mientras tanto, August hijo siguió el ejemplo de su padre también en otros sentidos: empezó a financiar políticas de ultraderecha.

15

Aunque otras dinastías empresariales luchaban, flaqueaban e incluso desaparecían, los Quandt, de alguna manera, sobrevivieron. A principios de junio de 1982, Herbert Quandt murió inesperadamente de un ataque al corazón mientras visitaba a unos parientes en Kiel, semanas antes de cumplir setenta y dos años. Herbert dejaba atrás seis hijos de tres matrimonios distintos. Como su padre, había transferido gran parte de su fortuna antes de su fallecimiento.[1] Su hija mayor, pintora, recibió acciones y propiedades. Los tres siguientes consiguieron una participación mayoritaria en Varta, el gigante de las baterías, antiguamente conocido como la AFA. Dejó las joyas de su fortuna a su tercera mujer, Johanna, y a su dos hijos, Susanne y Stefan. Ellos heredaron casi la mitad de BMW y también Altana, la empresa química y farmacéutica que anteriormente se había llamado Byk Gulden. Cuando Friedrich Karl Flick emigró a Austria, los últimos herederos de Herbert Quandt se convirtieron en la familia más rica de Alemania.

A pesar de que Herbert había sobrepasado el éxito de su padre, salvando y comprando BMW, el heredero de Quandt, con discapacidad visual, fue incapaz de abandonar del todo la sombra de Günther. En el funeral que se celebró en la antigua ópera de Fráncfort, el ayudante más cercano de Herbert recordó a su jefe como alguien que «en su interior seguía siendo el hijo que se sentía orgulloso por no haber decepcionado las expectativas de su padre».[2]

Tras su muerte, las dos ramas de la dinastía Quandt empezaron a gestionar sus fortunas desde edificios vecinos en las afueras de la ciudad de Bad Homburg. A los herederos de Herbert y Harald no los separaba solo una calle y un valor neto de miles de millones, sino distintos estilos para hacer negocios y una actitud opuesta: unos miraban al pasado y otros al futuro.[3] Mientras que la oficina de Susanne y Stefan Quandt se encuentra en un sencillo edificio brutalista,

Herbert Quandt.

construido en la década de 1960 y que lleva el nombre de su abuelo Günther, los herederos de Harald realizan sus inversiones desde unas elegantes oficinas estilo bungaló, rodeadas de verde y con el nombre de su padre y su madre. Le encargaron unos retratos de Harald y su mujer, Inge, a Andy Warhol, y colgaron el de su padre en el vestíbulo de la oficina familiar. Los otros Quandt colocaron un austero retrato de Günther sobre la mesa de la recepción y unos bustos del patriarca y de Herbert en el vestíbulo de entrada. Susanne y Stefan heredaron una inmensa responsabilidad económica con el control que ejercen sobre BMW y Altana. Las hijas de Harald, por otro lado, invierten su dinero libremente, ayudadas por la oficina familiar. Una vez les llegó una oferta para comprar el edificio Chrysler de Nueva York, pero su madre no fue capaz de tomar una decisión. Las dos ramas de la familia Quandt difieren tanto como lo hacían Herbert y Harald: el hermano mayor, conservador, miope y desesperado por agradar a su padre; el pequeño, moderno y con visión de futuro, a pesar, o a raíz, de todo lo demás.

En un increíble movimiento histórico por parte de la rama moderna de los Quandt de hacer las paces con el pasado, una de las cinco hijas de Harald se convirtió al judaísmo.[4] Cuando Colleen-Bettina Quandt quedó huérfana en 1978, solo tenía dieciséis años. A principios de ese año se había enterado de que su abuela era Magda Goebbels, la primera dama del Tercer Reich. Su familia no fue la que le dio la noticia, sino su novio judío. Al igual que Magda durante su adolescencia en Berlín, Colleen-Bettina se hizo amiga de un grupo de jóvenes judíos en Fráncfort. Ella también se sentía aislada en casa y, buscando una forma de pertenecer a algo, quedó fascinada por el judaísmo. La noticia de que una nieta de Magda Goebbels tenía un novio judío se extendió como la pólvora por la unida comunidad religiosa de Fráncfort. «Al final, toda la *mishpacha* lo sabía»,[5] le contó después a un biógrafo de la dinastía Quandt. Sin embargo, no todo el mundo en la comunidad judía la recibió con los brazos abiertos. Algunos de los padres de sus amigos incluso se negaban a hablar con ella.

Colleen-Bettina terminó mudándose a Nueva York para estudiar diseño de joyas en el Parsons School of Design. Como en Fráncfort, la mayoría de sus amigos eran judíos y fue allí donde decidió convertirse al judaísmo ortodoxo moderno. En 1987, con veinticinco años, la nieta de Magda cambió de fe frente a tres rabinos. Poco después de la ceremonia conoció a Michael Rosenblat, un judío alemán que se había trasladado a Nueva York para trabajar en el negocio textil. Rosenblat se había criado en Hamburgo, en un hogar judío ortodoxo, y su padre había logrado salir con vida de un campo de concentración. Ahora, su familia tendría que hacerse a la idea de que no solo estaba saliendo con una conversa, sino también con la nieta de la matriarca más infame del Tercer Reich.

Pero el amor pudo con todo. En 1989, la pareja se casó en una sinagoga en Nueva York. Colleen-Bettina estaba encantada de perder su apellido de soltera. «Quandt... Ese nombre solo molestaba y destruía. Guardaespaldas, conflictos, una soledad interminable. Personas terriblemente celosas e hipócritas. No quiero tener nada que ver con eso nunca más»,[6] le dijo a un periodista alemán en 1998. Rosenblat y ella se habían divorciado el año anterior, pero ella sigue llevando su apellido a día de hoy.

PARTE VI

El ajuste de cuentas

1

En 2019, Stefan Quandt y Susanne Klatten, los hijos pequeños de Herbert Quandt y herederos de BMW, ya no podían presumir de ser la familia más rica de Alemania. Otra dinastía, incluso más solitaria, les había arrebatado el título ese año: los Reimann.[1] No se conocían imágenes de dichos herederos. Nadie sabía siquiera dónde vivían. Este clan de accionistas controlaba JAB, una empresa de inversión en bienes de consumo cuya sede se encontraba, por razones fiscales, en Luxemburgo.[2] Desde 2012, JAB se ha gastado más de 45 000 millones de euros en adquirir marcas de comida y bebida estadounidenses como Snapple, Dr. Pepper, dónuts Krispy Kreme, Peet's Coffee, Einstein Bros. *Bagels,* Stumptown Coffee Roasters, Keurig Green Mountain, Panera Bread, y Pret a Manger. En Europa, adquirieron Douwe Egberts, que comercializa té y café, y también tienen el control de la marca de belleza Coty y la de moda Bally. En su momento, además, fueron dueños de la marca de zapatos Jimmy Choo.

Pero las raíces de la fortuna de la familia Reimann van más allá de los dónuts, *bagels,* pintalabios y zapatos de tacón de aguja. Tienen su origen en la lóbrega ciudad industrial de Ludwigshafen, a una hora al sur de Fráncfort en coche. Durante cuatro generaciones, la dinastía Reimann tuvo en su poder y dirigió Joh. A. Benckiser (JAB), una empresa química que operaba desde dicha ciudad. Bajo el liderazgo de Albert Reimann en la década de 1960, la empresa familiar se extendió a los bienes de consumo caseros, estableciendo así las bases de un imperio que ahora es omnipresente en nuestra vida como consumidores. Albert era el padre de los actuales herederos. Murió en 1984. Como muchos otros magnates alemanes de su generación, Albert había llevado una doble vida ocultando numerosos secretos oscuros. Su pasado nazi solo fue una faceta más de la extraña historia que empezó a revelarse, en tiempo real, cuando cuatro de sus herederos se hicieron con el título de la familia más rica de Alemania.

Las noticias del pasado nazi de los Reimann aparecieron por primera vez cuando el tabloide inglés *Mail on Sunday* reveló, en septiembre de 2018, que Albert había sido miembro del NS-DAP. Los reporteros habían descubierto su carné de afiliado en un archivo alemán, en el que habían estado investigando después de que JAB adquiriera, por mil setecientos millones de euros, Pret a Manger, la cadena global de sándwiches fundada por un judío londinense. Dicho fundador, que había fallecido en 2017, no pudo responder a los tabloides, pero su hermana sí lo hizo: «Es horrible [...]. Mi hermano se habría sentido avergonzado. Somos una familia judía».[3] Los portavoces de JAB y de la familia Reimann comentaron al periódico que eran conscientes de que Albert había sido miembro del Partido Nazi, y confirmaron que su empresa había hecho uso de trabajadores forzados y de prisioneros de guerra. Pero, por el momento, eso fue todo. El artículo no daba más detalles.

Tras leer la historia el otoño de 2018, llamé a la portavoz de toda la vida de la familia Reimann en Düsseldorf. Me había tirado años dedicado a informar sobre las adquisiciones globales de JAB mientras trabajaba en *Bloomberg News*. De hecho, la primera historia que publiqué para el medio, en 2012, identificaba a los cuatro discretos accionistas que se ocultaban tras JAB.[4] Además de sus nombres y sus edades, mi colega y yo descubrimos que la mayoría de ellos eran químicos cualificados que dirigían una organización benéfica infantil y que nunca habían trabajado para el negocio de bienes de consumo de su padre. Su oficina se encontraba en Viena. Los Reimann habían intercambiado sus pasaportes alemanes por otros austríacos, un movimiento que muchas otras familias ricas alemanas también llevaron a cabo por temas fiscales (entre otros muchos beneficios, Austria no tiene impuesto de sucesiones). En aquel momento, descubrimos poco más que eso.

En el otoño de 2018, la portavoz de la familia me aseguró por teléfono que lo que se había publicado sobre el pasado nazi de Reimann era todo. Sí, Albert Reimann había pertenecido al NSDAP, pero no había nada más, me dijo. Reprimiendo mi instinto de reportero, acepté su explicación. Ya llevaba un año trabajando en este libro sobre las dinastías empresariales alemanas y sus historias durante el Tercer Reich, y lo último que quería era añadir otra familia más a la historia.

Pero no tardé en cambiar de idea. A finales de marzo de 2019, la portada de *Bild am Sonntag,* el tabloide dominical más importante de Alemania, abría con una enorme primicia: el pasado nazi de la dinastía Reimann. Un reportero de *Bild*[5] había descubierto en varios archivos que Albert Reimann, su hermana Else y el padre de ambos fueron unos despiadados antisemitas y de los primeros simpatizantes de la causa nazi. Padre e hijo empezaron a hacer donaciones a las SS en 1931 y se afiliaron al NSDAP en 1932. Los dos hombres incluso lograron colarse en el ayuntamiento de Ludwigshafen en representación del Partido Nazi. En mayo de 1933, el padre de Albert dijo a sus empleados: «El judío Karl Marx ha reunido a su alrededor a las peores personas posibles para sacar adelante su idea, mientras que Hitler ha reunido a las mejores».[6] En julio de 1937, Albert le escribió una carta a Heinrich Himmler en la que le decía: «Somos un negocio familiar puramente ario que tiene más de cien años. Los dueños somos seguidores incondicionales de la teoría de la raza». Albert Reimann tenía treinta y ocho años por aquella época y era el consejero delegado de la compañía. Su hermana Else se casó con un hombre de las SS.

El reportero de *Bild* también descubrió que, hacia 1943, el 30 % de la mano de obra de la planta química de los Reimann, cerca de 175 personas, eran trabajadores forzados o prisioneros de guerra franceses. El encargado principal de la fábrica abusaba brutalmente de estos trabajadores e incluso llegó a torturar a una mujer rusa en la carbonera del sótano de la mansión privada de Albert. Este último, además, alentaba los maltratos. Su encargado ordenó a las trabajadoras forzadas que se desnudaran frente a los barracones en mitad de la noche para manosearlas. Durante un bombardeo aéreo de los Aliados en 1945, dicho individuo echó a la fuerza a docenas de trabajadores del refugio antiaéreo de la fábrica. Un ruso murió y muchos otros resultaron heridos.

Tras la guerra, Ludwigshafen quedó en la zona de ocupación francesa. Los Aliados arrestaron a Albert y lo retuvieron en un campo de internamiento. Los activos empresariales de la familia fueron confiscados y sus acciones se congelaron. En febrero de 1947, las autoridades francesas despidieron al padre y al hijo de su propia empresa y les prohibieron ocupar otros puestos en el mundo de los negocios. Pero los dos hombres acudieron a las autoridades de arbitraje de la zona ocupada. Recurrieron la sentencia en Heidelberg, situada en la zona americana y donde disponían de una segunda residencia. Como muchos otros alemanes, ambos presentaron declaraciones *Persilscheine* que daban falso testimonio sobre su postura contra los nazis y su participación activa en la Resistencia. Durante sus juicios de desnazificación, se los declaró meros seguidores de los nazis. Tuvieron que pagar una pequeña multa y el negocio familiar volvió a sus manos. A lo largo de las décadas siguientes, Albert convirtió su empresa familiar de Ludwigshafen en un importante negocio de bienes de consumo, que producía la pasta de dientes Kukident y el detergente para lavavajillas Calgonit.

Ninguno de los Reimann hizo comentario alguno sobre las revelaciones del *Bild am Sonntag*. Pero Peter Harf, el presidente de JAB y confidente de la familia desde hacía años, confirmó todo lo publicado y añadió que padre e hijo «deberían haber sido encarcelados».[7] Harf anunció que la familia donaría diez millones de euros a una organización apropiada para la causa. También reveló que hacía tiempo que los Reimann habían contratado a un destacado profesor de historia alemán para que investigara el pasado nazi de la familia y realizara un estudio independiente que sería de acceso público. Semanas antes de que la noticia apareciera en *Bild*, el historiador presentó ante cinco de los Reimann y Harf un informe provisional. «Nos avergonzamos y nos quedamos pálidos como la nieve. No podemos suavizarlo de ninguna manera. Son unos delitos repugnantes», dijo Harf.

Las consecuencias sobre estos hallazgos llegaron pronto. La mayoría de las marcas que la familia controla tienen su sede en

Estados Unidos y están profundamente enraizadas en la cultura americana. Titulares como «Krispy Kreme Owners Admit to Family History of Nazi Ties» ('Los propietarios de Krispy Kreme admiten su pasado familiar nazi')[8] dieron la vuelta al mundo y enseguida se llamó al boicot. La crítica gastronómica judía del *Boston Globe* escribió una mordaz columna titulada «I Found Out Nazi Money Is Behind My Favorite Coffee. Should I Keep Drinking It?» ('He descubierto que hay dinero nazi detrás de mi marca favorita de café. ¿Debería seguir bebiéndolo?').[9] Mi artículo favorito fue una parodia en McSweeney's titulado «This Is Embarrassing, but It Turns Out Our Fake Jewish Bagel Chain Was Funded by Nazis» ('Me da vergüenza reconocerlo, pero resulta que los nazis financiaron nuestra falsa cadena judía de tiendas de *bagels*').[10] Los Reimann necesitaban desesperada y urgentemente realizar un control de daños para que su reputación y la de sus marcas no quedaran perjudicadas de forma irreversible. La familia debía hacer una declaración. Pero, cuando la hicieron, volvieron a los titulares de todo el mundo.

Los Reimann se apoyaban, podríamos decir que demasiado, en Peter Harf. El economista, nacido en Colonia y titulado en la Escuela de negocios de Harvard, es el principal responsable de haber creado la fortuna de esta familia, estimada en alrededor de 32 000 millones de euros en 2020.[11] El manejo de los activos familiares también convirtió al propio Harf en multimillonario. Los herederos de Albert Reimann lo nombraron consejero delegado del negocio familiar en 1988, siete años después de que dejara Boston Consulting Group y se uniera a la compañía en Ludwigshafen. Durante las siguientes décadas, Harf y un protegido suyo holandés convirtieron la empresa familiar en Reckitt Benckiser, uno de los negocios de bienes de consumo más importantes del mundo. En 2012, Harf y dos de sus directivos utilizaron el dinero de los dividendos y de la venta de acciones de Reckitt para crear JAB como empresa de inversión de los Reimann, con una estrategia centrada en el café, los carbohidratos, los productos de belleza y los artículos de lujo. En 2019, JAB se expandiría a productos para el cuidado de las mascotas.

Harf es un hombre calvo, de mirada intensa y sonrisa fácil. Siente inclinación por los vaqueros, las camisas de diseño chillón, que lleva por fuera de los pantalones, y las gafas de pasta negra que suelen verse más en arquitectos y artistas que en serios ejecutivos alemanes. Pero es más cosmopolita que un directivo mundial normal —alterna su tiempo entre Londres, Milán y Nueva York— y también tiene mejores contactos. Harf diseñó JAB a imagen y semejanza de su empresa favorita, Berkshire Hathaway. Aunque los réditos de Harf no han sido tan buenos como los de Warren Buffett, parece que todo aquel que quiera ser alguien en ese mundo tiene interés en invertir parte de su dinero con JAB. Desde Buffett a su banquero predilecto —el antiguo socio de Goldman Sachs, Byron Trott— pasando por la empresa de inversiones brasileña 3G, la familia francesa Peugeot, o las dinastías cerveceras belgas y colombianas, todos han invertido en JAB y han trabajado con Harf. Cuando me dedicaba a informar sobre la compañía, las breves respuestas de Harf por correo electrónico siempre estaban cuidadosamente elaboradas y eran bastante genéricas, nunca revelaban demasiado. Todo lo que rodeaba a JAB y los Reimann estaba envuelto en un halo de misterio, una estrategia de comunicación ideada por Harf y ejecutada por una cara agencia de relaciones públicas en Nueva York, para el ámbito de los negocios, y por una portavoz en Düsseldorf, para el de la familia. Los hallazgos de *Bild* fueron un duro golpe para esa imagen tan meticulosamente controlada. Pero también supusieron una oportunidad de cambio. «Al asumir la responsabilidad por el pasado, evitábamos el daño presente y futuro sobre la compañía», me escribiría después Harf. «Si hubiera tenido que elegir entre los intereses de la empresa y las responsabilidades sobre el pasado, creo que hubiera escogido esto último».[12]

2

Durante la década de 1990, las presiones externas obligaron a los negocios alemanes a lidiar con una parte de su pasado nazi que llevaban décadas eludiendo: la brutal utilización de millones de personas como mano de obra forzada y esclava.[1] El Muro de Berlín y la Unión Soviética cayeron. La Guerra Fría terminó y Alemania fue por fin reunificada. Más de un millón de trabajadores forzados que seguían con vida fueron liberados después de décadas tras el Telón de Acero, y algunos volcaron su rabia sobre las empresas alemanas que los habían explotado bajo el régimen nazi. En Estados Unidos, los supervivientes presentaron demandas colectivas contra dichos negocios, y diversos anuncios llamaron al boicot de empresas alemanas y de sus productos. En un mundo globalizado, las compañías alemanas empezaban a darse cuenta del daño que su implicación no resuelta con los nazis podría ocasionar sobre el precio de sus acciones, ventas y prestigio. Algunas de las compañías abrieron sus archivos para permitir que los historiadores investigaran el papel que estas habían tenido durante el Tercer Reich; y unas pocas incluso se encargaron personalmente de dicha investigación. Daimler-Benz, Volkswagen, Allianz y el Deutsche Bank fueron las más destacadas.

Para cuando se iniciaron estos estudios, ninguna de las compañías globales alemanas que los habían encargado estaba bajo el control de una dinastía empresarial. Hacía tiempo que los Flick y los Quandt habían abandonado Daimler, y lo mismo sucedía con los Finck y Allianz y Munich Re. La influencia dinástica sobre Volkswagen se limitaba a Ferdinand Piëch, un poderoso descendiente de Anton Piëch y Ferdinand Porsche. Empezó liderando el grupo Volkswagen en 1993, años después de que se pusiera en marcha uno de estos estudios, pero no antes de que ciertos ejecutivos contrariados —a los que se había pasado por alto para el puesto—, filtraran la noticia de que Piëch no era una buena opción para dirigir la compañía, dado que su padre y su abuelo habían empleado a decenas de miles de personas como trabajadores forzados y esclavizados durante su reinado sobre Volkswagen.[2] Los enemigos de Piëch insinuaron que su nombramiento generaría mala prensa en Estados Unidos, el mercado en expansión más importante de la marca. Piëch sobrevivió al ataque y ninguna otra dinastía empresarial alemana movió un dedo, durante los noventa, para aclarar el papel que habrían jugado sus familiares durante el Tercer Reich.

Una rama de la dinastía Flick —para ser más específicos, los hijos de Otto-Ernst Flick, Muck y Mick— fue la primera en experimentar el rechazo de la población después de unir su apellido a las donaciones filantrópicas a las artes y al ámbito académico. En 1975, Friedrich Karl, su tío, los había expulsado a ambos del conglomerado Flick a cambio de cientos de millones de marcos (al igual que a su hermana Dagmar, que, sin embargo, recibió mucho menos dinero que ellos porque, desde un principio, había dispuesto de la mitad de las participaciones).[3]

En 1992, Muck, que vivía en Londres, fue nombrado benefactor de la Universidad de Oxford por su donación inicial de 350 000 libras.[4] Este dinero se utilizó para crear una cátedra en el Balliol College que llevaría el apellido Flick. Pero en 1996 Muck retiró su nombre y su aportación tras una ola de protestas sobre el pasado de la familia Flick. A los manifestantes les enfurecía que los Flick se hubieran negado a indemnizar a ningún superviviente del trabajo forzado y esclavo. Aunque, en una carta abierta que publicó el *Daily Telegraph*, el multimillonario Muck expresaba su «completo rechazo por lo que había sucedido en Alemania durante el Tercer Reich» y decía sentir «verdadera vergüenza por la participación de mi abuelo en estos espantosos acontecimientos»,[5] confesó al Jewish Chronicle que una indemnización podría dejarle «sin recursos», y añadió: «¿Cómo se puede compensar una tragedia humana con dinero?».[6]

A pesar de que el alboroto se calmó en Oxford después de que Muck retirara sus fondos, la polémica sobre los Flick y las indemnizaciones acababa de comenzar. En agosto de 2000, el Estado alemán y las empresas alemanas crearon una fundación llamada Recuerdo, Responsabilidad y Futuro (EVZ por sus siglas en alemán) en Berlín. La EVZ surgió tras un acuerdo entre los Gobiernos alemán y estadounidense por el que se establecía que se pagarían indemnizaciones a los supervivientes de los trabajos forzados y esclavizados, con la condición de que en los tribunales americanos no se aceptaran más casos legales contra las empresas alemanas.[7] Como lo resumiría un historiador: «De esta manera, el Gobierno y la industria alemanas desarrollaron juntos una narrativa sobre la responsabilidad que, una vez más, no era una admisión explícita ni individual de ninguna responsabilidad legal [...]. El Gobierno alemán reivindicaba la superioridad moral, mientras que los perpetradores principales desaparecían convenientemente tras un velo de aparente responsabilidad sin culpa».[8] El negociador por parte del Estado fue el conde Otto von Lambsdorff, el único ministro que había tenido que dimitir por el escándalo de los sobornos de los Flick. El antiguo político fue incluso condenado por evasión de impuestos por el caso, pero claramente eso no fue obstáculo para que se convirtiera en el encargado de las negociaciones de compensación.

Entre 2001 y 2006,[9] la EVZ pagó cerca de 4400 millones de euros a más de 1,66 millones de antiguos trabajadores coaccionados. Para los casi 300 000 supervivientes del trabajo esclavo que se emplearon en los campos de concentración y los guetos, la indemnización más alta fue de 7670 euros para cada uno. Para los 1,35 millones de personas que habían sobrevivido a los trabajos forzados, fue de 2560 euros por cabeza. En total, el Estado alemán y los empresarios contribuyeron, a partes iguales, a los 5200 millones de euros que la fundación tenía a su disposición. Pero más del 60 % de ese dinero lo habían aportado solo diecisiete empresas de las 6500 que hicieron una donación al fondo EVZ. Entre estos diecisiete negocios se encontraban nombres destacados a nivel mundial como Allianz, BMW, Daimler, Volkswagen, Siemens y Krupp. Cerca de 1560 empresas alemanas aportaron únicamente 500 euros cada una a la fundación; un gesto simbólico en el mejor de los casos.

Todo el dinero que las empresas alemanas prometieron donar tendría que haberse abonado para cuando la fundación quedara establecida en 2000. Sin embargo, cuando la EVZ empezó a funcionar ese año, seguían faltándole cientos de millones de contribuciones que varios negocios y sus dueños aseguraron que realizarían. Las empresas controladas por los Quandt y los Reimann ya habían pagado su parte, así como las que estaban en manos de los Porsche-Piëch y los Oetker. La fundación llamó la atención a los Flick para hicieran lo mismo... pero sin resultados inmediatos.

En 2001, cuando el hermano pequeño de Muck, Mick, anunció la construcción de un museo en Zúrich que Rem Koolhaas diseñaría para acoger su colección de arte contemporáneo, se reanudó la polémica sobre las indemnizaciones. Se sucedieron grandes protestas contra el museo y Mick canceló el proyecto, prestando en su lugar su colección a un museo de Berlín en 2004. De nuevo, la historia encendió al público. En el culmen de las protestas, la hermana de Mick, Dagmar, escribió una carta abierta a Die Zeit en la que anunciaba que había donado, de forma anónima, varios millones a la EVZ a principios de 2001, y que estaba contratando a un grupo de historiadores alemanes para que indagaran sobre la familia Flick y sus negocios durante el siglo xx.[10] Los hermanos de Dagmar pronto siguieron su ejemplo. Mick, especialmente, copió casi al detalle las acciones de su hermana: donó millones a la EVZ y después financió el trabajo de cinco historiadores que investigaron las operaciones del grupo empresarial Flick durante el Tercer Reich.[11]

3

A pesar del escándalo que causaron, estos tres hermanos eran, en realidad, la fracción más pobre de la dinastía Flick. Apenas disponían de unos millones. Los multimillonarios se encontraban en la rama de la familia de su tío Friedrich Karl. Este había emigrado a Austria unos años después de vender el conglomerado de los Flick al Deutsche Bank por 5400 millones de marcos (unos 1800 millones de euros), y había fallecido allí en 2006 a la edad de setenta y nueve años.

Pero incluso en el más allá, Friedrich Karl no podía escapar de la mala reputación de la dinastía familiar. En 2008, unos ladrones de tumbas se llevaron el ataúd de trescientos kilos que contenía su cuerpo del mausoleo en el que se encontraba en Velden, una ciudad austríaca frente a un lago. Le exigieron a su viuda, Ingrid, una mujer rubia y pequeña rodeada constantemente de guardaespaldas, un pago de seis millones de euros por recuperarlo.[1] Los restos de Friedrich Karl se recuperarían más adelante en Hungría y se volverían a enterrar en Velden. «Por fin, mi marido ha vuelto a casa», declaró Ingrid a un tabloide alemán. «El miedo y las esperanzas han terminado, y las oraciones han sido escuchadas».[2]

Como su padre, Friedrich Karl se había negado a indemnizar a los supervivientes de los trabajos forzados y esclavizados y nunca hizo ninguna aportación a la EVZ. Cada uno de sus cuatro hijos —fruto de sus dos matrimonios— recibió un cuarto de su fortuna de seis mil millones en 2006. Sus hijos más pequeños, un niño y una niña mellizos, solo tenían siete años cuando falleció, lo que los convirtió en los multimillonarios más jóvenes del mundo.[3] Su dinero se invierte a través la oficina familiar de los Flick en el centro de Viena, cerca de la Ópera Nacional. Y su madre, Ingrid, hija de un carpintero y antigua recepcionista de hotel, está encargada de gestionar su fortuna y su fundación.

Ingrid Flick.

Ingrid se enorgullece de sus donaciones filantrópicas. «Ayudo allí donde considero que es útil y necesario»,[4] dijo a un periódico regional austríaco en 2019. Cinco años antes, por ejemplo, Ingrid donó «una cuantía bastante considerable»[5] al Museo de Arte de Tel Aviv, que se utilizaría en parte «para un intercambio multicultural de niños judíos, musulmanes y cristianos llamado *The Art Road to Peace* ('El camino artístico a la paz')». Sin embargo, ayudar a las víctimas del imperio de los Flick nunca fue, aparentemente, una causa que a la rama multimillonaria de la familia le apeteciera adoptar tras la muerte de Friedrich Karl. A pesar de su generosidad, las hijas mayores que este tuvo con Ingrid no han aportado ni un solo céntimo a la EVZ.

Mientras tanto, Ingrid preside la Fundación Friedrich Flick en Düsseldorf. Dedica el dinero a causas educativas, médicas y culturales, principalmente en Austria y Alemania, a través de una fundación familiar que mantiene el nombre de un criminal de guerra nazi condenado, en cuyas fábricas y minas decenas de miles de personas, entre ellas miles de judíos, trabajaron y murieron como mano de obra esclava y forzada. Pero si echamos un vistazo solo a la página web de la fundación, nunca seríamos conscientes de la mancha que arrastran la fortuna Flick o su patriarca. De hecho, «la preocupación principal» de Ingrid como presidenta es «seguir con las actividades filantrópicas de la fundación según el espíritu de su fundador, el doctor Friedrich Flick»,[6] y su difunto marido. Dos hombres famosos por muchas cosas, pero no por su caridad.

Flick creó la fundación que lleva su nombre en 1963, evidentemente por motivos de imagen.[7] A través de su altruismo, el empresario condenado en Núremberg esperaba reparar su reputación y añadir lustre a su nombre para que, en su ochenta cumpleaños, se le concediera uno de los mayores honores federales de Alemania, la Orden del Mérito. Y funcionó. Después, en 2006, Ingrid Flick se hizo cargo de la presidencia de la fundación y mantuvo su nombre intacto,[8] pero una institución diferente tomaría otro camino. En 2008, el nombre de Friedrich Flick se retiró de un instituto de la ciudad natal del magnate, Kreuztal, tras años y años de intensos debates locales, lo que recibió una atención especial por parte de la prensa nacional.[9] Un colegio no podía llevar el nombre de un criminal de guerra nazi condenado, argumentaban aquellos que estaban a favor de cambiarlo. Pero otra institución educativa más importante no parece tan preocupada por colocar los hechos de la historia por encima de sus deseos de financiación.

Desde 2015,[10] la Fundación Friedrich Flick ha cofinanciado varias iniciativas académicas destacadas en la famosa Universidad Goethe de Fráncfort, entre ellas una prestigiosa beca para estudiantes alemanes.[11] En 2018, la organización benéfica de los Flick relevó al Grupo Edmond de Rothschild, la rama francosuiza de la dinastía bancaria judía, en la financiación de un intercambio de catedráticos de historia financiera en la universidad. Desde entonces, el dinero de los Flick ha ayudado a traer profesores de Princeton, Berkeley y Oxford.[12] Y dicha inversión no ha quedado sin recompensa. La Fundación Friedrich Flick ha conseguido un sitio en el patronato de la fundación de la universidad.[13]

Pero no es la primera vez que la Universidad Goethe ha aceptado dinero de una fundación que lleve el nombre de un especulador nazi y, por lo tanto, le ha mostrado respeto. En 2015, la institución bautizó una sala del campus en honor de Adolf Messer tras una década de donaciones por parte de su fundación. No era ningún secreto que Messer había sido uno de los primeros miembros del NSDAP y que se había beneficiado de la producción de armas y del uso de trabajadores forzados en su negocio de maquinarias. Pero los estudiantes se plantaron ante esta burla. «Adolf Messer no es en absoluto un ejemplo a seguir para los estudiantes y profesores de la Universidad Goethe»,[14] sostuvieron. Al final, las protestas surtieron efecto. La sala fue renombrada en 2019,[15] tras cuatro años de quejas y debates, y la familia Messer también ha cambiado el nombre de su fundación.[16]

Pero las donaciones de la Fundación Friedrich Flick se han mantenido, ocultas a plena vista… hasta ahora.

Muchas otras fundaciones en Alemania llevan el nombre de los empresarios que apoyaron y se beneficiaron del régimen nazi, y por lo que fueron condenados tras la guerra. Tomemos como ejemplo las fundaciones de Alfried Krupp y Fritz Thyssen, a las que, al menos, no se puede acusar de esconder su pasado. Mientras que la Fundación Friedrich Flick sigue ocultando su legado del Tercer Reich, las instituciones benéficas asociadas a Krupp y Thyssen son más transparentes.[17] Ambas ofrecen información en sus páginas web sobre las condenas y crímenes nazis de sus epónimos magnates. Cualquiera que reciba una donación de una de estas fundaciones al menos puede aprender algo de la persona a la que hace honor su nombre.

Ingrid Flick dijo una vez sobre sus mellizos: «Los niños tienen que aprender que no son especiales, pero que el apellido Flick te obliga a ciertas cosas».[18] Pero ¿a qué cosas exactamente? Si la penitencia que la matriarca de los Flick está cumpliendo por la riqueza corrompida y el despiadado pasado de su familia dan alguna indicación, parece que no a muchas.

Y aunque Ingrid Flick pueda ser cómplice de enterrar los pecados asociados a la fortuna que ha heredado, la heredera austríaca no es la única.

4

La noche del 30 de septiembre de 2007, rondando la medianoche, se emitió un documental, sin previo aviso, en el principal canal de la televisión pública alemana. Se titulaba *Das Schweigen der Quandts* ('El silencio de los Quandt'). La siniestra voz que lo narraba marcaba el tono tenso que tendría al plantear una pregunta en la introducción: ¿ocultan deliberadamente los Quandt, la dinastía más rica de Alemania, su historia familiar?[1] En los veinticinco años desde la muerte de Herbert, sus herederos más ricos y visibles —los que controlan BMW— han mantenido un silencio casi absoluto en los medios de comunicación. A pesar de que muchos hechos brutales sobre las actividades de sus patriarcas durante el Tercer Reich emergieron en una biografía familiar de 2002 que se convirtió en un superventas, los herederos de Herbert dueños de BMW no hicieron ningún comentario en él sobre esa oscura parte de la historia de los Quandt que dejaba al descubierto.[2] Pero la emisión del documental por fin logró que hablaran.

El poder visceral del documental residía en el testimonio de dos trabajadores esclavizados que habían trabajado en la fábrica de la AFA en Hannover mientras permanecían cautivos en su subcampo y que habían logrado sobrevivir. Uno de ellos, un danés octogenario, fue entrevistado en el antiguo emplazamiento de la fábrica de los Quandt y del subcampo controlado por las SS. Allí, habló sobre el verdadero infierno que había sido ese lugar: «Cada vez que sueño, estoy aquí de vuelta, en el campo», dijo Carl-Adolf Soerensen, mientras miraba a su alrededor horrorizado. «Y eso no cambiará mientras viva».[3]

La empresa que sucedió a la AFA, Varta, había rechazado la petición que le había hecho un antiguo grupo de trabajadores esclavizados daneses en 1972 de concederles una donación. «Puesto que no reconocemos ninguna obligación legal ni moral que pudiera derivarse de un comportamiento culpable por parte de nuestra compañía, rogamos su comprensión si no tomamos en consideración su solicitud»,[4] respondió la empresa propiedad de los Quandt. En el documental, Soerensen contestó a estas declaraciones: «Reaccionaron de una forma dura y arrogante. Nos humillaron».[5]

A finales de 1980, Varta terminó donando dinero para una cuestión diferente, pero relacionada: para preservar el campo de concentración de Neuengamme como monumento histórico.[6] Claro que, incluso en ese caso, el presidente de la organización benéfica que realizó la petición tuvo que emplearse a fondo para convencer a Varta de que diera dinero. Y después de que enviaran el cheque en apoyo al monumento histórico —unos miserables cinco mil marcos, una cantidad tan baja que el presidente de la organización benéfica pensó que había sido un error—, el gigante de las baterías pidió que se le enviara un justificante del gasto para así conseguir deducirse la donación.

Mientras que los Quandt más acaudalados se habían negado a que los entrevistaran para el documental, uno de los otros hijos de Herbert sí que accedió. Sven Quandt había heredado una parte de Varta y ocupaba un puesto en su consejo supervisor. En pantalla, Sven rechazó sonriente cualquier responsabilidad moral que debiera sentir por haber heredado su fortuna y minimizó la participación de su padre y su abuelo en los crímenes del Tercer Reich. El heredero de los Quandt también instó a Alemania a que dejara atrás su propio pasado nazi: «Debemos tratar de olvidar esto. Han pasado cosas parecidas [...] por todo el mundo y nadie habla ya de ellas».[7]

La emisión reunió a millones de espectadores. Para los Quandt fue una catástrofe publicitaria. El persuasivo testimonio de los antiguos trabajadores esclavizados y los comentarios despectivos y fuera de tono de Sven crearon una disonancia que no podía ignorarse. Pero, lamentablemente, el documental también tenía sus fallos. Introducía la falsa premisa de que la riqueza de los Quandt había empezado con los beneficios obtenidos durante la época nazi —una fortuna amasada sobre las espaldas de los trabajadores forzados y esclavizados— y establecía este origen nazi de su dinero como la razón por la que guardaban un silencio absoluto. Pero esta conclusión era errónea. Günther Quandt ya era uno de los hombres más ricos de Alemania cuando Hitler llegó al poder.

El 5 de octubre de 2007, cinco días después de la emisión, los herederos de Herbert y Harald emitieron un sucinto comunicado conjunto. Las acusaciones del documental habían «conmovido» a la familia, decían. Además, reconocieron que no lo habían hecho bien a la hora de admitir su pasado durante el Tercer Reich. Ahora tenían la intención de contratar a un historiador para que investigara, de forma independiente, el pasado nazi de la familia; darle acceso a los archivos disponibles para así facilitarle la tarea; y publicar los hallazgos. En conclusión, pedían a los medios que «traten nuestra historia como empresa familiar alemana con cuidado y justicia».[8] Resultaba irónico viniendo de una dinastía que seguía negándole un mínimo respeto a los supervivientes del trabajo forzado y esclavista a los que sus empresas habían explotado. El comunicado familiar ni siquiera pedía perdón por ello.

Aunque la familia más acaudalada de Alemania no solía ofrecer entrevistas, los herederos de Herbert que controlaban

BMW llevaban desde 1986 concediendo anualmente un premio de periodismo: el Herbert Quandt Medien-Preis, dotado con cincuenta mil euros, llevaba el nombre de la persona de la que una vez se dijo que tenía «una inclinación casi patológica por el secretismo».[9] Meses después de que el documental se emitiera, dimitieron tres directores editoriales de la junta de la Fundación Quandt que entregaba el premio. No querían seguir concediendo un premio en el nombre de Herbert mientras hubiera una investigación en marcha sobre el pasado nazi de la familia. Pero, aun así, la rama de los Quandt de BMW otorgó el premio de periodismo de ese año y no ha dejado de hacerlo desde entonces.

Durante la ceremonia de entrega de junio de 2008, Stefan Quandt, el heredero más rico de Alemania, fue el primero de la dinastía en declarar públicamente sus remordimientos por el empleo de mano de obra forzada y esclava en las empresas de la familia durante el Tercer Reich. Aunque no llegó a disculparse, Stefan expresó su aflicción por los numerosos trabajadores forzados que sufrieron y murieron en las fábricas Quandt durante la guerra. A pesar de que quedaban tres años para que se completara el estudio encargado por la familia, el hijo menor de Herbert ya estaba defendiendo a sus antepasados y rechazando cualquier crítica hacia ellos. Durante el Tercer Reich, a Günther y a Herbert se los había obligado a operar en medio de «una atmósfera de miedo e inseguridad»,[10] argumentó. Una declaración desconcertante teniendo en cuenta que incluso Günther no lo había considerado así. En sus memorias, el patriarca de la familia Quandt escribió que podría haber abandonado la Alemania nazi en cualquier momento, pero que se había quedado para mantener en funcionamiento sus empresas y fábricas.[11]

Cinco meses después de las declaraciones de Stefan, en noviembre de 2008, su hermana mayor, Susanne Klatten, la mujer más acaudalada de Alemania, habló por primera vez con un periodista sobre su vida personal. Las razones para esta repentina transparencia con el *Financial Times Deutschland* eran diversas. Para empezar, Susanne estaba saliendo de una sórdida aventura amorosa.[12] El otoño anterior, mientras el documental sobre el pasado nazi de su familia sacudía el país, la heredera casada de los Quandt era víctima del chantaje que le estaba haciendo su antiguo amante, Helg Sgarbi, que le exigía millones de euros. Este estafador suizo se había encargado de que un cómplice los grabara en secreto mientras mantenían relaciones sexuales en la habitación de un hotel. Si ella se negaba a pagar, Sgarbi mandaría copias de la cinta a su familia, a la prensa y a la dirección de BMW (Susanne formaba parte del consejo supervisor). Al final, Susanne acudió a la policía y Sgarbi fue detenido. Pero este caso de extorsión acabó ocupando los titulares de todo el mundo.

La entrevista, por lo tanto, trató solo brevemente el tema del pasado nazi de su familia. Susanne no evitó el asunto, ni tampoco sacó conclusiones apresuradas como había hecho su hermano pequeño. «Se ha arrojado luz sobre una sombra», dijo. «Eso siempre es mejor que dejarlo crecer en la oscuridad […]. Es mejor saber lo que hay que ignorarlo». Y, como conclusión, Susanne, de cuarenta y seis años, añadió: «Nunca perderé el respeto y el cariño que siento por mi padre. Nadie puede juzgar cómo era la vida entonces».[13]

El catedrático de historia Joachim Scholtyseck y su equipo de investigadores tardaron otros tres años en completar el estudio que los Quandt les habían encargado. El volumen de 1183 páginas, publicado en septiembre de 2011, proporcionaba abundantes pruebas que demostraban que Günther y Herbert, sus altos ejecutivos y las empresas que dirigían, habían sido cómplices de los delitos del Tercer Reich. Günther había sido un despiadado oportunista, no un nazi comprometido, según Scholtyseck. Aun así, su espíritu emprendedor «era inseparable»[14] de los crímenes nazis, escribió. El deseo de Günther de aumentar su fortuna era tan fuerte que «no dejaba espacio para cuestiones fundamentales de legitimidad y moralidad».[15] El historiador concluyó: «El patriarca formó parte del régimen nazi».[16]

Günther había retirado de los consejos de administración a los miembros judíos «sin remordimientos y vergonzosamente pronto»,[17] escribió Scholtyseck, que también descubrió la existencia de más procesos de arianización llevados a cabo por padre e hijo a partes iguales: «Quandt no era uno de los compradores "amistosos" que cumplían con sus obligaciones [...]. Más bien pertenecía a ese gran grupo de "arianizadores" que consciente y fríamente se aprovecharon de los apuros de los propietarios judíos para hacerse con el control de los negocios que hubieran quedado disponibles», explicó. «No se encuentran por ninguna parte dudas sobre la legitimidad de los procesos de arianización ni ningún tipo de reservas morales [...] por parte de Günther Quandt, su hijo Herbert o sus directivos».[18]

El historiador juzgó con dureza el papel de Herbert durante la época del nazismo. «No cabe ninguna duda de que Herbert [...] estaba al tanto de hasta dónde llegaba la participación del Grupo Quandt, no solo en los actos de injusticia del régimen relacionados con el uso de los trabajadores forzados y los prisioneros de los campos de concentración, sino también en los procesos de arianización. Hasta donde se sabe hoy en día, no expresó desconfianza alguna sobre la gestión de su padre, ni entonces ni más tarde. Y lo que es más, en el transcurso de su ascenso a lo alto de la empresa, él mismo fue el responsable directo de las injusticias cometidas».[19]

5

En septiembre de 2011, Stefan Quandt y su prima Gabriel, una de las hijas de Harald, se reunieron con dos periodistas de *Die Zeit*, el intelectual periódico semanal alemán, para conceder la primera y única entrevista hasta la fecha sobre los hallazgos del estudio. Uno de los entrevistadores era Rüdiger Jungbluth, autor de la popular biografía de la familia Quandt en 2002 y la primera persona en acercar el pasado nazi de la dinastía a la ciudadanía.

Gabriel expresó horror y vergüenza por la forma en que los trabajadores forzados y esclavizados habían sido tratados en las empresas de los Quandt durante el Tercer Reich. «Duele. Günther Quandt era nuestro abuelo. Nos habría gustado tener otro distinto. O mejor dicho: nos habría gustado tenerle de otra forma distinta»,[1] reconoció. Según dijo, el documental, aunque erróneo, había puesto las cosas en marcha: «La insinuación de que nuestra timidez hacia los medios sugería que ocultábamos algo bajo la alfombra y de que nuestro dinero provenía de fuentes cuestionables me resultó dolorosa e intolerable. Pero también sirvió para abrirnos los ojos».

Aunque, al parecer, no se los había abierto a todo el mundo. Stefan volvió a ponerse a la defensiva. La entrevista comenzó con el heredero más rico de Alemania relatando las cosas que el estudio confirmaba que su abuelo Günther *no* era: «[...] No era antisemita. Ni un nacionalsocialista convencido. Ni un belicista». Los numerosos procesos de arianización que Günther había realizado eran algo nuevo para el heredero de cuarenta y cinco años, que describió estos hallazgos como «dolorosos». Pero, incluso así, Stefan no compartía la conclusión de Scholtyseck de que su abuelo formara parte del régimen nazi: «Preferiría [la expresión] "parte del sistema nazi". Para mí, "régimen" significa liderazgo político, al que él no pertenecía. Aprovechó las oportunidades que el sistema ofrecía a los empresarios industriales, pero no siguió sus objetivos ideológicos».

Y aunque Stefan reconoció que los trabajadores forzados habían sufrido unas condiciones terribles en las fábricas familiares, y le pareció «una triste realidad que hubo personas que no sobrevivieron a los trabajos forzados en las empresas Quandt», el heredero de BMW argumentó que Günther «no perseguía el objetivo de matar gente. Esto es algo muy importante para mí como su nieto. Esa línea no se cruzó. El empleo de trabajadores forzados era necesario en el sistema de la época para mantener la producción. Los hombres alemanes estaban en el frente». Stefan pasó por alto que Günther se había beneficiado directamente de la matanza de los combatientes simplemente por el hecho de ser el mayor productor de armas y munición de la Alemania nazi.

Mientras que Stefan reconoció que su padre, Herbert, también formó parte de ese mismo sistema nazi y que participó en la utilización de mano de obra forzada y esclavizada, el Tercer Reich le parecía un periodo demasiado corto como para que sirviera para entender a Herbert o deducir «su personalidad al completo por sus acciones. Estaba a la sombra de su padre».

Durante la entrevista, Stefan anunció además que, junto con su madre Johanna y su hermana Susanne, los tres herederos de BMW harían una donación al Centro de Documentación del Trabajo Forzoso de Berlín. Dicha institución se encuentra en un campo intacto en el que estuvieron presas doscientas mujeres esclavizadas en la fábrica de Pertrix, que Herbert dirigió durante la guerra. Sus herederos contribuyeron a su renovación, así como a sus programas educacionales y exposiciones —incluyendo una sobre el empleo de mano de obra forzada y esclava en Pertrix— con más de cinco millones de euros.[2] Stefan visitó el centro y quedó impresionado por el trabajo para el recuerdo que se estaba llevando a cabo en él.

Cuando los entrevistadores preguntaron a Stefan por las declaraciones de su hermano sobre que Alemania debería olvidarse ya de su propio pasado nazi, terminó admitiendo que las palabras de Sven habían sido desafortunadas: «No veo ningún momento posible en el que en Alemania podamos decir: deberíamos dejar de pensar en la época nazi o de tomarla en consideración. Pero este país tampoco puede definirse por los doce años que vivió bajo el nacionalsocialismo».[3] Al principio, sin embargo, Stefan había defendido a Sven diciendo que este «no estaba preparado para estas preguntas». Además, Stefan parecía encontrar injusto que un periodista le hiciera, a él o a cualquiera de sus familiares, todo tipo de preguntas sin previo aviso o sin la oportunidad de vetarlas de antemano. Esta queja salía del organizador de un premio anual de periodismo.

Stefan describió el distanciamiento familiar de su padre y de su abuelo como una necesidad, pero también como un «inmenso y doloroso» conflicto interno. Y, aun así, a pesar de estas confesiones, poco pareció cambiar entre los miembros más jóvenes y arrepentidos de la familia. Los Quandt de BMW no retiraron el nombre de Günther de su sede central de Bad Homburg. «No podemos y no queremos eliminar a Günther Quandt de nuestra historia, pero le recordaremos con sus claroscuros. Todo lo demás es tomar el camino fácil», dijo Stefan en la entrevista. La familia más rica de Alemania también decidió mantener el nombre de Herbert en el premio de periodismo y en una de sus fundaciones. Stefan pensaba que el «legado laboral» de su padre lo justificaba. No le resultaba extraño que dieran un premio de periodismo en nombre de una persona que apenas habló con la prensa, y no digamos ya que fue «responsable directo» de los crímenes del Tercer Reich. Como Herbert antes que él, Stefan parecía reacio o incapaz de escapar de la sombra de su padre.

En la entrevista también comentó que el principal objetivo que su familia quería conseguir con el encargo del estudio sobre su pasado era «la sinceridad y la transparencia». Pero, durante toda la década siguiente a esta entrevista, al visitar la página web del Premio de Periodismo de Herbert Quandt y leer la biografía de este, no se encontraba mención alguna a sus actividades durante la época del nazismo salvo una: que se unió al consejo de administración de la AFA en 1940. No había nada escrito sobre los delitos que él, su padre, y sus empresas, habían cometido. La descripción de la página web sobre el estudio de Scholtyseck era incomprensiblemente vaga. La razón por la que se encargó el estudio y la importancia de sus hallazgos brillaban por su ausencia, ni tampoco se mencionaba al Tercer Reich en ninguna parte. De estas acciones podía deducirse el verdadero catalizador para elaborar dicho estudio: la presión social, no un verdadero deseo de enfrentarse a un pasado problemática. Esta frase eufemística fue lo más cerca que estuvo la página web de explicar la razón para la elaboración del estudio: «Como sucedió con otras compañías y familias de empresarios importantes del siglo xx, hubo una clara necesidad de representar de forma completa la historia del negocio familiar».[4]

Hasta la última semana de octubre de 2021 —más de una década después de la publicación del estudio, pero solo unos días tras la última de una serie de investigaciones llevadas a cabo por mí—, no se reemplazó la versión edulcorada de la biografía de Herbert en la página web por una más extensa. Esta nueva versión incluía alguna de sus actividades durante el Tercer Reich, parte de los hallazgos y conclusiones de Scholtyseck y la razón por la que el estudio se realizó: la presión popular.

EL AJUSTE DE CUENTAS

6

Al principio, parecía que las cosas iban mejor para los miembros de la dinastía de los Oetker en lo relativo a lidiar con los pecados de su padre. A mediados de octubre de 2013, dos años después de la entrevista con los herederos de los Quandt, dos periodistas de Die Zeit volvieron a sentarse con otro heredero empresarial con fobia a la prensa para hablar de los hallazgos de otro estudio encargado de desvelar las andanzas de la empresa y de la familia durante el Tercer Reich.[1] Y, de nuevo, uno de los periodistas era Rüdiger Jungbluth. Después de su biografía de los Quandt, de 2002, escribió otra centrada en los Oetker que se publicó en 2004. Aunque a Jungbluth se le negó el acceso a los archivos de los Oetker,[2] logró dar con bastante información que los conectaba con los nazis. Y ahora que el patriarca había fallecido unos años antes y el estudio estaba a punto de ver la luz, uno de los miembros de la familia estaba listo para hablar.

Rudolf-August Oetker murió en Hamburgo a la edad de noventa años en enero de 2007; era el último de los multimillonarios nazis. El antiguo oficial de las Waffen-SS, que recibió parte de su entrenamiento en Dachau, dejó tras de sí en Bielefeld un grupo empresarial global con una facturación anual de catorce mil millones de euros e intereses en transporte de mercancías, alimentación, bebidas, banca privada y hoteles de lujo. Las *pizzas* congeladas y la mezcla para hacer pudin de Dr. Oetker son famosas en todo el mundo. Sus ocho hijos de tres matrimonios distintos han heredado una participación igualitaria en el negocio familiar, lo que los ha convertido, individualmente, en multimillonarios.[3] Pero con la muerte de Rudolf-August, los herederos también se quedaron con ciertas incógnitas sin resolver.

Su padre apenas había hablado con sus hijos sobre el nazismo y la guerra, pero ellos sabían que había estado en Dachau. Un año antes de su muerte, Rudolf-August publicó unas memorias privadas tituladas *Spoiled by Luck* ('Malcriado por la suerte', cuyo título original en alemán es *Vom Glück verwöhnt)*, que al parecer revelaban poco sobre ese periodo de su vida. En

2008, un año después de su muerte, sus hijos, por iniciativa propia, encargaron a tres historiadores que investigaran las actividades de su negocio, de su padre y del padrastro de este, Richard Kaselowsky, durante el Tercer Reich. Su padre había vetado la realización de un estudio así mientras estuviera con vida, pero el documental sobre los Quandt motivó a los Oetker a querer aclarar el asunto antes de que la prensa lo hiciera por ellos.[4]

Esta claridad llegó en el otoño de 2013. Los historiadores concluyeron en su estudio que «Kaselowsky, y con él, la familia y la empresa Oetker, fueron en parte responsables del sistema político en el que vivían. Eran pilares de la sociedad nazi; buscaron acercarse al régimen y se beneficiaron de sus políticas».[5] Fue el hijo mayor de Oetker, August, el que habló en octubre de 2013 con Jungbluth y su compañero del *Zeit* sobre la inminente publicación del estudio y del pasado de su padre. August nació en 1944, mientras su padre se estaba entrenando para ser oficial de las Waffen-SS. Había sucedido a su padre como consejero delegado del conglomerado familiar y no tuvo ningún problema en distanciarse del patriarca. «Mi padre era un nacionalsocialista», dijo durante la entrevista. «Parece que ahora las cosas se van aclarando».[6] También confirmó que su progenitor siguió albergando sentimientos de extrema derecha mucho después de la guerra. Un tema, sin embargo, quedó sin tratar: los herederos seguían manteniendo dos fundaciones con el nombre de su padre y sus abuelos, aunque todos ellos fueron unos nazis comprometidos.

Durante la entrevista, se hizo visible un distanciamiento generacional entre los Oetker. Según August, los cinco hermanos mayores —nacidos en los años cuarenta y principios de los cincuenta— habían insistido en encargar el estudio, pero los tres hermanos menores —nacidos a finales de los sesenta y en los setenta— se mostraron dudosos al principio. También dijo que sus medios hermanos pequeños todavía no se habían distanciado de su padre de la misma forma que él y sus hermanos.

El día que se publicó el estudio, a finales de octubre de 2013, Maja, la viuda de Oetker y madre de los tres herederos más jóvenes, criticó el volumen de 624 páginas y a su hijastro

August en una entrevista para un periódico local de Westfalia. La matriarca sostenía que el único objetivo de los historiadores era probar que su difunto marido y el padrastro de este, Ka-selowsky, habían sido unos nazis comprometidos. Maja también rebatió la afirmación de su hijastro de que su padre siguió mostrando tendencias de ultraderecha tras la guerra. «Siempre hemos estado de acuerdo con las ideas conservadoras. Los izquierdistas pueden considerar que el pensamiento conservador es algo negativo, pero, para nosotros, significa aferrarse a los valores cristianos y preservar las buenas tradiciones que han resistido el paso del tiempo»,[7] dijo. Maja admitió haber leído solo las partes del estudio que trataban sobre su marido, pero aseguraba haber descubierto en él numerosas insinuaciones sin demostrar, aunque no especificó cuáles eran.

Ambas entrevistas eran una señal de lo que estaba por llegar. Tres meses después, a finales de enero de 2014, estalló en la prensa alemana un enfrentamiento de poder entre los dos grupos de hermanos Oetker que sacudió el tranquilo mundo de los negocios del país.[8] La disputa estaba relacionada con la sucesión entre ellos por el puesto de consejero delegado de Dr. Oetker.[9] Los frentes de combate eran de nuevo generacionales: los cinco hermanos mayores contra los tres medio hermanos pequeños. Les esperaban años de enfrentamientos. Se presentaron demandas y comenzaron los arbitrajes. Por primera vez en su historia, la empresa nombró a un consejero delegado que no era miembro de la familia. Pero aquello no puso fin a las rencillas.

A finales de julio de 2021, la peor pesadilla de Rudolf-August se hizo realidad: ocho de sus herederos anunciaron que dividían el conglomerado de Dr. Oetker en dos grupos independientes.[10] El negocio familiar que había construido se estaba viniendo abajo, una situación muy del estilo de Los Buddenbrook. Aunque los herederos multimillonarios se han repartido el imperio empresarial de los Oetker, este todavía se encarga de producir todo tipo de caprichos: pasteles, pudin, *pizza*, cervezas Radeberger, el vino espumoso de Henkell Freixenet y afamados hoteles de lujo, como Lanesborough en Londres, Le Bristol en París y Cap-Enden-Roc en Antibes.

Tras la separación, los herederos mayores de Oetker rebau-
tizaron la fundación que llevaba el nombre de sus abuelos nazis,
Richard e Ida Kaselowsky. Sin embargo, los tres hijos menores
de Rudolf-August mantuvieron la fundación y la colección de
arte que lleva el nombre de su padre, el oficial de las Waffen-SS.
Pero, de nuevo, nadie se enteraría de esta historia leyendo la
página web de su nuevo grupo empresarial. Es otro más de los
oscuros pasados que permanecen ocultos.

7

En marzo de 2019, la Fundación Ferry Porsche anunció que financiaría la primera cátedra de historia empresarial de Alemania
en la Universidad de Stuttgart. La empresa Porsche había creado esta fundación un año antes —setenta años después de que
Ferry diseñara su primer coche deportivo para Porsche— con
la esperanza de «reforzar su compromiso con la responsabilidad
social».[1] En un comunicado, el por entonces presidente de la
organización benéfica dijo: «Lidiar con el pasado de uno mismo
es un compromiso permanente. Es precisamente esta reflexión
crítica la que la Fundación Ferry Porsche quiere fomentar, ya
que para saber a dónde vas, tienes que saber de dónde vienes».[2]
El presidente añadió asimismo que «la creación de la cátedra es
[…] una invitación a las empresas familiares en particular, para
que se relacionen con su historia de una forma más intensa y
sincera, y también con los resultados y posibles consecuencias
de esta». Eran unas declaraciones particularmente atrevidas teniendo en cuenta las mentiras de Ferry sobre su solicitud para
ingresar en las SS, su descarado empleo de estereotipos y prejuicios antisemitas en su primera autobiografía, y el eterno silencio
que la familia Porsche había guardado ante todo esto.

En 1998, Ferry falleció a los ochenta y ocho años en Zell am
See, Austria, mientras dormía. El icono de los coches deportivos,
famoso en todo el mundo, había publicado su segunda autobiografía una década antes, pero en esta versión había empleado
otro tono. Los comentarios antisemitas habían desaparecido y

redujo el problema con Adolf Rosenberger a solo un par de párrafos. El multimillonario seguía negando el proceso de arianización que su padre, Ferdinand, y su cuñado, Anton Piëch, habían llevado a cabo sobre las acciones de Rosenberger en Porsche, y, en su lugar, trataba de dar pena: «Por muy terribles que fueran estos acontecimientos para Rosenberger en aquel momento, dadas las circunstancias siempre fuimos correctos y justos con él. Para nosotros, la situación también fue de todo menos fácil».[3]

Una constante de la autobiografía posterior de Ferry fue su afirmación de que nunca quiso ser un oficial de las SS; Himmler le había otorgado ese cargo, que era meramente honorario. Siguió negando explícitamente, además, haberse presentado voluntario para unirse a la organización. En su nueva autobiografía, aseguraba que el hecho de que se le concediera este «puesto honorario» no era prueba de que fuera un hombre de las SS: «Si te hacen ciudadano honorario de Salzburgo, ¿eres entonces un ciudadano austríaco?».[4] Pero las invenciones de Ferry tras la guerra se destaparon en 2017, cuando tres historiadores alemanes revelaron, en un estudio sobre los orígenes de la empresa Porsche, que Ferry sí que se había presentado voluntario para unirse a las SS en 1938.[5] Habían descubierto los formularios de la organización, rellenados y firmados por Ferry, que sirvieron para «exponer que la negativa [de Ferry] de que había buscado activamente la pertenencia a las SS era una de las excusas más extendidas para ocultar su propio pasado».[6] La mentira que Ferry había contado toda su vida se había descubierto. Pero, aun así, la familia Porsche permaneció en silencio.

El estudio sobre los orígenes de Porsche había sido financiado por la propia compañía.[7] En 2012, la marca de coches deportivos de Stuttgart se convirtió por completo en una filial del Grupo Volkswagen, que ahora controlaban los Porsche-Piëch.[8] El gigante, con sede en Wolfsburgo, genera unas ventas de unos 225 000 millones de euros al año y tiene más de 665 000 trabajadores que fabrican y venden coches de lujo como Audi, Bentley y Lamborghini, además de los de las marcas de la «casa», Volkswagen y Porsche.[9] La fortuna de la dinastía ha aumentado hasta los 20 000 millones de euros.[10]

De hecho, la razón por la que la Fundación Ferry Porsche financió la cátedra a la Universidad de Stuttgart fue porque varios miembros de su departamento de historia redactaron el estudio financiado por la compañía.[11] La empresa automovilística se mostró satisfecha con los hallazgos, aunque nadie del clan Porsche-Piëch reaccionó públicamente a ellos. En respuesta a sus revelaciones, se colocó una placa en la fábrica de Porsche de Stuttgart, para conmemorar a las personas a las que se había mantenido cautivas y a las que se había obligado a trabajar allí durante la guerra. Sin embargo, la opinión pública no tardó en hacer una pregunta: ¿se basaba el estudio realmente en un análisis independiente y objetivo de los registros históricos?

En junio de 2019, se emitió por la televisión pública alemana un documental sobre el cofundador olvidado de Porsche, Adolf Rosenberger.[12] En él se detallaba el papel crucial que Rosenberger había jugado en la creación de Porsche; cómo sus cofundadores, Ferdinand Porsche y Anton Piëch, habían arianizado sus participaciones en 1935; cómo Rosenberger había luchado por conseguir una indemnización; y cómo fue eliminado finalmente de la historia de la empresa Porsche.

El documental también cuestionaba a un tal Wolfram Pyta, profesor de historia moderna de la Universidad de Stuttgart, y autor principal del estudio que Porsche había encargado; de alguna manera, ninguno de los papeles personales de Rosenberger se había incluido en la investigación. Pyta dijo que una pariente de Rosenberger en Los Ángeles se había negado a darle acceso a los papeles que había heredado. Pero en el documental la prima de Rosenberger lo rebatió y explicó que uno de los investigadores de Pyta se puso en contacto con ella, pero que nunca fue a ver los papeles.

Igual de dudoso es otro descubrimiento —o la ausencia de él— en el estudio. En 1935, se adquirió la parte de Porsche que pertenecía a Rosenberger por la misma cantidad de dinero que él había aportado por su participación del 10 % en 1930, a pesar de que los beneficios de la compañía habían aumentado considerablemente en los años transcurridos. En pocas palabras, habían estafado a Rosenberger y no le habían pagado el valor real de sus acciones. Aunque Pyta escribió que «no cabía duda de que se había producido un beneficio económico a expensas de la situación precaria de Rosenberger»[13] y que «uno no puede obviar la impresión de que a Rosenberger [...] lo timaron»[14] para arrebatarle sus acciones, el catedrático se negó a calificar a la transacción lo que claramente fue: un proceso de arianización.

En el documental, Pyta dijo que Ferdinand Porsche y Anton Piëch llevaron a cabo la operación para reforzar el carácter familiar de la compañía, no porque Rosenberger fuera judío. Pero pagar a un socio judío, en una empresa alemana, por debajo del valor real de mercado de sus participaciones en la Alemania de Hitler de 1935 solo podía significar una cosa: la compra fue un proceso de arianización. Ochenta y dos años después, un historiador pagado por Porsche decidió intencionadamente no reconocer ese hecho.

8

A finales de noviembre de 2018, *Der Spiegel* publicó un incendiario artículo de portada titulado: «El multimillonario y AfD». En las elecciones federales de 2017, Alternative für Deutschland ('Alternativa para Alemania') se convirtió en el principal partido de la oposición del parlamento, y en el primero de extrema derecha en ocupar escaños en sesenta y cinco años. Desde su creación en 2013, no ha parado de crecer.

Pero el octogenario multimillonario mencionado en el titular, el barón August von Finck hijo, seguía entre las sombras. Tras vender el banco privado familiar, Merck Finck, a Barclays por 370 millones de dólares en 1990, el aristócrata se convirtió en uno de los inversores más ricos y retraídos del mundo. Algunas de sus operaciones financieras, al menos de las que tenemos constancia, han incluido empresas suizas y alemanas, como la constructora Hochtief, la cadena hotelera Mövenpick, la empresa de servicios de inspección SGS y el fabricante de aislantes von Roll. La fortuna del barón, estimada en más de 8100 millones de euros, se gestiona desde la sede empresarial de la familia en la elegante Promenadeplatz de Múnich.[1] Aunque se dice que los activos de von Finck incluyen medio centro de la ciudad y la mayoría de los terrenos que la rodean, él vivió sobre todo en el extranjero.[2] En 1999, emigró con su mujer, Francine, y sus cuatro hijos al paraíso fiscal de Suiza. Una de sus sedes allí se estableció en un castillo medieval que había comprado su padre y que tiene vistas a la ciudad de Weinfelden, cerca de la frontera con Alemania.

Von Finck hijo era incluso más reservado que su padre. El heredero, al que apodaban «Gustl», nunca concedió ni una sola entrevista a la prensa. Las pocas imágenes que existen de él muestran a un hombre alto de pelo cano y con astutos ojos verdes, a menudo ataviado con un traje gris oscuro y una corbata Hermès, y que alterna entre dos expresiones faciales: una mirada seria o una sonrisa. Heredó cierta parte de la excéntrica tacañería de su padre.[3] Aunque le gustaba desplazarse en helicóptero entre sus residencias, conducía sus coches hasta que se oxidaban y averiaban sin remedio. Llevaba sus propios embutidos, queso y pan a las fiestas, y servía a sus ricos invitados una rebanada de

August von Finck Jr. en los 2000.

pastel de carne en las celebraciones familiares. Además, nunca encargó un estudio histórico que desvelara la adulación que su padre mostró hacia Hitler, los procesos de arianización de bancos privados que llevo a cabo o su dudosa desnazificación. Entre los atributos que Gustl heredó de su padre se contaba una tendencia política reaccionaria. Mientras que su padre había recaudado veinte millones de *reichsmark* para la Haus der Deutschen Kunst de Hitler, von Finck hijo se convirtió en un donante habitual de las organizaciones políticas de derecha y extrema derecha alemanas.

Las donaciones políticas de Gustl que se han documentado comenzaron poco después de que vendiera el banco privado de la familia. En 1993, un amigo banquero del aristócrata inversor dijo a *Der Spiegel,* bromeando: «A la derecha de Gustl solo está Gengis Kan».[4] Con mucho dinero tras la venta a Barclays, von Finck hijo empezó a apoyar causas reaccionarias. Entre 1992 y 1998, donó ocho millones y medio de marcos (unos cuatro millones y medio de euros) en efectivo al fundador de un partido de extrema derecha radical en Alemania, que hacía campaña contra la introducción del euro. Dicho político sería después condenado por la evasión de los impuestos relativos al dinero de esa donación que, a menudo, le entregaba en mano Ernst Knut Stahl, el hombre de confianza de Gustl.[5]

Tras este fallo inicial, von Finck hijo decidió apoyar a partidos que ya llevaran tiempo establecidos. Para mantener su anonimato, solo realizó una donación bajo su propio nombre; el resto salió de distintas entidades que estaban bajo su control.[6] Entre 1998 y 2008, algunas de sus filiales donaron cerca de 3,6 millones de euros a la Unión Social Cristiana (CSU) de Baviera. En 2009, una de estas filiales en concreto dio 1,1 millones de euros, en tres tramos, al Partido Demócrata Liberal (FDP). Poco después de recibir el dinero, la coalición de partidos consiguió que se bajaran las tasas turísticas de los hoteles[7] y, casualmente, von Finck hijo era por entonces dueño de una parte de la cadena hotelera Mövenpick. El FDP fue objeto de burlas, en las que se lo denominaba «el partido de Mövenpick».[8] Los medios de comunicación consideraron el escándalo como una versión a menor escala del caso Flick, sinónimo en Alemania de sobornos políticos.

Von Finck hijo donó a causas que podrían describirse como conservadoras, de libre mercado y euroescépticas, y podríamos definir su postura política como libertaria. En 2003, donó varios millones a la organización de un grupo de presión que abogaba por un gobierno más pequeño en Alemania.[9] La presidenta del ahora desaparecido grupo, Beatrix von Storch, que ocupó durante largo tiempo el cargo, es actualmente la número dos del partido Alternativa para Alemania (AfD). El Instituto Ludwig von Mises alemán —que lleva el nombre del economista cuyos trabajos a favor del patrón oro son una seña de identidad de los libertarios desde hace tiempo, como lo son las inversiones en oro— se encuentra en la sede central de von Finck en Múnich.[10] De manera que, en 2010, con Europa en plena crisis financiera, Gustl entró en el negocio del intercambio de oro. Su aventura empresarial se produjo con una horripilante, aunque no sorprendente, falta de sensibilidad histórica.

Para nombrar a su nueva compañía de intercambio de oro, una de las entidades de Gustl pagó dos millones de euros por los derechos de la marca registrada Degussa, un acrónimo del Instituto Alemán de Separación de Oro y Plata.[11] El infame conglomerado químico Degussa había ayudado a producir el pesticida con base de cianuro Zyklon B y había fundido metales preciosos saqueados por los nazis. En un estudio de 2004 encargado por la compañía, un catedrático de historia de la Universidad Northwestern, Peter Hayes, detalló cómo una de las filiales de Degussa había desarrollado el pesticida y cómo las SS se convirtieron en uno de sus clientes más fieles.[12] Entre 1941 y 1945, las SS emplearon el Zyklon B para gasear a más de un millón de personas, la mayoría de ellos judíos, en los campos de exterminio. Tras asesinar a millones en campos y guetos, los nazis les arrancaban los dientes y empastes de oro. Muchos de esos metales terminaron en las fundiciones de Degussa, generalmente comprimidos, pero a veces en su estado original. Degussa también refinó y revendió oro y plata, valorada en varios millones. Parte de los metales procedía de los robos de los nazis por toda Europa y otra parte de los judíos que enviaron a los campos de exterminio y de concentración.

En un giro perverso del destino, von Finck hijo, un multimillonario de derechas cuyo padre, antisemita y obsesionado con Hitler, había hecho crecer su banco privado gracias a los activos judíos que se habían arianizado durante el Tercer Reich, terminó dirigiendo Degussa. Hoy en día, el oro y la plata de Degussa se comercializan en tiendas de lujo de toda Europa.[13] Una de ellas se encuentra junto a la oficina central de von Finck en Múnich y cualquiera puede entrar a comprar o vender metales preciosos. Pero von Finck hijo no se detuvo aquí. También designó como director ejecutivo de la empresa a un hombre de extrema derecha, que una vez describió la política monetaria del Banco Central Europeo como la «sala de motores del autogenocidio».[14]

9

August von Finck hijo tuvo mucho menos éxito con sus financiaciones políticas que con sus inversiones empresariales. Pero entonces le llegó una oportunidad que podría beneficiar a estos dos intereses. A principios de 2013, se fundó el partido euroescéptico Alternativa para Alemania (AfD). Días después del primer congreso del partido, un grupo de reflexión afiliado al CDU, el partido gobernante de la canciller Angela Merkel, especuló en una circular con que von Finck hijo se convertiría en uno de los donantes principales del AfD.[1] A día de hoy, no existen pruebas directas de que sus predicciones se cumplieran, pero las señales están ahí.

En Alemania no existen límites a las donaciones que pueden hacerse a los partidos políticos. Pero los individuos y sociedades tan solo pueden dar, de forma anónima, diez mil euros como máximo en cada una de ellas. Si la cantidad supera esa cifra, el partido debe revelar anualmente la identidad del donante. En los casos en los que se aportan más de cincuenta mil euros de golpe, la contribución debe comunicarse de inmediato al Bundestag, que la hará pública junto con el nombre del donante.[2] Es fácil deducir, por ejemplo, que los herederos Quandt, que controlan BMW, han donado millones de euros, sobre todo al CDU, desde al menos 2002. Pero von Finck hijo, por el contrario, emplea métodos más discretos para financiar a una escala considerable a partidos políticos a la vez que trata de mantener el anonimato.

El AfD, incluso antes de su primera campaña fallida en unas elecciones nacionales, en septiembre de 2013, estaba medio arruinado. Tenía a muy pocos donantes y afiliados que pagaran una cuota. Por aquel entonces, una portavoz del partido, que financiaba alguno de sus eventos y gastos, también se encargaba de la publicidad de Degussa. *Der Spiegel* siguió el rastro del dinero y publicó que una parte de esas facturas parecían estar pagadas por von Finck hijo a través de su hombre de confianza: Ernst Knut Stahl.[3] Todo ello a pesar del hecho de que en Alemania es ilegal actuar como canal para financiar un partido político. Para recaudar más fondos, el AfD también abrió una tienda de oro en internet mientras suscitaba temores de que la divisa del euro se estaba derrumbando. *Der Spiegel,* siguiendo el rastro fresco de von Finck hijo, descubrió que Degussa era uno de los dos fabricantes de los productos de oro de la tienda.

El negocio *online* del AfD vendió productos de oro valorados en dos millones de euros en 2014 y 2015, catapultando las ventas de Degussa. Mientras tanto, el AfD cosechó subvenciones estatales (los partidos políticos alemanes reciben financiación del Gobierno si consiguen recaudar fondos externos a través de donaciones, cuotas de afiliación u otros ingresos). Pero en diciembre de 2015, una modificación de la ley alemana concerniente a los partidos políticos hizo que la tienda *online* de oro del AfD ya no fuera suficiente para que este cumpliera con los requisitos necesarios para conseguir las subvenciones. Pero la ley de partidos alemana no era la única reestructuración en marcha. La propia plataforma política del AfD estaba cambiando. Durante la crisis migratoria en la Europa de 2015, el AfD renovó su imagen: ya no era un partido euroescéptico, sino uno contrario a la llegada de inmigrantes, que avivó y explotó los temores de que la decisión de Merkel de aceptar a más de un millón de refugiados de países predominantemente musulmanes cambiaría la identidad cultural de Alemania.

En febrero de 2016, dos meses después de que se le restringieran las subvenciones estatales, el AfD empezó a recibir ayuda para la campaña de otra forma distinta y, aparentemente, salida de la nada. Miles de vallas publicitarias y carteles comenzaron a aparecer de repente en dos estados alemanes, Baden-Württemberg y Renania-Palatinado, que estaban en pleno ciclo electoral. Un periódico gratuito se repartió por cerca de dos millones de hogares. Y el mensaje siempre era el mismo: vote por el AfD. Pero el material de la campaña no provenía directamente del partido. Lo había pagado la Asociación para la Preservación del Estado de Derecho y las Libertades de los Ciudadanos, una misteriosa organización sin afán de lucro muy similar a los grupos de presión de «dinero oscuro» estadounidenses. La asociación podía recibir y gastar ilimitadas cantidades de dinero, y la ley no la obligaba a divulgar el nombre de sus donantes mientras no colaborara directamente con el partido político o el candidato al que apoyaba. Si alguna vez salían a la luz pruebas de una colaboración, las campañas de la asociación contarían como donaciones ilegales. El AfD tendría que hacer frente a cuantiosas multas y los donantes de la asociación saldrían a la luz. Durante 2016 y 2017, esta organización sin ánimo de lucro montó las campañas electorales del AfD a lo largo de todo el país, pero el partido negó cualquier cooperación con ella.

La historia, no obstante, se fue enturbiando. En septiembre de 2016, *Der Spiegel* reveló que las campañas de la asociación estaban diseñadas por Goal, una empresa de relaciones públicas políticas con base en Suiza.[4] La empresa tapadera de la asociación en Stuttgart tenía, casualmente, una dirección de reenvío: la de Goal,[5] cuyo dueño es Alexander Segert, el gurú alemán de las campañas de los principales partidos de derechas. Ha diseñado campañas electorales —tristemente célebres por sus mensajes e imaginería en contra de la inmigración— para el SVP, el partido gobernante en Suiza; el FPÖ austríaco; y para algunos de los candidatos más importantes del AfD.[6] Además, Goal tiene su sede principal en la moderna y fuertemente protegida mansión de Segert, situada en el bucólico pueblo de Andelfingen, cerca de la frontera alemana, y a unos veinte minutos en coche al oeste del castillo suizo de von Finck hijo en Weinfelden.[7]

La intrincada red de coincidencias llegaba todavía más lejos. Desde septiembre de 2016, la asociación ha sido dirigida por David Bendels, al que se ha visto en compañía de Segert en alguna ocasión. En julio de 2017, Bendels también se convirtió en el redactor jefe del *Deutschland-Kurier,* un periódico nuevo que inicialmente publicaba la asociación, y que todavía hoy sirve para dar voz al AfD. Añadiendo otra capa a la conspiración, *Der Spiegel* reveló que Ernst Knut Stahl, el hombre de confianza de von Finck hijo, tomó parte en la creación del *Kurier.* Stahl había intentado reclutar a un editor durante un almuerzo en Múnich en mayo de 2017. «El peligro nos acecha», dijo el lugarteniente de von Finck hijo en la reunión. «Hay una calle en Nueva York con numerosos banqueros de inversión, abogados, etcétera. Casualmente, todos son judíos, pero esa parte no importa. Quieren conducir a Alemania a la ruina. Lo controlan todo».[8]

En septiembre de 2017, el AfD fue el principal ganador de los comicios nacionales. Pasó de no tener ningún escaño en el parlamento a ser la tercera fuerza de Alemania. En cuestión de un breve espacio de tiempo, el AfD obtuvo representación en los dieciséis parlamentos de los estados federados. Las campañas que la asociación organizó por todo el país habían aumentado el perfil nacional de este partido, cada vez más identificado con la extrema derecha; mientras tanto, sus grandes mecenas permanecían en la sombra. Bendels ha asegurado que la asociación depende de las donaciones de sus bases, pero nunca ha presentado pruebas de ello.[9] Según una estimación de LobbyControl de Alemania, la organización ha gastado hasta el momento más de diez millones de euros en campañas electorales a favor del AfD.

Bendels y el AfD continuaron negando ningún tipo de cooperación. Pero, en 2018, el AfD se vio involucrado en numerosos escándalos relacionados con las donaciones. Dos tenían que ver con Goal, la empresa de Segert, que actuaba como testaferro para financiar las campañas electorales de dos políticos destacados del

AfD. Como consecuencia, en abril de 2019, el partido tuvo que pagar una multa de más de cuatrocientos mil euros por este asunto.[10] Días más tarde, la sede de la Fiscalía en Berlín anunció que estaba investigando al tesorero nacional del AfD por de las campañas electorales de la asociación diseñadas por Goal en apoyo al partido político.[11] Si la fiscalía puede probar que la asociación y el AfD cooperaron, sería el escándalo de donaciones políticas más importante desde el caso Flick. En estos momentos, mientras escribo en diciembre de 2021, la investigación sigue abierta.[12] El AfD ha abonado a día de hoy casi un millón de euros en multas por sus numerosos escándalos sobre donaciones.[13]

Mientras tanto, el AfD se radicaliza cada vez más. Los miembros del partido atacan la cultura del recuerdo y la forma en la que el país carga con su pasado nazi. Tal y como expresó delicadamente su por entonces líder, Alexander Gauland, en un discurso de 2018: «Hitler y los nazis solo son una cagarruta de pájaro en más de mil años de éxitos de la historia alemana».[14] Y él representa a la parte moderada del partido.

La sección extremista del AfD abraza abiertamente el antisemitismo, la islamofobia y el revisionismo histórico, incluyendo la minimización de los crímenes nazis y la denigración del Holocausto. Al mismo tiempo, las amenazas y los ataques contra inmigrantes, judíos y políticos están aumentando en Alemania.[15] Cabría destacar especialmente el tiroteo de Hanau en febrero de 2020, cuando un hombre armado asesinó a nueve personas —todos ellos inmigrantes o alemanes de familias extranjeras—, además de a su madre. Antes de eso está el tiroteo que se produjo en octubre de 2019 en una sinagoga de Halle, en la que un atacante mató a dos transeúntes, y, en junio de 2019, el asesinato en su casa de Hesse de un político local favorable a la inmigración. Todas estas agresiones las llevaron a cabo extremistas de ultraderecha; algunos de ellos, de hecho, tenían conexión con grupos neonazis.

En junio de ese mismo año, se vio a von Finck hijo sentado junto al primer ministro de Baviera, Markus Söder, en una cena de gala en Múnich. Existía un vínculo entre ellos: el antiguo hombre de confianza de Söder se había unido recientemente a la oficina familiar de Gustl.[16] Ahora, los dos asistían a la fiesta del setenta cumpleaños de un conocido abogado y destacado político euroescéptico al que Gustl había pagado más de once millones de euros por «honorarios de consultoría» legal[17] mientras dicho letrado fue diputado del parlamento. Pero, aunque la carrera de este antiguo parlamentario estaba terminando, la de Söder estaba cogiendo altura. A pesar de que, en la primavera de 2021, Söder se retiró de la lucha por sustituir a Angela Merkel como líder y candidato de los conservadores cristianos para la cancillería, no tiene intención de irse a ninguna parte. A finales de noviembre de 2021, August von Finck hijo murió con noventa y un años en Londres.

10

El titular que acompañaba al artículo del *New York Times* de mediados de junio de 2019 podría haber sido el subtítulo de una novela barata: «Los nazis mataron a su padre. Después se enamoró de uno de ellos». Pero la crónica estaba escrita con un tono mucho más serio. Por primera vez en la historia, dos miembros de la dinastía Reimann —ahora la familia más rica de la Alemania— hablaron *on the record* con un periodista. Y el relato que contaron era tan trágico como extraño. Durante la guerra, o poco después de ella, Albert Reimann —el patriarca antisemita de la dinastía y político local del Partido Nazi— mantuvo una relación de varias décadas con Emily Landecker, empleada del magnate e hija de un judío. En 1941, Emily fue contratada por la empresa de Reimann en Ludwigshafen. En 1942, su padre, Alfred, fue arrestado por los oficiales de la Gestapo en su casa, en Mannheim, y asesinado poco después. El último mensaje que envió llegó desde un gueto de la Polonia ocupada, que se utilizaba como punto intermedio para el traslado a los campos de exterminio de Sobibor y Belzec.

De 1951 en adelante, Albert Reimann tuvo tres hijos con Emily; dos de ellos son accionistas de JAB, el grupo empresarial de la familia. Ahora, algunos de los Reimann estaban listos para hablar sobre el legado familiar. Descendían de un nazi acérrimo y de un hombre judío asesinado por los nazis. Eran el producto de un delincuente y una víctima, y su historia aunaba tanto el reconocimiento de los errores como el dolor. Pero el asunto era todavía más complejo. A lo largo de su romance con Emily, Albert había estado casado con otra mujer. Su unión no les dio ningún hijo, sin embargo, por lo que en 1965 Albert adoptó formalmente a aquellos que había tenido con Emily y siguieron adelante con su relación. Albert y Emily hablaban poco de la guerra con sus hijos. Lo único que Albert les contó fue que «a menudo se daba vino tinto los sábados» a los prisioneros de guerra franceses y que «los trabajadores forzados habían disfrutado tanto trabajando para la empresa, que lloraron cuando el conflicto terminó y tuvieron que marcharse».[1]

Wolfgang Reimann, el hijo de Emily y Albert, contó al *Times* que cuando le preguntaban a su madre por las raíces judías de la familia, comentaba de pasada que se crio en un «entorno judío» y después les regañaba por hablar de «esas cosas del pasado». No descubrieron que su padre había sido un ferviente nazi hasta que el historiador al que habían contratado les presentó su informe provisional en enero de 2019. Emily, a pesar de todo, había querido a Albert. «Nunca entendí la razón», confesó Wolfgang en el *New York Times*. «Desde mi punto de vista, no era una persona especialmente cariñosa».

En el artículo, el presidente de JAB y hombre de confianza de los Reimann, Peter Harf, nacido exactamente un año y un día después de que la guerra terminara, reveló que su propio padre también había sido un nazi. Estaba preocupado por el aumento del nacionalismo en Occidente y dijo que había llegado la hora de tomar postura. El multimillonario pensaba que muy pocas voces del mundo corporativo se estaban elevando contra el resurgimiento del populismo. «A lo largo de la historia, las empresas han posibilitado la existencia de los populistas», explicó al periodista del *Times*. «No podemos volver a cometer ese error hoy».

En un importante avance para el mundo de los negocios alemán en lo referente al reconocimiento de los errores durante el Tercer Reich, la dinastía empresarial más rica del país anunció que iban a cambiar el nombre a su fundación familiar. Ya no honraría al padre o el abuelo nazi de los Reimann, sino a su abuelo judío, que había sido asesinado por los nazis. Además, la Fundación Alfred Landecker se centraría en educar a las personas sobre el Holocausto. Los Reimann sellaron su compromiso con este objetivo con una muy generosa donación familiar: doscientos cincuenta millones de euros, cada diez años, indefinidamente. Llenaron el consejo de la fundación con nombres mundialmente reconocidos del ámbito académico, de los negocios y de la política, y anunciaron la financiación de un nuevo programa y una cátedra en la Universidad de Oxford para la investigación de la persecución de minorías en Europa. Pero la familia no se detuvo ahí. La fundación empezó a buscar a supervivientes de los trabajos forzados que se realizaron en la empresa familiar y los indemnizaron. Hablando claro, la nueva dinastía empresarial más rica de Alemania estaba acompañando sus buenas palabras con acciones económicas significativas de verdad, en nombre de un hombre judío al que los magnates fundadores de la familia habían demonizado. Y lo que es más, la página web de la Fundación Alfred Landecker muestra transparencia sobre los patriarcas nazis de la familia Reimann y sobre sus crímenes.[2]

Todo lo contrario que los Quandt de BMW. El 20 de junio de 2019, seis días después de que saliera a la luz el artículo sobre los Reimann en el *New York Times, Manager Magazin,* una publicación alemana parecida a la revista *Forbes,* publicó un artículo de portada sobre dos de los Quandt. Era la primera vez que Susanne Klatten y Stefan Quandt, los hijos menores de Herbert, se sentaban juntos a conceder una entrevista. La revista estimó que su fortuna ese año ascendía a unos 26 500 millones de euros, lo que los convertía en la segunda familia más acaudalada de Alemania por detrás de los Reimann.[3] Los dos hermanos Quandt controlan un 47 % de BMW, entre otras muchas inversiones.[4] BMW les reportó unos dividendos totales de casi ochocientos millones de euros en 2019, aunque el precio por acción de la empresa había bajado. En la entrevista no se habló del pasado nazi de la familia. Al parecer, la revista opinaba que hacía tiempo que el tema había dejado de ser interesante.

En su lugar, Stefan utilizó la oportunidad para cuestionar la lógica de los impuestos de sucesión. Susanne dijo que la redistribución de la riqueza no funcionaba y se mostró a favor de las meritocracias, argumentando que una sociedad justa debería permitir que la gente persiga oportunidades a la altura de sus habilidades. «Nuestro potencial deriva de nuestro papel como herederos y del desarrollo que hagamos de esta [herencia]» dijo en la revista. «Trabajamos duro todos los días. El papel de guardianes de la riqueza también tiene aspectos personales que no resultan tan agradables».[5] Una de esas antipáticas facetas, según los hermanos multimillonarios, es lidiar con la envidia que sienten los demás con respecto a su inmensa herencia. «Algunas personas se piensan que nos pasamos la vida sentados en un yate en el Mediterráneo», dijo Susanne. Su hermano había hecho un comentario parecido casi ocho años antes cuando habló con *Die Zeit* sobre el pasado nazi de la familia. «No estamos todo el día en la playa», comentó por entonces. «No tengo un contenedor de dinero como el Tío Gilito».[6] Daba la impresión de que él también pensaba que su herencia era una inmensa cruz con la que tenía que cargar. El titular de esta nueva entrevista —«¿Quién querría cambiarse por nosotros?»— citaba directamente una pregunta que había planteado Susanne a los entrevistadores, que recordaba, sin una pizca de ironía, a otra de las cavilaciones pasadas de su hermano.

El 22 de junio de 2019, dos días después de que la entrevista viera la luz, se entregó el Premio Herbert Quandt de Periodismo; como todos los años, en el aniversario del nacimiento del magnate. Ese día, Stefan publicó en una columna del conservador *Frankfurter Allgemeine Zeitung,* uno de los periódicos más leídos e influyentes del país, una versión del discurso que daría en la ceremonia de entrega. El título de dicha columna era: «¡Proteged la propiedad privada!».[7] En ella, despotricaba contra las supuestas amenazas hacia los derechos de propiedad, el peligro de un impuesto de sucesiones más elevado y el espectro de las expropiaciones en la Alemania actual. El hecho de que su abuelo y su padre se hubieran burlado de los derechos a la propiedad privada de sus víctimas durante la época del nazismo y se hubieran beneficiado cuantiosamente de las expropiaciones apoyadas por el estado parecía ser totalmente ajeno al heredero de BMW. Diez días después, Stefan se unió al consejo de supervisión del periódico.[8]

Hasta la actualidad, los dos hermanos Quandt supervisan su imperio empresarial desde la Günther Quandt Haus, en Bad Homburg. Stefan entrega anualmente el Premio Herbert Quandt de Periodismo a profesionales del mundo de los medios alemanes. En 2016, la rama benéfica de BMW se fusionó con la Fundación Herbert Quandt, cuyos activos se incrementaron hasta los cien millones de euros; otros treinta millones fueron aportados personalmente por Stefan y Susanne.[9] Su misión es la de promover e inspirar un «liderazgo responsable»[10] en nombre del hombre que una vez ayudó a arianizar empresas en Francia, que supervisaba una fábrica de Berlín repleta de trabajadoras esclavizadas y que controlaba la planificación y la construcción de un subcampo de concentración en la Polonia ocupada. Pero nada de eso es importante para BMW, al parecer. Si nos creemos lo que dice la fundación, toda la biografía de Herbert se centra en un solo cometido: «aseguró la independencia»[11] de BMW. Los triunfos y las farsas de su vida se reducen a esa concisa frase.

Stefan Quandt en 2015.

En mayo de 2021, el *Süddeutsche Zeitung* informó de que una calle de Múnich con el nombre de Herbert Quandt era una de las posibles candidatas a cambiar de denominación. Cuando un miembro regional del AfD argumentó que los méritos empresariales de Herbert tras la guerra deberían tenerse en cuenta durante el debate, el historiador a cargo de la recomendación del cambio de nombres replicó que cualquiera que se hubiera «beneficiado del sistema nazi» y, por lo tanto, hubiera «pecado» contra los valores fundamentales de la humanidad «no merece una visión relativista que abarque todo el trabajo de su vida».[12]

Hasta ahora, la balanza sigue inclinada en favor del dinero y el poder. Muchas dinastías empresariales alemanas continúan negándose a reconocer la oscura historia que mancha sus fortunas y, como consecuencia, los fantasmas del Tercer Reich no dejan de acecharlas.

Epílogo

El museo

A finales de 2019, fui a Tel Aviv una semana para visitar a mi novia alemana, que estaba trabajando como reportera en Israel y en los Territorios Palestinos, sustituyendo durante un mes a un compañero de baja. Una tarde a principios de diciembre, nos acercamos al Museo de Arte de Tel Aviv, un edificio laberíntico con una mezcla de arquitectura brutalista y modernista. Siguiendo la recomendación de un amigo de Nueva York, fuimos a ver una exposición de Raymond Pettibon, el artista estadounidense. El tiempo seguía siendo cálido, pero, aun así, cuando llegamos a la exposición, sentí un escalofrío que me recorrió toda la espalda. Justo antes de entrar, me di cuenta de que había una lista de nombres escritos en alemán y hebreo sobre una pared y, sobre ellos, un cartel: «Galería de los amigos alemanes del museo de arte de Tel Aviv».

Entre los apellidos que aparecían bajo el rótulo, como Gottesdiener y Gleitman, unos especialmente destacados llamaron mi atención. Casi arriba del todo, Gabriele Quandt, la nieta de Magda Goebbels e hija de Harald Quandt, el heredero que se crio en casa de los Goebbels pero que nunca se convirtió en miembro del Partido Nazi; el hombre que intentaba mirar hacia el futuro pero que nunca pudo escapar de las tragedias del pasado.

Al final de la lista, Ingrid Flick, la tercera mujer de Friedrich Karl Flick, el hombre responsable del mayor escándalo de corrupción de Alemania tras la guerra, y el hijo más pequeño de los tres que tuvo Friedrich Flick, quien a su vez fue el empresario industrial alemán más poderoso y despiadado de todos, a quien se condenó en Núremberg, y quien llegó a convertirse en el hombre más rico de Alemania en tres épocas distintas de la historia. Friedrich Flick, que, como no pudo dejar ir aquello que había levantado, provocó que su imperio y su familia se desintegraran. Friedrich Karl, que, como su padre, se negó siempre a indemnizar a las decenas de miles de personas que emplearon como trabajadores forzados y esclavizados en las fábricas y minas Flick; miles murieron allí, muchos de ellos judíos trasladados desde campos de concentración. Friedrich Karl tomó sus millones y huyó a Austria, dejando a su sobrina y sobrinos para que se enfrentaran públicamente con los fantasmas de la familia. Mientras tanto, Ingrid Flick sigue adelante con la envilecida labor de su difunto marido. Todavái conserva la fundación con el nombre de su suegro fallecido, un criminal de guerra nazi condenado que robó el sustento de tantísima gente para expandir su imperio.

Ver los nombres de Quandt y Flick siendo honrados en un museo israelí —escritos también en hebreo— fue, como dirían los alemanes, *unheimlich,* espeluznante. La generación actual de herederos tiene la posibilidad de cambiar el rumbo antes de ceder sus imperios a la siguiente; de comprometerse completamente con la transparencia histórica y la responsabilidad moral, y de esforzarse, incondicionalmente, por saldar con la sociedad la enorme deuda que sus padres contrajeron. Los hijos de esos herederos, a su vez, tendrán la oportunidad de utilizar su poder y riqueza para ayudar a crear un mundo mejor, uno en el que sus abuelos no hubieran tenido cabida.

Bajo los nombres de Gabriele e Ingrid se encuentran los de sus descendientes: los hijos de Gabriele, ahora treintañeros, y los mellizos Flick, los multimillonarios más jóvenes del mundo, ahora veinteañeros. Son la siguiente generación; mi generación. «Lo haremos mejor», dije en voz alta a nadie en particular. Mi novia me sonrió. Decidimos saltarnos la exposición y salimos del museo, adentrándonos en la tarde cálida de diciembre y en una nueva década.

Apéndice

Árboles genealógicos

Estos árboles genealógicos no están completos, ya que omiten a ciertos cónyuges y miembros de generaciones pasadas y presentes. Solamente se han incluido a aquellas personas que son relevantes para este libro.

La dinastía Quandt

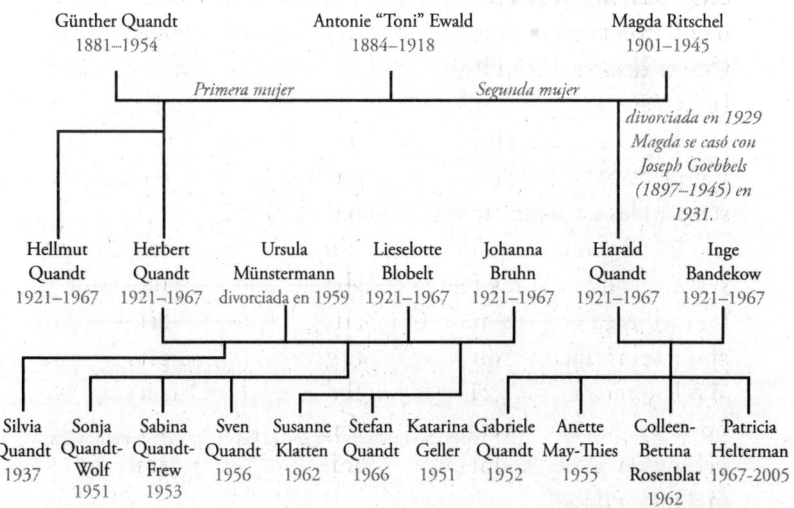

Nota: Se mencionan todas las fechas documentadas

La dinastía Flick

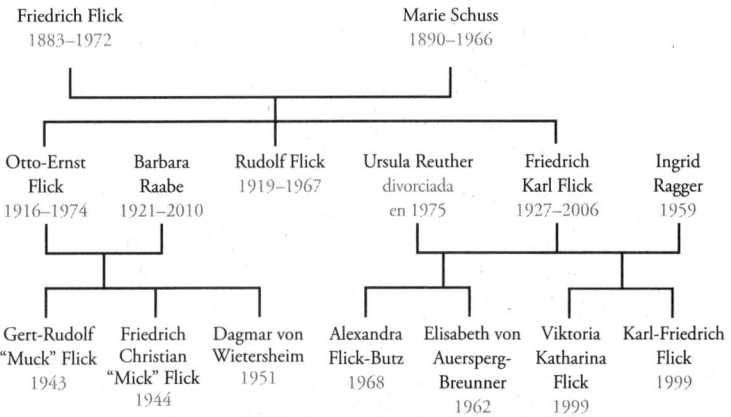

Nota: Se mencionan todas las fechas documentadas

La dinastía von Flick

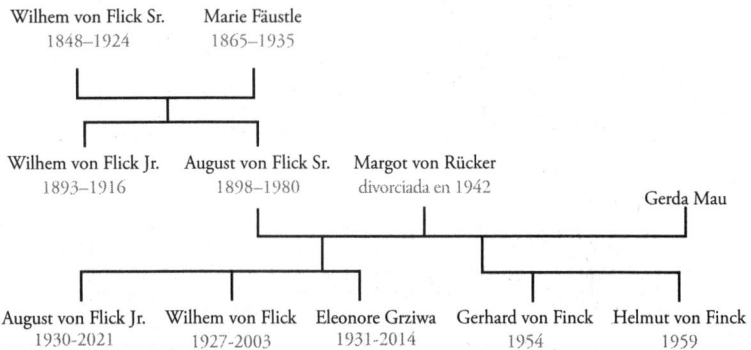

Nota: Se mencionan todas las fechas documentadas

La dinastía Porsche-Poëch

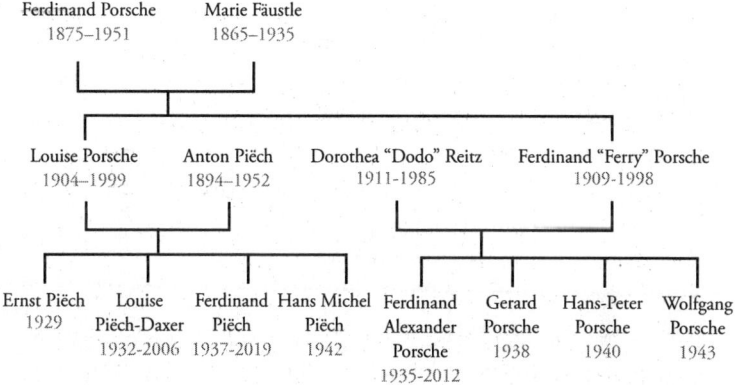

Nota: Se mencionan todas las fechas documentadas

La dinastía Oetker

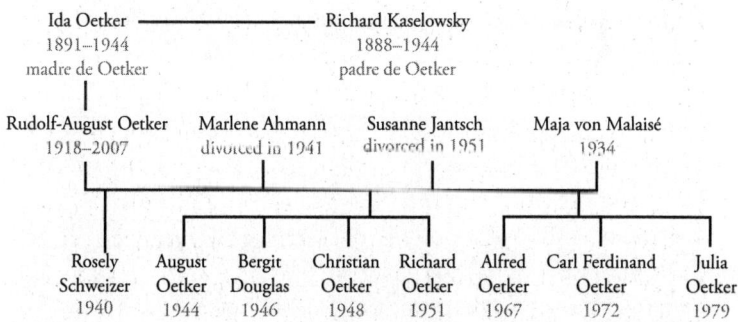

Nota: Se mencionan todas las fechas documentadas

Agradecimientos

El núcleo de este libro está formado por los artículos que escribí para *Bloomberg News* entre abril de 2012 y mayo de 2018. Aunque dejé el trabajo un tiempo para poder escribir esta obra, nunca hubiera indagado en este tema de no haber sido por el apoyo de muchas personas en *Bloomberg*. A Matthew (G.) Miller no solo se le ocurrió inconscientemente el título del libro («de Jong, ¿tenemos alguna otra historia sobre dinero y poder en el Tercer Reich en el tintero?»), sino que Peter Newcomb (su sugerencia de *Millonazis* estuvo cerca de convertirse en el título) y él me dieron una oportunidad y me empujaron hacia este camino. Gracias a los dos. Matt, creo que me tomé demasiado en serio tu encargo de «ve y encuentra el oro de los nazis». Gracias también a Rob Le-Franco y Pierre Paulden por su orientación editorial, y a Pamela Roux Castillo y Jack Witzig, dos incondicionales de los Multimillonarios *Bloomberg* convertidos en un valioso equipo.

Gracias a Max Abelson por guiarme sin darse cuenta hacia el principio y el final de este libro: por introducirme en *Bloomberg* en el otoño de 2011 y por decirme que fuera a ver la exposición de Raymond Pettibon del Museo de Arte de Tel Aviv en el otoño de 2019. Muchas gracias a Donal Griffin, mi irlandés cascarrabias favorito, por tomarse la molestia de leerse los primeros borradores. Gracias también a Caleb Meby, quien, en su momento, me dijo que debería escribir un libro sobre este asunto, lo que fijó con fuerza esta idea en mi cabeza. Gracias a mis editores de entonces, Simone Meier, Elisa Martinuzzi y Neil Callanan por animarme a que me lanzara a la piscina y escribiera el libro; y a Annette Weisbach y Matthew Boyle, con los que colaboré en mis primeros reportajes sobre los Reimann y los Quandt.

Le estoy muy agradecido a mi agente, Howard Yoon, por creer en este proyecto desde el principio y por su enorme ayuda y apoyo, y a sus asociados en Ross Yoon, sobre todo a Dara Kaye. También quiero darle las gracias a Alexander Littlefield, mi exigente editor en Houghton Mifflin Harcourt/HarperCollins, que se mantuvo impávido y nunca perdió de vista el objetivo final. Gracias a Zach Phillips, Marleen Reimer y Lisa Glover, por ayudarme tantísimo; a Susanna Brougham, por su excelente trabajo como correctora; a David Eber, por su revisión legal; y a Mark Robinson y Chloe Foster, por la portada y el diseño interior. Gracias también a Glen Pawelski y al equipo de cartógrafos expertos. Y no puedo olvidarme de Arabella Pike y Jo Thompson de William Collins en Londres, por su ayuda con el libro.

Muchas gracias a mis compañeros de Büro Hermann & Söhne, particularmente a Gerben van der Marel, Jan Zappner y Peter Wollring, por los años de camaradería a falta de una verdadera sala de redacción. Pauline Peek, con sus mil talentos, me ayudó a investigar y corroborar datos para el libro. Le estoy muy agradecido a Martin Breitfeld y sus colegas de Kiepenheuer & Witsch en Colonia por toda su ayuda; y a Rüdiger Jungbluth, que una vez me dijo mientras comíamos en Hamburgo: «Si no está escrito en inglés, no se consideran noticias». Aquello me hizo darme cuenta de que estas oscuras historias sobre dinero y poder no eran conocidas fuera de Alemania. Gracias a todos los historiadores alemanes que se prestaron a hablar conmigo largo y tendido sobre este tema; especialmente a Tim Schanetzky, Kim Christian Priemel y Sven Keller.

Debo darle las gracias, por varios motivos, a Alex Cuadros, Alice Pearson, Ben y Jenny Homrighausen, Volker Berghahn, Yana Bergmann, Brittany y Sam Noble, Ruby Bilger, Daniel Sedlis, Nina Majoor, Eric Gade, Evan Pheiffer, Sven Becker, Janette Beckman, Daniel Steinmetz-Jenkins, Norman Ohler, Taunton y Nikki Paine, Sam Moyn, Majlie de Puy Kamp, Patrick Radden Keefe, Mary Vromen, Mathew Lawrence, Hayden Miller, Ryan Alexander Musto, Heather Jones, Joe Dolce, Lauren Streib, Henry Seltzer, Line Lillevik y Max Raskin. La oscura historia de Alemania nunca estuvo lejos en Berlín, pero a veces parecía estar demasiado cerca. Quiero dar unas *danke* enormes a toda la «panda» de la capital, sobre todo a Elsa Wallenberg, Alexander Esser, Laura Stadler, Cäcilie von Trotha, Richard Meyer zu Eissen, Finn Weise y al resto de raritos. Gracias también especialmente a todos mis queridos amigos de Ámsterdam.

Escribir este libro me ha hecho darme cuenta de lo afortunado que soy de que me rodeen familias extraordinarias. Muchísimas gracias a mis padres, Helen y Philip, por su amor y apoyo incondicionales, y también a mi tía Jaqueline, a los de Zwart, a los Velaise y a los Tann.

Por último, muchas gracias a Sophie, una gran fuerza de la naturaleza. La eterna trabajadora; la eterna exploradora. Me alegro de haberme quedado atrapado en tu torbellino y me muero de ganas por saber a qué otra aventura nos conduce.

Nota sobre las fuentes

La mayoría de los miembros de las dinastías empresariales alemanas detalladas en este libro se negaron a hacer comentarios o a ser entrevistados; otros no respondieron a las solicitudes de entrevistas o a las preguntas enviadas a sus portavoces o representantes de las oficinas familiares. Pero hubo una notable excepción.

Jörg Appelhans, el portavoz desde hace tiempo de los dos hermanos Quandt que controlan BMW, rechazó mi solicitud de entrevistar a Stefan Quandt bajo el pretexto de que el estudio académico que la familia había encargado para que investigara las actividades de los patriarcas durante el Tercer Reich era «revolucionario y exhaustivo. De ahí que no fuéramos más lejos o buscáramos nueva información más allá de la que descubrió el estudio, que es de dominio público desde que se publicó en 2011». Cuando le pregunté en qué sentido y para quién consideraba que la información era «de dominio público», Appelhans respondió: «De dominio público en el sentido de que se ha publicado y, por lo tanto, es accesible para todo el mundo».

Accesible para todo el mundo que sepa alemán, claro. El estudio de los Quandt, como muchos similares encargados por otras dinastías familiares, nunca se ha traducido a otras lenguas, a pesar de que la mayoría de las víctimas de las actividades que llevaron a cabo los patriarcas durante la época del nazismo no eran alemanas, y los intereses empresariales de dichas dinastías eran y son globales. No obstante, Appelhans escribió: «la familia Quandt está convencida de que se alcanzaron los objetivos de franqueza y transparencia [...]. No pensamos que cambiarle el nombre a las calles, lugares e instituciones sea una forma responsable de abordar a las figuras históricas, porque semejante *damnatio memoriae* [...] impide una exposición consciente al papel que tuvieron en la historia y, en su lugar, fomenta su olvido». Pero conmemorar a figuras históricas sin mencionar su pasado nazi produce el mismo efecto.

En respuesta a las preguntas que envié al Grupo BMW —entre ellas que por qué el fabricante de coches de Múnich mantiene el nombre de su salvador en su fundación benéfica (que promueve un «liderazgo responsable») cuando sus actividades durante el Tercer Reich han salido a la luz pública—, un representante de la Fundación Herbert Quandt de BMW me escribió, en un comunicado, que «[la fundación] se apoya en las hazañas empresariales de BMW y Herbert Quandt, razón por la que tomó esta decisión consciente: las actuaciones a largo plazo y con visión de futuro que Herbert Quandt llevó a cabo desde 1959 hasta su muerte en 1982 [...] deberían estar representadas en el nombre de la fundación».

Solicité entrevistas con Gabriele Quandt y Colleen-Bettina Rosenblat, las hijas de Harald Quandt, pero «decidieron no dar ninguna entrevista», según me contestó por escrito Ulrich von Rotenhan, el portavoz oficial de la familia.

Los documentos que detallan los juicios de desnazificación y los recursos de apelación de Günther Quandt, entre ellos muchos sobre los procesos de arianización que Günther, Herbert y sus ejecutivos realizaron en los países ocupados por los nazis durante la Segunda Guerra Mundial pueden encontrarse en microfichas de las carpetas 1362 y 1363 de los Archivos Estatales Bávaros de Múnich. Los documentos de los archivos familiares de los Quandt que Joachim Scholtyseck cita en el estudio que le encargaron, y que los Quandt consideraron lo suficientemente relevantes como para dar acceso a los investigadores, están disponibles en los Archivos Empresariales Hesianos de Darmstadt.

Los vendedores de libros antiguos de Alemania demostraron ser una mina de oro a la hora de conseguir fuentes primarias. Me vendieron el conjunto de cartas de Günther de 1938, sus memorias de la posguerra, los libros empresariales de Quandt de la década de 1930 y mucho más. Comprar la biografía privada de 1980 que Herbert había encargado me resultó particularmente satisfactorio, dado lo lejos que llegaron los asesores de Herbert para que no cayera en manos de los periodistas, un supuesto claramente descrito en la correspondencia archivada. Los diarios de Joseph Goebbels, que van de 1923 a 1945 y fueron editados por Elke Fröhlich, están disponibles en internet en la página web de la editorial De Gruyter a través de una cuota de licencia anual.

Las biografías de 2002 y 2015 de Rüdiger Jungbluth sobre la dinastía de los Quandt fueron unas fuentes igual de indispensables, como lo fue el estudio de Joachim Scholtyseck de 2011.

* * *

Los representantes de la oficina familiar de Ingrid Flick y sus mellizos, en Viena, se negaron a hacer comentarios en relación con la lista de preguntas que envié sobre las donaciones filantrópicas personales de Ingrid y las que hace en nombre de su suegro, Friedrich Flick, el criminal de guerra nazi condenado. Tras ponerme en contacto con la Universidad Goethe de Fráncfort, con preguntas sobre cómo concilian las contribuciones financieras anuales que la fundación Flick realiza a la institución académica con el problemático papel que dicho hombre tuvo en la historia, un portavoz de la universidad me envió este comunicado: «La Universidad Goethe lleva seis años trabajando con la Fundación Friedrich Flick y ha llegado a conocerla bien como una socia justa, fiable y generosa. Gracias al compromiso ejemplar de la fundación, ha sido posible financiar proyectos de investigación y de enseñanza, así como también becas, para los que, de otra manera, no hubiera habido fondos. La cooperación representa una importante pieza en el contexto del compromiso de los diversos mecenas con la universidad». Las hijas mayores de Friedrich Karl Flick, Alexandra Flick-Butz y Elisabeth von Auersperg-Breunner, no respondieron a mi petición para entrevistarlas ni a las preguntas que envié a los representantes de sus respectivas oficinas familiares de Múnich.

De todas las dinastías empresariales alemanas detalladas en este libro, el único miembro de una de ellas que contestó a mis preguntas fue Gert-Rudolf Flick, también conocido como

«Muck». Y lo hizo con sinceridad. El nieto mayor de Friedrich Flick, e hijo mayor de Otto-Ernst, tiene casi ochenta años y lleva décadas viviendo en Londres, donde escribe y da clase sobre las pinturas de los antiguos maestros. Muck nació en Francia en 1943, durante el desastroso gobierno de su padre en la planta siderúrgica expropiada de Rombach, en la Lorena ocupada. Tuvo una relación cercana con su abuelo Friedrich hasta la muerte del patriarca en 1972, cuando Muck tenía casi treinta años. Friedrich Flick había esperado que Muck y su hermano pequeño, Mick, a los que el patriarca había enseñado, tomaran algún día las riendas del conglomerado familiar. Pero nada salió como estaba planeado.

Muck me dio su permiso para citar parte de nuestra correspondencia por correo electrónico. «Durante su vida, nunca hablamos de la guerra; mi hermano y yo, como es lógico, admirábamos y venerábamos a nuestro abuelo, que era un genio en más de un sentido», escribió. «Ahora han salido más cosas desagradables. Uno podría tener una visión más dura del asunto, pero le recuerdo como un ser humano de muchos talentos y no puedo cambiar mis sentimientos a toro pasado. Estoy profundamente agradecido de haberlo conocido, y no solo por la fortuna que nos ha conferido». Los hermanos de Muck, Mick Flick y Dagmar von Wietersheim, no respondieron a las solicitudes para entrevistarles que envié a las fundaciones de Mick en Potsdam y Zúrich y a la oficina familiar de Dagmar en Múnich.

Los procedimientos judiciales de Núremberg contra Friedrich Flick y sus socios, incluyendo muchos documentos, están disponibles *online*. Como fuentes de información secundaria, me he apoyado especialmente en el estudio de 2007 de la doctora Kim Christian Priemel sobre el conglomerado de los Flick, y en las investigaciones que Dagmar y Mick encargaron, respectivamente, a dos grupos independientes de historiadores alemanes: el estudio de 2009 sobre el conglomerado de los Flick en el siglo XX, dirigido por Norbert Frei, Ralf Ahrens, Jörg Osterloh y Tim Schanetzky; y el estudio de 2008 sobre el grupo empresarial durante el Tercer Reich, dirigido por Johannes Bähr, Alex Drecoll, Bernhard Gotto, Harald Wixforth, y, de nuevo, Kim Christian Priemel. La biografía que Günther Ogger escribió sobre Friedrich Flick en 1971 también ha resistido muy bien el paso del tiempo. El Archivo Empresarial de Berlín-Brandenburgo tiene toda una sección de investigación dedicada a Flick que contiene documentos originales y copias que se emplearon en el estudio académico que encargó Dagmar. En una extraña coincidencia, el archivo de Flick se encuentra en lo que solía ser una parte del complejo armamentístico de DWM de Günther Quandt, en el barrio berlinés de Wittenau. Lamentablemente, debido a la pandemia de COVID-19, no pude visitar el archivo.

En junio de 2021, Annemarie Thoene, que llevaba años siendo secretaria de August «Gustl» von Finck hijo en su oficina privada de Múnich, me informó por teléfono de que su «política de comunicación» no había cambiado; von Finck hijo seguía sin conceder entrevistas y no había ninguna cuenta de correo electrónico específica en la que solicitarlas. Anteriormente, me habían remitido a un número de fax cuando buscaba algún comentario por parte de Gustl. Pero para este libro me dijeron que debía escribir una carta. Gustl no respondió a mi petición de entrevistarle ni a ninguna de las preguntas que le mandé por correo postal a su oficina privada durante el verano y principios de otoño de 2021. Gustl falleció en Londres a finales de noviembre de 2021. Sus hermanastros, Helmut y Gerhard, tampoco contestaron a mis solicitudes para entrevistarles, como tampoco lo hizo el gurú de las relaciones públicas de Goal AG, Alexander Segert. Traté de reunirme con David Bendels para hablar sobre las supuestas conexiones entre el AfD y la misteriosa Asociación para la Preservación del Estado de Derecho y las Libertades de los Ciudadanos, pero no me respondió. El portavoz del AfD, Peter Rohling, se negó a liberar la agenda de algún líder del partido para que lo entrevistara en relación con este tema.

Los documentos originales del juicio de desnazificación de August von Finck padre se encuentran en la carpeta 409 de los Archivos Estatales Bávaros de Múnich. Muchos de ellos, que detallan las operaciones de venta de los bancos de Dreyfus y Rothschild tras las arianizaciones que realizó Merck Finck, pueden encontrarse en los Archivos Nacionales y Administración de Documentos de College Park, Maryland (Estados Unidos), o a través de su socio en internet, Fold3, que ha digitalizado millones de registros. El estudio de 2005 del doctor Ingo Köhler sobre la arianización de bancos privados propiedad de judíos en Alemania fue una fuente vital, como también lo fue el estudio sobre Allianz durante el Tercer Reich elaborado por Gerald Feldman. Para el capítulo sobre las conexiones sobre el AfD, la Asociación, Goal y la órbita de August von Finck hijo, recurrí al revolucionario trabajo de periodistas como Melanie Amann, Sven Becker, Ann-Katrin Müller y Sven Röbel de *Der Spiegel;* Anna Jikhareva, Jan Jirat y Kaspar Surber de *Wochenzeitung;* Friederike Haupt del *Frankfurter Allgemeine Zeitung;* Christian Fuchs y Paul Middelhoff de *Die Zeit;* y Roman Deininger, Andreas Glas y Klaus Ott de *Süddeutsche Zeitung.*

La sede de Porsche en Stuttgart se negó a que Wolfgang Porsche, uno de los hijos de Ferry y portavoz de la rama Porsche del clan Porsche-Piëch, me concediera una entrevista. Como respuesta escrita a mis preguntas, Sebastian Rudolph, el responsable de comunicación de la empresa, describió las declaraciones antisemitas y discriminatorias de la autobiografía de Ferry de 1976, *We at Porsche,* como la muestra de «una falta de empatía por parte de Ferry Porsche hacia el destino de Adolf Rosenberger y otras familias judías que tuvieron que abandonar Alemania [...]. Ferry Porsche creía que, al menos en el caso de Rosenberger, la empresa se había portado bien y lo había indemnizado correctamente. Es la única forma de interpretar su irritación cuando, tras la Segunda Guerra Mundial, surgieron las nuevas disputas».

El estudio de 1996 sobre el complejo Volkswagen durante el Tercer Reich, realizado por Hans Mommsen y Manfred Grieger, fue una fuente inestimable de información, como también lo fue el estudio de 2013 de Bernhard Rieger sobre la historia del Escarabajo de Volkswagen. Recurrí, asimismo, a distintas biografías sobre el clan Porsche-Piëch escritas por los periodistas alemanes y austríacos Stefan Aust, Thomas Ammann, Georg Meck y Wolfgang Fürweger, y a los documentales de Eberhard Reuß sobre el cofundador judío de Porsche, Adolf Rosenberger.

La versión original alemana del estudio de 2017 de Wolfram Pyta y dos colegas sobre los orígenes de la marca Porsche puede tomarse como una fuente fiable, a pesar de sus importantes carencias. Está investigado a conciencia, lo que hace que la incapacidad de Pyta de inspeccionar la documentación privada de Adolf Rosenberger resulte aún más inexplicable e inquietante. Aunque Pyta tampoco fue capaz de describir correctamente la compra de las participaciones de Rosenberger y su expulsión de Porsche por parte de Ferdinand Porsche y Anton Piëch como un proceso de arianización, el historiador me aseguró durante una reunión por Zoom que la venta había sido un «beneficio arianizado».

En las últimas etapas de verificación de datos para este libro, el portavoz de la firma Porsche me envió repentinamente un código de acceso a una traducción al inglés del estudio de Pyta que solo estaba disponible en formato digital. Tras cuatro años de investigación, me sorprendió mucho averiguar que esta versión existía siquiera. Nunca me había cruzado con ella porque prácticamente no aparece mencionada en internet. Pero claro, resulta que solo puedes consultar la traducción tras solicitárselo a Porsche o cuando la empresa decide darte acceso a ella. Esta es una razón por la que la traducción inglesa no puede considerarse una fuente fiable. La segunda, y quizá la más importante, es que se añadieron varias palabras a al menos uno de los párrafos cruciales de la versión en inglés, que dan a entender que Ferry Porsche solo mintió sobre su solicitud de entrada en las SS durante la época inmediatamente posterior a la guerra. Pero lo cierto es que mentiría sobre su ingreso voluntario durante el resto de su vida; según él, fue Himmler quien lo obligó a aceptar ese rango honorífico. Esta invención aparece en las dos autobiografías del magnate y en una declaración jurada del propio Ferry de 1952, que se envió al consulado de Estados Unidos en Stuttgart, y que la empresa de Porsche me facilitó.

Jörg Schillinger, el portavoz del grupo empresarial Dr. Oetker en Bielefeld, se negó a que ningún miembro de la familia Oetker fuera entrevistado. Christoph Walther, portavoz de los tres hijos menores de Rudolf-August Oetker, me escribió: «No tie-

nen intención de hablar sobre este tema de forma oficial más
allá de lo que ya se ha publicado».

El estudio de 2013 sobre la empresa y la familia Oetker-Kaselowsky durante el Tercer Reich, llevado a cabo por Jürgen Finger,
Sven Keller y Andreas Wirsching, fue una fuente de información
indispensable, como también lo fue la historia sobre la dinastía
y el conglomerado Oetker que publicó en 2004 Rüdiger Jungbluth. El archivo de Dr. Oetker en Bielefeld suele estar abierto a
los investigadores, pero lleva cerrado desde el comienzo de la pandemia de COVID-19. Por este motivo, no he podido visitarlo.

La portavoz de la familia Reimann rechazó la posibilidad de que
entrevistara a alguno de los miembros del clan establecido en Viena. Sí que me concertó una cita en Berlín, no obstante, con Peter
Harf y otros dos directivos de la Fundación Alfred Landecker.
Como era de esperar, Harf no asistió, aunque sí que se mostró
dispuesto a contestar a la mayoría de mis preguntas por escrito.
A pesar de ello, mi cruzada para lograr entrevistar a este elusivo
multimillonario sigue en marcha. El estudio que los Reimann
encargaron sobre su familia y su empresa durante el Tercer Reich
verá la luz en 2023 e irá acompañado de la publicación de una
biografía de Alfred Landecker. El estudio de los Bahlsen debería
estar terminado a lo largo del verano de 2023, según un portavoz
de la empresa, aunque todavía se desconoce cuándo se publicará. En una entrevista con el *Süddeutsche Zeitung* en septiembre
de 2021, Verena Bahlsen parecía haber recapacitado y declaró al
periódico: «Durante décadas no hemos logrado ser transparentes
sobre nuestro pasado nazi. Creo que, si no aprovechamos la oportunidad que se nos presenta ahora, se mantendrá esta tendencia.
Así que tengo que obligar a mi familia a que hablen de ello».

Este libro es una obra de no ficción narrativa. Está basado
en una enorme cantidad de fuentes, especificadas en la sección
de notas al final, y los hechos descritos se han comprobado de
forma independiente. En las ocasiones en las que varias de las
fuentes citadas ofrecían distintas versiones sobre el mismo acontecimiento, me he decantado por la que parecía más plausible.
Cualquier error que pueda existir es mío.

Notas

Abreviaturas

ARD: Principal servicio público de radiodifusión de Alemania

HWA: Archivos Empresariales Hesianos

NARA: Archivos Nacionales y Administración de Documentos, Washington D.C. (Estados Unidos)

NDR: Servicio de radiodifusión del norte de Alemania

NND: Denominación para los documentos desclasificados

OMGUS: Oficina del Gobierno Militar de Estados Unidos en Alemania

OSS: Oficina de Servicio Estratégicos

STAM: Archivos estatales de Múnich

SWR: Servicio de radiodifusión del sudoeste de Alemania

TG: *Diarios de Joseph Goebbels (Die Tagebücher von Joseph Goebbels)*

TMI: Tribunal Militar Internacional de Núremberg

USACA: Comisión Aliada Estadounidense de Austria

USHMM: Museo del Holocausto, Washington D.C. (Estados Unidos)

Prólogo

1. Éric Vuillard, *El orden del día* (Barcelona: Tusquets Editores, 2018).

2. Para dos listas de asistentes, incompletas, véase Dirk Stegmann, «Zum Verhältnis von Großindustrie und Nationalsozialismus 1930–1933», *Archiv für Sozialgeschichte* 13 (1973), 478, 481; Henry Ashby Turner Jr., *German Big Business and the Rise of Hitler* (Nueva York: Oxford University Press, 1985), 468 n81.

3. Juicios de los criminales de guerra ante el Tribunal Militar Internacional (TMI), Vol. VII, «The IG Farben Case», (Washington D.C.: U.S. Government Printing Office, 1953), 557, https://www.loc.gov/rr/frd/Military_Law/pdf/NT_war-criminals_Vol-VII.pdf

4. Stegmann, «Verhältnis», 478.

5. TMI, Vol. VII, 557–560.

6. TMI, Vol. VII, 558.

7. TMI, Vol. VII, 560.

8. TMI, Vol. VII, 561.

9. TMI, Vol. VII, 562.

10. NMT, Vol. VII, 561–562.

11. NMT, Vol. VII, 562.

12. Stegmann, «Verhältnis», 480.

13. Citado en Louis Lochner, *Tycoons and Tyrant* (Chicago: Henry Regnery, 1954), 146–147.

14. Günter Ogger, *Friedrich Flick der Grosse* (Berna: Scherz, 1971) 132.

15. NMT, Vol. VII, 567–568.

16. Elke Fröhlich (ed.), *Die Tagebücher von Joseph Goebbels* (Múnich: De Gruyter Saur, 1993–2008), 21 de febrero de 1933 (De aquí en adelante: *TG,* más fecha).

Introducción

1. «Über die Zukunft der Kekse», OMR, 15 de mayo de 2019, Youtube, 18:53, https://www.youtube.com/watch?v=TauCu0aJ5Vs

2. «Zwangsarbeiter-Zoff um Keks-Erbin», *Bild,* 12 de mayo de 2019.

3. «Bahlsen during National Socialism 1933 to 1945», 1 de julio de 2020, https://www.thebahlsenfamily.com/int/company/about-us/history/bahlsen-during-national-socialism-1933-to-1945/

4. Felix Bohr/Jürgen Dahlkamp/Jörg Schmitt, «Die Bahlsens und die SS», *Der Spiegel,* 17 de mayo de 2019; Nils Klawitter, «So wurden die NS-Zwangsarbeiter bei Bahlsen wirklich behandelt», *Der Spiegel,* 5 de julio de 2019.

5. Rob van den Dobbelsteen, «De Engelandvaarders die het niet haalden», *Provinciale Zeeuwse Courant,* 9 de octubre de 1993.

6. Peter de Waard, *Schoonheid achter de Schermen* (Ámsterdam: Querido, 2014), 105–119, 192–195.

7. David de Jong, «Nazi Goebbels' Step-Grandchildren are Hidden Billionaires», *Bloomberg News,* 28 de enero de 2013.

8. Rüdiger Jungbluth/Giovanni di Lorenzo, «NS-Vergangenheit der Quandts: "Man fühlt sich grauenvoll und schämt sich"», *Die Zeit,* 22 de septiembre de 2011.

9. «Bahlsen announces "Next Generation" Leadership», 11 de marzo de 2020, https://www.thebahlsenfamily.com/int/press/2020/

Parte I: *«Más bien mediocre»*

1

1. Joachim Scholtyseck, *Der Aufstieg der Quandts* (Múnich: C.H. Beck, 2011) 57.

2. Herbert Quandt/Harald Quandt (ed.) *Günther Quandt Erzählt sein Leben* (Múnich: Mensch & Arbeit, 1961), 27.

3. Scholtyseck, *Aufstieg.* 36; Quandt/Quandt (ed.), *Günther,* 41–42.

4. Quandt/Quandt (ed.), *Günther,* 70–72.

5. Quandt/Quandt (ed.), *Günther,* 111.

2

1. Quandt/Quandt (ed.), *Günther,* 112.

2. Quandt/Quandt (ed.), *Günther,* 114.

3. Hans-Otto Meissner, *Magda Goebbels: The First Lady of the Third Reich* (Nueva York: Dial Press, 1980, trad.) 28–30.

4. Anja Klabunde, *Magda Goebbels* (Londres: Sphere, 2001, trad.) 37–38.

5. Citado en Klabunde, *Magda* (trad.) 46.

6. Citado en Scholtyseck, *Aufstieg,* 197–198.

7. Meissner, *First Lady* (trad.), 34.

8. Citado en Scholtyseck, *Aufstieg,* 198.

3

1. Quandt/Quandt (ed.), *Günther,* 86.
2. Citas de Quandt/Quandt (ed.), *Günther,* 88.
3. Scholtyseck, *Aufstieg,* 118–119.
4. Quandt/Quandt (ed.), *Günther,* 97–99.
5. Scholtyseck, *Aufstieg,* 120–122.
6. Actas judiciales, 13-14 de mayo de 1948, Tribunal de desnazificación de Starnberg, Archivos estatales de Múnich (STAM), documentos judiciales de la desnazificación, Günther Quandt, archivo 1362/4.
7. Scholtyseck, *Aufstieg,* 142–146.
8. Quandt/Quandt (ed.), *Günther,* 185–188.

4

1. Thomas Ramge, *Die Flicks* (Fráncfort: Campus, 2004) 56.
2. Norbert Frei/Ralf Ahrens/Jörg Osterloh/Tim Schanetzky, *Flick: Der Konzern, die Familie, die Macht* (Múnich: Pantheon, 2009) 51–52.
3. Frei *et al., Flick,* 18–19; Kim Christian Priemel, *Flick: Eine Konzerngeschichte vom Kaiserreich bis zur Bundesrepublik* (Göttingen: Wallstein, 2007) 49–52.
4. Frei *et al., Flick,* 27–33.
5. Priemel, *Konzerngeschichte,* 87 ss.; Frei *et al., Flick,* 36–85.
6. Felix Pinner, *Deutsche Wirtschaftsführer* (Berlín: Weltbühne, 1924) 99.
7. Véase Ogger, *Grosse,* 25–27; Frei *et al., Flick,* 15.
8. Relato detallado en Priemel, *Konzerngeschichte,* 121–148.

5

1. Citado en Scholtyseck, *Aufstieg,* 159.
2. Quandt/Quandt (ed.), *Günther,* 152–163.
3. Citado en Meissner, *First Lady* (trad.), 47.
4. Quandt/Quandt (ed.), *Günther,* 176.
5. Véase Meissner, *First Lady* (trad.), 59–60; Klabunde, *Magda* (trad.), 73, 85–86.

6. Quandt/Quandt (ed.), *Günther,* 178.

7. Quandt/Quandt (ed.), *Günther,* 73–74; Wilhelm Treue, *Herbert Quandt* (Bad Homburg: Varta/Altana, 1980), 29–31.

8. Quandt/Quandt (ed.), *Günther,* 92–94.

9. Quandt/Quandt (ed.), *Günther,* 175.

10. Citado en Klabunde, *Magda* (trad.), 48–49.

11. Kurt Lüdecke, *I Knew Hitler* (Nueva York: Charles Scribner, 1937), 316–317.

12. Lüdecke, *I Knew Hitler,* 317.

13. Meissner, *First Lady* (trad.), 61–66.

14. Copia certificada de la decisión judicial, 13-17 de julio de 1929, Archivos empresariales hesianos (HWA), sección 2017, archivo 47; Meissner, *First Lady* (trad.), 67, 95.

15. Quandt/Quandt (ed.), *Günther,* 230.

16. Quandt/Quandt (ed.), *Günther,* 180.

17. Quandt/Quandt (ed.), *Günther,* 111.

18. Declaración de Herbert Quandt, 10 de noviembre de 1947, HWA, sección 2017, archivo 42; Meissner, *First Lady* (trad.), 67, 75–78.

6

1. Lüdecke, *I knew Hitler,* 317.

2. Citado en Klabunde, *Magda* (trad.), 113.

3. Peter Longerich, *Goebbels* (Londres: Vintage, 2015, trad.), 3–151.

4. Citado en Rüdiger Jungbluth, *Die Quandts: Ihr leiser Aufstieg zur mächtigsten Wirtschaftsdynastie Deutschlands* (Fráncfort: Campus, 2002), 108.

5. Meissner, *First Lady* (trad.), 79–81.

6. Citado en Klabunde, *Magda* (trad.), 118.

7. *TG,* 7 de noviembre de 1930.

8. Citas de Quandt/Quandt (ed.), *Günther,* 230–231.

9. Actas judiciales, 13-14 de mayo de 1948, Tribunal de desnazificación de Starnberg, STAM, documentos judiciales de la desnazificación, Günther Quandt, archivo 1362/4.

10. Declaración de Herbert Quandt, 10 de noviembre de 1947, HWA, sección 2017, archivo 42.

7

1. Quandt/Quandt (ed.), *Günther,* 68–69.
2. Véase Jungbluth, *Quandts* (2002), 122; Scholtyseck, *Aufstieg,* 263–264.
3. Scholtyseck, *Aufstieg,* 264.

8

1. Henry Ashby Turner Jr. (ed.), *Hitler—Memoirs of a Confidant* (New Haven: Yale University Press, 1985, trans.), 232–237.
2. Véase Bernhard Hoffmann, *Wilhelm von Finck* (Múnich: C.H. Beck, 1953); «Neun Nullen», *Der Spiegel,* 18 de mayo de 1970, https://www.spiegel.de/politik/neun-nullen-a-608eb41d-0002 -0001-0000-000045152285?
3. Turner, *Big Business,* 150.
4. Turner (ed.), *Confidant* (trad.), 237–238.

9

1. Turner (ed.), *Confidant* (trad.), 238, 243.
2. Quandt/Quandt (ed.), *Günther,* 233.
3. Turner (ed.), *Confidant* (trad.), 239–242.
4. *TG,* 15 de febrero de 1931.
5. *TG,* 10 de marzo de 1931.
6. *TG,* 15 de marzo de 1931.
7. *TG,* 22 de marzo de 1931.
8. *TG,* 26 de marzo de 1931.
9. *TG,* 12 de marzo de 1931.
10. *TG,* 14 de junio de 1931.
11. *TG,* 12 de agosto de 1932.
12. *TG,* 19 de octubre de 1931.
13. Jungbluth, *Quandts* (2002), 119.
14. *TG,* 9 de abril de 1931.
15. *TG,* 26 de junio de 1931.
16. Meissner, *First Lady* (trad.), 95; Quandt/Quandt (ed.), *Günther,* 233.

17. *TG,* 31 de mayo de 1931.

18. *TG,* 14 de septiembre de 1931.

19. Longerich, *Goebbels* (trad.), 157–158.

20. Turner (ed.), *Confidant* (trad.), 255–259. (Cita p. 255.)

21. Longerich, *Goebbels* (trad.), 157–160.

22. *TG,* 12 de septiembre de 1931.

23. Quandt/Quandt (ed.), *Günther,* 233–235. (Cita p. 235.)

24. Actas judiciales, 13-14 de mayo de 1948, Tribunal de desnazificación de Starnberg, STAM, documentos judiciales de la desnazificación, Günther Quandt, archivo 1362/4.

10

1. Quandt/Quandt (ed.), *Günther,* 232.

2. *TG,* 30 de noviembre de 1931.

3. *TG,* 11 de diciembre de 1931.

4. Meissner, *First Lady* (trad.), 95.

5. Meissner, *First Lady* (trad.), 95–96.

6. Quandt/Quandt (ed.), *Günther,* 232–233, 236.

7. *TG,* 29 de diciembre de 1931.

8. *TG,* 19 de febrero de 1932.

9. Quandt/Quandt (ed.), *Günther,* 235.

10. *TG,* 24 de abril de 1932.

11. *TG,* 13 de octubre de 1932.

12. *TG,* 6 de agosto de 1934.

11

1. Para un relato más detallado del asunto Gelsenberg, véase Priemel, *Konzerngeschichte,* 220 ss.

2. Para relatos sobre la reunión, véase Turner, *Big Business,* 235–236; Juicios de los criminales de guerra ante el Tribunal Militar Internacional (TMI), Vol. VI, «The Flick Case», (Washington D.C.: U.S. Government Printing Office, 1952), 349, https://www.loc.gov/rr/frd/Military_Law/pdf/NT_war-criminals_Vol-VI.pdf

3. Véase Frei *et al., Flick,* 39, 58, 150.

4. Frei *et al., Flick,* 717.

5. Priemel, *Konzerngeschichte,* 236–246.

6. Turner, *Big Business,* 254–257. (Cita en p. 257.)

7. TMI, Vol. VI, 285.

8. TMI, Vol. VI, 349.

12

1. Citado en Scholtyseck, *Aufstieg,* 245.

2. *TG,* 4 de noviembre de 1932.

3. *TG,* 24, 25, 27, 30 y 31 de diciembre de 1932.

4. *TG,* 5 de febrero de 1933.

13

1. Stefan Aust/Thomas Ammann, *Die Porsche Saga* (Colonia: Bastei Lübbe, 2012), 73–74, 85–86.

2. Véase Hans Mommsen/Manfred Grieger, *Das Volkswagenwerk und seine Arbeiter im Dritten Reich* (Düsseldorf: Econ, 1996), 72–74; Wolfram Pyta/Nils Havemann/Jutta Braun, *Porsche: Vom Konstruktionsbüro zur Weltmarke* (Múnich: Siedler, 2017), 20–22, 28.

3. Bernhard Rieger, *The People's Car* (Cambridge, MA: Harvard University Press, 2013), 61.

4. Ferry Porsche/John Bentley, *We at Porsche* (Nueva York: Doubleday, 1976), 49–53.

5. Citado en Aust/Ammann, *Saga,* 84.

6. Citado en Aust/Ammann, *Saga,* 85.

7. Citado en Pyta *et al., Porsche,* 59.

8. Pyta *et al., Porsche,* 65.

9. Para relatos de esta reunión, véase Aust/Ammann, *Saga,* 116–117; Pyta *et al., Porsche,* 69–73.

14

1. Interrogatorio de August von Finck, 22 de septiembre de 1947, Archivos Nacionales y Administración de Documentos (NARA),

Oficina del Gobierno Militar de EE. UU. (OMGUS), Colección (RG) 260, M1923, Archivo 7.

2. TMI, Vol. VI, 389.

3. TMI, Vol. VII, 567–568.

15

1. Jungbluth, *Quandts* (2002), 125–126.

2. Ian Kershaw, *Hitler: La biografía definitiva* (Barcelona: Península, 2010).

3. Quandt/Quandt (ed.), *Günther*, 232.

4. Respuesta de Günther Quandt a la imputación por parte del fiscal, 8 de febrero de 1948, HWA, sección 2017, archivo 38.

5. Actas judiciales, 13-14 de mayo de 1948, Tribunal de desnazificación de Starnberg, STAM, documentos judiciales de la desnazificación, Günther Quandt, archivo 1362/4.

6. *TG,* 29 de abril de 1933.

7. Salvo que se aparezca citado de otra manera, este relato se basa en la respuesta de Günther Quandt a la imputación por parte del fiscal, 8 de febrero de 1948, HWA, sección 2017, archivo 38; Actas judiciales, 13-14 de mayo de 1948, Tribunal de desnazificación de Starnberg, STAM, documentos judiciales de la desnazificación, Günther Quandt, archivo 1362/4; Scholtyseck, *Aufstieg,* 253–260.

8. Scholtyseck, *Aufstieg,* 254.

9. Respuesta de Günther Quandt a la imputación por parte del fiscal, 8 de febrero de 1948, HWA, sección 2017, archivo 38.

10. Citado en Scholtyseck, *Aufstieg,* 259.

16

1. Respuesta de Günther Quandt a la imputación por parte del fiscal, 8 de febrero de 1948, HWA, sección 2017, archivo 38.

2. Scholtyseck, *Aufstieg,* 314.

3. Quandt/Quandt (ed.), *Günther,* 237.

4. *TG,* 5 de mayo de 1933.

5. *TG,* 7 de mayo de 1933.

6. *TG,* 14 de junio de 1933.

7. Actas judiciales, 13-14 de mayo de 1948, Tribunal de desnazifica-
    ción de Starnberg, STAM, documentos judiciales de la desnazifi-
    cación, Günther Quandt, archivo 1362/4.

8. Klabunde, *Magda* (trad.), 193–199.

17

1. Citado en Treue, *Herbert,* 37.

2. Citado en Treue, *Herbert,* 63.

3. Citado en Treue, *Herbert,* 64.

4. Treue, *Herbert,* 70–72.

5. Scholtyseck, *Aufstieg,* 766–767.

18

1. Gerald D. Feldman, *Allianz and the German Insurance Business,
    1933–1945* (Nueva York: Cambridge University Press, 2001),
    73.

2. Feldman, *Allianz,* 102.

3. Interrogatorio de Kurt Schmitt, 15 de julio de 1947, NARA,
    OMGUS, RG 260, M1923, Archivo 7.

4. Interrogatorio de Hans Schmidt-Polex, 22 de septiembre de
    1947, NARA, OMGUS, RG 260, M1923, Archivo 7.

5. Interrogatorio de Hans Hess, 17 de septiembre de 1947, NARA,
    OMGUS, RG 260, M1923, Archivo 7.

6. Interrogatorio de Edgar Uexküll, 9 de junio de 1947, NARA,
    OMGUS, RG 260, M1923, Archivo 7.

7. Citado en «Neun Nullen», *Der Spiegel,* 18 de mayo de 1970.

8. Ines Schlenker, *Hitler's Salon* (Berna: Peter Lang, 2007), 50.

19

1. Citado en Rieger, *People's Car,* 57.

2. Pyta *et al., Porsche,* 161–164.

3. Véase Paul Schilperoord, *the Extraordinary Life of Josef Ganz*
    (Nueva York: RVP, 2012), 112–124.

4. Pyta *et al.*, *Porsche*, 168–170.
5. Aust/Ammann, *Saga*, 91.
6. Mommsen/Grieger, *Volkswagenwerk*, 91.
7. Porsche/Bentley, *We at Porsche*, 76.

20

1. *TG*, 13 de abril de 1934.
2. *TG*, 13 de abril de 1934.
3. *TG*, 18 de abril de 1934.
4. *TG*, 20 de abril de 1934.
5. *TG*, 5 de mayo de 1934.
6. *TG*, 9 de mayo de 1934.
7. *TG*, 5 de junio de 1938.

Parte II: «La persecución nacionalsocialista acabará pronto»

1

1. Disposición de la mesa para la celebración del sesenta cumpleaños del líder de la economía militar Dr.-Ing. E. h. Günther Quandt, Hotel Esplanade, Berlín, 28 de julio de 1941, Archivo Federal de Berlín (BAB), 8119 F/P 1112; 60. Geburtstag Dr. Günther Quandt, 28 de julio de 1941, N.º 2240, Filmoteca de la Agencia de Karl Höffkes, 13:17, https://archiv-akh.de/filme/2240#1.
2. Citado en Scholtyseck, *Aufstieg*, 279.
3. Citado en AFA-Ring, revista de la comunidad de trabajadores de Accumulatoren-Fabrik AG de Berlín, año 8, número 5, 9 de septiembre de 1941, STAM, documentos judiciales de la desnazificación, Günther Quandt, archivo 1363/6.
4. Jungbluth, *Quandts* (2002), 178.
5. Scholtyseck, *Aufstieg*, 77.
6. Jungbluth, *Quandts* (2002), 179; Scholtyseck, *Aufstieg*, 591–595.
7. Scholtyseck, *Aufstieg*, 411.
8. Citado en Jungbluth, *Quandts* (2002), 164–165.

9. Citado en Jungbluth, *Quandts* (2002), 183.

10. Scholtyseck, *Aufstieg,* 279–280.

11. Scholtyseck, *Aufstieg,* 191–193.

12. Jonathan Petropoulous, *Göring's Man in Paris* (New Haven: Yale University Press, 2021), 139.

13. Scholtyseck, *Aufstieg,* 297.

14. Citado en Petropoulous, *Göring's Man,* 138.

15. Citado en AFA-Ring, revista de la comunidad de trabajadores de Accumulatoren-Fabrik AG de Berlín, año 8, número 5, 5 de septiembre de 1941, STAM, documentos judiciales de la desnazificación, Günther Quandt, archivo 1363/6.

2

1. Adam Tooze, *The Wages of Destruction* (Londres: Penguin, 2006), 53–56.

2. Scholtyseck, *Aufstieg,* 365.

3. Vereines deutscher Ingenieure (ed.), *50 Jahre Deutsche Waffen- und Munitionsfabriken* (Berlin: VDI, 1939), I.

4. Jungbluth, *Quandts* (2002), 133–135; Scholtyseck, *Aufstieg,* 366–368, 439, 447.

5. Citado en Scholtyseck, *Aufstieg,* 374.

6. Citado en Wolfgang Seel, *Mauser* (Zürich: Stocker-Schmid, 1986), 112.

7. Scholtyseck, *Aufstieg,* 143, 440.

3

1. Johannes Bähr/Alex Drecoll/Bernhard Gotto/Kim Christian Priemel/Harald Wixforth, *Der Flick-Konzern im Dritten Reich* (Múnich: Oldenbourg, 2008), 77–84.

2. Frei *et al., Flick,* 190.

3. Bähr *et al., Flick-Konzern,* 137.

4. Citas en TMI, Vol. VI, 236.

5. Citas en Frei *et al., Flick,* 191.

6. TMI, Vol. VI, 237.

4

1. Véase Priemel, *Konzerngeschichte*, –345; Bähr *et al.*, *Flick-Konzern*, 142–143; Frei *et al.*, *Flick*, 194–195.
2. Citado en Frei *et al.*, *Flick*, 194.
3. Véase Priemel, *Konzerngeschichte*, 345–348; Bähr *et al.*, *Flick-Konzern*, 143–147; Frei *et al.*, *Flick*, 195; Scholtyseck, *Aufstieg*, 368.
4. Véase Priemel, *Konzerngeschichte*, 349–352; Bähr *et al.*, *Flick-Konzern*, 302–303; Frei *et al.*, *Flick*, 196–197.
5. Citado en Priemel, *Konzerngeschichte*, 350.
6. Citado en Bähr *et al.*, *Flick-Konzern*, 302.
7. Priemel, *Konzerngeschichte*, 350.
8. Citado en Priemel, *Konzerngeschichte*, 351.

5

1. TMI, Vol. VI, 237.
2. Turner, *Big Business*, 244–245.
3. Para el listado de invitados, véase Reinhard Vogelsang, *Der Freundeskreis Himmler* (Göttingen: Muster-Schmidt, 1972), 149–150.
4. Citado en Tobias Bütow/Franka Bindernagel, *Ein KZ in der Nachbarschaft* (Colonia: Böhlau, 2004), 53.
5. Citado en Feldman, *Allianz*, 77.

6

1. Citado en Vogelsang, *Freundeskreis*, 24.
2. Jürgen Finger/Sven Keller/Andreas Wirsching, *Dr. Oetker und der Nationalsozialismus* (Múnich: C.H. Beck, 2013), 123.
3. Heather Pringle, *El plan maestro* (Madrid: Debate, 2007).
4. Finger *et al.*, *Dr. Oetker*, 141–149.
5. Rüdiger Jungbluth, *Die Oetkers* (Fráncfort: Campus, 2004) 139–142; Finger *et al.*, *Dr. Oetker*, 178–190.
6. Jungbluth, *Oetkers*, 142–143; Finger *et al.*, *Dr. Oetker*, 191, 195.
7. Vogelsang, *Freundeskreis*, 78–81.
8. Relato de la visita en TMI, Vol. VI, 303–305.

9.   Citado en TMI, Vol. VI, 326.

10. TMI, Vol. VI, 238.

11. Vogelsang, *Freundeskreis,* 158.

12. Finger *et al., Dr. Oetker,* 197.

7

1.   Citado en Porsche/Bentley, *We at Porsche,* 76.

2.   Mommsen/Grieger, *Volkswagenwerk,* 83–84.

3.   Aust/Ammann, *Saga,* 87.

4.   Pyta *et al., Porsche,* 90.

5.   Citado en Eberhard Reuß, «Der Mann hinter Porsche—Adolf Rosenberger», ARD/SWR, 24 de junio de 2019, Youtube, 43:57. https://www.youtube.com/watch?v=VSQzYWHtl-0

6.   Aust/Ammann, *Saga,* 87.

7.   Reuß, «Rosenberger», ARD/SWR, Pyta *et al., Porsche,* 135; Aust/Ammann, *Saga,* 87.

8.   Pyta *et al., Porsche,* 124–125.

9.   Porsche/Bentley, *We at Porsche,* 91–92.

10. Henry Picker, *Hitlers Tischgespräche im Führerhauptquartier* (Stuttgart, Seewald, 1977), 374.

8

1.   «Der Puddingprimz», *Der Spiegel,* 17 de diciembre de 1957.

2.   Citado en Finger *et al., Dr. Oetker,* 345.

3.   Finger *et al., Dr. Oetker,* 343–344.

4.   Véase Finger *et al., Dr. Oetker,* 120, 352, 354.

5.   Citado en Finger *et al., Dr. Oetker,* 346.

6.   Citado en Finger *et al., Dr. Oetker,* 224.

7.   Finger *et al., Dr. Oetker,* 225–226.

8.   Jungbluth, *Oetkers,* 169–171; Finger *et al., Dr. Oetker,* 226–229.

9.   Finger *et al., Dr. Oetker,* 227.

10. Citado en Jungbluth, *Oetkers,* 170.

11. Citado en Finger *et al., Dr. Oetker,* 349.

12. Citas en Finger *et al., Dr. Oetker,* 353.

9

1. Para saber más sobre la saga Sachs, véase Scholtyseck, *Aufstieg*, 315–318.
2. Citado en Bryan Mark Rigg, *La tragedia de los soldados judíos de Hitler* (Barcelona: Inédita, 2011).
3. Tooze, *Wages of Destruction*, 339.
4. Citado en Scholtyseck, *Aufstieg*, 317.
5. Citado en Scholtyseck, *Aufstieg*, 318.
6. Leistungsbericht Kriegsjahr 1941/42, Dürener Metallwerke AG, HWA, sección 2017, archivo 54.
7. Véase Frei *et al.*, *Flick*, 202; Wolfgang Fürweger, *Die PS-Dynastie* (Viena: Ueberreuter, 2007), 73.
8. Scholtyseck, *Aufstieg*, 270–271.
9. Scholtyseck, *Aufstieg*, 290.

10

1. *TG*, 1 de agosto de 1936.
2. *TG*, 2 de agosto de 1936.
3. *TG*, 3 de junio de 1936; Longerich, *Goebbels* (trad.), 317–318.

11

1. Jungbluth, *Oetkers*, 156–157.
2. Sobre estos procesos de arianización de Oetker, véase Finger *et al.*, *Dr. Oetker*, 213–214, 231–235.
3. Citado en Finger *et al.*, *Dr. Oetker*, 213.
4. Finger *et al.*, *Dr. Oetker*, 235–246.
5. Frei *et al.*, *Flick*, 211, 711–712.

12

1. «Neun Nullen», *Der Spiegel*, 18 de mayo de 1970.
2. Schlenker, *Salon*, 41–42.
3. *TG*, 6 de junio de 1937.
4. *TG*, 7 de junio de 1937.

5.   Longerich, *Goebbels* (trad.), 349.
6.   *TG,* 7 de septiembre de 1937.
7.   *TG,* 9 de diciembre de 1937.

13

1.   Para saber más sobre el proceso de arianización de Herny Pels, véase Scholtyseck, *Aufstieg,* 393–401, 951 n224; Hans-Dieter Nahme, *Ein Deutscher im zwanzigsten Jahrhundert* (Rostock: Hinstorff, 2007), 219–223.
2.   Citado en Scholtyseck, *Aufstieg,* 396.
3.   Nahme, *Deutscher,* 220.
4.   Treue, *Herbert,* 74–76.
5.   Quandt/Quandt (ed.), *Günther,* 73.
6.   Carta del 6 de septiembre de 1938, en: Günther Quandt, Gedanken über Südamerika. Briefe in zwangloser Folge. Vol. I, Sept.–Dec. 1938.

14

1.   Citado en Frei *et al., Flick,* 211.
2.   Frei *et al., Flick,* 211, 711–713.
3.   Benjamin Engel, «Der Beraubte Bierbaron», *Süddeutsche Zeitung,* 11 de octubre de 2020.
4.   Ingrid Flick: «Habe Rottenmann lieben gelernt», *Kleine Zeitung,* 24 de agosto de 2015.
5.   Para más sobre el proceso de arianización de Lübeck, véase Ogger, *Grosse,* 161–173; Priemel, *Konzerngeschichte,* 371–383; Bähr *et al., Flick-Konzern,* 307–321; Frei *et al., Flick,* 213–223.
6.   Citado en in Ogger, *Grosse,* 168.
7.   Citado en Bähr *et al., Flick-Konzern,* 320.
8.   Citado en Ogger, *Grosse,* 171.
9.   Citado en Ogger, *Grosse,* 172.

15

1.   Bähr *et al., Flick-Konzern,* 322.

2. Citas en Bähr *et al.*, *Flick-Konzern*, 326.

3. Citado en Priemel, *Konzerngeschichte*, 394.

4. Cita y anotaciones en Frei *et al.*, *Flick*, 229.

5. Véase Tooze, *Wages of Destruction*, 219 ss.

6. Bähr *et al.*, *Flick-Konzern*, 327.

7. Bähr *et al.*, *Flick-Konzern*, 328.

8. Véase Priemel, *Konzerngeschichte*, 392.

9. Véase TMI, Vol. VI, 442–460; Priemel, *Konzerngeschichte*, 396–398; Bähr *et al.*, *Flick-Konzern*, 331–333; Frei *et al.*, *Flick*, 230–231.

10. Citado en Frei *et al.*, *Flick*, 231.

11. Citado en Priemel, *Konzerngeschichte*, 400.

12. Citado en Bähr *et al.*, *Flick-Konzern*, 334.

13. Frei *et al.*, *Flick*, 232.

14. Citado en Priemel, *Konzerngeschichte*, 401.

15. Véase TMI, Vol. VI, 469–471, Priemel, *Konzerngeschichte*, 404; Bähr *et al.*, *Flick-Konzern*, 338; Frei *et al.*, *Flick*, 233.

16. Citas en Bähr *et al.*, *Flick-Konzern*, 339–340.

17. Citado en Priemel, *Konzerngeschichte*, 405 n64.

18. Véase Bähr *et al.*, *Flick-Konzern*, 384–385

19. Priemel, *Konzerngeschichte*, 408.

20. Citado en Frei *et al.*, *Flick*, 229.

16

1. Ingo Köhler, *Die «Arisierung» der Privatbanken im Dritten Reich* (Múnich: C.H. Beck, 2005), 307.

2. Köhler, *Arisierung*, 366.

3. Citado en Köhler, *Arisierung*, 367.

4. Köhler, *Arisierung*, 371–373.

5. Harold James, *Verbandspolitik im Nationalsozialismus* (Múnich: Piper, 2001), 181.

6. Sobre el proceso de arianización de Dreyfus, véase Köhler, *Arisierung*, 305–311; Christopher Kopper, *Zwischen Marktwirtschaft und Dirigismus* (Bonn: Bouvier, 1995), 257–259.

7. Köhler, *Arisierung*, 503.

8. Georg Siebert, *Hundert Jahre Merck Finck & Co.* (Múnich: 1970), 45.

9. Citas en Köhler, *Arisierung*, 310.

10. Interrogatorio de Gerhard Lück, 17 de octubre de 1947, NARA, OMGUS, RG 260, M1923, archivo 7.

11. Kohler, *Arisierung,* 311.

17

1. Peter Melichar, *Neuordnung im Bankwesen* (Viena: Oldenbourg, 2004), 397–398.

2. Giles MacDonogh, *1938: Hitler 1938: El año de las grandes decisiones* (Barcelona: Editorial Crítica, 2010).

3. Interrogatorio de Emil Puhl, 23 de octubre de 1947, OMGUS, NARA, RG 260, M1923, archivo 7.

4. Interrogatorio de August von Finck, 23 de septiembre de 1947, OMGUS, NARA, RG 260, M1923, archivo 7.

5. Citado en Harold James, *The Deutsche Bank and the Nazi Economic War Against the Jews* (Cambridge: Cambridge University Press, 2001), 137.

6. Köhler, *Arisierung,* 414–415.

7. Citado en Köhler, *Arisierung,* 415.

8. Véase James, *Nazi Economic Wars,* 77–81; Köhler, *Arisierung,* 374–389.

9. Melichar, *Neuordnung,* 399–402.

10. Véase informe sobre los activos exteriores alemanes en Austria: Banco privado E.V. Nicolai & Compañía, S.M. V. Rothschild en liquidación, 19 de marzo de 1947 ss., NARA, Registros de la Subdivisión de activos exteriores alemanes de la Comisión Aliada Estadounidense de Austria (USACA), RG 260, M1928, archivo 13.

11. Interrogatorio de Erich Gritzbach, 24 de octubre de 1947, NARA, OMGUS, RG 260, M1923, archivo 7.

12. Véase interrogatorio de August von Finck, 23 de septiembre de 1947; interrogatorio de Erich Gritzbach, 24 de octubre de 1947, ambos en NARA, OMGUS, RG 260, M1923, archivo 7; Ogger, *Grosse,* 131–132.

13. James, *Verbandspolitik,* 183.

14. «Baron Louis de Rothschild Dies; Freed by Nazis for $21 Million», *New York Times,* 16 de enero de 1955.

15. Melichar, *Neuordnung,* 401–402.

16. Interrogatorio de Egon von Ritter, 10 de octubre de 1947, NARA, OMGUS, RG 260, M1923, archivo 7.

17. Interrogatorio de Hans Schmidt-Polex, 22 de septiembre de 1947. NARA, OMGUS, RG 260, M1923, archivo 7.

18. Véase acusación del fiscal J. Herf, 3 de noviembre de 1948, STAM, documentos judiciales de la desnazificación, August von Finck, archivo 409.

19. James, *Verbandspolitik,* 183–184.

18

1. Citado en Rieger, *People's Car,* 72.

2. Véase Mommsen/Grieger, *Volkswagenwerk,* 155–165.

3. Véase Mommsen/Grieger, *Volkswagenwerk,* 182–186; Rieger, *People's Car,* 71–72.

4. Rieger, *People's Car,* 71.

5. Citado en Rieger, *People's Car,* 72.

6. Porsche/Bentley, *We at Porsche,* 113.

7. Pyta *et al., Porsche,* 91, 215–217.

8. La compañía Porsche indemnizó posteriormente a un heredero de Wolf. Véase Pyta *et al., Porsche,* 131–134.

9. Citado en Reuß, «Rosenberger», ARD/SWR, 24 de junio de 2019.

10. Pyta *et al., Porsche,* 126.

11. Véase Mommsen/Grieger, *Volkswagenwerk,* 915 n19; Pyta *et al., Porsche,* 308–309.

12. Citado en Pyta *et al., Porsche,* 126–127.

13. Citado en Pyta *et al., Porsche,* 126.

19

1. Véase Longerich, *Goebbels* (trad.), 391–392; Meissner, *First Lady* (trad.), 177–179.

2. *TG,* 16 de agosto de 1938.

3. *TG,* 11 de octubre de 1938.

4. *TG,* 3 de febrero de 1937.

5. *TG,* 18 de octubre de 1938.

6. *TG,* 25 de octubre de 1938.

7. Longerich, *Goebbels* (trad.), 395.
8. *TG,* 22 de octubre de 1938.
9. Longerich, *Goebbels* (trad.), 394.
10. *TG,* 23 de julio de 1939.
11. Longerich, *Goebbels* (trad.), 420–421.

20

1. Véase Priemel, *Konzerngeschichte,* 410.
2. Citado en TMI, Vol. VI, 458.
3. Véase Priemel, *Konzerngeschichte,* 392.
4. TMI, Vol. VI, 485–486.
5. Véase TMI, Vol. VI, 480–484; Priemel, *Konzerngeschichte,* 411; Bähr *et al.,* *Flick-Konzern,* 343–345; Frei *et al., Flick,* 236–237.
6. Véase Priemel, *Konzerngeschichte,* 412–414.
7. Citado en Priemel, *Konzerngeschichte,* 410.
8. Para la epopeya del intercambio de carbón, véase Priemel, *Konzerngeschichte,* 414–426; Bähr *et al., Flick-Konzern,* 345–370; Frei *et al., Flick,* 239–247.
9. TMI, Vol. VI, 498–503.
10. Bähr *et al., Flick-Konzern,* 366–367.

21

1. Mommsen/Grieger, *Volkswagenwerk,* 198–200, 1032.
2. Volkswagen, *Place of Remembrance of Forced Labor in the Volkswagen Factory* (Volkswagen: Wolfsburgo, 1999), 18.
3. Rieger, *People's Car,* 81–82.
4. Véase Mommsen/Grieger, *Volkswagenwerk,* 283–311.

22

1. Priemel, *Konzerngeschichte,* 429–430.
2. TMI, Vol. VI, 569–570.
3. Frei *et al., Flick,* 176.
4. Véase Bähr *et al., Flick-Konzern,* 162–163.

23

1. Citas en Scholtyseck, *Aufstieg*, 366.
2. Quandt/Quandt (ed.), *Günther*, 11–12.
3. Citado en Scholtyseck, *Aufstieg*, 274.
4. Scholtyseck, *Aufstieg*, 419 para AFA, 421–422 para DWM.
5. Citado en Treue, *Herbert*, 80.
6. Citado en Scholtyseck, *Aufstieg*, 417.

Parte III: «Los muchachos ya se han convertido en hombres»

1

1. Scholtyseck, *Aufstieg*, 248.
2. Longerich, *Goebbels* (trad.), 404–405.
3. *TG*, 28 y 29 de octubre de 1939.
4. *TG*, 2 de noviembre de 1939.
5. *TG*, 3 de noviembre de 1939.
6. Véase Scholtyseck, *Aufstieg*, 573–576.
7. Quandt/Quandt (ed.), *Günther*, 243.
8. *TG*, 14 de enero de 1940.

2

1. Jungbluth, *Quandts* (2002), 147.
2. Véase Jungbluth, *Quandts* (2002), 143–146; Scholtyseck, *Aufstieg*, 248.
3. Citado en Jungbluth, *Quandts* (2002), 145.
4. Actas judiciales, 13-14 de mayo de 1948, Tribunal de desnazificación de Starnberg, STAM, documentos judiciales de la desnazificación, Günther Quandt, archivo 1362/4.
5. Citado en in Jungbluth, *Quandts* (2002), 151.
6. *TG*, 21 de julio de 1940.
7. Véase Günther Reinhardt Nebuschka a Telford Taylor, 3 de noviembre de 1947, STAM, documentos judiciales de la desnazificación, Günther Quandt, archivo 1362/1.

8. Jungbluth, *Quandts* (2002), 151.

9. *TG,* 13 de octubre de 1940.

10. *TG,* 5 de noviembre de 1940.

11. *TG,* 26 de diciembre de 1940.

12. Longerich, *Goebbels* (trad.), 405–406.

13. *TG,* 5 de noviembre de 1940.

14. Scholtyseck, *Aufstieg,* 518.

3

1. Scholtyseck, *Aufstieg,* 565.

2. Scholtyseck, *Aufstieg,* 766.

3. Citado en Treue, *Herbert,* 79.

4. Citado en Scholtyseck, *Aufstieg,* 529.

5. Véase Scholtyseck, *Aufstieg,* 493–496, 992 n394.

6. Véase Scholtyseck, *Aufstieg,* 519–521.

7. Scholtyseck, *Aufstieg,* 521–528.

8. Véase Scholtyseck, *Aufstieg,* 528–530.

9. Véase Scholtyseck, *Aufstieg,* 530–531.

10. Citado en Scholtyseck, *Aufstieg,* 530.

11. Quandt/Quandt (ed.), *Günther,* 242.

12. Véase Scholtyseck, *Aufstieg,* 537 ss.

4

1. Citado en Jungbluth, *Quandts* (2002), 153.

2. *TG,* 13 de febrero de 1941.

3. Jungbluth, *Quandts* (2002), 153.

4. *TG,* 13 de febrero de 1941.

5. *TG,* 20 de febrero de 1941.

6. Para el informe de Harald sobre la invasión de Creta, véase AFA-Ring, revista de la comunidad de trabajadores de la fábrica AFA de Berlín, año 8, número 5, 5 de septiembre de 1941, STAM, documentos judiciales de la desnazificación, Günther Quandt, archivo 1363/6.

7. Winston Churchill, *La Segunda Guerra Mundial* (Madrid: La esfera de los Libros, 2009).

8. Véase Jungbluth, *Quandts* (2002), 156.

9. Churchill, *Segunda Guerra Mundial.*

10. *TG*, 14 de junio de 1941.

11. *TG*, 31 de mayo de 1941.

12. *TG*, 16 de junio de 1941.

13. *TG*, 14 de septiembre de 1941.

14. Citado en Scholtyseck, *Aufstieg*, 274.

5

1. Frei *et al.*, *Flick*, 280–281.

2. *TMI*, Vol. VI, 192–194.

3. Citado en Priemel, *Konzerngeschichte*, 735.

4. Citado en Ramge, *Flicks*, 56.

5. Ogger, *Grosse*, 218.

6. Frei *et al.*, *Flick*, 282.

7. Citado en Ramge, *Flicks*, 114.

8. Frei *et al.*, *Flick*, 281.

9. Véase Frei *et al.*, *Flick*, 752; Bähr *et al.*, *Flick-Konzern*, 257 n428.

10. Citado en Ramge, *Flicks*, 174.

11. Bähr *et al.*, *Flick-Konzern*, 452.

6

1. Porsche/Bentley, *We at Porsche*, 141; Ferry Porsche/Günther Molter, *Ferry Porsche* (Stuttgart: Motorbuch, 1989), 123.

2. Véase Mommsen/Grieger, *Volkswagenwerk*, 383–405.

3. Véase Mommsen/Grieger, *Volkswagenwerk*, 453 ss.

4. Volkswagen, *Remembrance*, 23.

5. Porsche/Bentley, *We at Porsche*, 141.

6. Porsche/Bentley, *We at Porsche*, 162; Porsche/Molter, *Ferry*, 124–125.

7. Pyta *et al.*, *Porsche*, 307–308, 458 n16.

8. Volkswagen, *Remembrance*, 35.

7

1. TMI, Vol. VI, 694.

2. Citado en Bähr *et al.*, *Flick-Konzern*, 419.

3. Véase Priemel, *Konzerngeschichte*, 459–468; Bähr *et al.*, *Flick-Konzern*, 420–430; Frei *et al.*, *Flick*, 317–323.

4. TMI, Vol. VI, 695–698. Citas en las págs. 696, 698.

5. Véase Finger *et al.*, *Dr. Oetker*, 355–358.

6. itas en Finger *et al.*, *Dr. Oetker*, 357.

7. Finger *et al.*, *Dr. Oetker*, 358.

8. Citado en Michael Bloch, *Ribbentrop* (Argentina: Vergara Editor, S.A., 1994).

9. Finger *et al.*, *Dr. Oetker*, 351.

10. Finger *et al.*, *Dr. Oetker*, 358.

8

1. Scholtyseck, *Aufstieg*, 250.

2. Citado en Veit Harlan, *Im Schatten meiner Filme* (Gütersloh: Mohn, 1966), 140.

3. *TG*, 23 de julio de 1942.

4. *TG*, 18 de octubre de 1942.

5. *TG*, 13 de octubre de 1942.

6. Citado en Jungbluth, *Quandts* (2002), 200.

7. *TG*, 9 de marzo de 1943.

8. *TG*, 24 de febrero de 1943.

9. Véase Jungbluth, *Quandts* (2002), 200–201; Longerich, *Goebbels* (trad.), 559–560.

10. *TG*, 27 de marzo de 1942.

9

1. Véase Scholtyseck, *Aufstieg*, 421 ss.

2. Citado en Scholtyseck, *Aufstieg*, 423.

3. Citado en Scholtyseck, *Aufstieg*, 427.

4. Scholtyseck, *Aufstieg*, 426.

5. Véase Tooze, *Wages of Destruction*, 513–517, cita en pág. 517.

6. Véase Marc Buggeln, *Slave Labor in Nazi Concentration Camps* (Oxford: Oxford University Press, 2014, trad.), 20–21.

7. Véase Mark Spoerer/Jochen Fleischhacker, «Forced Laborers in Nazi Germany. Categories, Numbers, and Survivors», *Journal of Interdisciplinary History* Vol. 33, N.º 2 (otoño de 2002), 197, 201.

8. Tooze, *Wages of Destruction,* 531–532.

10

1. Quandt/Quandt (ed.), *Günther,* 239.

2. Citado en Scholtyseck, *Aufstieg,* 790.

3. Scholtyseck, *Aufstieg,* 435–436.

4. Sobre el subcampo de la AFA en Hannover, véase Hans Hermann Schroder et al. (ed.), *Konzentrationslager in Hannover* (Hildes-heim: August Lax, 1985), 50 y ss.; Jungbluth, *Quandts* (2002), 190–199; Marc Buggeln, *Arbeit & Gewalt* (Göttingen: Wallstein, 2009), 71–74, 188–192, 307–312; Scholtyseck, *Aufstieg,* 638–643, 664–670, 682–687.

5. 100. Véase Benjamin Ferencz, *Less than Slaves* (Bloomington: Indiana University Press, 2002)

6. Citado en Buggeln, *Slave Labor* (trad.), 71.

7. Schröder (ed.), *Konzentrationslager,* 74–76, 80–104.

8. Citado en Schröder (ed.), *Konzentrationslager,* 83.

9. Citado en Schröder (ed.), *Konzentrationslager,* 60–61.

10. A no ser que se indique de otra manera, este relato está basado en las actas judiciales de 13-14 de mayo de 1948, Tribunal de desnazificación de Starnberg, STAM, documentos judiciales de la desnazificación, Günther Quandt, archivo 1362/4; Respuesta de Günther Quandt a su imputación por parte del fiscal, 8 de febrero de 1948, HWA, sección 2017, archivo 38; Jungbluth, *Quandts* (2002), 202–204.

11. *TG,* 20 de junio de 1943.

12. Actas judiciales, 13-14 de mayo de 1948, Tribunal de desnazificación de Starnberg, STAM, documentos judiciales de la *desnazificación,* Günther Quandt, archivo 1362/4.

13. Actas judiciales, 13-14 de mayo de 1948, Tribunal de desnazificación de Starnberg, STAM, documentos judiciales de la *desnazificación,* Günther Quandt, archivo 1362/4.

11

1. Citado en Priemel, *Konzerngeschichte,* 578.
2. Bähr *et al., Flick-Konzern,* 283.
3. Citas en TMI, Vol. VI, 183–184.
4. Véase Bähr *et al., Flick-Konzern,* 495–496.
5. Frei *et al., Flick,* 396.
6. Véase Bähr *et al., Flick-Konzern,* 511; Frei *et al., Flick,* 328.
7. Priemel, *Konzerngeschichte,* 492.
8. Para Rombach, véase Priemel, *Konzerngeschichte,* 447–452; Bähr *et al., Flick-Konzern,* 451–461; Frei *et al., Flick,* 299–306.
9. Citado en Bähr *et al., Flick-Konzern,* 459.
10. Citas en Priemel, *Konzerngeschichte,* 449.
11. Véase Priemel, *Konzerngeschichte,* 495–497; Bähr *et al., Flick-Konzern,* 527–528, 546–548; Frei *et al., Flick,* 307–309.
12. Priemel, *Konzerngeschichte,* 497.
13. Citado en Frei *et al., Flick,* 308.
14. Bähr *et al., Flick-Konzern,* 548.

12

1. Citas en Pyta *et al., Porsche,* 315.
2. Mommsen/Grieger, *Volkswagenwerk,* 453–476.
3. Véase Mommsen/Grieger, *Volkswagenwerk,* 496–515; Volkswagen, *Remembrance,* 81, 84; Buggeln, *Slave Labor* (trad,) 66–67.
4. Esta cita y la siguiente aparecen en Volkswagen, *Remembrance,* 58.
5. Mommsen/Grieger, *Volkswagenwerk,* 756.
6. Rieger, *People's Car,* 83.
7. Véase Mommsen/Grieger, *Volkswagenwerk,* 762–765; Volkswagen, *Remembrance,* 52.
8. Citado en Rieger, *People's Car,* 83–84.

13

1. Para consultar el programa y la lista de invitados, véase TMI, Vol. VI, 273–275.
2. TMI, Vol. VI, 366.Citas en Finger *et al., Dr. Oetker,* 200–201.

3. Citado en «Treue im Chor», *Der Spiegel,* 12 de octubre de 1965.
4. TMI, Vol. VI, 336.
5. Citado en Finger *et al., Dr. Oetker,* 201.
6. Finger *et al., Dr. Oetker,* 286, 288 ss.
7. Finger *et al., Dr. Oetker,* 199–200.
8. Véase Jungbluth, *Oetkers,* 186–188; Finger *et al., Dr. Oetker,* 311–324; Buggeln, *Slave Labor* (trad.), 67–68.
9. Citado en Finger *et al., Dr. Oetker,* 318.
10. Citas en Finger *et al., Dr. Oetker,* 365.
11. Finger *et al., Dr. Oetker,* 358–364.

14

1. *TG,* 13 de enero de 1944.
2. *TG,* 17 de enero de 1944.
3. Jungbluth, *Quandts* (2002), 205.
4. *TG,* 13 de febrero de 1944.
5. *TG,* 15 de marzo de 1944.
6. *TG,* 16 de marzo de 1944.
7. *TG,* 19 de abril de 1944.
8. Citado en Jungbluth, *Quandts* (2002), 206.

15

1. Scholtyseck, *Aufstieg,* 576–584.
2. Scholtyseck, *Aufstieg,* 680–681, 695–699, 709.
3. Reinhardt Nebuschka a Telford Taylor, 3 de noviembre de 1947, STAM, documentos judiciales de la desnazificación, Günther Quandt, archivo 1362/1; Scholtyseck, *Aufstieg,* 578.
4. Reinhardt Nebuschka a Telford Taylor, 1 de noviembre de 1947, STAM, documentos judiciales de la desnazificación, Günther Quandt, archivo 1362/1.

16

1. Porsche/Molter, *Ferry,* 145.

2. Véase Pyta *et al., Porsche*, 319–325.
3. Citas en Pyta *et al., Porsche*, 321.
4. Véase Mommsen/Grieger, *Volkswagenwerk*, 766 ss.; Volkswagen, *Remembrance*, 88 ss.

17

1. Para más información sobre el subcampo de Pertrix, véase Gabriele Layer-Jung/Cord Pagenstecher, «Vom vergessenen Lager zum Dokumentationszentrum? Das ehemalige NS-Zwangsarbeiterlager in Berlin-Schöneweide», *Gedenkstätten-Rundbrief* 111 (Berlín, marzo de 2003), 3; Gabriele Layer-Jung/Cord Pagenstecher, «Das Pertrix-Außenlager in Berlin-Niederschöneweide» (Berlín, mayo de 2004), 1–2; Scholtyseck, *Aufstieg*, 647–648, 673–674, 690.
2. Treue, *Herbert*, 93.
3. Citado en Scholtyseck, *Aufstieg*, 705.
4. Scholtyseck, *Aufstieg*, 648–649.

18

1. Jungbluth, *Oetkers*, 196–198, cita de la pág. 198.
2. Finger *et al., Dr. Oetker*, 360.
3. Citado en Jungbluth, *Oetkers*, 199.
4. Citado en Jungbluth, *Oetkers*, 199.
5. Citado en Jungbluth, *Oetkers*, 198.
6. Citado en Finger *et al., Dr. Oetker*, 201.

19

1. *TG*, 10 de septiembre de 1944.
2. *TG*, 10 de noviembre de 1944.
3. *TG*, 17 de noviembre de 1944.
4. *TG*, 2 de diciembre de 1944.
5. *TG*, 23 de enero de 1945.

Parte IV: «Tú seguirás con vida»

1

1. Wolf Jobst Siedler, *Ein Leben wird besichtigt* (Berlín: Siedler, 2000), 317.

2. Citado en Treue, *Herbert,* 103.

3. Magda Goebbels a Harald Quandt, 28 de abril de 1945, colección Robert E. Work, Museo del Holocausto de Estados Unidos (USHMM); carta reproducida en: Rolf Hochhuth (ed.), *Joseph Goebbels: Tagebücher 1945* (Hamburgo: Hoffmann und Campe, 1977), 549–550.

4. Joseph Goebbels a Harald Quandt, 28 de abril de 1945, USHMM; carta reproducida en: Hochhuth (ed.), *Tagebücher 1945,* 547–548. Robert E. Work, Últimas cartas desde el refugio antiaéreo de Hitler, 1 de noviembre de 1945, USHMM. Los hijos del capitán de las fuerzas aéreas donaron las cartas originales al museo en 2019.

5. Sobre los acontecimientos en el *Führerbunker,* véase Hanna Reitsch, *Fliegen Mein Leben* (Múnich: Ullstein, 1979), 324–329; Ian Kershaw, *Hitler [Hitler: la biografía definitiva]* (Londres: Penguin, 2008) 938 y ss.; Rochus Misch, *Hitler's Last Witness [Yo fui guardaespaldas de Hitler]* (Londres: Frontline. 2017, trad.), 176–181; Longerich, *Goebbels* (trad.), x-xi, 686–687; Hochhuth (ed.), *Tagebücher,* 550–556.

6. Steve Johnson, «How Goebbels' final letter made its way from Hitler's bunker to a Chicago family—and at last to the Holocaust Museum», *Chicago Tribune,* 24 de abril de 2019, https://www. chicagotribune.com/entertainment/museums/ct-ent-goebbels-final-letters-chicago-family-0425-story.html

7. Misch, *Witness* 177.

8. Speer, Albert Speer, Inside the Third Reich [Memorias] (Londres: Phoenix, 1995, trad.), 643. Publicado originalmente en 1970.

2

1. Para los acontecimientos de Dresde, véase Meissner, *First Lady* (trad.), 239–243.

3

1. Citas en in Scholtyseck, *Aufstieg,* 730.
2. Citado en Scholtyseck, *Aufstieg,* 731.
3. Scholtyseck, *Aufstieg,* 709.
4. Quandt, *Günther,* 18 de abril de 1945, Biblioteca de la Facultad de derecho de Cornell (CLL), Colección Donovan sobre los Juicios de Núremberg, Vol. 17, sec. 53 051, https://lawcollections. library.cornell.edu/nuremberg/catalog/nur:01775
5. Citado en Scholtyseck, *Aufstieg,* 731.
6. Véase Bernd Greiner, *Die Morgenthau-Legende* (Hamburgo: Hamburger Edition, 1995), 238; Scholtyseck, *Aufstieg,* 732.
7. Treue, *Herbert,* 90; Scholtyseck, *Aufstieg,* 714, 730.
8. Para más información sobre la evacuación del subcampo de la AFA en Hannover y la masacre de Gardelegen, véase Herbert Obenaus et al. (ed.), *Konzentrationslager,* 493 y ss.; Jungbluth, *Quandts* (2002), 197–199; Buggeln, *Arbeit & Gewalt,* 638–640, 650–651; Scholtyseck, *Aufstieg,* 668–670.
9. Citado en Gardelegen, USHMM, https://encyclopedia.ushmm. org/content/en/article/gardelegen.

4

1. Treue, *Herbert,* 90 y ss.; Scholtyseck, *Aufstieg,* 714, 790–792, 822–823.
2. Citado en Scholtyseck, *Aufstieg,* 822.
3. Scholtyseck, *Aufstieg,* 823–824.
4. Citado en Scholtyseck, *Aufstieg,* 765–766.
5. Citado en Treue, *Herbert,* 85.

5

1. Frei *et al., Flick,* 464, 712–713.
2. Engel, «Beraubte Bierbaron», *Süddeutsche,* 11 de octubre de 2020.
3. Priemel, *Konzerngeschichte,* 452; Bähr *et al., Flick-Konzern,* 460.
4. Sobre la mano de obra esclava en Gröditz, véase TMI, Vol. VI, 770–788, 815–816, 828–829, 35–837; Priemel, *Konzerngeschi-*

chte, 493–494; Bähr *et al.*, *Flick-Konzern*, 530, 553–556; Frei *et al.*, *Flick*, 359–360.

5. Frei *et al.*, *Flick*, 386.

6. Bähr *et al.*, *Flick-Konzern*, 509–510.

7. Citado en Frei *et al.*, *Flick*, 358.

8. Citado en Priemel, *Konzerngeschichte*, 488.

9. Para más información sobre la masacre de Gröditz, véase TMI, Vol. VI, 778–781; Priemel, *Konzerngeschichte*, 494; Bähr *et al.*, *Flick-Konzern*, 530–531, 554–555; Frei *et al.*, *Flick*, 360.

10. Sobre la transferencia de activos y embargos sobre Flick, véase Priemel, *Konzerngeschichte*, 554–555, 591–615; Bähr *et al.*, *Flick-Konzern*, 579–609; Frei *et al.*, *Flick*, 388–389, 448–471.

11. Bähr *et al.*, *Flick-Konzern*, 878–879, 883.

12. Priemel, *Konzerngeschichte*, 603.

13. Bähr *et al.*, *Flick-Konzern*, 883.

14. Kim Christian Priemel/Alexa Stiller (ed.), *Reassessing the Nuremberg Military Tribunals* (Nueva York: Berghahn, 2014), 5.

15. Para más información, véase Telford Taylor, *The Anatomy of the Nuremberg Trials* (Nueva York: Knopf, 1992), 151–161; Donald Bloxham, *Genocide on Trial* (Oxford: Oxford University Press, 2001) 24–25; Kim Christian Priemel, *The Betrayal* (Oxford: Oxford University Press, 2016), 152–155; Priemel/Stiller, *Reassessing*, 166.

16. Priemel, *Konzerngeschichte*, 603–605; Frei *et al.*, *Flick*, 467–468.

6

1. Interrogatorio de August von Finck, 25 de septiembre de 25, 1947, NARA, OMGUS, RG 260, M1923, archivo 7.

2. Véase el informe preliminar sobre Deutsche Heraklith AG; anexos originales sobre Alpenländische Bergbau Gmbh, USACA Sección 1945–1950, NARA, RG 260, M1928, archivo 22, 46, 47; Siebert, *Hundert Jahre*, 47–48.

3. Quandt/Quandt (ed.), *Günther*, 135–136.

4. «Neun Nullen», *Der Spiegel*, 18 de mayo de 1970.

5. Sugerencia sobre la destitución de los funcionarios en los bancos, comandante Peery al teniente Ladenburg, Desnazificación:

políticas y directivas, NARA, OMGUS, RG 260, M1925, archivo 3.

6. Véase Scholtyseck, *Aufstieg,* 1044 n46; Frei *et al., Flick,* 403.

7. Interrogatorio de Kurt Schmitt, 15 de julio de 1947, NARA, OMGUS, RG 260, M1923, archivo 7.

8. Interrogatorio de Hans Schmidt-Polex, 22 de septiembre de 1947, NARA, OMGUS, RG 260, M1923, archivo 7.

9. Guía para la investigación de Vereinigte Stahlwerke AG, Düsseldorf, Alemania, 31 de mayo de 1945, Apéndice B, 78, NARA, OSS, RG 226, M1934, archivo 5.

10. Siebert, *Hundert Jahre,* 49.

11. Citado en James, *Verbandspolitik,* 300, nota al pie 72.

12. Citado en James, *Verbandspolitik,* 301, nota al pie 88.

7

1. Véase activos alemanes en Austria: «Private Bank E.V. Nicolai & Company S.M. V. Rothschild In Liquidation», Departamento de registro de los activos alemanes en el extranjero, Comisión Aliada Estadounidense de Austria (USACA), RG 260, M1928, archivo 13; Melichar, *Neuordnung,* 404–408.

2. Citas en Köhler, *Arisierung,* 502.

3. Köhler, *Arisierung,* 503–506, cita en la pág. 505.

4. Véase declaración jurada de Willy Dreyfus, 22 de diciembre de 1948, STAM, documentos judiciales de la *desnazificación,* August von Finck, archivo 409; Frank J. Miller a Albert F. Bender Jr., 6 de marzo de 1947, Deutscher Reichsanzeiger Re: J. Dreyfuss *[sic]* & Co. and Merck, Finck & Co., NARA, OMGUS, RG 260, M1923, archivo 3.

8

1. Mommsen/Grieger, *Volkswagenwerk,* 798–799, 901–902; Volkswagen, *Remembrance,* 95, 100, 133.

2. Mommsen/Grieger, *Volkswagenwerk,* 926–927.

3. Mommsen/Grieger, *Volkswagenwerk,* 643.

4. Porsche/Bentley, *We at Porsche [Ein Leben für das Auto],* 180–182; Pyta *et al., Porsche,* 341.

5. Porsche, Ferdinand, 17 de mayo de 1945, CLL, Colección Donovan sobre los Juicios de Núremberg, Vol. 17, sec. 53.048, https://lawcollections.library.cornell.edu/nuremberg/catalog/nur:01772

6. Citado en Georg Meck, *Auto Macht Geld* (Berlín: Rowohlt, 2016), 79.

7. Mommsen/Grieger, *Volkswagenwerk,* 927–928, 940–941.

9

1. Finger *et al., Dr. Oetker,* 374–377.

2. Citado en Finger *et al., Dr. Oetker,* 376.

3. Citas en Finger *et al., Dr. Oetker,* 377.

4. Finger *et al., Dr. Oetker,* 385–87, cita de la página 385.

10

1. Scholtyseck, *Aufstieg,* 736–37.

2. Citado en Scholtyseck, *Aufstieg,* 731.

3. Citado en Scholtyseck, *Aufstieg,* 732.

4. Anexo al cuestionario de la Oficina del Gobierno Militar de Estados Unidos en Alemania, 1 de marzo de 1946, STAM, documentos de la desnazificación de Günther Quandt, archivo 1363/7.

5. Citado en Scholtyseck, *Aufstieg,* 733.

6. Citado en Scholtyseck, *Aufstieg,* 733.

7. Veredicto, Comité judicial de desnazificación de Hannover, 6 de agosto de 1946, STAM, documentos juiciales de la desnazificación de Günther Quandt, archivo 1363/7.

8. Scholtyseck, *Aufstieg,* 737.

9. Declaración jurada de Eleonore Quandt, 27 de agosto de 1946, STAM, documentos judiciales de la *desnazificación,* Günther Quandt, archivo 1362/1.

10. Jungbluth, *Quandts* (2002), 218.

11. Günther Quandt a Werner Quandt, 5 de enero de 1947, HWA, sección 2017, archivos 36/37.

12. Declaración certificada de Harald Quandt, 27 de agosto de 1946, STAM, documentos judiciales de la desnazificación, Günther Quandt, archivo 1362/1.

13. Günther Quandt a Lieselotte Dietermann, 11 de octubre de 1946, HWA, sección 2017, archivos 36/37; Scholtyseck, *Aufstieg*, 253.

14. Citado en Lieselotte Dietermann a Günther Quandt, 5 de febrero de 1947, HWA, sección 2017, archivos 36/37.

15. Citado en Scholtyseck, *Aufstieg*, 320.

16. Declaración jurada de Georg Sachs, 10 de febrero de 1947, STAM documentos judiciales de la *desnazificación*, Günther Quandt, archivo 1362/2.

17. Quandt/Quandt, *Günther,* 111–26, 167–80, 191–92, 230–32, 240–44; cita en página 241.

18. Citas en Quandt/Quandt, *Günther,* 139, 184, 238–39, 245–46.

19. Quandt/Quandt, *Günther,* 247–49.

20. Citado en Scholtyseck, *Aufstieg,* 731.

21. Quandt/Quandt, *Günther,* 252–53.

22. Citado en Scholtyseck, *Aufstieg,* 733.

23. Quandt/Quandt, *Günther,* 252–53.

24. Citado en Scholtyseck, *Aufstieg,* 734.

25. Günther Quandt, tarjeta navideña, 5 de diciembre de 1947, HWA, sección 2017, archivos 36/37.

11

1. Citado en Priemel, *Konzerngeschichte,* 605.

2. Véase Priemel, *Konzerngeschichte,* 627–31; Bähr *et al., Flick-Konzern,* 582–85, 608–15; Frei *et al., Flick,* 410–11.

3. Citas en Bähr *et al., Flick-Konzern,* 611–12.

4. Bähr *et al., Flick-Konzern,* 582, 610; TMI, Vol. VI, 261–62.

5. Taylor, *Anatomy,* 274–92.

6. Citado en Frei *et al., Flick,* 409.

7. Bähr *et al., Flick-Konzern,* 897.

8. Taylor, *Anatomy,* 587–624.

9. Véase Bloxham, *Genocide,* 28–32; Priemel, *Betrayal,* 156–57; Telford Taylor, *Final Report to the Secretary of the Army on the Nuernberg War Crimes Trials Under Control Council Law No. 10* (Washington, DC: US Government Printing Office, 1949), 22–27, 73–85, 271–81, https://www.loc.gov/rr/frd/Military Law/NT_final-report.html.

10. Priemel y Stiller, Reassessing, 167.
11. Bloxham, Genocide, 30.

12

1. Para más información sobre este episodio en Francia, véase Porsche y Bentley, *We at Porsche,* 189 y ss.; Mommsen y Grieger, *Volkswagenwerk,* 942; Pyta *et al., Porsche,* 342 y ss.
2. Pyta *et al., Porsche,* 335–38, 362–63.
3. Mommsen/Grieger, *Volkswagenwerk,* 937–38; Pyta *et al., Porsche,* 328–30, 364–67.
4. Reuß, «Rosenberger», ARD/SWR, 24 de junio de 2019.

13

1. Scholtyseck, *Aufstieg,* 734.
2. «U.S. War Crimes Unit Seeks to End Task Early in '48», Associated Press, 27 de octubre de 1947.
3. Acusación de la fiscalía, tribunal de *desnazificación* de Starnberg, 25 de septiembre de 1946, STAM, documentos judiciales de la *desnazificación,* Günther Quandt, archivo 1362/1.
4. Para más información, véase James F. Tent, *Mission on the Rhine* (Chicago: University of Chicago Press, 1982), 254–318; S. Jonathan Wiesen, *West German Industry and the Challenge of the Nazi Past* (Chapel Hill: University of North Carolina Press, 2001), 43–44; Frank M. Buscher, *The US War Crimes Trial Program in Germany* (Nueva York: Greenwood Press, 1989), 49–50; Jean Edward Smith, *Lucius D. Clay* (Nueva York: Henry Holt, 1990), 387–96, 425–44; Frederick Taylor, *Exorcising Hitler* (Nueva York: Bloomsbury Press, 2011), 277–331.
5. Para más información, véase Taylor, *Final Report,* 14–21, 54–56; Buscher, *War Crimes,* 30–31; Taylor, *Anatomy,* 278–87, Priemel y Stiller, *Reassessing,* 249–71; Oficina del Gobierno Militar de EE. UU. en Alemania, *Denazification (Cumulative Review): Report of the Military Governor (1 April 1947–30 April 1948),* n.º 34; John H. Herz, «The Fiasco of Denazification in Germany», *Political Science Quarterly,* vol. 63, n.º 4 (diciembre de 1948), 569–94.

6. Orden de arresto de Günther Quandt, tribunal de *desnazificación* de Dachau, 24 de octubre de 1947, STAM, documentos judiciales de la *desnazificación,* Günther Quandt, archivo 1362/1.

7. Günther Quandt a Herman Alletag, 11 de octubre de 1947, STAM, documentos judiciales de la *desnazificación,* Günther Quandt, archivo 1362/1.

8. Circular del Dr. Carl Reiter, tribunal de *desnazificación* de Starnberg, 13 de diciembre de 1947, STAM, documentos judiciales de la *desnazificación,* Günther Quandt, archivo 1362/1.

9. Günther Quandt al presidente del tribunal de *desnazificación* de Starnberg, 10 de enero de 1948, STAM, documentos judiciales de la *desnazificación,* Günther Quandt, archivo 1362/1.

10. Scholtyseck, *Aufstieg,* 739.

11. «Wie's den Ehemännern geht», *Der Spiegel,* 21 de junio de 1950.

12. «Wie's den Ehemännern geht», *Der Spiegel,* 21 de junio de 1950.

13. Henriette von Schirach, *Der Preis der Herrlichkeit* (Múnich: Herbig, 2016), 216.

14. Acusación de la fiscalía, 8 de febrero de 1948, STAM, documentos judiciales de la *desnazificación,* Günther Quandt, archivo 1362/3.

15. Sobre el caso de Tudor y Laval, véase Scholtyseck, *Aufstieg,* 537–62; Jungbluth, *Quandts* (2002), 180–81.

16. Scholtyseck, *Aufstieg,* 741.

17. Respuesta de Günther Quandt a la acusación de la fiscalía, 8 de febrero de 1948, HWA, sección 2017, archivo 38.

18. Scholtyseck, *Aufstieg,* 742–43.

14

1. Treue, *Herbert,* 103.

2. Scholtyseck, *Aufstieg,* 767–68, cita de la página 767.

3. Actas judiciales, tribunal de *desnazificación* de Starnberg, 13-14 de mayo, STAM, documentos judiciales de la *desnazificación,* Günther Quandt, archivo 1362/4.

4. Actas judiciales, tribunal de *desnazificación* de Starnberg, 3, 4 y 26 de junio de 1948; 15 de julio de 1948, STAM, documentos judiciales de la *desnazificación*, Günther Quandt, archivo 1362/4.

5. Véase Jungbluth, *Quandts* (2002), 225; Scholtyseck, *Aufstieg,* 743–44.

6. Günther Quandt a Heidi von Doetinchem, 29 de junio de 1948, HWA, sección 2017, archivo 35.

7. Alegato de la fiscalía, 16 de julio de 1948, STAM, documentos judiciales de la *desnazificación*, Günther Quandt, archivo 1362/2.

8. Sentencia del tribunal de *desnazificación* de Starnberg, 28 de julio de 1948, STAM, documentos judiciales de la *desnazificación*, Günther Quandt, archivo 1362/1.

9. Declaración de la fiscalía, anexo a las actas judiciales, Múnich, 29 de abril de 1949, STAM, documentos judiciales de la *desnazificación*, Günther Quandt, archivo 1362/5.

10. Sentencia de la cámara de apelación de la Alta Baviera, 29 de abril de 1949, STAM, documentos judiciales de la *desnazificación*, Günther Quandt, archivo 1362/4.

11. Sentencia del tribunal de casación de Baviera, 2 de diciembre de 1949, STAM, documentos judiciales de la *desnazificación* Günther Quandt, archivo 1362/5.

12. Günther Quandt a Heidi von Doetinchem, 18 de abril de 1950, HWA, sección 2017, archivo 35.

13. Scholtyseck, *Aufstieg,* 748–49.

14. Günther Quandt a Eckhard König, 5 de enero de 1950, HWA, sección 2017, archivo 27.

15. Scholtyseck, *Aufstieg,* 705, 765.

16. Scholtyseck, *Aufstieg,* 749.

17. Acusación de la fiscalía, 3 de noviembre de 1948, STAM, documentos judiciales de la *desnazificación* de August von Finck, archivo 409.

15

1. Citado en Köhler, *Arisierung,* 310–11 nota 375.

2. Véase declaración jurada de Willy Dreyfus, 22 de diciembre de 1948, y actas judiciales, tribunal de *desnazificación* X de Múnich, 22 de diciembre, STAM, documentos judiciales de la *desnazificación* August von Finck, archivo 409.

3. Actas judiciales, tribunal de *desnazificación* X de Múnich, 22 de diciembre de 1948, STAM, documentos judiciales de la *desna-*

zificación August von Finck, archivo 409; «Neun Nullen», *Der Spiegel,* 18 de mayo de 1970.

4. Actas judiciales, tribunal de *desnazificación* X de Múnich, 22, 23, 24 y 27 de diciembre de 1948, documentos judiciales de la *desnazificación* August von Finck, archivo 409; «Neun Nullen», *Der Spiegel,* 18 de mayo de 1970.

5. Otto von Dewitz a14 de enero de 1949, STAM, documentos judiciales de la *desnazificación* August von Finck, archivo 409.

6. «Neun Nullen», *Der Spiegel,* 18 de mayo de 1970.

7. «Wie's den Ehemännern geht», *Der Spiegel,* 21 de junio de 1950.

8. «Neun Nullen», *Der Spiegel,* 18 de mayo de 1970.

9. «Wie's den Ehemännern geht», *Der Spiegel,* 21 de junio de 1950.

10. Actas judiciales, tribunal de *desnazificación* X de Múnich, 22 y 27 de diciembre de 1948, STAM, documentos judiciales de la *desnazificación* August von Finck, archivo 409.

11. Sentencia del tribunal de *desnazificación* X de Múnich, 14 de enero de 1949, STAM, documentos judiciales de la *desnazificación* August von Finck, archivo 409.

12. «Neun Nullen», *Der Spiegel,* 18 de mayo de 1970.

13. Retirada del recurso de apelación, 24 de febrero de 1949, STAM, documentos judiciales de la *desnazificación* August von Finck, archivo 409.

14. Fritz Berthold a Ludwig Hagenauer, 19 de abril de 1949; Kurz a Ludwig Hagenauer, 28 de junio de 1949, STAM, documentos judiciales de la *desnazificación* August von Finck, archivo 409.

15. «Wie's den Ehemännern geht», *Der Spiegel,* 21 de junio de 1950; R. R. Bowie a Hans Weigert, 31 de agosto de 1950; 27 de septiembre de 1950, NARA, RG 260, NND 775035.

16. Julius Herf a Lorenz Willberger, 29 de abril de 1950; Julius Herf a Günther Griminski, 25 de mayo de 1950, NARA, RG 260, NND 775035.

17. Eric Schnapper/William Schurtman, *Willy Dreyfus, Petitioner, v. August Von Finck et al.* (Washington, DC: Gale, 2011).

18. Finger *et al., Dr. Oetker,* 360–61, 378–80.

16

1. Citado en Finger *et al.*, *Dr. Oetker*, 379.
2. Finger *et al.*, *Dr. Oetker*, 379–80, 386–87, 394.
3. Para los procedimientos judiciales en Francia, véase Mommsen/ Grieger, *Volkswagenwerk*, 942–44; Pyta *et al.*, *Porsche*, 357–58.

17

1. Mommsen/Grieger, *Volkswagenwerk*, 939.
2. Mommsen/Grieger, *Volkswagenwerk*, 973; Rieger, People's Car, 109–10.
3. Sobre el pacto de Bad Reichenhall, véase Porsche/Bentley, *We at Porsche*, 215–16; Mommsen/Grieger, *Volkswagenwerk*, 938; Meck, *Auto*, 110–13, 116.
4. Citado en Pyta *et al.*, *Porsche*, 376.
5. Pyta *et al.*, *Porsche*, 377–78; Reuß, «Rosenberger», ARD/SWR, 24 de junio de 2019.
6. Aust/Ammann, *Saga*, 234–35; Reuß, «Rosenberger», ARD/ SWR, 24 de junio de 2019; informe del organismo de control de la propiedad sobre la transacción de bienes, Stuttgart, 26 de octubre de 1950.
7. Citado en Pyta *et al.*, *Porsche*, 311.
8. Citado en Pyta *et al.*, *Porsche*, 389.
9. Porsche/Bentley, *We at Porsche*, 222–23; Pyta *et al.*, *Porsche*, 379–82.
10. Citado en Pyta *et al.*, *Porsche*, 381.
11. TMI, Vol. VI, 9–25.

18

1. Bähr *et al.*, *Flick-Konzern*, 531.
2. Harold James, Krupp (Princeton: Princeton University Press, 2012), 172–225; Taylor, *Final Report*, 22–27, 78–79, 184–201 y ss.
3. TMI, Vol. VI, 32–33.
4. TMI, Vol. VI, 114–15.

5. Priemel, *Konzerngeschichte,* 640–41; Bähr *et al., Flick-Konzern,* 627–30; Frei *et al., Flick,* 426.

6. TMI, Vol. VI, 119–34.

7. TMI, Vol. VI, 217–25, 382–83, 405 y ss., 1015–16; Frei *et al., Flick,* 420.

8. TMI, Vol. VI, 222–23.

9. TMI, Vol. VI, 133.

10. Citado en TMI, Vol. VI, 997.

11. Véase Priemel, *Konzerngeschichte,* 635–41; Bähr *et al., Flick-Konzern,* 635–39; Frei *et al., Flick,* 421–23; TMI, Vol. VI, 4, 202 y ss., 285 y ss.

12. Citado en Bähr *et al., Flick-Konzern,* 638.

13. Priemel, *Konzerngeschichte,* 640.

14. Citas en Frei *et al., Flick,* 422.

15. TMI, Vol. VI, 974.

16. TMI, Vol. VI, 1034–35.

17. TMI, Vol. VI, 119, 1172.

18. TMI, Vol. VI, 1117–18.

19. TMI, Vol. VI, 1186–87.

20. TMI, Vol. VI, 3–4.

19

1. Para la sentencia, véase TMI, Vol. VI, 1187–228.

2. Taylor, *Final Report,* 187.

3. TMI, Vol. VI, 1214.

4. TMI, Vol. VI, 1221.

5. TMI, Vol. V I, 1225–33.

6. Véase Priemel, *Konzerngeschichte,* 661–71; Frei *et al., Flick,* 476–86.

20

1. Kai Bird, *The Chairman* (Nueva York: Simon & Schuster, 1992), 359–75; Priemel, *Betrayal,* 352–68.

2. Telford Taylor, «The Nazis Go Free», *The Nation,* 24 de febrero de 1951, 171.

3. Ogger, *Grosse,* 254; Frei *et al., Flick,* 445–46.

4. «Der Eisenmann», *Der Spiegel,* 16 de septiembre de 1958.
5. Frei *et al., Flick,* 436–37.
6. Priemel, *Konzerngeschichte,* 671–702; Frei *et al., Flick,* 486–522.

Parte v: «Nueve ceros»

1

1. Quandt/Quandt, Günther, 256–57; Treue, Herbert, 125.
2. Jungbluth, *Quandts* (2002), 238.
3. Citado en Liz Crolley y David Hand, *Football and European Identity* (Londres: Routledge, 2006), 70.
4. Werner Abelshauser, *Deutsche Wirtschaftsgeschichte* (Múnich: C. H. Beck, 2011), 152–81.

2

1. Citas en Jungbluth, *Quandts* (2002), 238–39; véanse también los discursos completos de Abs y Pavel en «In Memoriam Günther Quandt, geb. 28.7.1881, + 30. Dec. 1954».
2. «In Memoriam Günther Quandt, geb. 28.7.1881, + 30. Dec. 1954».
3. Quandt/Quandt, *Günther,* 253–56; Treue, *Herbert,* 92–94, 106–9, 131–33, 141; Scholtyseck, *Aufstieg,* 785–821.
4. Scholtyseck, *Aufstieg,* 801.
5. Entrevista con Gerhard Wilcke, 21 de abril de 1978, HWA, sección 2017, archivo 82.
6. Para más información sobre la saga Eisner, véase Scholtyseck, *Aufstieg,* 401–3, 953 nota 245.

3

1. Kurt Pritzkoleit, *Männer-Mächte-Monopole* (Fráncfort: Karl Rauch, 1953), 70, 88.
2. Treue, *Herbert,* 103, 114, 120, 123, 130–33.
3. Patrimonio de Dr. Günther Quandt, HWA, sección 2017, archivo 44; Scholtyseck, *Aufstieg,* 159–70, 834–38.

4. Rüdiger Jungbluth, *Die Quandts: Deutschlands erfolgreichste Unternehmerfamilie* (Fráncfort: Campus, 2015), 199.

5. Citado en Scholtyseck, *Aufstieg,* 160.

6. Citado en Scholtyseck, *Aufstieg,* 838.

7. Ogger, *Grosse,* 281.

4

1. Sobre la disputa y el acuerdo sobre Daimler, véase Ogger, *Grosse,* 281–96, 300–303; Treue, *Herbert,* 141–46; Jungbluth, *Quandts* (2002), 243–46; Frei *et al., Flick,* 524–26, 535–38.

2. Sobre su disputa por BMW, véase Ogger, *Grosse,* 296–300; Treue, *Herbert,* 146–56; Jungbluth, *Quandts* (2002), 246–56; Frei *et al., Flick,* 538–42.

3. Treue, *Herbert,* 156–76; Jungbluth, *Quandts* (2015), 219–24.

5

1. Jungbluth, *Quandts* (2002), 275–76; Scholtyseck, *Aufstieg,* 769–70.

2. Jungbluth, *Quandts* (2002), 275.

3. Jungbluth, *Quandts* (2002), 276.

4. Jens Westemeier, *Joachim Peiper: A Biography of Himmler's SS Commander* (Surrey, RU: Schiffler Military History, 2007, trad.), 175–81.

5. Citado en Westemeier, *Peiper,* 181.

6. Citado en Westemeier, *Peiper,* 180.

7. Finger *et al., Dr. Oetker,* 404, 423.

8. Jungbluth, Oetkers, 212 y ss.

9. Finger *et al., Dr. Oetker,* 410; Jörg Osterloh y Harald Wixforth (eds.), *Unternehmer und NS-Verbrechen* (Fráncfort: Campus, 2014), 269–97.

10. Rudolf von Ribbentrop, *My Father Joachim von Ribbentrop* (Barnsley: Pen & Sword, 2019, trad.), 428–30; cita en la página 430.

11. Finger *et al., Dr. Oetker,* 410.

12. Jungbluth, *Oetkers,* 306.

6

1. Sobre la disputa por Allianz, véase «Kampf um Die Allianz», *Der Spiegel*, 14 de diciembre de 1954; Feldman, Allianz, 490, 496; Johannes Bähr y Christopher Köpper, *Munich Re* (Múnich: C. H. Beck, 2016, trad.), 295–98.
2. «Kampf», *Der Spiegel*, 14 de diciembre de 1954.
3. Priemel, *Konzerngeschichte*, 724–29; Frei *et al.*, *Flick*, 572–75.

7

1. Wolf Perdelwitz y Hasko Fischer, *Waffenschmiede Deutschland* (Hamburgo: Gruner + Jahr, 1984), 143–64; Jungbluth, *Quandts* (2002), 263–66, 272; Scholtyseck, *Aufstieg*, 805–17.
2. Citado en Ogger, *Grosse*, 333.
3. Frei *et al.*, *Flick*, 565–71, 647–48.
4. Porsche/Bentley, *We at Porsche*, 230–31, 245–46.
5. Porsche/Molter, *Ferry*, 203–4.
6. Frei *et al.*, *Flick*, 648, 664–65; Porsche y Molter, *Ferry*, 207.
7. Porsche/Molter, *Ferry*, 208.
8. Jungbluth, *Quandts* (2002), 266.
9. Jungbluth, *Quandts* (2002), 272; Porsche y Molter, *Ferry*, 204–6.
10. Jungbluth, *Quandts* (2002), 267–70.

8

1. Sobre el fallecimiento y el funeral de Harald, véase «In Memoriam Harald Quandt, Geb. 1. Nov. 1921 — Gest. 22. Sept. 1967», HWA, sección 2017, archivo 85; «Die Stille Gruppe», *Der Spiegel*, 1 de octubre de 1967; Jungbluth, *Quandts* (2002), 284–85; Jungbluth, *Quandts* (2015), 241.
2. «In Memoriam Harald Quandt, Geb. 1. Nov. 1921 — Gest. 22. Sept. 1967», HWA, sección 2017, archivo 85.
3. Sobre la vida de Harald tras la guerra, véase Jungbluth, *Quandts* (2002), 271–86.
4. Helene Rahms, *Die Clique* (Berna: Scherz, 1999), 156.
5. Willi Winkler, *Der Schattenmann* (Berlín: Rowohlt, 2011), 102.

9

1.   «Neun Nullen», *Der Spiegel,* 18 de mayo de 1970.

2.   Michael Jungblut, *Die Reichen und die Superreichen in Deuts-chland* (Hamburgo: Rowohlt, 1973), 65–97.

3.   «Neun Nullen», *Der Spiegel,* 18 de mayo de 1970.

4.   Jungbluth, Oetkers, 215; Finger *et al., Dr. Oetker,* 409.

5.   «Trinkgeld für Ober», *Der Spiegel,* 12 de febrero de 1967.

6.   «Neonazis im Vormarsch», *Die Zeit,* 3 de mayo de 1968.

7.   Jungbluth, *Oetkers,* 245–48, 337–45; Osterloh y Wixforth, *Un-ternehmer,* 331–61.

8.   Marc Wortman, «Famed Architect Philip Johnson's Hidden Nazi Past», *Vanity Fair,* 4 de abril de 2016, https://www.vanityfair.com/culture/2016/04/philip-johnson-nazi-architect-marc-wortman.

10

1.   Reuß, «Rosenberger», ARD/SWR, 24 de junio de 2019.

2.   Porsche y Bentley, *We at Porsche,* 227–29.

3.   Pyta *et al., Porsche,* 306–7.

11

1.   Treue, *Herbert,* 123.

2.   Treue, *Herbert,* 227–32, 279–80; Jungbluth, *Quandts* (2002), 296–305.

3.   Jungbluth, *Quandts* (2002), 310–11.

4.   Treue, Herbert, 232–34; Jungbluth, *Quandts* (2002), 301–2.

12

1.   Citas en Frei *et al., Flick,* 620–21.

2.   «Von Friedrichs Gnaden», *Der Spiegel,* 4 de junio de 1963.

3.   Frei *et al., Flick,* 632–41.

4.   Citado en Priemel, *Konzerngeschichte,* 737.

13

1. Priemel, *Konzerngeschichte*, 727–28.
2. Ferencz, *Less Than Slaves*, 158–69.
3. Para los procedimientos juidiciales, véase Priemel, *Konzernges-chichte*, 703–15; Bähr *et al.*, *Flick-Konzern*, 678–719; Frei *et al.*, *Flick*, 588–604.
4. Citado en Frei *et al.*, *Flick*, 669.
5. Frei *et al.*, *Flick*, 670–77; Ramge, *Flicks*, 188–206.
6. Frei *et al.*, *Flick*, 672–73; Ramge, *Flicks*, 207–12.
7. Frei *et al.*, *Flick*, 678–86; Ramge, *Flicks*, 212–16.
8. Frei *et al.*, *Flick*, 687–88; Ramge, *Flicks*, 218–35.
9. «Die gepflegte Landschaft», *Der Spiegel*, 12 de diciembre de 1999.
10. «Die gekaufte Republik», *Der Spiegel*, 29 de noviembre de 1983.
11. Frei *et al.*, *Flick*, 689–90, 697; Ramge, *Flicks*, 235–47.
12. Eberhard von Brauchitsch, *Der Preis des Schweigens* (Berlín: Propyläen, 1999).
13. Frei *et al.*, *Flick*, 692–93; Ramge, *Flicks*, 249–51.
14. Priemel, *Konzerngeschichte*, 788.
15. James M. Markham, «Company Linked to Nazi Slave Labor Pays $2 Million», *New York Times*, 9 de enero de 1986.

14

1. Meck, *Auto*, 147–55, 162–63.
2. Jungbluth, *Oetkers*, 262–75.
3. Louis S. Richman, «The Germans Survivors of Tumultuous Times», *Fortune*, 12 de octubre de 1987.
4. Citado en Markus Schär, «Vermögen mit Verfalldatum», *Die Weltwoche*, 8 de enero de 2015.
5. Véase Gerhard von Finck, comercial de ventas: http://gvfinck.com/about/.
6. Sobre la disputa por la herencia de von Finck, véase Henryk Hielscher, «Schlammschlacht ums Milliardenerbe», *Wirtschaftswoche*, 27 de julio de 2010; Sören Jensen, «Millionäre gegen Milliardäre», *Manager Magazin*, 20 de octubre de 2011; Leo Müller, «Ein Erbstreit sondergleichen», *Bilanz*, 8 de diciembre

de 2015; «Urteil im Erbschaftsdrama», *Juve,* 13 de septiembre de 2019.

15

1. Treue, *Herbert,* 286; Jungbluth, *Quandts* (2002), 312–17.
2. «In Memoriam Herbert Quandt 22. Juni 1910–2. Juni 1982», HWA, sección 2017, archivo 85.
3. Véase Astrid Becker, Johannes Jansen, Martina Padberg y Sonja Pöppel, *Kunst im Harald Quandt Haus* (Bad Homburg: Harald Quandt Holding, 2008); Jungbluth, *Quandts* (2015), 252, 384.
4. Para los diversos relatos de Colleen-Bettina Rosenblat sobre su camino hasta el judaísmo, véase Jungbluth, *Quandts* (2002), 334–36; Bianca Lang, Andreas Möller y Mariam Schaghaghi, «Heimat sind Rituale», *Der Spiegel,* 29 de septiembre de 2017; Yvonne Weiss, «Das Schwere Erbe der Colleen B. Rosenblat-Mo», *Hamburger Abendblatt,* 18 de octubre 2018.
5. Jungbluth, *Quandts* (2002), 335.
6. Dagmar von Taube, «Colleen B. Rosenblat; Klare Ansichten», Welt am Sonntag, 20 de diciembre de 1998.

Parte VI: *El ajuste de cuentas*

1

1. Christoph Neßhöver, «Die Reimanns sind die reichsten Deutschen», *Manager Magazin,* 1 de octubre de 2019.
2. Véase JAB Holding Company, https://www.jabholco.com/.
3. Adam Luck y Alan Hall, «Nazi Slavery Past of Family Buying Pret A Manger — Which Was Founded by Jewish Businessman — for £1.5 Billion», *Mail on Sunday,* 15 de septiembre de 2018.
4. David de Jong y Annette Weisbach, «Billionaires Unmasked as Coty Persists in Pursuit of Avon», *Bloomberg News,* 9 de abril de 2012; David de Jong y Matthew Boyle, «The Caffeine Fix», *Bloomberg Markets,* 11 de febrero de 2015.

5. Maximilian Kiewel, «Die Nazi-Vergangenheit von Deutschlands Zweitreichster Familie: Die SS-Liebe von Else Reimann», *Bild am Sonntag*, 30 de marzo de 2019.

6. Citas en Maximilian Kiewel, «Sie sind 33 Milliarden Euro Reich: Die Nazi-Vergangenheit der Calgon-Familie», *Bild am Sonntag*, 24 de marzo de 2019.

7. Maximilian Kiewel, «Reimann-Vertrauter Peter Harf zu den Enthüllungen: Es gibt nichts zu beschönigen», *Bild am Sonntag*, 24 de marzo de 2019.

8. Chris Isidore, «Krispy Kreme Owners Admit to Family History of Nazi Ties», *CNN Business*, 25 de marzo de 2019.

9. Devra First, «I Found Out Nazi Money Is Behind My Favorite Coffee. Should I Keep Drinking It?», *Boston Globe*, 4 de junio de 2019.

10. Rebecca Saltzman, «This Is Embarrassing, but It Turns Out Our Fake Jewish Bagel Chain Was Funded by Nazis», *McSweeney's*, 27 de marzo de 2019.

11. Sobre Harf y JAB, véase de Jong y Boyle, «Caffeine Fix»; Franziska Scheven, «Buying into Success», *Handelsblatt*, 4 de agosto de 2018; «A Peek Inside JAB Holding», *Economist*, 20 de junio de 2020; Sven Clausen, «Clan ohne Klasse», *Manager Magazin*, 23 de abril de 2021.

12. Peter Harf al autor, 30 de junio de 2021.

2

1. Véase Osterloh y Wixforth, *Unternehmer*, 365-79; Susanne-Sophia Spiliotis, *Verantwortung und Rechtsfrieden* (Fráncfort: Fischer, 2003), 25-67; Mary Fulbrook, *Reckonings* (Oxford, RU: Oxford University Press, 2018), 343-44.

2. Dietmar Hawranek, «Porsche and Volkswagen's Nazi Roots», *Der Spiegel*, 21 de julio de 2009.

3. Frei *et al.*, *Flick*, 671, 677, 694.

4. Alan Montefiore y David Vines (eds.), *Integrity in the Public and Private Domains* (Londres: Routledge, 1999), 205 y ss.; Frei *et al.*, *Flick*, 762-63.

5. Citas en Montefiore y Vines, *Integrity*, 215-16.

6. Jenni Frazer, «Flick: Payment "Possible" to Survivors», *Jewish Chronicle*, 22 de marzo de 1996.

7. Osterloh/Wixforth, *Unternehmer,* 379–90; Fulbrook, *Reckonings,* 344–45. Para más información: Spiliotis, *Verantwortung,* 69–179.

8. Fulbrook, *Reckonings,* 345.

9. Hechos y cifras, EVZ, 31 de diciembre de 2020, https://www. stiftung-evz.de/eng/the-foundation/facts-and-figures.html; Spiliotis, *Verantwortung,* 181–91; Osterloh y Wixforth, *Unternehmer,* 384–86; Fulbrook, *Reckonings,* 345.

10. Dagmar Ottmann, «Die Ausstellung Verschieben! Ein offener Brief», *Die Zeit,* 5 de agosto de 2004.

11. Ramge, *Flicks,* 12–13; Frei *et al., Flick,* 768–70.

3

1. Michael Swersina, «Ingrid Flick im Gespräch mit den Unterkärt- ner Nachrichten», *Unterkärtner Nachrichten,* 6 de marzo de 2019.

2. Paul Sahner, «Jetzt redet die schöne Witwe», *Bunte,* 7 de enero de 2010.

3. David de Jong, «The World's Youngest Billionaires Are Shadowed by a WWII Weapons Fortune», *Bloomberg News,* 3 de mayo de 2018.

4. Swersina, «Ingrid», *Unterkärtner,* 6 de marzo de 2019.

5. «Major Gift for Tel Aviv Museum of Art from Ingrid Flick», *Artnet News,* 22 de mayo de 2014.

6. Friedrich Flick Förderungsstiftung Gremien, https://www.flick-foerderungsstiftung.de/gremien/.

7. Tim Schanetzky, *Regierungsunternehmer* (Göttingen: Wallstein, 2015), 8–9.

8. Friedrich Flick Förderungsstiftung Geschichte und Förde-rungszweck, https://www.flickfoerderungsstiftung.de/geschich-te-und-foerderungszweck/.

9. Thilo Schmidt, «Der Mann der Kreuztal nicht zur Ruhe kom-men lässt», *Deutschlandfunk,* 20 de marzo de 2017; ver también https://www.flick-ist -kein-vorbild.de/.

10. Declaración realizada por Olaf Kaltenborn, portavoz de la Uni-versidad Goethe, 19 de julio de 2021.

11. Deutschlandstipendium sponsors, Universidad Goethe, 2016, https://www.uni-frankfurt.de/61624067/Unsere_F%C3%B6r-derer_2016.

12. «Barry Eichengreen Appointed Visiting Professor for Financial History 2019», Universidad Goethe, 4 de octubre de 2018, https://aktuelles.uni-frankfurt.de/englisch/barry-eichengreen-appointed-visiting-professor-for-financial-history-2019/.

13. Miembros del patronato de la fundación de la Universidad Goethe, 2 de marzo de 2021, https://uni-frankfurt.de/51849455/Mitglieder_des_Stiftungskuratoriums_der_Goethe_Universität.

14. «Zur Geschichte der Messer-Werke im NS», 28 de febrero de 2018, https://forschungsstelle.files.wordpress.com/2018/03/adolf_messer-kritik_gutachten_akten-maerz2018.pdf.

15. Daniel Majic, «Umstrittene Lounge in Goethe-Uni wird umbenannt», *Frankfurter Rundschau,* 15 de febrero de 2019.

16. La fundación ahora lleva el nombre del hijo de Adolf Messer, Hans Messer. http://dr-hans-messer-stiftung.de/.

17. Alfried Krupp Stiftung, https://www.krupp-stiftung.de/alfried-krupp/; historia de la Fritz Thyssen Stiftung, https://www.fritz-thyssen-stiftung.de/en/about-us/general-information/history/.

18. Sahner, «Jetzt», *Bunte,* 7 de enero de 2010.

4

1. Eric Friedler, «Das Schweigen der Quandts», ARD/NDR, 30 de septiembre de 2007, vídeo de Youtube, 59:26, https://www.youtube.com/watch?v=FpQpgd_EeWY.

2. Para otros temas sobre los que Susanne y Stefan Quandt comentaron en la biografía, véase Jungbluth, *Quandts* (2002), 350 y ss. Dos de las hijas de Harald hablaron sobre su padre y su abuela Magda en el contexto de la época nazi: Jungbluth, *Quandts* (2002), 275, 334–36.

3. Friedler, «Schweigen», ARD/NDR, 30 de septiembre de 2007.

4. Citado en Jungbluth, *Quandts* (2002), 344.

5. Friedler, «Schweigen», ARD/NDR, 30 de septiembre de 2007.

6. Jungbluth, *Quandts* (2002), 343.

7. Friedler, «Schweigen», ARD/NDR, 30 de septiembre de 2007.

8. Citado en Eric Friedler, «Das Schweigen der Quandts», ARD/NDR, 22 de noviembre de 2007, vídeo de Youtube, 1:29:45, https://www.youtube.com/watch?v=l9hNjmJxc0U.

9. «Nach Kräften Mies», *Der Spiegel,* 8 de diciembre de 1974.

10. Discurso, Stefan Quandt, Herbert Quandt Medien-Preis, 22 de junio de 2008, https://www.johanna-quandt-stiftung.de/medien-preis/2008/rede-stefan-quandt.

11. Quandt/Quandt, *Günther,* 245–46.

12. Jungbluth, *Quandts* (2015), 331–41.

13. Lorenz Wagner, «Susanne Klatten — Die Unbekannte», *Financial Times Deutschland,* 21 de noviembre de 2008.

14. Scholtyseck, *Aufstieg,* 763.

15. Scholtyseck, *Aufstieg,* 849.

16. Scholtyseck, *Aufstieg,* 843.

17. Scholtyseck, *Aufstieg,* 314.

18. Scholtyseck, *Aufstieg,* 406, 537.

19. Scholtyseck, *Aufstieg,* 766.

5

1. Rüdiger Jungbluth y Giovanni di Lorenzo, «NS-Vergangenheit der Quandts: Man fühlt sich grauenvoll und schämt sich», *Die Zeit,* 22 de septiembre de 2011.

2. M. Backhaus y B. Uhlenbroich, «Die Quandt Familien brechen ihr Schweigen», *Bild am Sonntag,* 6 de noviembre de 2011.

3. Jungbluth y di Lorenzo, «NS-Vergangenheit», *Die Zeit.*

4. Biografie Herbert Quandt, https://www.johanna-quandt-stiftung.de/medien-preis. (Última consulta de esta versión de la biografía el lunes, 25 de octubre de 2021. Dicha biografía se sustituyó en la página web entre el 26 y el 29 de octubre de 2021).

6

1. Rüdiger Jungbluth y Anne Kunze, «August Oetker: "Mein Vater war Nationalsozialist"», *Die Zeit,* 17 de octubre de 2013.

2. Jungbluth, Oetkers, 388–91.

3. David de Jong, «Nazi-Forged Fortune Creates Hidden German Billionaires», *Bloomberg News,* 3 de febrero de 2014.

4. Finger *et al., Dr. Oetker,* 17; «Wie geht Oetker kommunikativ mit seiner NS-Vergangenheit um, Herr Schillinger?», Pressesprecher, 17 de diciembre de 2013.

5. Finger *et al., Dr. Oetker,* 415.

6. Jungbluth y Kunze, «Mein Vater».

7. «Oetker-Witwe kritisiert Historiker der Nazi-Studie», *Neue Westfälische,* 22 de octubre de 2013.

8. Simon Hage y Michael Machatschke, «Schiedsgericht soll Machtkampf bei Oetker entschärfen», *Manager Magazin,* 23 de enero de 2014.

9. Maria Marquart, «Pizza, Pudding, Beef», *Der Spiegel,* 16 de marzo de 2019.

10. Dr. August Oetker KG, «Oetker Group to Be Split», 22 de julio de 2021.

7

1. «Porsche Creates the Ferry Porsche Foundation», Porsche AG, 16 de mayo de 2018, https://newsroom.porsche.com/en/company/porsche-ferry-porsche-foundation-social-responsibility-education-social-issues-youth-development-foundation-funding-15487.html.

2. «Ferry Porsche Foundation Endows First Professorship for Corporate History in Germany», Universidad de Stuttgart, 8 de marzo de 2019, https://www.uni-stuttgart.de/en/university/news/all/Ferry-Porsche-Foundation-endows-first-professorship-for-corporate-history-in-Germany/.

3. Porsche y Molter, *Ferry,* 192.

4. Porsche y Molter, *Ferry,* 124.

5. Pyta *et al., Porsche,* 307-8, 458 n16; Westemeier, *Krieger,* 540-541.

6. Pyta *et al., Porsche,* 308.

7. Pyta *et al., Porsche,* 15.

8. Gywn Topham, «Volkswagen Swallows Porsche», *The Guardian,* 5 de julio de 2012.

9. Informe anual de 2020 del Grupo Volkswagen, 16 de marzo de 2021, https://annualreport2020.volkswagenag.com/.

10. Christoph Neßhöver, «Knapp 80 Milliarden mehr für die reichsten Zehn», *Manager Magazin,* 30 de septiembre de 2021.

11. «Ferry Porsche Foundation Endows», Universidad de Stuttgart, 8 de marzo de 2019.

12. Reuß, «Rosenberger», ARD/SWR, 24 de junio de 2019.

13. Pyta *et al., Porsche,* 319.

14. Pyta *et al., Porsche,* 131.

8

1. Índice de multimillonarios de *Bloomberg,* 28 de noviembre de 2021.

2. Anna Jikhareva, Jan Jirat y Kaspar Surber, «Eine schrecklich rechte Familie», *Die Wochenzeitung,* 29 de noviembre de 2018.

3. Roman Deininger, Andreas Glas y Klaus Ott, «Der Frontmann des Herrn Baron», *Süddeutsche Zeitung,* 26 de marzo de 2021.

4. «Milliardär in Vaters Schatten», *Der Spiegel,* 4 de julio de 1993.

5. Berthold Neff, «Der Freie Bürger und sein Edelmann», *Süddeutsche Zeitung,* 10 de octubre de 2002.

6. Kassian Stroh, «Spendables Imperium», *Süddeutsche Zeitung,* 30 de enero de 2009.

7. «Große Geschenke erhalten die Freundschaft», *Der Spiegel,* 17 de enero de 2010.

8. «Hohn und Spott für die Mövenpick Partei», *Der Spiegel,* 19 de enero de 2010.

9. Christian Ricken, «Der geheime Finanzier», *Manager Magazin,* 14 de diciembre de 2005.

10. Ludwig von Mises Institute Deutschland, https://www.misesde.org/impressum/.

11. Simone Boehringer, «Recycling der edlen Sorte», *Süddeutsche Zeitung,* 11 de noviembre de 2011; https://www.degussa-goldhandel.de/en/frequently-asked-questions-faq/.

12. Peter Hayes, *From Cooperation to Complicity* (Cambridge, RU: Cambridge University Press, 2004), 175–94, 272–300.

13. Lista de puntos de venta de Degussa, https://www.degussa-goldhandel.de/en/location/.

14. Jakob Blume, «Chef von Goldhändler Degussa wettert gegen EZB», *Handelsblatt,* 9 de noviembre de 2019.

9

1. Nico Lange y Theresa Saetzler, «Die neue Partei "Alternative für Deutschland"», *Konrad-Adenauer-Stiftung*, 16 de abril de 2013.

2. Financiación de los partidos políticos por encima de 50 000 euros, julio de 2002–presente, https://www.bundestag.de/parlament/praesidium/parteienfinanzierung/fundstellen50000; Ley de financiación de partidos políticos de Alemania, https://www.gesetze-im-internet.de/partg/25.html.

3. Melanie Amann, Sven Becker y Sven Röbel, «A Billionaire Backer and the Murky Finances of the AfD», *Der Spiegel*, 30 de noviembre de 2018.

4. Sven Becker y Sven Röbel, «Die Swiss-Connection der AfD», *Der Spiegel*, 10 de septiembre de 2016.

5. Friederike Haupt, «Internationale Solidarität für die AfD», *Frankfurter Allgemeine Zeitung*, 24 de abril de 2017.

6. Guy Chazan, «The Advertising Guru Harnessing Europe's Immigration Fears», Financial Times, 30 de diciembre de 2016.

7. Christian Fuchs y Paul Middelhoff, *Das Netzwerk der Neuen Rechten* (Hamburgo: Rowohlt, 2019), 222–23.

8. Citado en Amann, Becker y Röbel, «Billionaire».

9. Fuchs y Middelhoff, *Netzwerk*, 217–21.

10. Sven Röbel, «AfD muss 400.000 Euro Strafe Zahlen», *Der Spiegel*, 16 de abril de 2019.

11. Ann-Katrin Müller y Sven Röbel, «Staatsanwaltschaft ermittelt gegen AfD-Schatzmeister», *Der Spiegel*, 19 de abril de 2019.

12. Markus Becker, Sven Röbel y Severin Weiland, «Staatsanwaltschaft beantragt Aufhebung der Immunität von AfD-Chef Meuthen», 23 de junio de 2021.

13. Lista de sanciones confirmadas al AfD, proporcionada por LobbyControl, 21 de julio de 2021.

14. «AfD's Gauland Plays Down Nazi Era as a "Bird Shit" in German History», *Deutsche Welle*, 2 de junio de 2016.

15. Frank Jordan y David Rising, «German Officials Say Far-Right Crime Rising as Police Arrest Alleged Neo-Nazi», *Associated Press*, 4 de mayo de 2021.

16. Susanne Lettenbauer, «Symbolpolitik im Bayerischen Wald», *Deutschlandfunk,* 22 de enero de 2020.

17. Deininger, Glas y Ott, «Frontmann».

10

1. Esta cita de Katrin Bennhold y las siguientes son de «Nazis Killed Her Father. Then She Fell in Love with One», *New York Times,* 14 de junio 2019.

2. Historia de la Fundación Alfred Landecker, https://www.alfred-landecker.org/en/article/the-story-of-the-alfred-landecker-foundation.

3. Neßhöver, «Reichsten Deutschen».

4. Informe de 2020 del Grupo BMW, 17 de marzo de 2021, 181.

5. Dietmar Student and Martin Noe, «Wer würde denn mit uns tauschen wollen? », *Manager Magazin,* 20 de junio de 2019.

6. Jungbluth y di Lorenzo, «NS-Vergangenheit».

7. Stefan Quandt, «Schützt das Privateigentum!», *Frankfurter Allgemeine Zeitung,* 22 de junio de 2019; Rede Stefan Quandt, 2019, https://www.johanna-quandt-stiftung.de/medien-preis/2019/rede-stefan-quandt.

8. «Solide in die Digitale Zukunft», *Frankfurter Allgemeine Zeitung,* 29 de junio de 2019.

9. Activos financieros, https://www.bmw-foundation.org/en/funding/.

10. Nuestra misión, https://www.bmw-foundation.org/en/mission-responsible-leadership/.

11. Declaración de la Fundación Herbert Quandt de BMW al autor, 20 de julio de 2021; Fundación, https://www.bmw-foundation.org/en/foundation/.

12. Julian Raff, «Offenes Geheimnis», *Süddeutsche Zeitung,* 26 de marzo de 2021.

Créditos de las imágenes

Günther Quandt. Wikimedia Commons.

Madga Friedlander. Wikimedia Commons.

Friedrich Flick. Wikimedia Commons.

Harald Quandt con Madga y Joseph Goebbels. Alamy.

Boda de los Goebbels. Wikimedia Commons.

Otto Steinbrinck. Wikimedia Commons.

Adolf Rosenberger. Cortesía del archivo personal de Adolf Rosenberger/Alan Arthur Robert.

Acto en el museo. Alamy.

Richard Kaselowsky. Wikimedia Commons.

Ferdinand y Ferry porsche. Cortesía de los Archivos corporativos de Porsche AG.

Rudolf-August Oetker y su abuela. Cortesía de Dr. August Oetker KG, Archivos de la compañía.

August von Finck y Hitler. Alamy.

Acto Volkswagen. Alamy.

Harald con la familia Goebbels. Wikimedia Commons.

Friedrich Flick e hijos. Berlín-Brandemburgo Archivos corporativos/Archivo de consulta de Flick.

Coche nadador. Wikimedia Commons.

Oetker de uniforme. Cortesía de Dr. August Oetker KG, Archivos corporativos.

Discurso «Guerra Total». Wikimedia Commons.

Porsche sobre un tanque. Cortesía de los Archivos corporativos de Porsche AG.

Poster de pudin Dr. Oetker. Cortesía de Dr. August Oetker KG, Archivos corporativos.

Juicio de Flick. Wikimedia Commons.

August von Finck, padre. Wikimedia Commons.
Familia Flick. Berlín-Brandemburgo Archivos corporativos/ Archivo de consulta de Flick.
Friedrich Karl Flick. Alamy.
Herbert Quandt. Wikimedia Commons.
Ingrid Flick. Alamy.
August von Finck, hijo. Alamy.
Stefan Quandt. Wikimedia Commons.

Índice onomástico

Los números de página en cursiva se refieren a ilustraciones.

3G (empresa de inversiones brasileña), 342

Abs, Hermann Josef, 108–109, 267, 299, 304, 308, 325, 354

Accumulatoren-Fabrik AG *véase* AFA

Adenauer, Konrad, 272–273, 298, 312

AFA (Accumulatoren-Fabrik AG), *véase* Pertrix; Varta

    Abs en el consejo de supervisión, 109

aproximación de los Aliados y ocupación, 235–237

    bombardeos, 218–219

    intento de arrebatar el poder de la empresa, 92–94

    ocupación nazi (1933), 92–93

    Partido Nazi, donaciones a, 88–90

    Pavel y, 139–140, 219, 237

    Primera Guerra Mundial, 43–45

    proceso de arianización, 178–179, 268–270, 301

    Quandt (Günther), toma de poder, 43–48

    Quandt (Herbert) y, 94–95, 140, 183, 237–238, 251–252, 302

    reubicación a Bissendorf, 237

    revista corporativa, 183

    situación en la posguerra, 237–238, 252–253, 299–301

    trabajo forzado y esclavo, 197–200, 222, 235–236, 350

    ventas al ejército, 44–45, 106, 110, 170, 199

AfD (Alternative für Deutschland/ Alternativa para Alemania), 365, 368–373, 379

Agrícola (Tácito), 7

Alemania Occidental, 271–272, 298

Alemania Oriental, 265–266, 298

    creación de, 271–272

    cuatro empresarios más ricos (1970), 317

    cultura del silencio, 299

    década de 1950 como el principio de una nueva era, 297–299

    Ministerio de Economía, 324–328

    rearme, 311–312

Allianz

    ajuste de cuentas con su pasado nazi, 343–351

    consejo de supervisión, 154, 243

    situación en la posguerra, 243–245, 309–310

    von Finck y, 64–66, 86–89, 309–310

Altana (empresa), 330, 333–334, *véase* Byk Gulden

Anschluss, 152–153

antisemitismo, 92, 99, 116–117, 142, 357

Anton Kohn (banco), 154

Arlosoroff, Victor Chaim, 88–89

«arte degenerado», exposición, 136–137

Asociación de Comerciantes y Empresarios Industriales (Berlín), 89–90

Asociación de Industrias del Reich, 19

Asociación de la industria del automóvil del Reich, 123

Asociación para la Preservación del Estado de derecho y las Libertades de los Ciudadanos, 370–374

ATG (empresa), 112–113

Attlee, Clement, 241

Aufhäuser, Martin, 149–150

Auschwitz, campo de concentración, 198, 206–207, 217, 239, 324

Austria, anexión de, 147, 152–153

Austro-Daimler, 206

Auwi, príncipe, 58

Ayuda Silenciosa (Stille Hilfe), 308, 318

Baarová, Lída, 133–135, 161–162, 173, 177

Bahlsen, empresa, 23–25, 27, 30, 398

Bahlsen, Verena, 23–25, 27, 30, 398

Barclays, 330, 365, 367

BASF (empresa química), 305

Behrend, Auguste, 38–42, 58–60, 77

Belzec, campo de exterminio, 374

Bendels, David, 372–373, 395

Bergen-Belsen, campo de concentración, 26, 206–207, 235–236

Berlín,
aproximación soviética y toma de, 189–191, 230
centro de documentación sobre trabajo forzado, 357

Berlin-Erfurter Maschinenwerken, 138

Bhagwan Shree Rajneesh, 330

Blomberg, Werner von, 109, 113–114

Blut y Boden ('sangre y tierra'), 121, 136

BMW,
control de la familia Quandt, 27–28, 304–305, 332–333, 376
durante la era moderna, 27–28, 304, 330–333, 345, 375–377, 379
plan de reestructuración durante la posguerra, 27–28, 304–305
rama benéfica, 377–379
saldar cuentas con el pasado nazi, 27–28, 345–346
trabajo forzado y esclavo, 27–28, 198

Bochum, fábrica siderúrgica, 25

Bolsa de Nueva York, caída de la, 63

Bosch, Robert, 136

Brauchitsch, Eberhard von, 13, 327–328

Braun, Eva, 121, 231

Braun, Wernher von, 240

Buchenwald, campo de concentración, 207, 324

Buffett, Warren, 342

Bürckel, Josef, 153

Busch-Jaeger Dürener, 301, 305–306

Byk Gulden (empresa), 106, 299–300, 331, véase Altana

caída del mercado de valores, 63, 78–79

campos de concentración véase campos de exterminio
amenaza a los judíos con, 142, 150–151
Auschwitz, 198, 211–212, 221, 244, 330
Bergen-Belsen, 26, 206–207, 235–236
Buchenwald, 207, 324
como lugares para el recuerdo, 357
Dachau, 122–123, 149, 198, 211, 238–239, 258, 265–267, 359
empleados de Peugeot, 263, 278–279
Flossenbürg, 239
Fort VII, 215
Gross-Rosen, 219–220, 235, 324
Gusen, 238
Kislau, 126
liberación, 247
Mauthausen, 238
Neuengamme, 198–200, 207, 211, 217, 235, 247, 351

Oetker (Rudolf-August) en, 127–128

Ravensbrück, 198, 218

Sachsenhausen, 123, 198, 203, 207, 217

Salzwedel, 247

campos de exterminio *véase* campos de concentración

Belzec, 374

Chelmno, 139, 174

Polonia, 194–195

saqueo de los cadáveres, 368

Sobibor, 26, 374

Zyklon B, 368

campos de la muerte *véase* campos de concentración; campos de exterminio

castillo de Kransberg (centro de detención de los Aliados), 240, 248

CDU (Unión Demócrata Cristiana), 327, 369–370

Cegielski, complejo armamentístico, 175, 214

Chaplin, Charlie, 105

Charlottenhütte (empresa siderúrgica), 49

Chelmno, campo de exterminio, 139, 174

Churchill, Winston, 181–182

Círculo de Amigos de Himmler, constitución del, 118

importancia para Kaselowsky del 219–221

Juicios de Núremberg, 286, 290–292

miembros, 120, 129, 198

oportunidades de negocio, 209

procesos de arianización, 143–145

reuniones, 121

situación en la posguerra, 260

visita a la «Guarida negra», 209

visitas guiadas por los campos de concentración, 121–123

Círculo Keppler (consejo de Hitler sobre políticas económicas), 82, 118

Clay, Lucius D., 265

Club Nórdico, 58

Commerzbank, 108, 119, 195

comunismo

Alemania antes de la guerra, 59–63, 94–95

amenaza comunista tras la guerra, 29–30, 259

Rusia, 18–19

Conferencia de Potsdam, 241

Conferencia sobre Reclamaciones Materiales Judías, 324–325, 329

Creta, invasión alemana de, 181–182

Cruz Roja, 222

Cuerpo de Contrainteligencia estadounidense (CIC), 240, 248, 251–252

Dachau, campo de concentración, 122–123, 149, 211, 238, 258, 265–266, 359

Daimler-Benz

coche de Hitler, reparación del, 86–88

Deutsche Bank, 304, 326

Flick, familia, 294, 303–304, 326

Muestra Internacional del Motor, 87, 98

Porsche (Ferdinand), trayectoria profesional de, 84–88

producción de tanques tras la guerra, 306–309

Quandt, familia, 109, 299–300, 303–305, 320–321

saldar cuentas con el pasado nazi, 343–344, 346

trabajo forzado y esclavo, 198

Das Schweigen der Quandts (*'El silencio de los Quandt'*) (documental), 350–352

de Jong, David, 25–28, 338–339

Degussa (empresa comercializadora de oro), 368–371

Degussa (Instituto Alemán para la Separación del Oro y la Plata), 368–371

Delbrück Schickler (banco), Berlín, 21

Deutsche Bank

Conferencia sobre Reclamaciones
    Materiales Judías, 329
conglomerado de Flick, compra
    del, 328, 346
consejo de supervisión, 89–90
Daimler-Benz, 303–304, 326
liderazgo tras la guerra, 299
planes de expansión de DWM,
    195–198
procesos de arianización, 155
saldar cuentas con el pasado nazi, 343
Tercer Reich, financiación del, 108
Deutsche Waffen- und Munitionsfa-
    briken, *véase* DWM
Día del Trabajo (1933), 89
Dietrich, Hugo, 163–164, 166
Dirección General de Armamento
    (HWA), 110, 114–117, 141, 204
Dix, Rudolf, 286–289
Döhlen, planta siderúrgica, 203
Donaciones Voluntarias para la
    Promoción del Trabajo Nacional,
    92–95
Donauwörth (empresa armamentísti-
    ca), 115
Dr. Oetker (empresa alimentaria)
    compañía modelo, 128
    disputa por la sucesión, 360–362
    empresa conjunta con Phrix,
        210–211
    gestión de Kaselowsky, 119–121,
        129, 250–251
    negocio durante la Segunda Guerra
        Mundial, 209–210
    neonazis y, 318
    Oetker (Rudolf-August) y,
        119–120, 141–142, 219–222,
        277–279, 307–308, 359–360
    proceso de arianización, 129,
        134–135, 250–251
    productos, 206, 352–353
    situación en la posguerra, 250–
        251, 277–279, 307–308
    trabajo forzado y esclavo, 198,
        210–212
Dresdner Bank, 108, 119, 135, 153,
    195, 244

Dreyfus, banco, 151–152, 242, 244,
    273–274
Dreyfus, Willy, 15, 151–152, 242,
    244–245, 273–274, 276–277
Dulles, John Foster, 144–145
duraluminio (producto), 112
Dürener (filial de DWM), 111–112,
    130–132, 299
DWM (Deutsche Waffen- und Muni-
    tionsfabriken)
    comparaciones con Krupp, 214
    complejo armamentístico de Ce-
        gielski, 174, 213–214
    complejo armamentístico,
        110–112
    consejo de supervisión, 109
    Dürener, filial de, 109–110,
        130–132, 299
    instalaciones de Lübeck, 109
    IWK, filial de, 300, 302, 217–220
    Mauser, filial de, 109, 299, 302, 312
    procesos de arianización, 137–138
    producción de armas durante la
        Segunda Guerra Mundial,
        169–170, 195–197, 214, 266
    Quandt (Günther) y, 46–48,
        54–55, 110–112, 254–255
    situación en la posguerra, 300
    trabajo forzado y esclavo, 197,
        254–255
    venta de armas durante la Primera
        Guerra Mundial, 47
Dynamit Nobel, 324–325, 328

Edificio Chrysler, Nueva York, 332
Eduard von Nicolai, banco, 155–156
Eichmann, Adolf, 153
Einsatzgruppen, 189–190, 259
Eisenhower, gobierno de, 312
Eisner, Fritz, 300
El orden del día (Vuillard), 17
elecciones (1930), 58, 63
elecciones (1932), 79, 81
elecciones (1933), 18–21, 88–89
escasez de trabajadores, 195–197
EVZ (Recuerdo, Responsabilidad y
    Futuro), 344–348

Faulhaber, Ulrich, 189
FDP (partido político), 367
Fella, empresa, 240
Fischer, Otto Christian, 150, 156
Flick, Dagmar, 13, 204, 326, 344, 346
Flick, familia, 185, 323 *véase* Daimler-
    Benz
    árbol genealógico, 384
    exenciones fiscales, 326 - 328
    grupos empresariales actuales, 239
    lista de personajes, 13
    procesos de arianización, 137,
        140–148, 155, 162–167,
        185–186, 308,
    Quandt, familia y, 304–305
    saldar cuentas con el pasado nazi,
        344–349
    trabajo forzado y esclavo, 117,
        198, 201–206, 238–239,
        258–259, 261, 283–284,
        287–288, 323–324, 327–328,
        344, 347–348
Flick, Friedrich
    arrendamiento de Donauwörth,
        115
    arresto y juicio tras la guerra,
        239–242, 258–261, 281–293
    ATG, 113
    Berlín, traslado a (1923), 47
    BMW, 304–305
    campaña de relaciones públicas,
        202
    campaña para la reelección de
        Hindenburg, 80
    Círculo de Amigos de Himmler,
        117–120, 122–123, 144–145,
        209, 260, 286, 289–291
    con su familia, 185, 323
    contrato del tanque Leopard,
        311–313
    Dresdner Bank, consejo de super-
        visión, 119, 244
    Dynamit Nobel, 324
    el hombre más rico de Alemania,
        294, 315–318, 324
    en la lista de personajes, 13

época del rearme, 112–121
fallecimiento y funeral, 323, 325
Fella, empresa, 240
Fundación Friedrich Flick,
    348–350
Gelsenberg (empresa minera),
    50–51, 79–81
Göring y, 130, 144–146, 155–156,
    186, 202–203
Gröditz, planta armamentística de,
    238–239, 288
Harpener y Essener, explotación
    minera, 113, 167
Haus der Deutschen Kunst, dona-
    ciones a, 133
Hitler, reuniones con, 17, 79–82,
    87–89, 285
huida de Berlín, ¡, 238
imperio siderúrgico, 47–51, 78,
    112–113, 168–169
inversión en Daimler-Benz,
    302–305, 324
Krauss-Maffei, 313–314
Lübeck, altos hornos de, 141–143,
    148
Maxhütte (empresa siderúrgica),
    239, 294
Montan (empresa fantasma), 115
nacimiento e historia familiar,
    49–51
Orden del mérito, 348
Partido Nazi, 81, 86–90, 119–121
Petschek, grupos empresariales de,
    143–147, 163–167, 287, 325
planes para la sucesión, 169, 184,
    186, 203–206, 322–323,
problemas financieros (1932),
    78–81
procesos de arianización, indemni-
    zación tras la guerra, 325
rasgos de personalidad, 47–50, 112
reestructuración de su imperio tras
    la guerra, 292–294
Rombach, planta siderúrgica,
    203–206, 290–291
sesenta cumpleaños, 201–202
Simson, negociaciones, 116–117

Steinbrinck, hombre de confianza, 79 - 83, 112–118, 140, 142–147, 162–165, 168–170
Südwestfalen (empresa siderúrgica), 311
Thyssen (August), acuerdo con, 49–51
Tölzer, programa, 239
trabajo forzado y esclavo, 117, 198, 201–202, 261, 282–283, 288–289, 324–325, 347
Ucrania, informes desde, 189
valor de los activos, 202
Flick, Friedrich Karl
Caso Flick (escándalo de corrupción), 328
con su familia, 185, 323
conflicto por la sucesión familiar, 322 - 324
control del conglomerado Flick, 326, 344
Deutsche Bank, venta al, 326, 346–347
en la lista de personajes, 17
en los planes de sucesión de Flick, 182–185, 322–324, 328
fallecimiento, 347
herederos/as, 347
infancia, 46–50
migración a Austria, 330
rasgos de personalidad, 324, 326
trabajo forzado y esclavo, 322, 341
Flick, grupo empresarial,
conflicto por la sucesión, 322 - 324
disolución, 329
escándalo de soborno, 327–329, 345
grupos financieros, 324
neonazis y, 318
venta a Deutsche Bank, 329, 341
Flick, Ingrid, 17, 341–342, 381
Flick, Marie, 46–47, 293, 322–323
Flick, Mick, 13, 323, 326, 341, 343
Flick, Muck, 13, 323, 326, 341, 343–344
Flick, Otto-Ernst,
arresto e interrogatorio tras la guerra, 241–242, 258–260

con su familia, 185, 323
Daimler-Benz, 304–305
en la lista de personajes, 13,
en los planes de sucesión de Flick, 169–170, 184–186, 203–206, 322–324
errores de gestión, 204–205, 237–239
fallecimiento, 326
Gröditz, planta armamentística, 239
huida de Francia, 239
infancia, 46–49
juicio de Núremberg de Flick (Friedrich), 288
Maxhütte (empresa siderúrgica), 239–240
Maxhütte, reorganización, 241
rasgos de personalidad, 184, 322
Rombach, planta siderúrgica, 186, 203–206, 259, 290–291
Steinbrinck y, 169
trabajo forzado y esclavo, 202–203, 258–260
Flick, Rudolf, 49, 184, 186
Flossenbürg, campo de concentración, 238
Ford, Henry, 54, 99, 158–159
Fort VII (cárcel y campo de concentración), 215
Francia, procesos de arianización Quandt, 179–180
Frank, Hans, 149, 174
Frente Alemán del Trabajo (DAF), 157–158, 168
Friedländer, Auguste, 41, 76
Friedländer, Magda véase Goebbels, Magda
Friedländer, Richard, 39
Fundación Alfred Landecker, 376
Fundación Ferry Porsche, 362 - 364
Fundación Friedrich Flick, 348–349
Fundación Herbert Quandt, 378
Funk, Walther
como editor del boletín informativo económico del NSDAP, 79
como presidente del Reichsbank y ministro de Economía, 105, 153

en la lista de personajes, 13–14
Flick (Friedrich) y, 64, 79–81,
Hitler, reuniones con empresarios,
    17–18, 20, 63–64, 66–67,
    79–80
Juicios de Núremberg y sentencia,
    229
procesos de arianización y,
    141–144, 164
Quandt (Günther) y, 45, 105–107,
    132, 175
Sociedad para el Estudio del
    Fascismo, 62

Ganz, Josef, 99
Garbo, Greta, 105
Gardelegen, Alemania, 236
Gauland, Alexander, 373
Gelsenberg (explotación minera),
    50–51, 78–82
Gestapo
    abuso de los trabajadores forzados
        y esclavizados, 206
    anulación de la ciudadanía de
        Rosenberger, 160
    arresto de los judíos huidos, 26
    Landecker, arresto, 374
    Loeffellad, arresto, 115
    Milch, investigación, 131
    Nebuschka, arresto, 215
    Rosenberger, arresto, 124, 126,
        320
Goal (empresa de relaciones públicas),
    371–372, 395
Goebbels, Heidrun, 163, 227,
    200–201
Goebbels, Helga, 100, 133, 316
Goebbels, Helmut, 100, 227,
    232–233
Goebbels, Hilde, 100, 227, 232–233
Goebbels, Joseph,
    «arte degenerado», exposición,
        136–137
    «Gran exposición de arte alemán»,
        136, 149
    «Guerra total», discurso, 194–195
    aspecto, 59

aventura con Baarová, 133,
    161–162, 173
Cámara de Prensa del Reich, 134
campaña electoral (1930), 57–65
colección de arte, 135–136
como jefe de propaganda nazi,
    58–63
como ministro de Ilustración
    Pública y Propaganda, 89
Das Reich (periódico), 107
en la lista de personajes, 14
erradicación de los judíos, 147,
    174–175, 194–195
fallecimiento, 231–232, 316
fiesta de sesenta cumpleaños, 182
fondos para la campaña electoral
    (1933), 21
formación, 58
Hitler, sumisa devoción por, 58
La conquista de Berlín, 74
Magda, abortos, 83
Magda, boda, 74–77
Magda, noviazgo, 68–69, 74
Magda, primer encuentro, 57–60
Navidad (1940), 177–178
Nebuschka y, 215
Oetker (Rudolf-August) y, 130
Partido Nazi, ascenso en las filas
    del, 58, 227–232
Polonia, inspección de (1939),
    174–175
problemas matrimoniales,
    133–134, 161–163, 173
Quandt (Günther), afiliación al
    Partido Nazi, 90–91, 270
Quandt (Günther), arresto de,
    93–95
Quandt (Günther), celos de, 72
Quandt (Günther), fiesta del sesen-
    ta cumpleaños de, 107
Quandt (Günther), mentiras tras
    la guerra sobre, 251–253, 267,
    270
Quandt (Günther), opinión sobre,
    74
Quandt (Günther), postura de
    «paz a cualquier coste», 201

Quandt (Harald), infancia, 69–70, 82–83

Quandt (Harald), objetivos para, 176

Quandt (Harald), servicio en la Luftwaffe, 175–177, 180–183, 193, 201, 213, 222

Quandt (Harald), última carta a, 228–229

Quandt, disputas por la custodia, 77, 82, 101

reuniones del Partido Nazi, 75 - 77, 133

sobre Göring, 223

sobre Quandt (Herbert), 78, 178

sobre Quandt (Werner), 78

sobre Ribbentrop (Joachim von), 192

talento para la retórica y la grandilocuencia, 58

Volkswagen, coche, 168

Volkswagen, opinión sobre, 138

Goebbels, Magda (Ritschel/Friedländer/Quandt)

aborto, 83

aventuras amorosas, 55–56, 107, 133, 161–162, 306

Club Nórdico, 58

colección de arte, 135–136

complicidad en la atrocidad, admisión de su, 232–233

en la lista de personajes, 13

fallecimiento, 231–232, 316

Goebbels, boda, 74–77

Goebbels, noviazgo, 77–85

Goebbels, primer encuentro, 57–59

Goebbels, problemas matrimoniales, 133–134, 161–163, 173

Hitler y, 27, 57, 77–79, 83

infanticidio, 234, 316

Nebuschka y, 215–219

opinión sobre la religión, 41–42

Partido Nazi, 54, 58–61

Quandt (Ello) y, 232–233

Quandt (Harald), la novia actriz de, 177, 213

Quandt (Harald), servicio en la Luftwaffe, 193, 201, 213, 222

Quandt (Harald), última carta a, 223, 228–229

Quandt (Harald), visita a Polonia, 175

Quandt (Hellmut), fallecimiento de, 53–54

Quandt, boda, 41–42, 76

Quandt, disputa por la custodia, 77, 82, 100–102, 175

Quandt, divorcio, 56–57

Quandt, noviazgo, 41–43

Quandt, postura de «paz a cualquier coste», 201

Quandt, problemas matrimoniales, 41–43, 52–57

Quandt, relación con, tras el divorcio, 60–61, 172

Severin, finca, 53, 56, 71, 75–77

viaje a Nueva York, 54–55

Winter (Emil) y, 242

Göring, Herbert, 119, 144–145, 148, 269

Göring, Hermann

Club Aéreo, Berlín, 122

coches Volkswagen, 127, 168

concesión de premios, 106, 130, 223

economía nazi, 93, 144

en la lista de personajes, 14

expropiaciones en Ucrania, 189

Flick (Friedrich) y, 132, 144–148, 155, 185–186, 202

gasto en el sector de la aviación, 111–112

Hitler, reuniones con empresarios, 17–20, 79–80

Juicios de Núremberg, 265

los Goebbels y, 68–70, 101

Milch y, 131–132

obesidad, 105

Oetker (Rudolf-August) y, 130

Plan Cuatrienal, 144, 164

procesos de arianización, 144–148, 154–155, 164–166, 185

Quandt (Günther) y, 93, 101, 105–107, 132

rearme y, 109
restaurante favorito, 57
soborno, 155
Sociedad para el Estudio del
    Fascismo, 62
suicidio, 260
Goudstikker, Jacques, 108
Gran Depresión, 63, 78, 81, 86
«Gran exposición de arte alemán»,
    136, 149
Granzow, Walter, 53, 71, 75–77
Grecia, invasión alemana de, 181–182
Greiser, Arthur, 139, 215
gripe española *véase* pandemia de gripe
    (1918)
Gröditz, planta armamentística,
    238–239, 288
Gross-Rosen, campo de concentra-
    ción, 219, 324
Guarida del Lobo, 187
«Guarida Negra» (puesto de mando de
    Himmler), 209
Guerra de Corea, 298, 311
«Guerra total», 194–195
Guillermo II (emperador alemán), 105
Gundlach (editor), 133–134
Gusen, campo de concentración, 237
Gutterer, Leopold, 107

H. Aufhäuser (banco), 149
Hackinger, Corbin, 179–180
Hahn, familia, 15, 142–143, 325
Halle, tiroteo en la sinagoga de, 373
Hamburg Süd, 307
Hamel, Paul, 45–46
Hanau, tiroteo de, 373
Hanke, Karl, 107, 162–163
Hanstein, Fritz Huschke von, 306
Harald Quandt Holding, 27
Harf, Peter, 15, 340–342, 375
Harpener y Essener, explotación mine-
    ra, 113, 165
Haus der Deutschen Kunst, 97, 135–
    137, 149–150, 242, 274–276
Hayes, Peter, 368
Heine, Fritz, 15, 138–139
Heine, Johanna, 15, 138–139

Heldern, Kurt, 129
Helldorf, conde, 162
Henkell (productor de vino), 191,
    308–309
Hennigsdorf, planta siderúrgica, 203
Henry Pels (empresa), 138, 154
Herbert Quandt Media-Preis, 358,
    377–378, 391–393
Herf, Julius, 270–277
Herrmann, Josef, 206
Hess, Hans, 96
Heydrich, Reinhard, 189, 194
Himmler Heinrich
    Blut und Boden ('sangre y tierra'),
        121
    chófer, 306
    como artífice del Holocausto, 118,
        189
    como granjero de pollos, 82, 121
    como líder de las SS, 82, 117–119
    convención del Partido Nazi, 118
    en la lista de personajes, 14
    Flick (Friedrich) y, 79–82,
        117–119
    Lebensborn (asociación de crian-
        za), 123
    Reimann y, 346
    trabajo forzado y esclavo, 211
    visitas guiadas por los campos de
        concentración, 122–123
    Volkswagen Schwimmwagen (co-
        che nadador), 186–188
Hindenburg, Paul von, 17, 80, 83
Hirschfeld, fábrica de chapa, 179
Hitler, Adolf,
    anexión de Austria, 147
    anexión de los Sudetes, 148, 162, 166
    asesinato de los judíos, 203
    Círculo Keppler, 82
    Cruz de Hierro de Primera Clase,
        127
    discurso del Día del Trabajo
        (1933), 90
    Dr. Oetker (empresa) y, 133
    elecciones (1933), 19–21
    en el Führerbunker con los Goeb-
        bels, 227–230

en la lista de personajes, 17

Flick (Friedrich) y, 79–82, 201–206

Goebbels (Magda) y, 71–75, 77–78, 82–83, 227–228

Haus der Deutschen Kunst, 97, 135–137, 242

Lebensraum (espacio vital), concepto, 121

Leyes de Núremberg, 149

Luftwaffe, presupuesto, 130

matrimonio con Braun, 230

matrimonio de los Goebbels y, 71–72, 75–77, 98, 132, 161–163

Mi lucha, 59, 121, 256, 292

ministro de Economía del Reich, 95

Muestra Internacional del Motor, 87, 98

Noche de los cuchillos largos, 101

nombramiento como canciller, 17, 83–84

nombramiento de Goebbels como Gauleiter de Berlín, 58

Operación Barbarroja, 105

opinión de los magnates empresarios, 63–64

pacto de no agresión, 173

Partido Nazi, prohibición de afiliación al, 90–92

Partido Nazi, reuniones del, 76–77

patrimonio privado, 243

política de rearme, 93

Porsche (Ferdinand) y, 86–88, 96–100, 123–127

prohibición de los sindicatos, 90

Putsch de Múnich, 292

Quandt (Günther) y, 77–78, 89–95

Quandt (Harald) y, 75–78, 82–83, 186, 227–230

reuniones con empresarios, 17–21, 66–67, 88–89, 289–290

Severin, fines de semana en la finca de, 71–72

sobre el Tratado de Versalles, 111

sobre Krupp como modelo para la industria alemana, 284

sobre Quandt (Werner), 78

trabajo forzado y esclavo, 196–200

Volkswagen Schwimmwagen (coche nadador), 186–188

Volkswagen, proyecto, 88, 98–100, 123–127, 157–159, 168

von Finck, devoción por, 96–98, 152–156, 242–244

Hochtief (negocio de construcción), 366

Holocausto, 117, 190 *véase* campos de concentración; campos de exterminio

HWA (Dirección General de Armamento), 110–111, 114–116, 140, 204

IG Farben

amenaza para las filiales estadounidenses, 147

Hitler, reuniones, 17–23

Juicios de Núremberg, 286

Partido Nazi, fondos para las elecciones, 21, 89

Petschek, intereses en el carbón, 144, 148

trabajo forzado y esclavo, 197–198

utilización por parte de OMGUS, 241

Ignaz Petschek, grupo empresarial, 143–146, 163–167, 325

Industriewerke Karlsruhe (IWK), 311–312, 314 *véase* DWM,

Instituto Alemán para la Separación del Oro y la Plata (Degussa), 368–370

J. Dreyfus (banco), 151–152

JAB (empresa), 337–339, 341–342, 374–376

Jackson, Robert H, 240, 253, 260–261

Jäger, Karl, 191

Joh. A. Benckiser *véase* JAB

Johnson, Philip, 318

judíos *véase* Procesos de arianización;
campos de concentración; campos
de exterminio; Holocausto
«impuesto de huida del Reich»,
131, 139, 149
«judíos-coartada», 254
arte saqueado durante, 108
culpados por la Gran Depresión, 63
Estrella de David, 107
expropiación de los negocios,
28–29, 117, 163–167
familia del autor, 26
Kristallnacht (Noche de los Cristales Rotos), 149–150
Leyes de Núremberg, 117, 124,
130, 138, 149, 151
lista de exención, 206
Lodz, gueto, 174
masacres de los Einsatzgruppen,
189–191, 259
migración a Palestina, 95
Quandt (Günther) y, 93
Juegos Olímpicos (1936), 132
Juegos Olímpicos de Verano (1936),
132
Juicios de Núremberg *véase* tribunales
de desnazificación
ejecuciones, 260–261, 304
Flick, juicio, 283–294
Jackson como fiscal jefe estadounidense, 240
juicio a los empresarios industriales
(consideración), 240–241,
252, 265
juicios organizados por los estadounidenses, 283, 290–291,
294
primer juicio, 260–261
trabajo forzado y esclavo, 214–219
Tribunal Militar Internacional, 241
Julius Petschek, grupo empresarial,
143, 145–146, 165, 292, 320
Jungbluth, Rüdiger, 355, 358

Kaletsch, Konrad, 283, 290
Kaselowsky, Ida Oetker, 120, 124,
129, 220, 362, 385, 398

Kaselowsky, Richard,
Círculo de Amigos de Himmler,
119–123, 129, 209–210,
220–221, 250
Dr. Oetker (empresa alimentaria),
120–121, 134–135, 250
en la lista de personajes, 13
establos de caballos de carreras,
128
fallecimiento, 220
fervor por Hitler, 120–121
fundación con el nombre de, 362
museo con el nombre de, 318
Oetker (Rudolf-August) y, 121,
128–130, 220–221
Partido Nazi, 120–121, 128–130
221
procesos de arianización, 129–131,
134–135, 257
Kaufmann, Julius, 151–152
Kempka, Erich, 307
Keppler, Wilhelm,
Círculo de Amigos de Himmler,
119–123
como asesor financiero de Hitler,
82, 118–119
en la lista de personajes, 15
juicios de los ministerios y sentencia tras la guerra, 283
procesos de arianización y, 140,
143–144
Kiev, masacre de judíos en, 189
Kislau, campo de concentración, 126
Klatten, Susanne Quandt
aventura amorosa y chantaje, 354
BMW, 337, 345, 378
en la lista de personajes, 13
filantropía, 378
herencia, 337, 383–387
oficinas, 332, 387
saldar cuentas con el pasado nazi
familiar, 350–352
Kohl, Helmut, 328
Kohn, Anton, 154
Koolhaas, Rem, 346
Kranefuss, Fritz, 15, 82, 119, 121,
123, 221

Krauss-Maffei, 313–314

Kristallnacht (Noche de los Cristales Rotos), 149–150

Krupp (empresa), 46, 197, 215, 284, 345

Krupp, Alfried, 283–284, 293, 349–350

Krupp, Gustav, 17, 19–20, 136, 283–284

Kuka (empresa), 299–300

Kunz, Helmut, 231

Kuwait Investment Authority, 321

La conquista de Berlín (J. Goebbels), 74,

La ética protestante y el «espíritu» del capitalismo (M. Weber), 271

Laagberg, campo, 217

Lambsdorff, Otto von, 328, 345

Lampe (banco), 307–309

Landecker, Alfred, 375–376

Landecker, Emily, 375–376

Laval, Léon, 268–270

Lebensborn (asociación de crianza), 123

Lebensraum ('espacio vital'), concepto, 121

Ley, Robert, 157–158, 261

Leyes de Núremberg (1935), 117, 124, 130, 138, 149, 152

Liebknecht, Karl, 62

Liese, Kurt, 114, 116

Lipmann (matrimonio judío), 129

Lodz, Polonia, 138–139, 174

Loeffellad, Emil, 115

Los Buddenbrook (Mann), 250

Lübeck, Alemania, 111, 140–142, 148

Lüdecke, Kurt, 54–55, 58, 132–133

Luxemburgo, Rosa, 62

Lynch, George, 236

Malmedy, matanza de (1944), 307–308

Mann, Thomas, 250

Marcu, Josif, 259–260

Marshall Plan, 266

Marshall, George C., 266

Maus (prototipo de supertanque), 207

Mauser (filial de DWM), 111, 302, 311

Mauthausen, campo de concentración, 238

Max Franck (fabricante de ropa interior), 237

Maxhütte (empresa siderúrgica), 113, 239, 241, 294

McCloy, John J., 15, 293, 324

Mein Kampf (Hitler), 59, 121, 256, 292

Mercedes, 87, 98

Merck Finck (banco)
    activos, 155
    cuentas nazis, 150, 244
    procesos de arianización, 149–156, 243, 245–246, 273–275
    situación en la posguerra, 245–246, 273–277, 309, 330–331
    venta a Barclays, 330–331, 365
    von Finck y, 64–67, 317, 330

Merkel, Angela, 370–371

Messer, Adolf, 348

Meyer, Alfred, 190

Milch, Erhard, 107, 109, 112, 130–132

minas terrestres, 314

Ministerio de Economía del Reich, 106, 142, 153–154

Ministerio de Ilustración Pública y Propaganda del Reich, 87

Ministerio de Transportes del Reich, 99

Misch, Rochus, 231

Mises, Ludwig von, 367

Mittelstahl (empresa siderúrgica), 113

Montan (empresa fantasma), 115–116

Morgan, J. P., 164

Mövenpick (cadena hotelera), 365, 367

Muestra Internacional del Motor, 87, 98

mujeres belgas, mano de obra esclava, 218

Munich Re, 64–65, 242–243, 246, 309–310

Murnane, George, 146–148
Museo de Arte de Tel Aviv, 348,
    381–382, 387
Mussolini, Benito, 62, 168, 200

Nacher, Ignatz, 135, 238
Naumann, Werner, 305–306
Nebuschka, Reinhardt, 214–215
negocio de metal laminado de Drey-
    fus, 179–180
neonazis, 318
Neuengamme, campo de concentra-
    ción, 197–200, 207, 211, 235,
    247, 351
Nicolai, Eduard von, 155
Nido del Águila, 127
Noche de los Cuchillos Largos, 101
Nordhoff, Heinrich, 279–280
NSDAP *véase* Partido Nazi
Nueva York, movimiento Ocupar Wall
    Street, 25

Oetker, August (abuelo), 120
Oetker, August (nieto), 360
Oetker, familia,
    árbol genealógico, 385
    brecha generacional, 360–361
    disputa por la sucesión, 361
    empresas, 23–24, 134–135
    lista de personajes, 14
    saldar cuentas con el pasado nazi,
        359–362
    trabajo forzado y esclavo, 203,
        214 - 219
Oetker, Ida (Kaselowsky), 120–121,
    141, 190, 220, 361–362
Oetker, Maja, 360–361
Oetker, Rudolf-August, 127–128
    apoyo a los veteranos de las SS,
        318
    arresto tras la guerra y desnazifica-
        ción, 249–250, 277–278
    contratación de antiguos nazis, 318
    Dr. August Oetker, preparación
        para liderar, 127
    Dr. Oetker, liderazgo de, 220,
        277–278, 307–309

Dr. Oetker-Phrix, aventura empre-
    sarial, 211
    en la lista de personajes, 14
    en Waffen-SS, 191–192, 211, 220,
        249–250, 277–278
    fallecimiento, 359
    Göring y, 130
    inversiones tras la guerra, 307–309
    Kaselowsky y, 121, 123, 127, 129,
        220
    Kranefuss y, 221
    montar a caballo, 127–128
    muerte de su familia, 220
    Museo Kaselowsky y, 318
    neonazis y, 318
    parálisis y recuperación, 249–250
    Partido Nazi, afiliación, 128–129
    patrimonio tras la guerra, 317–318
    patrimonio, 361
    Reiter-SA (organización paramili-
        tar), 128–129
    secuestro de su hijo, 329
    sobre los campos de concentración,
        123, 129, 211–212
    Spoiled by Luck [Vom Glück
        verwöhnt], (biografía), 359
    vida de privilegios, 127, 129
    Wehrmacht, servicio de cáterin,
        190–192, 277
Oetker, Susi, 250–251, 318
Oficina Central de Economía
y Administración de las SS (SS-
WVHA), 197, 210, 221
Oficina Central para la Emigra-
ción Judía, 153
Oficina de Servicio Estratégicos
(OSS), 234, 240, 248
Oficina del Gobierno Militar de
Estados Unidos en Alemania (OM-
GUS), 240–241, 252, 261, 266
Ohlendorf, Otto, 259
Oldewage, Walther, 142–143
Opel (empresa automovilística),
279
Operación Barbarroja, 105,
184–186, 191, 194
Operación Ciudadela, 207

Operación Mercurio, 181
Organización Todt, 219
Oskar Fischer (editorial), 134
Ostarbeiter *véase* trabajo forzado
y esclavo
OTAN, 311, 314

Pabst, Waldemar, 62
Países Bajos, 25–26, 108, 206, 250
pandemia de gripe (1918), 36, 38
Partido Nacional del Pueblo Alemán,
20
Partido Nacionalsocialista Obrero
Alemán *véase* Partido Nazi
Partido Nazi,
aspectos agrarios, 121
Bahlsen, afiliación de la familia,
24, 398
congresos anuales, 118, 120–121,
133
elecciones, 19–21, 58, 63, 79, 81
en Nueva York, 54
Haus der Deutschen Kunst,
135–137
lista de personajes, 14
número de afiliados, 90
opinión de los magnates empresarios sobre el, 63–64
problemas financieros, 21, 75
Quandt (Günther) y, 54, 71–80,
82, 88–93
Severin, reuniones en la finca de,
75–77
Pavel, Horst,
AFA, 139–140, 219, 237–238
en la lista de personajes, 13
huida de Berlín, 237
procesos de arianización, 178–180
Quandt (Günther) y, 138–140,
178–180, 309
Quandt (Herbert) y, 139–140,
178–180, 219
trabajo forzado y esclavo, 216–219
Peiper, Joachim, 306–308
Pels, Henry, 138, 154
Persilscheine ('vale para Persil')
definición, 253

Flick (Friedrich), 197
Oetker (Rudolf-August), 277
Porsche (Ferdinand), 282
Quandt (Günther), 253–254, 268
Reimann, familia, 345
von Finck, 274
Pertrix (filial de AFA), 139, 178–180,
217–219, 272, 357–358
Petschek, grupos empresariales,
143–148, 163–166, 287, 325
Petschek, Ignaz, 14 *véase* Ignaz Pets-
chek, grupo empresarial
Petschek, Julius, 14 *véase* Julius Pets-
chek, grupo empresarial
Petschek, Karl, 163, 166
Pettibon, Raymond, 387
Peugeot (empresa automovilística),
262–263, 278
Peugeot, familia, 342
Phrix (empresa química de fibra), 211
Piëch, Anton
arrestos tras la guerra y desnazificación, 248, 261–263, 281–282
como miembro de las SS, 160
en la lista de personajes, 13
fallecimiento, 319–320
huida a Austria, 247
Partido Nazi, afiliación, 160
Porsche (empresa), control de, 124
Porsche (empresa), fundación, 84
Porsche (empresa), tras la guerra,
280
procesos de arianización, 123–126,
286, 362–365
procesos de arianización, indemnización tras la guerra, 280
Renault, colaboración, 262–263
Rosenberger y, 124–126, 159–160,
264, 280–281, 319–320,
362–364
trabajo forzado y esclavo, 205–
208, 222–223, 248, 262–264
Volkswagen, 167–168, 186,
207–208, 247–248, 258,
278–281
Piëch, familia *véase* Porsche-Piëch,
familia

Piëch, Ferdinand, 385

Piëch, Louise
    descendencia, 280
    en la lista de personajes, 13
    huida de Alemania, 216
    rescatadora del negocio familiar, 268, 282
    Rosenberger y, 264
    Volkswagen y, 280

Pleiger, Paul, 165–167, 189, 283

Pohl, Oswald, 197, 210–211, 219, 259

Polonia,
    campos de exterminio, 194
    crímenes de guerra alemanes, 173
    evaluación de Goebbels, 174–175
    invasión alemana, 170, 173
    Sobibor (campo de exterminio), 26
    trabajo forzado y esclavo en Alemania, 24, 197, 218–219

Porsche (empresa),
    como objetivo de los Aliados, 216
    contratación de antiguos oficiales de las SS, 306–308
    contrato del tanque Leopard, 311–314
    fundación, 84, 364
    investigación de los Aliados, 278
    Prinzing, como director comercial, 282
    problemas financieros (1933), 84–85
    procesos de arianización, 125–126, 159–160, 267–271, 319–320, 376
    producción de tanques, 311–314
    rentabilidad (1935), 124
    rescatada por Louise Piëch y Ferry Porsche, 268, 278, 282
    Rosenberger, como respaldo económico, 84
    trabajo forzado y esclavo, 215–219
    Volkswagen, diseño y desarrollo, 123–124

Porsche 364 (coche), 281–282, 306

Porsche, Dodo, 216

Porsche, Ferdinand

    ambiciones, 158
    arrestos tras la guerra y desnazificación, 248, 261–263, 278–279, 281–282
    diseño de coches de carreras, 85, 88
    en la lista de personajes, 13
    fallecimiento, 319–320
    Ford y, 158
    Göring y, 130
    Herrmann y, 206
    Hitler y, 87–88, 98–100
    huida de Alemania, 216
    interrogatorio de los Aliados, 247–248
    jefe de la comisión de tanques, 186, 207
    nacionalidad, 100
    Partido Nazi, afiliación al, 92
    Porsche (empresa), control de, 124
    Porsche (empresa), fundación, 84
    procesos de arianización, 125–126, 376
    procesos de arianización, indemnización tras la guerra, 280
    rasgos de personalidad, 88
    Renault, colaboración, 262–263
    Retrato, 125
    Rosenberger y, 124–126, 159–160, 280–281, 319–320, 362–364, 396–397
    trabajo forzado y esclavo, 196–198, 248, 262–264
    trayectoria, 86–90
    Volkswagen, 98–100, 123–124, 127, 137, 158–160, 167–168, 176, 186, 197–198, 207–208, 278–281

Porsche, Ferry,
    arrestos tras la guerra y desnazificación, 248, 261–263, 281–282
    como oficial de las SS, 188, 362–363
    contratación de antiguos oficiales de las SS, 306–308
    contrato del tanque Leopard, 311–314

diseño de coches, 264, 281, 306
diseño del coche anfibio, 314
en la lista de personajes, 13
fábrica Volkswagen y, 158, 167
fallecimiento, 370–371
fundación con el nombre de, 364
Hitler y, 158–159, 186–188
huida de Alemania, 216
Porsche, empresa (tras la guerra),
    306
Porsche, estudio de diseño, 159,
    187
producción de tanques, 311–314
Renault, colaboración, 262–263
Retrato, 125
revisionismo histórico, 319
Rosenberger y, 124–126, 159–160,
    264, 319–320, 362–364
salvar el negocio familiar, 268, 282
trabajo forzado y esclavo,
    222–223, 262–264
Volkswagen Schwimmwagen,
    186–188
We at Porsche, [Ein Leben für das
    Auto] (autobiografía), 319
Porsche, Louise véase Piëch, Louise
Porsche-Piëch, familia,
    árbol genealógico, 385
    empresas (véase Porsche; Volkswa-
        gen)
    escándalos sexuales y luchas inter-
        nas, 330
    huida de Alemania, 216
    lista de personajes, 14
    patrimonio tras la guerra, 280
    procesos de arianización, 125–126,
        134–135, 148–152, 267–271,
        325, 376
    saldar cuentas con el pasado nazi,
        343, 362–364
    trabajo forzado y esclavo,
        186–190, 196–198, 205–208,
        222–223, 248, 258–260,
        262–264
Pret A Manger (empresa), 337–338
Primera Guerra Mundial
    alto el fuego, 61

Charlottenhütte (empresa siderúr-
    gica), 49
industria armamentística alemana,
    44–48
Quandt, familia, 27–29
servicio militar de von Finck en,
    79
Tratado de Versalles, 43, 109
Prinzing, Albert, 282, 306–307
prisioneros de guerra
    canibalismo, 189
    ejecuciones, 189, 307
    Quandt (Harald) como, 220–223,
        227, 254, 269
    trabajo esclavo, 190, 203, 215
    trabajo forzado y esclavo,
        186–190, 205–208
prisioneros de guerra soviéticos,
    189–190, 197, 203
Pritzkoleit, Kurt, 301
procesos de arianización
    Flick, familia, 130, 132, 134–135,
        154, 169, 257–258, 310–311,
        329
    método ficticio de fiscalidad, 164
        -166
    Oetker, familia, 130, 132, 134,
        250
    Porsche-Piëch, familia, , 125–126,
        130, 132, 134–135, 159,
        262–264, 319–320, 376
    Quandt, familia, 130, 138–140,
        176, 237, 267–271, 308, 311,
        350–358
    restitución en la posguerra,
        245–246, 255, 274, 304
    von Finck, familia, 132, 134–135,
        242–243, 245–246, 273–276,
        309–310
Puhl, Emil, 153
Pump, Johannes, 199, 217
Putsch de Múnich, 292
Pyta, Wolfram, 364–365

Quandt, Colleen-Bettina, 333–334
Quandt, Ello, 13, 78, 177, 232–233,
    253–254

Quandt, Emil (padre de Günther), 36
Quandt, familia
    árbol genealógico, 383
    armonía, 302, 304
    como la familia más rica de Alema-
        nia, 331
    como la segunda familia más rica
        de Alemania, 376
    Daimler-Benz, 324, 326
    Das Schweigen der Quandts ('El
        silencio de los Quandt') (docu-
        mental), 350–354
    discordancia, 330–333
    donaciones políticas, 369
    empresas (véase AFA; Altana;
        BMW; Busch-Jaeger Dürener;
        Daimler-Benz; Dürener;
        DWM; Harald Quandt Hol-
        ding; IWK; Kuka (empresa);
        Mauser; Varta; Wintershall
    fábricas textiles de Brandemburgo,
        35
    Flick, familia, y 316–318
    grupos financieros, empleo de,
        302, 304
    lista de personajes, 14
    Primera Guerra Mundial, 29
    procesos de arianización, 134–135,
        138–139, 178–179, 242, 250,
        267–270, 307, 319, 352, 355
    saldar cuentas con el pasado nazi,
        28, 30–31, 352–354, 356–357
    separación de los activos, 320, 332
    trabajo forzado y esclavo,
        195–200, 214–215, 217–219,
        234, 255, 355–357
Quandt, Gabriele, 13, 355, 381–383,
    392
Quandt, Günther
    activos tras la guerra, 257–258,
        299–300
    AFA, adquisición de, 44–45
    AFA, fábrica (Hannover),
        198–200, 234–237
    AFA, objetivos de adquisición de,
        178–179
    AFA, rol de Pavel, 139–140

AFA, trabajo forzado y esclavo,
    217
AFA, tras la guerra, 237, 252, 267,
    299–300
AFA, ventas al ejército, 106, 170
antisemitismo, 92
arresto (1933), 91–93
arresto tras la guerra y desnazifica-
    ción, 251–253, 255, 257–258,
    260, 266, 272–273
autobiografía (1946), 46, 255, 257
Byk Gulden, adquisición, 106
Cegielski, complejo armamentísti-
    co, 175, 214–215
colección de arte, 108
como adicto al trabajo, 42, 51–56,
    297
crímenes de guerra, 234
Daimler-Benz, 108–111, 299–300
Deutsche Bank, consejo de super-
    visión, 91, 108–109, 244
Dürener, 111, 130–132, 299
DWM, activos tras la guerra, 299
DWM, administrador de Cegiels-
    ki, 175, 214
DWM, adquisición, 44, 46, 55,
    106
DWM, expansión financiera, 195
DWM, mentiras tras la guerra
    sobre, 266
DWM, periodo de entreguerras, 110
DWM, producción armamentísti-
    ca, 106, 170, 270
en la Segunda Guerra Mundial,
    170, 192, 195–202
época del rearme, 109–111
especulaciones en bolsa, 43–44
fábricas textiles, 106
fallecimiento y funeral, 297, 299
fiesta de su sesenta cumpleaños,
    105, 107–108, 132, 299
Goebbels, afiliación al Partido Nazi
    de Quandt y, 82, 84, 267
Goebbels, arresto de Quandt y, 93
Goebbels, celos de Quandt, 85
Goebbels, fiesta del sesenta cum-
    pleaños de Quandt y, 107

Goebbels, mentiras tras la guerra sobre, 253, 266
Goebbels, opinión de, 74
Goebbels, postura de «paz a cualquier coste» y, 202
Goebbels, Quandt disputas por la custodia y, 75, 77, 82–83, 100–101
Göring y, 105–107, 129–132
Henry Pels (empresa), 138
Hitler, reuniones con, 17, 28, 63, 72–73, 77, 88–90, 285
huida de Berlín, 237
legado empresarial, 301–302
Magda, acuerdo sobre la custodia, 56
Magda, boda, 41, 75–77
Magda, como defensora del Partido Nazi, 74
Magda, divorcio, 55–57
Magda, matrimonio con Goebbels, 75–77
Magda, noviazgo, 38–40
Magda, ofrecimiento para salvar a los hijos de, 233
Magda, pelea por la custodia, 71, 75, 77, 100–101, 176
Magda, postura de «paz a cualquier coste» y, 200–201
Magda, problemas matrimoniales con, 41–43, 52–56
Magda, relación con, tras el divorcio, 60–61, 172–173
Mauser, 302
Montan, financiación, 116
nacimiento e infancia, 41
Neubabelsberg, mansión de, 37
objetivos de adquisición franceses, 178–179
OSS, informe sobre, 234
Partido Nazi, 54–55, 73–77, 81–84, 88–93, 269–270
patrimonio, 302–303, 305
Pavel y, 139–140
planes para la sucesión, 139–140, 170, 302
problemas de salud, 297

procesos de arianización, 138–139, 146–156, 178–179, 267–270, 283, 285, 307, 319, 352, 355,
procesos de arianización, indemnización tras la guerra, 300
Quandt (Hellmut), impacto de su muerte en, 52–53
rasgos de personalidad, 42, 44, 51–56, 260, 305–306
rumores sobre volver a casarse, 102
Sachs y, 130–131, 254
Severin, finca, 52, 56, 71, 74–77
sobre la raza, 140
Sociedad para el Estudio del Fascismo, 62
socios de inversión, 44–45
Tercer Reich, participación en el, 28
Toni, fallecimiento de, 39
Toni, matrimonio con, 36–38
trabajo forzado y esclavo, 195–200, 217–219, 234, 268, 355–357
vacaciones en Egipto, 297
Winter (Emil) y, 242
Wintershall, inversión, 44, 302
Quandt, Harald
BMW, 303
Busch-Jaeger Dürener, 302, 306
Cegielski, prácticas, 175
contratación de antiguos nazis, 305–306
contrato del tanque Leopard, 312, 314
Daimler-Benz, 302–304
diseño del coche anfibio, 314
disputas por la custodia de, 56, 71, 75, 77, 82–83, 176–177
fallecimiento, 316, 321
Goebbels y, durante la infancia, 70, 74, 76–77, 82–83
Goebbels y, durante su servicio en la Luftwaffe, 176, 180–182, 201–202, 213, 222–223
Goebbels, objetivos para, 176
Goebbels, última carta a, 228–229
herederos/as, 321, 352

herencia, 302
hijos/as, 321
Hitler y, 67–68, 70, 75–76, 83
ingeniería mecánica, 107, 176,
    269, 302, 312
IWK, 302, 311–312, 314
lista de personajes, 14
Luftwaffe, como prisionero de
    guerra, 222, 225, 254, 269
Luftwaffe, condecoraciones, 182,
    201
Luftwaffe, destinos, 176–177,
    180–181, 192–193, 201, 213,
    222
Luftwaffe, discusiones sobre la gue-
    rra con la familia, 192–193
Luftwaffe, entrenamiento,
    176–177, 180–181
Luftwaffe, Goebbels y, 176–177,
    180–183, 192–193, 213,
    222–223
muerte de su familia, 225–226,
    230–232, 321
nacimiento, 41
organizaciones juveniles nazis,
    fracaso en las, 176
patrimonio tras la guerra, 321
producción de armas tras la guerra,
    311–312, 314
Quandt (Ello) y, 232, 254
Quandt (Günther), juicio de
    desnazificación, 269
rasgos de personalidad, 316
retrato de Warhol, 332
rol en el imperio industrial Quan-
    dt, 305, 311
rumores sobre el nuevo casamiento
    de su padre, 102
servicio de trabajo obligatorio en
    Polonia, 173
trabajo tras la guerra, 269
Quandt, Hellmut, 36–39, 52–54
Quandt, Herbert
    AFA, 95, 139–140, 178–180, 234,
        251, 302
    BMW, reestructuración, 27,
        303–305
    calle con su nombre, 379
    como miembro de las SS, 95
    Daimler-Benz, 302–304, 313–322,
        324, 326
    descendencia, 314–316
    discapacidad visual, 53
    en la lista de personajes, 13
    fallecimiento, 321
    formación y viajes, 95
    Francia, viaje a (1940), 178–179
    herederos/as, 321, 350, 352
    herencia, 302
    Hirschfeld, fábrica de chapa, 179
    huida de Berlín, 233–234
    infancia, 36, 38
    investigaciones tras la guerra y des-
        nazificación, 252, 272–274
    matrimonios, 95, 177–178, 299
    Niewerle, finca, 219
    opinión de Goebbels sobre, 78,
        178
    participación en el Tercer Reich, 28
    Partido Nazi, afiliación, 178
    patrimonio tras la guerra, 321
    patrimonio, 321
    Pavel y, 139–140, 178–180
    Pertrix, 179–180, 218–220, 272
    procesos de arianización, 178–179,
        242, 267–270, 355
    Quandt (Günther), juicio de
        desnazificación, 269
    Quandt, separación de activos de
        la familia, 320
    rasgos de personalidad, 44
    rol en el imperio industrial Quan-
        dt, 305
    Segunda Guerra Mundial, discu-
        siones familiares, 170, 200
    Severin, adquisición de la finca
        para, 53, 76
    sobre la amenaza comunista en
        Alemania, 95
    sobre Magda Quandt/Goebbels,
        56–63
    trabajo forzado y esclavo,
        217–219, 272, 355–357
    vigilancia británica, 237

Wintershall, 305
Quandt, Inge, 299, 320–321, 332
Quandt, Johanna, 331, 357
Quandt, Silvia, 177
Quandt, Stefan
  Altana, 331
  BMW, 331–333, 376–378
  en la lista de personajes, 13
  filantropía, 378
  Herbert Quandt Media-Preis,
    377–378
  herencia, 321, 376–377
  oficinas, 321, 378
  patrimonio, 376–378
  saldar cuentas con el pasado nazi
    familiar, 356–358
Quandt, Susanne véase Klatten, Susanne
Quandt, Sven, 352, 357
Quandt, Toni, 13, 52
Quandt, Ursula, 193–194, 174–175
Quandt, Werner, 78, 254

Rathenau, Walter, 43
Ratzmann, Hugo, 154, 307
Ravensbrück, campo de concentra-
  ción, 198, 218
«raza superior» programa de crianza
  para la, 123
rearme (Alemania nazi), 102–111
Reckitt Benckiser (empresa), 341
Recuerdo, Responsabilidad y Futuro
  (EVZ), 344–347
Reichstag, incendio, 90
Reichswerke Hermann Göring,
  165–166, 189, 325
Reimann, Albert, 15, 337–341, 374
Reimann, Else, 339
Reimann, familia, 15, 337–342, 345,
  374–376
Reimann, Wolfgang, 15, 375
Reiter-SA (organización paramilitar),
  128–129
Reitsch, Hanna, 228, 230
Renault (empresa automovilística),
  261–263
República Democrática Alemana (Ale-
  mania Oriental), 272, 298

República Federal de Alemania véase
  Alemania Occidental
Ribbentrop, Joachim von (padre),
  191, 260, 308
Ribbentrop, Rudolf von (hijo), 14,
  191, 308–310
Riefenstahl, Leni, 121
Ritschel, Magda véase Goebbels,
  Magda
Ritschel, Oskar, 39–40
Ritter, Edmund von, 155
Ritter, Egon von, 151–152, 155
Robert, Alan véase Rosenberger, Adolf
Rohde, Paul, 47, 62, 74
Röhm, Ernst, 101
Rombach, planta siderúrgica, 186,
  204–205, 259, 290–291
Rommel, Erwin, 187
Rosenberg, Alfred, 59, 133
Rosenberger, Adolf
  arrestado por la Gestapo, 124, 160,
    319–320
  diseño de coches de carrera, 85,
    88, 124, 364
  emigración a América, 126, 160,
    264, 283, 319
  en la lista de personajes, 15
  fallecimiento, 319
  Piëch y, 124–126, 160, 264
  Porsche (empresa), apoyo financie-
    ro a, 84
  Porsche (empresa), como represen-
    tante en el extranjero, 84, 126,
    160, 319
  Porsche (empresa), disputa por la
    indemnización, 280–281, 363
  Porsche (empresa), fundación,
    84–85, 364
  Porsche (empresa), términos de la
    compra, 125, 363–365
  Porsche (Ferry) y, 124, 159, 264,
    319–320, 362–364
  retirada de la nacionalidad, 160
  retrato, 85
  trayectoria como piloto de carreras,
    85
Rosenblat, Michael, 334

Rothschild, banco, 153, 155, 242, 273–275
Rothschild, Louis von, 15, 153, 155, 245
Rzhev, Unión Soviética, 193–194

S.M. von Rothschild (banco), 153–155, 245, 272–275
SA *véase* Sturmabteilung,
Sachs, Georg, 130–131, 254
Sachsenhausen, campo de concentración, 123, 198, 203, 207, 218
Salzwedel, campo de concentración, 247
Sauckel, Fritz, 196–197, 260
Schacht, Hjalmar
    arresto tras la guerra y juicio, 240, 260–261, 285
    como ministro de Economía del Reich, 96
    como presidente del Reichsbank, 109, 113–114
    en la lista de personajes, 15
    Hitler, reuniones, 18, 20–21, 88
    Partido Nazi, fondos para la campaña electoral del, 20–21
    Sociedad para el Estudio del Fascismo, 62
Schmidt-Polex, Hans, 96, 243
Schmitt, Kurt, 14, 17–18, 66, 88, 95–97, 119, 243
Scholtyseck, Joachim, 354–356, 358
Schröder, Kurt von, 83, 123
Schuss, Marie *véase* Flick, Marie
Schwägermann, Günther, 233
Sección de Economía de Guerra del Departamento de Justicia de los Estados Unidos, 244
Segert, Alexander, 371–373
Seyss-Inquart, Arthur, 174
Sgarbi, Helg, 354
SGS (empresa), 366
Siemens (empresa), 197–198, 345
Siemens, Carl Friedrich von, 135
Simon Hirschland (banco), 154
Simson (fábrica de ametralladoras), 116–117

Simson, Arthur, 116–117
sindicatos, 90, 157–158
sindicatos, 90, 157–158
Six, Franz, 306
Sobibor, campo de exterminio, 26, 374
Sociedad para el Estudio del Fascismo, 62
Söder, Markus, 373–374
Soerensen, Carl-Adolf, 351
«Solución final para la cuestión judía», 195, 203
soportales de Hofgarten, Múnich, 137
Speer, Albert, 196–197, 207, 239, 261
Spoiled by Luck [Vom Glück verwöhnt], (biografía de Rudolf-August Oetker), 359
SS
    adoctrinamiento ideológico, 212
    asesinatos en los campos de exterminio, 368
    Bahlsen, donaciones de la familia, 24
    Círculo de Amigos de Himmler, 117–119
    contrataciones de Porsche tras la guerra, 306–308
    ejecución de trabajadores forzados, 181, 247–248
    Flick (Friedrich), donaciones a, 82, 89
    Himmler, como líder de, 117–119
    Juicios de Núremberg, 293
    Malmedy, masacre de (1944), 306, 308
    marcha de Braunschweig (1931), 70
    Piëch, como miembro de, 160
    Porsche (Ferry), como oficial de, 188
    procesos de arianización, 151
    Quandt (Herbert), como miembro de, 96
    Stille Hilfe (Ayuda Silenciosa), 308–309, 318
    trabajadores forzados y esclavizados, abuso de los, 208, 214–219

Waffen-SS, 186–191, 207
Stahl, Ernst Knut, 14, 367, 370, 372
Stalin, Joseph, 86, 173, 241
Stalingrado, rendición alemana, 194
Staumühle (campo de internamiento
    británico), 249–250
Steinbrinck, Otto
    ambición profesional, 168–169
    antisemitismo, 140–143
    Círculo de Amigos de Himmler,
        117–119, 122–123, 290–291
    Círculo Keppler, 82
    como hombre de confianza de
        Flick (Friedrich), 79, 81–82,
        112, 114, 117–119, 140–143,
        145, 164, 168–169
    en la lista de personajes, 13
    en las SS, 114, 290
    Juicios de Núremberg y sentencia,
        273–276, 290–291, 293
    Partido Nazi, congreso, 118
    Primera Guerra Mundial, servicio
        militar, 79
    procesos de arianización, 140–143,
        145, 149, 164–167
    Thyssen, imperio siderúrgico,
        169–170
Steyr automóviles, 86
Stille Hilfe (Ayuda Silenciosa),
    308–309, 318
Storch, Beatrix von, 368
Strathallan, vizconde, 147–148
Strauss, Franz Josef, 314
Student, Kurt, 182
Stumpfegger, Ludwig, 231
Sturmabteilung (SA)
    constitución de, 65–70
    desfile para celebrar el nom-
        bramiento de Hitler como
        canciller, 84
    Flick (Friedrich), donaciones a, 82
    Goebbels, boda, 76
    marcha de Braunschweig (1931),
        70
    Noche de los Cuchillos Largos,
        101
submarinos, 198

Sudetes, anexión por parte de Hitler,
    162–163, 165
Südwestfalen (empresa siderúrgica),
    310–311

Tácito (historiador romano), 7
tanques Leopard, 312–314
Tata, familia, 313
Tata-Daimler, fábrica en la India, 313
Taylor, Telford, 15, 259–261, 265,
    283, 285, 288, 290–291, 293
Thyssen, August, 49–51, 81, 349
Thyssen, Fritz, 62, 80, 169
TMI (Tribunal Militar Internacional),
    241
trabajo esclavo véase trabajo forzado
    y esclavo
trabajo forzado y esclavo
    abusos, 205, 208, 211, 214–215,
        217–218, 234–239, 345
    AFA, 36, 197–200, 219, 234–237,
        351
    Bahlsen, empresa, 23–24
    BMW, 27–29, 197–198
    centro de documentación,
        355–358
    condiciones de vida y laborales,
        189–190, 199, 205, 208, 211,
        214, 217–218, 234–239
    Daimler-Benz, 197–198
    Dr. Oetker, 198, 211
    DWM, 195–196, 255
    Expansion, 197–198
    familia del autor, 26
    Flick, familia, 112, 202–205,
        238–242, 259–260, 283–288,
        324, 329, 343–346, 348
    Gröditz, planta armamentística,
        238–239
    heridos, 200–201, 239–240
    IG Farben, 197–198
    indemnización, 324, 329, 340,
        344–347, 376, 382
    JAB, 338, 375–376
    Kapos, 199
    Krupp, 202
    liberación, 247

marchas de la muerte, 235–236, 239

Maxhütte, 239

muertes, 200, 205, 214, 235 236, 239

Oetker, familia, 198, 210–213

Opel, 279

Pertrix, 218–219, 272, 355–358

Porsche-Piëch, familia, 189–191, 198, 206–208, 216–217, 247–248, 263

Quandt, familia, 197–200, 217–218, 222, 234–238, 255, 267, 350–358

Reimann, familia, 338–340, 346, 374–376

Rombach, planta siderúrgica, 203–205

Siemens, 197–198

trabajo infantil, 202–203, 214

transformación de explotación minera en fábrica de armas, 217

visión general, 21, 23–24

Volkswagen, 168, 198, 207–208, 217, 247–248, 260

trabajo forzado véase trabajo forzado y esclavo

Traidor (película), 133

Tratado de Versalles, 43, 109

tribunales de desnazificación, 272–274, 281–282, 340

Trott, Byron, 341–342

Truman, Harry, 241, 265, 293, 298

Tudor (negocio de baterías), 257, 268–270

Ucrania, 24, 105, 202, 219

Uexküll, Edgar von, 96

uniformes, producción de la familia Quandt, 35, 106

Unión Demócrata Cristiana (CDU), 327, 369–370, 373–374

Unión Social Cristiana (CSU), 314, 327, 367

Unión Soviética, 172–173, 193–195, 197, 219, 230, véase Operación Barbarroja; Operación Ciudadela;

United Continental Corporation (UCC), 145–147

Universidad de Stuttgart, 362, 364

Universidad Goethe, Fráncfort, 130, 349–350

V1, mísil, 217

Varéna, Lituania, 189–190

Varsovia, Polonia, 174–175

Varta (empresa de baterías), 330, 349–350 véase AFA

Vereinigte Stahlwerke (VSt), 50–51, 78, 80

Veyder-Malberg, Hans von, 84, 125–126, 159, 320

Volkswagen, Grupo, 363

Volkswagen véase Porsche-Piëch, familia

«Escarabajo», apodo, 159

cifras de producción, 280

coches de prueba, 127, 137

como proyecto de prestigio de Hitler, 88, 157

fábrica, 157–159, 168, 247–248

Goebbels, sobre, 137

Kübelwagen ('coche cubo'), 186–187, 207

nombre, 158

Piëch, como director 187, 207

Porsche (Ferdinand), diseño y desarrollo, 84–88, 98–100, 124–127

primer coche, 167

saldar cuentas con el pasado nazi, 343

Schwimmwagen ('coche nadador'), 186–188

situación en la posguerra, 247, 263–264

trabajo forzado y esclavo, 187–188, 197, 207–208, 214–217, 247–248, 258–260

transformaciones militares, 186–187

von Finck, August, hijo, «Gustl», 14, 329–330, 365–374

von Finck, August, padre

afiliación al Partido Nazi, 90, 149,
154, 244, 273, 275–276, 310,
317, 367, 369
Allianz, 14, 29, 64–65, 88, 95–96,
154, 242–244, 246, 309–311,
343, 360, 396
arresto y desnazificación tras
la guerra, 243, 245–246,
258–261, 273–276
austeridad, 68, 85–87, 96–98,
119, 155–156, 243, 317–318
bienes inmuebles (1970), 317, 330
Der Spiegel, entrevistas, 310, 317
descendencia, 330
divorcio, 242
eliminación de los rivales judíos,
149–150
en la lista de personajes, 15
fallecimiento, 330
Göring (Hermann) y, 154–155
Haus der Deutschen Kunst, 97,
136–137, 149–150, 242
Hitler, devoción por, 96–98, 152,
244
Hitler, reuniones, 17–18, 63–64,
66–69, 88, 285
Merck Finck, 64–66, 149–156,
174, 242–246, 309–310, 317,
330
Munich Re, 64–65, 242–244, 246,
309–311
patrimonio tras la guerra,
317–318, 329
planes de venganza tras la guerra,
309
Primera Guerra Mundial, 65, 276
procesos de arianización, 149–156,
170, 242–243, 245–246,
273–276, 310
procesos de arianización, indemnización tras la guerra, 245–246,
273–276
Schmitt y, 97
sucesión, 330
Südwestfalen (empresa siderúrgica), 311
Winter, explotación minera, 242

von Finck, familia
árbol genealógico, 384
empresas (véase Allianz; Hochtief;
Merck Finck; Mövenpick; Munich Re; SGS; von Roll
lista de personajes, 14
procesos de arianización, 134,
149–156, 242–243, 245–246,
273–276, 283, 307
von Finck, Francine, 366
von Finck, Gerhard, 384
von Finck, Helmut, 384, 395
von Finck, Wilhelm, 65, 384
von Papen, Franz, 82–83, 261
von Roll (fabricante de aislantes), 365
Vuillard, Éric, 17

Waffen-SS, 197–200, 211–212
Wagener, Otto
como asesor financiero de Hitler,
95
en la lista de personajes, 14–15
Hitler y Magda Quandt/Goebbels,
68, 72–73
Hitler, reuniones, 17–18, 63–64, 66
Quandt (Günther) y, 67, 70–73
Wallich, Paul, 150–152, 246, 274
Warhol, Andy, 332
We at Porsche [Ein Leben für das
Auto] (autobiografía de Ferry
Porsche), 319
Weber, Christian, 149
Weber, Max, 271
Weiss, Bernhard, 289–290
Wilson, Woodrow, 61
Winter, Emil, 242–243
Wintershall (empresa de potasa)
Círculo de Amigos de Himmler,
119, 144–145
Hitler, reuniones, 17–18, 66–69
Petschek, intereses en el carbón,
145–147
Quandt (Günther), inversión en,
44, 51, 299
Quandt (Herbert) y, 302, 305
Wöbbelin (subcampo de Neuengam-
me), 247

Wolf (familia judía), 159

Żagań, Alemania, 219–220
Zyklon B, 368

Ático de los Libros le agradece la atención
dedicada a *Dinero y poder en el Tercer Reich,*
de David de Jong.
Esperamos que haya disfrutado de la lectura
y le invitamos a visitarnos
en www.aticodeloslibros.com,
donde encontrará más información
sobre nuestras publicaciones.

Si lo desea, puede también seguirnos
a través de Facebook, Twitter o Instagram y
suscribirse a nuestro boletín utilizando su teléfono
móvil para leer los siguientes códigos QR: